零基础学

审计

CPA

手把手教你
编制审计
工作底稿

—— 马 洋◎著 ——

中国铁道出版社有限公司

CHINA RAILWAY PUBLISHING HOUSE CO., LTD.

图书在版编目（CIP）数据

零基础学审计：CPA 手把手教你编制审计工作底稿 /
马洋著. -- 北京 ：中国铁道出版社有限公司，2025. 8.
ISBN 978-7-113-32021-8

Ⅰ. F239.0

中国国家版本馆 CIP 数据核字第 20253AV949 号

书　　名：零基础学审计：CPA 手把手教你编制审计工作底稿
　　　　　LING JICHU XUE SHENJI：CPA SHOUBASHOU JIAO NI BIANZHI SHENJI GONGZUO DIGAO
作　　者：马　洋

责任编辑：郭景思　　　　编辑部电话：(010) 51873007　　　电子邮箱：guojingsi@sina.cn
封面设计：宿　萌
责任校对：刘　畅
责任印制：赵星辰

出版发行：中国铁道出版社有限公司（100054，北京市西城区右安门西街 8 号）
网　　址：https://www.tdpress.com
印　　刷：三河市国英印务有限公司
版　　次：2025 年 8 月第 1 版　2025 年 8 月第 1 次印刷
开　　本：710 mm×1 000 mm　1/16　印张：24.25　字数：454 千
书　　号：ISBN 978-7-113-32021-8
定　　价：128.00 元

　　审计是社会诚信链条的重要一环，高质量的专业服务是实现行业科学发展的关键支撑。随着我国经济发展进入新常态，监管部门、市场和公众对行业执业质量的期望越来越高，行业发展迫切需要从规模数量型向质量效益型转变。面对社会和经济的不断发展，错综复杂的交易类型，不同的利益关系和交易安排，作为注册会计师（CPA）的我们如何能够识别和评估重大错报风险和舞弊风险，如何在错综复杂的审计过程中保持清晰的头脑，有没有与《孙子兵法》类似的"审计兵法"，能让我们立于不败之地呢？我想，如果有的话，那就是用我们的执业经验，综合运用各种审计程序，并在此过程中持续地总结、创新，同时在实务中不断磨炼。如何能够将上述经验形成于纸面，使之有迹可循呢？那就需要将整个审计过程记录于审计工作底稿之中。审计工作底稿，也称业务工作记录，是审计人员对已执行的工作、获取的证据及得出的结论所做出的记录。审计工作底稿能够反映审计的整个过程，为最终出具的审计报告提供充分且适当的依据，也是监管机构检查执业质量时，我们"自证清白"的关键证据。

本书是一本侧重编制审计工作底稿的实操用书，普遍适用于从事审计工作0～3年的审计人员，以及立志于成为项目负责人的注册会计师等，希望本书能够帮助更多人在工作中解决编制底稿过程中的问题，更希望本书能够助力审计从业者快速成长，从而胜任更多的工作任务，并成长为一名合格的注册会计师。

受篇幅所限，本书第五章正文中相关表格示例已统一打包为压缩文件，扫描第五章篇章页上方二维码即可获取下载链接。

由于本人能力有限，书中如有错误及不足之处还请见谅，感谢我曾工作过的瑞华会计师事务所辽宁分所，以及刘宁宇先生、陈奕蔚先生、范志伟先生、王强先生，以及在我工作道路中给予本人支持和帮助的每一位老师和朋友。

最后，感谢我的父母和我的妻子赵丹梅女士给予我的鼓励和照顾。

马　洋

目　录

第三章　编制计划和风险识别工作底稿

第四章　编制风险评估和审计策略工作底稿

第五章　编制实质性程序工作底稿

第六章　编制一般审计程序工作底稿

第七章　编制项目质量控制复核工作底稿

第八章 出具审计报告及归档

第一章　重新认识审计

　　本章导读：为了让读者对审计有一个清晰的轮廓，本章主要介绍与审计相关的基础知识，并进行举例说明，以便给后续编制工作底稿章节的阅读和做好审计实务打下坚实的基础。

本章主要内容是审计的基础理论知识，包括审计目标和审计思路、审计程序的概念和类型、审计流程及如何做好审计工作底稿等内容，并结合一些实务案例进行阐述。

工作底稿是记载审计人员工作过程的载体，为了提升审计效率，工作底稿会被模板化，但这不代表工作底稿是死的，反而应更加严格要求提升审计人员对工作底稿的深度认识。在面临复杂的业务环境下，审计人员要能够自行设计并完善工作底稿，并能够达到审计目标和所需执行的审计程序，这就需要审计人员不断提高业务水平，提升自我学习能力。

实务中，建议审计人员多研究工作底稿的内容并按照审计准则和事务所内部审计指引的要求，结合被审计单位的特点研发适合项目组使用的工作底稿模板，并在具体执行过程中保持底稿内容及标准的一贯性和同步性。

第一节　审计入门

实务中，对新入职的审计助理来说，在工作中较常遇到的问题是：没有审计思路，不了解具体业务，不清楚审计目标和编制的工作底稿错误较多。身为一名审计助理，做项目的时候必须搞清楚每个项目的审计目标是什么，流程是什么，思路是什么，如何执行审计程序和编制工作底稿，以及最后得出的审计结论又是什么。

那么，如何解决遇到的以上问题？首先应该是保持一颗学习的心，多看、多听、多问，多留心，多思考，平时就多总结，多去找案例学习，如此这样积累经验，遇到问题也不会慌；其次应该是请教带队的项目经理，及时沟通反馈问题。实务中，一般都会定期召开项目组讨论，项目负责人会将审计目标、审计任务分工、审计策略和具体计划传达给项目组成员，并全程指导、监督、复核工作成果。

一、什么是审计

中国注册会计师审计准则第 1101 号——注册会计师的总体目标和审计工作的基本要求（2022 年 12 月 22 日修订）第十八条规定："审计的目的是提高财务报表预期使用者对财务报表的信赖程度。这一目的可以通过注册会计师对财务报表是否在所有重大方面按照适用的财务报告编制基础编制发表审计意见得以实现。就大多数通用目的财务报告编制基础而言，注册会计师针对财务报表是否在所有重大方面按照财务报告编制基础编制并实现公允反映发表审计意见。注册会计师按照审计准则和相关职业道德要求执行审计工作，能够形成这样的意见。"换句话说，审计是一个过程，是一套复杂系统的流程，不是单一线条，注册会计师执行相关审计程序并获取和评价被审计单位发生的有关经济活动的证据，发表恰当的审计意见，最终出具审计报告给报告使用者。会计师事务所出具的审计报告就是其"产品"，该项"产品"应该具备"合理保证"的作用，对于报告使用人来说，应具备"增信"的用途，否则审计就失去了其本身的意义和价值。

在财务报表审计过程中，注册会计师为了合理保证的审计目标应当遵守审计准则的相关规定，遵守职业道德守则的相关规定，并在审计过程中，时刻保持职业怀疑态度并合理运用职业判断。

（一）审计流程

实务中，会计师事务所会制定适合本所的审计指引、具体审计流程和审计技术标准。风险导向审计基本业务流程通常包括审计准备阶段、审计计划阶段、审计执行阶段和审计报告阶段四个阶段。

1. 审计准备阶段

从接触被审计单位开始做初步风险识别和评估起，在其满足胜任能力且具备充足的资源，以及不违背独立性的情况下，评定项目风险等级，并与委托方协商审计收费，在以上所有条件满足会计师事务所风险控制标准后承接该项目。值得注意的是，对于重大高风险业务应该设定"黑名单"制度，加强把控"入口关"，事前立项阶段即严格控制承接，即对重大高风险业务拒绝承接。大型会计师事务所的组织架构中通常会设置风险管理委员会，对于初步风险识别为高风险业务，应由风险管理委员会投票通过后才能承接。

案例1-1

MY会计师事务所下发所内《关于不再承接民营企业发债审计项目的通知》：为控制审计风险，着眼长远利益，集团所决定，自202×年×月××日起，我所不再承接民营企业发债项目的申报审计项目。

2. 审计计划阶段

会计师事务所与委托方签署业务约定书后，开始组建项目组，计划开展风险识别和评估程序，了解被审计单位及其环境，评价审计综合风险，制定总体审计策略和具体审计计划，确定重要性水平、舞弊风险，以及其他重大错报风险的应对措施等内容，并考虑修改或增加审计程序的性质、时间和范围。

在了解被审计单位及其环境时，应重点关注相关行业的状况和监管环境、被审计单位的性质、会计政策的选择和运用、经营风险、被审计单位是否存在财务舞弊的压力和动机；在了解与财务报表相关的内部控制时，应当保持职业怀疑态度并恰当实施风险评估程序，以识别企业内部控制缺陷可能导致的管理层凌驾于内部控制之上的重大错报风险，并采取恰当的应对措施。

3. 审计执行阶段

执行进一步审计程序，包括控制测试、实质性程序和其他审计程序。包括执行函证、检查、询问、观察、重新计算、重新执行、分析性程序等具体审计程序，以及执行对或有事项、期后事项、持续经营、现金流量表、关联方等其他审计程序，并完成相应工作底稿。

此阶段是现场审计时最艰苦的时期，也是审计成败的关键。实务中，常常因为经验不足、人员素质和责任感不强、监督不到位等原因导致计划和执行"两张皮"的情况，导致审计程序缺失，工作底稿和审计证据不完整。

4. 审计报告阶段

通过执行审计程序汇总差异结果，并与修正后的重要性水平进行分析对比，提请管理层对差异结果进行调整，对审计调整后的报表进行分析复核，核查是否仍存在未识别的重大错报风险，对审计结果进行评价得出恰当的审计意见，通过项目组内部三级复核和项目质量控制复核（如适用）后，在没有意见分歧的情况下，出具最终的审计报告，出具报告后应及时归档，审计项目完结。

项目组三级复核不是非要等到出报告的时候才开始做，尤其是一级复核，在现场审计工作完成前就应该开始复核，否则现场审计质量可能无法有效保障，很容易出现返工的情况，当某些工作底稿被三番五次的修改，这不但是非常浪费时间的事情，而且还会很影响项目组人员的情绪。

具体审计业务流程，如图 1-1 所示。

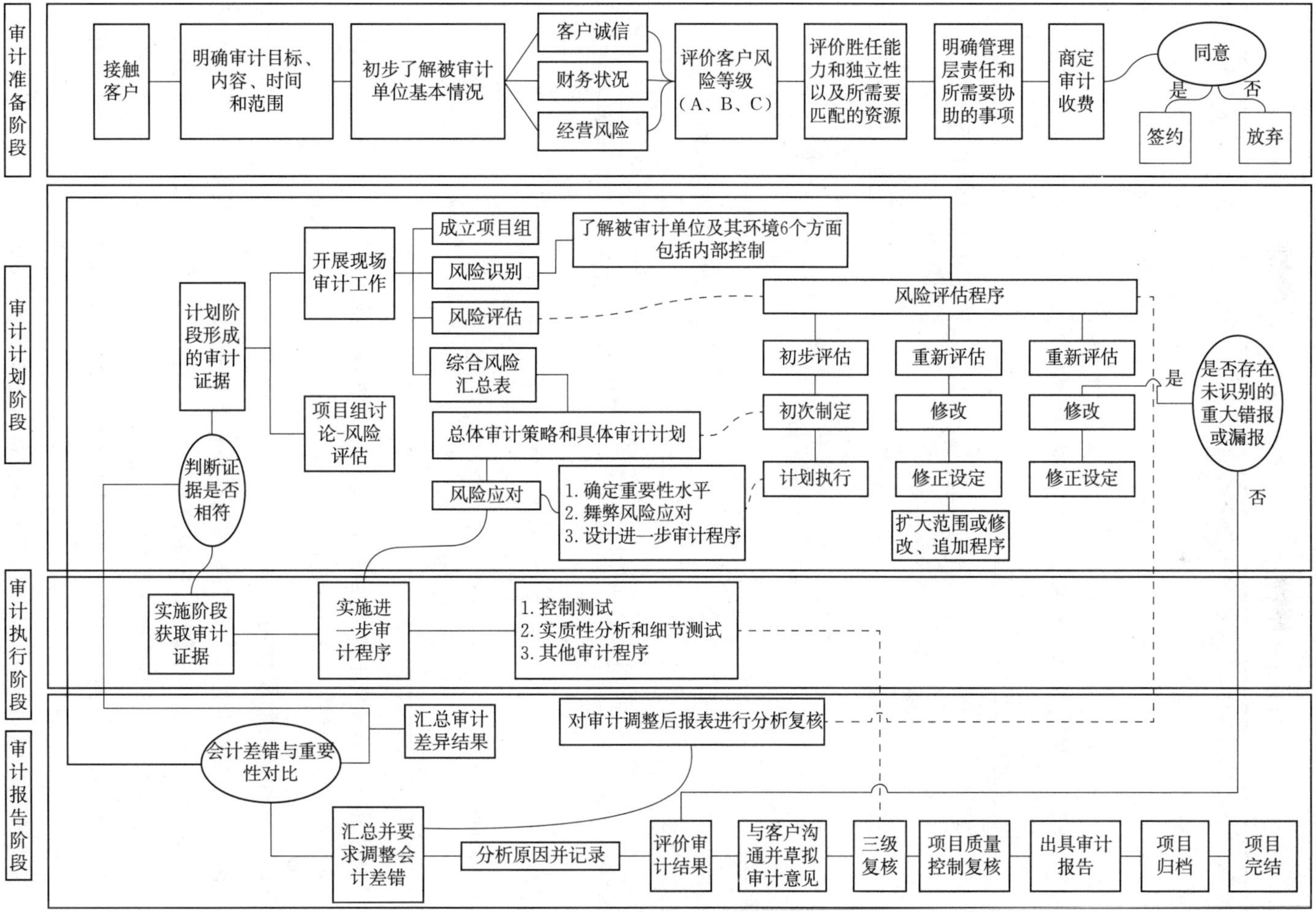

图1-1 具体审计业务流程

审计准备阶段

接触客户 → 明确审计目标、内容、时间和范围 → 初步了解被审计单位基本情况

客户诚信 / 财务状况 / 经营风险

评价客户风险等级（A、B、C） → 评价胜任能力和独立性以及所需要匹配的资源 → 明确管理层责任和所需要协助的事项 → 商定审计收费

同意
- 是：签约
- 否：放弃

审计计划阶段

开展现场审计工作 → 成立项目组 → 风险识别 → 风险评估 → 综合风险汇总表

项目组讨论——风险评估

计划阶段形成的审计证据

判断证据是否相符

了解被审计单位及其环境6个方面 包括内部控制

风险评估程序
- 初步评估 → 重新评估
- 初次制定 → 修改
- 计划执行 → 修正设定

总体审计策略和具体审计计划
1. 确定重要性水平
2. 舞弊风险应对
3. 设计进一步审计程序

风险应对

修正设定 → 扩大范围或修改，追加程序

是否存在未识别的重大错报或漏报
- 是
- 否

审计执行阶段

实施阶段获取审计证据 → 实施进一步审计程序

1. 控制测试
2. 实质性分析和细节测试
3. 其他审计程序

汇总审计差异结果

会计差错与重要性对比

汇总并要求调整会计差错

分析原因并记录

对审计调整后报表进行分析复核

评价审计结果

与客户沟通并草拟审计意见

审计报告阶段

三级复核 → 项目质量控制复核 → 出具审计报告 → 项目归档 → 项目完结

风险导向审计主要流程与审计记录和所需要匹配的审计资源见表1-1。

表1-1　风险导向审计主要流程与审计记录和所需要匹配的审计资源

风险导向审计主要流程要点	审计记录-工作底稿	匹配的审计资源
识别业务风险、承接和保持业务	初步业务活动、前后任注册会计师沟通、签署审计业务约定书	项目合伙人、项目负责人需要做好风险管控"入口关"
计划审计工作	了解被审计单位及其环境；确定重要性水平；总体审计策略和具体审计计划	组建具备胜任能力的项目组
实施风险评估和应对	舞弊风险的评估和应对；风险评估结果；执行穿行测试	项目负责人编制风险评估和应对相关底稿；审计助理编制穿行测试工作底稿
实质性分析程序和细节测试	资产、负债、所有者权益、收入、成本、费用等实质性工作底稿	项目合伙人和项目负责人全程指导、监督和复核；项目经理及项目助理负责执行具体审计工作
一般审计程序	持续经营、期后事项、或有事项、关联方等工作底稿	项目经理以上级别人员执行
项目质量复核	复核与审批、三级复核、项目质量控制复核	现场项目经理、项目负责人、项目合伙人、项目质控专管员及质控复核合伙人
出具审计报告	审计差异汇总、审定财务报表分析程序、审计总结、审计报告及附注、工作底稿整理与归档	项目合伙人、项目负责人及重要项目组成员

项目组应关注《企业会计准则》（CAS①）、《中国注册会计师审计准则》（CSA②）等文件的后续变化情况，及时更新相关审计流程和审计工作底稿模板。

（二）审计的对象及作用

由于财务报表审计工作内容是对资产负债表、利润表、现金流量表、所有者权益变动表，以及附注进行审计，财务报表中的数字已经不局限于财务部门所作出的会计凭证那么简单，而是越来越多的数据来自业务部门，乃至于源自外部证据。那么，审计的对象就要延伸至业务部门、其他外部单位，也就是说审计正在向外延伸，并且

---

① CAS 即 China accounting standards，是企业会计准则的简称，其编号格式为 CAS＋数字。
② CSA 即 Chinese standards on auditing，是中国注册会计师审计准则的简称，其编号格式为 CSA＋数字。

需要注册会计师具有"穿透"的意识，挖掘背后的经济实质。尤其是针对一些合并报表、金融工具投资等重大投融资交易等方面，更是如此。

CPA审计经验分享

　　财务报表中金融资产的公允价值可能来源于股票市场、复杂的金融模型，外部的评估机构评估数据，这使得注册会计师需要了解公允价值审计的知识，以及获取到这些信息和证据时，能够发现是否存在重大错报风险。另外，对于投资特殊目的主体的合并报表层面，以及个别报表层面的会计处理判断也需要更重视其经济实质，而并非法律形式。这些对注册会计师的执业能力非常具有挑战性。

　　审计的主要作用是提高财务报表预期使用者对财务报表的信赖程度。这一目的可以通过注册会计师对财务报表是否在所有重大方面按照适用的财务报告编制基础编制并发表审计意见得以实现。就大多数的通用目的财务报告的编制基础而言，注册会计师针对财务报表应在所有重大方面按照财务报告编制基础编制并实现公允反映发表审计意见。注册会计师应按照审计准则和相关职业道德要求执行审计工作，形成这样的意见。

　　审计的作用还包括对管理层及员工的诚信和工作质量产生有利影响，帮助审计客户提升经营效率，以及维护金融市场正常秩序等方面。

二、什么是审计工作底稿

　　审计工作底稿是指注册会计师对制订的审计计划、实施的审计程序、获取的相关审计证据，以及得出的审计结论所作出的记录。

　　审计人员需要将获取的证据和执行的审计程序一并记录在工作底稿之中，复核人员也要将复核过程记录于复核记录之中，也就是"所见即所得"，将审计过程记录下来，给审计结论和审计意见提供有力支撑。

　　工作底稿并不是死的，而是灵活的，而且是需要有创造性，是在不断地深入了解被审计单位、不断地自我学习和总结过程中提炼升华而来。

　　一个好的工作底稿代表着审计人员的一种执业水平和能力，而且代表审计人员的态度，对企业业务了解的程度。如果工作底稿连基本的逻辑关系，编制过程和结果都没有反映出来，这实际是失败的底稿，如果遇到审计风险很高的项目，一旦出现问题这种底稿必然错误连篇，注定会审计失败，接受处罚。

　　审计工作底稿的内容不仅要自己看得懂，也必须让独立于项目组之外的有经验的专业人士能够看懂。有经验的专业人士包括事务所内的独立质量复核人员，也包括外部监管机构相关检查人员。

CPA审计经验分享

工作底稿是用审计语言将执行的审计程序和获取的证据真实、完整、准确地记录在 Excel 表格或 Word 文档之中。会计师事务所有较为成熟的审计指引和工作底稿模板，而且工作底稿基本上是开放式，需要审计人员根据具体业务情况自行修改和完善，而非将思维模式固化，但是这种开放式底稿需要审计人员具备一定的工作经验，也需要有一些悟性才能将审计工作底稿做好。

审计工作底稿要记录得完整、清晰、准确，这样有助于项目组计划和执行审计工作；有助于负责督导的项目经理履行指导、监督与复核审计工作的责任；有助于说明其执行审计工作的情况；有助于会计师事务所实施项目质量复核、其他类型的项目复核，以及质量管理体系中的监控活动；有助于监管机构和注册会计师协会根据相关法律法规或其他相关要求，对会计师事务所实施执业质量检查。

（一） 工作底稿的基本要素和要求

审计准则要求会计师事务所应当避免执业人员仅简单勾画程序表格、未实质性执行程序等问题，其目的在于要求执业人员应充分运用知识、经验和专业技能，结合业务的具体情况和职业判断，把相关程序执行到位，而不是仅为满足相关工作底稿记录要求而机械地记录某些程序为已执行。做好审计工作底稿的前提是要了解工作底稿的基本要素和要求。

1. 审计工作底稿基本要素

（1）工作底稿基本信息。工作底稿基本信息主要包括被审计单位名称、审计项目名称、财务报表截止日或期间、编制人姓名和编制日期、复核人姓名和复核日期、索引号等，如果该底稿需要质量控制复核情况下，还应该有质量控制复核人员的姓名和复核日期。

案例1-2

工作底稿基本信息很容易出现一些逻辑问题和低级错误。假设审计人员 A 负责做货币资金实质性工作底稿，常见问题如下：

（1）编制人和日期未填，或者编制实质性程序的日期逻辑不对，早于执行初步业务活动时间或晚于出具报告日期。

（2）复核人和日期未填，复核人与编制人一致，复核日期早于编制日期。

（3）未编制索引号，或者索引号索引位置不准确。

（4）编制财务报表截止日或期间有误。

（5）不假思索直接照抄去年底稿，姓名和日期都没改。

（2）审计标识。加入审计标识可以提高审计效率，提升审计质量，使用审计标识要前后统一。

CPA审计经验分享

极力推荐在审计过程中使用审计标识，例如：在表格的横向相加、竖向相加，底稿数据与试算平衡表数据核对，等等。使用审计标识可以通过在编制底稿的过程中达到自我复核的作用。

（3）审计说明。审计说明是审计工作底稿的核心要素。很多底稿只有数据的堆砌，没有审计说明，很难让未曾接触该项审计工作的有经验的专业人士清楚了解这些数据的来源、执行了哪些审计程序，以及如何得出的审计结论。

（4）审计结论。通过实施审计程序，获取充分适当的审计证据，得出恰当的审计结论。

CPA审计经验分享

审计结论包括以下内容：

（1）经审计，该项目未发现重大异常；

（2）经审计调整后，该项目未发现重大异常；

（3）因某种原因（据实填写），该项目余额不能确认。

值得注意的是，如果项目组发现某种原因不能确认项目余额，应该审慎评价获取的审计证据，并考虑对出具审计报告意见类型的影响。另外，如果某些会计差错低于 SAD（明显微小错报），则对于此类事项可以不做审计调整，但应当在底稿内写明理由。

（5）审计底稿目录和具体审计工作底稿。工作底稿具体名称会因为会计师事务所的规定不同而导致底稿名称会有所不同，虽实质上内容相似，但并非所有会计师事务所的模板都一样，大型会计师事务所的工作底稿更贴合风险导向审计的核心理念，以及更加成熟，并持续更新。

CPA审计经验分享

每一个工作底稿都应该有工作底稿目录和具体的审计工作底稿表格，例如：审计人员做应收账款实质性工作底稿，该工作底稿应该有工作底稿目录（记录每一份底稿的名称和索引号）、明细表、函证控制表、函证明细表、分析表、回函差异调节表、未回函替代测试表、披露表等。

2. 审计准则对工作底稿基本要求

（1）及时性要求。注册会计师应当及时编制审计工作底稿。

（2）完整性要求。完整记录实施的审计程序和获取的审计证据。项目组编制的审计工作底稿，应当使得未曾接触该项审计工作的有经验的专业人士清楚了解：①按照审计准则和相关法律法规的规定实施的审计程序的性质、时间安排和范围；②实施审计程序的结果和获取的审计证据；③审计中遇到的重大事项和得出的结论，以及在得出结论时作出的重大职业判断。

CPA审计经验分享

在实务中，受到时间压力、项目强度、审计人员素质和能力等各方面影响，审计人员编制的审计工作底稿可能存在粗糙、记录不全、未执行程序、未编制审计说明、让人看不懂等现象，无法达到审计准则"应当使得未曾接触该项审计工作的有经验的专业人士清楚了解"的要求。这是需要所有审计人员都需要思考的现实问题。

（3）工作底稿应按时归档。审计工作底稿的归档期限为审计报告日后六十天内。如果项目组未能完成审计业务，审计工作底稿的归档期限为审计业务中止后的六十天内。

（二）做好工作底稿的重要性

实务中，很多人有这样一种观点——工作底稿无用论，即只要将风险控制住，审计底稿做得再好也无用。但这种观点有一个常识性错误，就是没有真正理解做好工作底稿的意义是什么。忽视了审计底稿在审计工作中的重要性。即使被审计单位没有发生舞弊和错报，如果审计程序实施不到位，获取的审计证据不充分和不适当，依然会被监管机构处罚。

1. 工作底稿可能成为呈堂证供

审计工作底稿作为审计证据的载体，最终会在面临处罚时成为最重要的依据。但是，为了掩盖会计师事务所的审计失败而将工作底稿"毁尸灭迹"，这种行为无疑是"自杀式"行为。

案例1-3

安达信会计师事务所烧毁工作底稿

安达信会计师事务所作为原五大会计师事务所之一，翻看历史会发现在安然事件发生重大审计失败。2001年，美国历史上发生了最著名的安然公司财务造假事件，从安然事件爆发的半个月时间，安达信会计师事务所竟销毁了数千页安然公司的文件，直到2001年11月8日收到美国证券交易委员会的传票后才停止销毁文件。安达信会计师事务所经过此次审计失败后覆灭。

2. 审计工作底稿反映审计的全过程

基于风险导向审计理论，审计人员应执行审计程序和获取审计证据，恰当发表审计意见。恰当审计意见就是结果，得出结论的过程就体现于工作底稿之中，审计人员所做的审计工作底稿能够反映出各个审计阶段识别和发现被审计单位存在的重大错报风险，而并非"工作底稿无用论"中的错误观点。以为风险仅仅是靠几个人对被审计单位的了解，乃至于发生了对被审计单位错误的"幻想"，最终只可能导致审计失败。

案例1-4

MY会计师事务所对ZDM上市公司常年连续审计，通过以往对ZDM上市公司的认知，项目合伙人认为风险较低。但是，由于企业资金链断裂，为了隐瞒真相，管理层实施财务报表舞弊。而此时，由于项目合伙人不重视对业务保持的风险评估，以及进场后蜻蜓点水式地实施审计程序，最终自酿苦果导致审计失败。

（三）审计标识

审计标识是注册会计师为便于表达审计含义而采取的符号。会计师事务所应该统一规范审计标识，为了便于他人的理解，注册会计师应在审计工作底稿中说明各种审计标识所代表的含义，或采用审计标识及其说明文件的形式统一说明。

我们为什么要用审计标识？简单来说，在审计工作底稿中加入审计标识，将审计过程和痕迹进行显示，能便于所有人理解、提示和复核。例如：将明细表横向相加核对无误，则在底稿里注明"＜"；将明细表纵向相加核对无误，则在底稿里注明"∧"，如此可以提示审计人员此处经过编制人的核对且无误。

表1-2为会计师事务所常用的审计标识，坚持在审计工作中使用审计标识，久而久之，一定会提高审计效率和质量。

表1-2 会计师事务所常用的审计标识

符号样式	符号代表含义	符号样式	符号代表含义
√	相符	W	与文件依据核对一致
×	不符	T/B	与试算平衡表核对一致
N/A	不适用	▲	重点符号
A	适用	*	备注1
∧	纵加核对	＊＊	备注2
＜	横加核对	？	尚未查清楚，待进一步查对
B	与上年数核对一致	△	与有关审计工作底稿的相关数核对勾稽一致
G	与总分类账核对一致	GRN	入库单
S	与明细账核对一致	GDN	出库单
C	已发询证函	O	待查事项已经查清楚
¢	已收回询证函	□	与银行对账单或储蓄存款核对一致（或此项记录已经核对）
T	与原始凭证核对一致	—	—

值得注意的是，除上述通用审计标识外，会计师事务所可根据实际需要增加有关审计标识，并应说明其含义。

（四）工作底稿索引号

实务中，项目组在获取审计证据之后，需要将审计工作底稿与相关证据进行索引。建立索引会有很多好处，例如：它能直观反映底稿中执行审计程序与获取证据的关联性，假设执行银行存款的函证程序，获取并核查银行账户信息及银行流水，编制银行存款函证并独立发函，编制银行存款明细表及银行函证控制表工作底稿，获取加盖银行业务专用章的银行函证。此后，项目组需要执行审计程序并核实审计证据的真实性、完整性，并将上述执行的内容，真实、完整和准确地记录于底稿中，用以反映审计人员对审计工作的勤勉、尽责。那么，如果需要发函询证的银行账户数量很多，如何清晰准确且有效率地体现于底稿之中呢？

此时索引号可以有效解决可能看上去复杂且没有思路和方向的问题，审计人员将工作底稿上的索引号与审计程序和审计证据之间进行编号（也可能存在交叉索引），并将获取的纸质证据编好索引号放置于对应编制的审计工作底稿之后，形成一整套完整的证据链，使其能够形成逻辑，让没有接触过该项目的独立复核人员或其他人员能够清晰快速地看明白审计过程。

实务中，项目组经常会遇到这些问题：审计人员获取了大量资料和证据，但这些证据简单堆砌在底稿之后，并无索引号，很难让人理解；还有一些证据漏洞百出，可能看都没仔细看，就简单粗暴放在底稿里，毫无职业谨慎和职业怀疑态度。

（五）如何编制审计说明

对于审计助理来说，如何编制审计说明可能是最具有挑战性的工作之一，这也是最容易出现问题的地方。工作底稿需要执行审计程序和获取审计证据，均应记录审计说明，包括实施的程序、获取的证据及最终得出的结论。如何编制完整的审计说明，应该从以下五方面入手：

（1）从具体审计计划中去获取需要完成哪些工作底稿，执行哪些审计程序，获取哪些审计证据及注意事项等信息。

（2）关注工作底稿中的程序表，程序表中注明了该项目所需执行的审计程序，是否适用，以及与具体工作底稿建立索引。

（3）审计说明应简洁明了，用审计语言表达，切记不要用非专业乃至错误的语言表达。

（4）审计说明要达到"所见即所得"的效果。执行审计程序、获取充分证据、得出审计结论等事项在底稿中应一目了然。

（5）文字要素完整，表述逻辑清晰。对审计调整事项、具体如何调整的过程及相关证据应该核实清晰，并注明调整依据。

第二节　审计程序

审计程序是风险导向审计的核心内容。按照获取审计证据的目的，审计程序可以分为总体审计程序和具体审计程序两种。

在基于风险导向下的审计风险理念框架中，审计程序是指注册会计师在审计过程中的某个时间，对将要获取的某类审计证据进行收集的详细指令。它的作用包括选用何种审计程序、选取多大的样本规模、从总体中选取哪些项目、何时执行这些程序等。

审计程序的性质是指审计程序的目的和类型。审计程序的目的是实施控制测试以评价内部控制在防止或发现并纠正认定层次重大错报方面运行的有效性，实施实质性程序以发现认定层次重大错报。审计程序的类型包括检查、观察、询问、函证、重新计算、重新执行和分析程序。在应对评估风险时，确定审计程序的性质是最重要的事情。

审计程序的时间安排是指注册会计师何时实施审计程序，或审计证据适用的期间或时点。比如是在期中执行，还是临近期末执行。

审计程序的范围是指实施审计程序的数量，如抽取的样本量或对某项控制活动的观察次数。比如对应收账款前 20 名客户全部发函，对其他客户采取随机抽样。

项目组需要根据并针对评估的认定层次重大错报风险设计和实施进一步审计程序（包括审计程序的性质、时间安排和范围），使进一步审计程序和风险评估结果之间具备明确的对应关系。

当注册会计师在执行部分审计程序中遇到突发而无法实施的情况时，比如无法获取存货监盘、银行函证，无法接触被审计单位人员等。此时，注册会计师应该制定相应的应对措施，评估无法执行相关审计程序对审计报告意见类型的影响程度，并考虑是否仍能够继续保持业务关系。如果继续开展审计工作，应重新修订审计计划，在未来重新安排监盘和函证等必要的审计程序；在评估的重大错报风险较低、内部控制评价有效的情况下，利用一些远程直播的方式进行存货监盘，并在出具报告前前往现场补充监盘程序，并倒扎回直播现场盘点日完成监盘程序。

案例1-5

MY 会计师事务所在 2020 年承接 ZDM 上市公司年审时，由于 ZDM 上市公司部分存货存放在美国某港口，无法执行监盘的存货金额占财务报表资产总额比重较大，也无法执行其他替代测试予以证明，故 MY 会计师事务所在出具 2020 年度审计报告时发表保留审计意见。

一、总体审计程序

总体审计程序包括风险评估程序、控制测试和实质性程序三部分。其中，风险评估程序和实质性程序是必须执行的程序，而控制测试是否执行需要进行具体分析，如有必要或决定测试时才需要执行，否则可以不执行。

ZDM 公司规模较小，组织结构单一，公司治理和内部控制薄弱，项目组根据对现场访谈了解，对项目做了初步风险评估，准备不执行控制测试，而是直接进行实质性程序。

总体审计程序和具体审计程序的联系紧密，主要内容有：

（1）风险评估程序主要包括检查、观察、询问和分析程序。

（2）控制测试主要包括检查、观察、询问和重新执行。

（3）实质性分析程序是分析程序应用于实质性程序之中。

（4）细节测试主要包括检查、观察、询问、函证和重新计算。

值得注意的是，穿行测试并不属于具体审计程序，而是询问、观察和检查的综合体，三者需要结合使用。实质性程序包括实质性分析程序和细节测试。

（一）风险评估程序

项目组在了解被审计单位及其环境时应实施风险评估程序，这是一个动态和连续收集、更新与分析信息的过程。为了提高审计效率，项目组还可以在实施风险评估程序的同时选择实施实质性程序或控制测试。

项目组将分析程序用作风险评估程序，有助于识别未发现的被审计单位异常情况，并有助于评估重大错报风险，为设计和实施应对措施提供基础。实务中，在进行风险评估程序时必须执行分析程序，主要通过对未审的财务报表数据进行比较分析，分析前后期间的数据之间及与同行业可比数据和指标之间是否存在异常或未预期的关系。但是，分析程序仅能初步显示可能存在重大错报风险的领域，审计人员还需将分析结果连同识别的重大错报风险获取的其他信息作一并考虑。

实务中，在了解被审计单位内部控制时，审计人员要执行穿行测试，穿行测试是通过追踪交易在财务报告信息系统中的处理过程，来证实注册会计师是否对控制了解、评价控制设计的合理性，以及确定控制是否得到执行的有效手段。穿行测试只需要随机选取一个样本进行测试即可。

（二）控制测试

控制测试是指用于评价内部控制在防止或发现并纠正认定层次重大错报方面的运行有效性的审计程序。

控制测试被广泛应用于上市公司内部控制审计或整合审计业务，这类公司的普遍特点是内部控制制度较为健全、规范，内控流程复杂、控制点多变，注册会计师应当执行控制测试，并测试控制设计和运行的有效性。

（三）实质性分析程序

分析程序是指项目组通过分析不同财务数据之间、财务数据与非财务数据之间的内在关系，对财务信息作出评价。分析程序还包括在必要时对识别出的、与其他相关信息不一致或与预期值差异重大的波动或关系进行调查。分析程序可以单独使用也可以与其他审计程序结合使用。

当分析程序比细节测试更有效地将认定层次的检查风险降至可接受的水平时，项目组在财务报表审计中将分析程序用作实质性程序，此时就形成实质性分析程序。在针对评估的重大错报风险实施进一步审计程序时，项目组可以将分析程序作为实质性程序的一种，单独或结合其他细节测试。实质性分析程序更多是通过会计科目内在逻辑关系和财务比率指标关系进行对比，发现是否存在异常变化。

执行实质性分析程序需要一些财务报表分析能力，并对数据勾稽、逻辑关系、偏离值等信息保持职业怀疑态度。对资产负债表项目已经执行充分的细节测试，针对利润表项目应当多执行实质性分析程序，无论是年度、月度数据波动，还是与行业平均水平或关键财务指标的比较，都会存在一定的内在逻辑和预期趋势，一旦数据或比例存在异常，超出预期范围，审计人员应当保持警觉和特别关注。

（四）细节测试

细节测试是对各类交易、账户余额和披露的具体细节进行测试，其目的在于发现认定层次的重大错报。细节测试包括检查、观察、询问、函证、重新计算、函证和监盘（观察与检查）。

细节测试不应是孤立存在，审计过程中，很少会出现只做一个细节测试就能搞定所有程序的实质性工作底稿。往往审计人员需要综合运用多个审计程序同步进行，例如：对银行存款执行细节测试时项目组需要对银行存款执行函证程序，检查银行对账单，抽查银行日记账，检查银行未达账项，观察网上银行账户信息，重新计算外币折算为人民币，询问出纳人员银行账户开立情况并检查已开立银行结算账户清单，等等。

二、具体审计程序

如果总体审计程序是引导宏观方面，指导大方向，那么具体审计程序就是微观的，更加具体化。具体审计程序的种类包括观察、检查、询问、函证、重新执行、重新计算和分析程序，但随着环境与载体的变化，审计程序也会随着变化，如伴随科技进步而产生的 IT（信息技术）审计、数据审计等；从传统检查文件和检查有形资产发展到大数据的精准检查；从传统的分析程序到结合数据内在逻辑和外部信息的整体分析和职业判断。具体审计程序并非固定不变，而是随着经济与科技的发展而不断变化着的。

（一）询问

询问是指注册会计师以书面或口头方式，向被审计单位内部或外部的知情人员获取财务信息和非财务信息，并对答复进行评价的过程。作为其他审计程序的补充，询问被广泛应用于整个审计过程中。

知情人员可理解的范围很广，上至董事长、财务总监等高级管理人员，下到一线的基层员工，哪怕是生产工人、看守大门的门卫、矿山附近的居民、客户和供应商代表、政府机关等都可能是审计人员需要访谈的对象。那么，如何跟上述人员良好沟通是放在审计人员面前的问题，如何从他们口中能够获取想要的内容是需要技巧的，有时级别更低的人说出的话要比级别高的人的话更真实。

请审计人员时刻注意，被访谈者可能基于某种目的实施舞弊，而对审计人员提出的问题有所隐瞒，可能会用精湛的"演技"迷惑审计人员。摆在审计人员面前的问题很严峻，应该怎么办？项目组可以通过对不同层级的人员进行交叉访谈，以验证真伪，可以结合执行其他审计程序辅助核实。所以，与被审计单位人员访谈的目的是通过其他渠道获取其他审计证据进行交叉验证，如同行业资料、公司经营及财务数据进行验证。在某些情况下，询问的答复能为注册会计师修改审计程序或实施追加的审计程序提供基础。

询问是非常需要技巧的审计程序，需要洞察被访谈者的心理状态，很多经验较少的审计人员询问的问题有时会很低级或是问不到点子上，很容易让被访谈者带着节奏走，询问后的结果可能一无所获，所以对于询问程序，审计人员能够提出好的问题，就是成功了一半。审计人员一定要提前做好访谈提纲，做好询问过程中的录音和文字记录，对被访谈者说出的每句话，哪怕中间的一些停顿，一个细微的表情变化都需要保持警觉，随着访谈深入时，需要随机灵活应变，将主动权牢牢掌握在自己手中。

CPA审计经验分享

> 美国画家加里·费金在《面部表情完全指南》中曾指出："仔细观察微笑、皱眉之类的表情，我们会意识到，面部只需产生非常微弱的变化，就足以让我们意识到情绪的变化。"在访谈时，审计人员应当注意被访谈者的面部表情，面部每一个微小的变化，都可能存在重大意义。

（二）观察

观察是指注册会计师察看相关人员正在从事的活动或实施的程序。观察可以提供执行有关过程或程序的审计证据，但观察所提供的审计证据仅限于观察发生的时间点，而且被观察人员的行为可能因为观察而受到影响，这也会使观察提供的审计证据受到影响。从上述定义来看，观察程序可以广泛应用于库存现金、票据、有价证券、存货、固定资产、在建工程等资产监盘，观察生产经营和内部控制的过程，以及观察人的行为举止、眼神、动作等行为。

审计现场切身感受是最直接，也是无法取代的体验；观察被审计单位的生产经营和管理可以给审计人员最为直观的视觉冲击。不开玩笑地说，哪怕观察的是食堂和厕所，都可能反映一个公司的业绩是否良好及内部管理是否到位。例如：很难想象天天三顿喝粥，吃咸菜的上市公司的盈利状况会有多好；厕所脏乱差，苍蝇满屋飞的上市公司内部控制管理能多有效。当然，观察也要注意是否存在被审计单位刻意伪装很好的样子，等审计人员一离开又原形毕露。

耳听为虚，眼见为实。但是，被审计单位很可能动了手脚，将问题隐蔽得非常好，此时看到的都是被审计单位提前安排好的，此时如果存在这种迹象，除了睁大我们的双眼，还需要"走心"感受。

CPA审计经验分享

根据多年审计一线的体验感受，观察除了用眼，还要"走心"！从眼睛看到的，用心感受到的，不放过每一个可能存在的疑点，才能有效地识别和发现风险。例如：审计一家公司，看到公司报表上货币资金几亿元，看似不差钱，但是突然某一天停产，管理层解释说是正常停机检修。但是，审计人员在乘坐公司班车的时候，车上的员工议论昨天的停产是因为现金流断裂了，没有钱支付供应商货款，供应商断货导致停产。那么，审计人员就需要重新评价公司管理层的诚信，并需要设计相关审计程序予以核实信息真实性。

（三）检查

检查是指注册会计师对被审计单位内部或外部生成的，以纸质、电子或其他介质形成存在的记录和文件进行审查，或对资产进行实物审查。从上述定义来看，检查的内容主要是检查文件记录、检查有形资产。审计人员需要注意检查的性质、时间和范围，也要注意检查的方向，从财务账簿检查到相关协议、原始单据，还是从原始单据检查到财务账簿，检查方向不同所证明的目标和认定也存在差异。

审计人员需要了解检查的目标、认定、程序、证据之间的内在逻辑，例如：检查文件记录是表明一项资产是否存在的直接审计证据，但检查此类文件并不一定能提供有关所有权或计价的审计证据。又如：检查有形资产可为其存在提供可靠的审计证据，但不一定能够为权利和义务或计价认定提供审计证据。那么，想要证明权利和义务认定的审计证据，可能就需要执行其他的审计程序，比如检查相关产权证明。

虽然，审计人员不是鉴证真伪的技术专家，但是，审计人员应当在检查文件记录时，对一些明显违反常识性的证据有所警觉，而不应视而不见。例如：某些文件的记录（合同、发票、银行对账单、入库单、出库单、验收单等）有被篡改的痕迹；某些文件的签字或盖章不清晰或通过多个文件验证后存在明显异常；某些大额或临近期末的会计分录没有相关原始单据支撑或证据不完整；内部证据与外部证据之间存在矛盾，证据与证据之间互相"打架"，等等。

CPA审计经验分享

MY 会计师事务所为 ZDM 上市公司提供审计服务，审计人员获取的未审报表与获取的纳税申报的财务报表数据存在重大差异，而且与导出的财务账明细存在差异，经核实后发现，ZDM 上市公司存在多套账。

（四）重新计算

重新计算是指注册会计师对记录或文件中的数据计算的准确性进行核对。重新计算可通过手工方式或电子方式进行。简单说，重新计算的作用是验证被审计单位计算的数据的准确性。重新计算被广泛应用于资产的折旧和摊销、工资的计提、税费的计算，以及复杂的金融工具和融资利息的计算中；还有一些在特殊行业的应用，如游戏公司，对于用户生命周期的模型数据进行重新计算。

实务中，对于重新计算程序需要做好相应的测试模板，例如：固定资产累计折旧测试表、存货计价测试表、财务费用利息支出测试表、融资租赁利息费用测试表、金融资产投资收益测试表、商业银行的存款和贷款的利息测试表等。

CPA审计经验分享

ZDM 上市公司的存货发出计价方法为先进先出法，项目组根据公司会计政策用 Excel 函数设计了先进先出法测试模板，然后将选取的存货单品种进销存单价和数量等数据放入底稿模板中重新计算，核查相关计价数据是否存在差错。

（五）重新执行

重新执行是指注册会计师独立执行原本作为被审计单位内部控制组成部分的程序或控制。重新执行被广泛应用于控制测试中，简单说就是按流程的控制要点从头到尾独立地进行测试。我们在做控制测试，或者需要单独做内控审计的时候，重新执行程序都会用得上。

实务中，内部控制底稿的设计非常关键，也体现了审计人员技术能力的高低，将风险点、控制点、可能出错项、发现的问题、改进的建议都需要加入到控制测试底稿之中，这需要具备一定业务能力的注册会计师才能够胜任。

值得注意的是，重新执行只能用于控制测试，不适用于其他审计程序。

CPA审计经验分享

实务中，审计人员会将了解企业内部控制、执行穿行测试和控制测试都放在一个底稿里编制，是因为这些内容具有高度的关联性，虽然理论上穿行测试和控制测试存在诸多不一致的情况，但是实际操作过程中，执行控制测试与穿行测试在编制工作底稿的方式上没有实质性区别。

（六）函证

函证是指注册会计师直接从第三方（被询证者）获取书面答复以作为审计证据的过程，书面答复可以采用纸质、电子或其他介质等形式。当针对的是与特定账户余额及其项目相关的认定时，函证常常是相关的程序。但是，函证不仅仅局限于账户余额，还可以包括函证业务发生额、合同协议条款等事项。例如：函证被审计单位与第三方之间交易的发生额，函证签署协议中的具体交易条款，了解是否存在补充协议，以及核实是否存在背后协议等情况。

对于函证程序可能存在的问题和注意事项内容非常之多，下面是常见的犯错问题及注意事项（包括但不限于）：

（1）函证收发函的可靠性问题。收发函可靠性涉及范围非常广泛，审计人员、快递公司人员、被审计单位人员，被询证者等，只要上述人员不按照要求办理，收发函可靠性就一定会存在问题，这也是困扰审计人员最大的心病。

（2）函证的范围不仅可以函证余额，还可以函证交易发生额、协议条款。某些情况下，函证余额能够函证具体余额由哪些合同构成，这样更有针对性。

（3）注册会计师应当对银行存款、借款及金融机构往来的其他重要信息，以及应收账款实施函证程序，除非有充分证据表明风险很低或无效，但应当在工作底稿中进行充分记录。很多审计人员无视审计准则对函证的规定，对未发函的情况未予在底稿中说明原因。

（七）分析程序

　　分析程序是质疑思维的核心体现，它需要注册会计师要有较高的敏感性和经验积累。分析程序给注册会计师指明方向，但具体有什么问题，还需要进一步调查。

　　分析程序的要领是要跳出企业看企业，从更高的层面来分析问题。从中国证券监督管理委员会（以下简称证监会）发布的近几年受到处罚的上市公司舞弊案例中不难发现，企业舞弊主要涉及虚增资产、虚增收入、虚减成本和费用，最终达到欺诈上市、保壳或其他利益。从被处罚后的线索分析，不难发现那些曾经看似天衣无缝的报表，其实还是存在很多问题和线索可以让我们有据可查的，比如分析程序中的非财务数据与财务数据，以及证据与证据之间存在的矛盾与异常。所以我们的审计思路可以从分析程序入手，在结合询问、观察、检查、重新计算、函证等程序获取的证据来验证分析结果是否合理。

　　分析的具体对象有哪些？主要是财务信息和非财务信息。这些信息中最重要的应该是那些具有代表性的指标，指标根据行业不同各有不同，例如：传统制造业包括投入与产出比、化学方程式、产能利用率、消耗水电量与收入比、辅料消耗率等；广电行业包括 ARPU 值、实际缴费用户数；百货零售业包括坪效值；餐饮业包括上座率、翻台率等；互联网企业包括注册用户、付费用户、活跃用户、用户留存率等。当然还有审计人员不能忽视的各项财务指标，包括毛利率、资产负债率、流动比率、费用与收入比、销售净利率、存货周转率、应收账款周转率等。

　　常见的分析程序方法主要包括比较分析法、指标分解法、趋势分析法等。

比较分析法是通过财务指标数量上的比较，来揭示财务指标在数量关系和数量差异的一种方法。

指标分解法是将一定的综合财务指标分解成各分项指标，然后层层分解并找到影响该指标值的底层因素。

财务报表趋势分析是通过对企业的财务报表数据按照时间序列进行对比分析，从而正确判断企业财务状况和经营成果的演变发展的一种分析方法。它可以通过对报表项目进行趋势分析，可以按报表原数分析，可以按结构百分比进行分析，也可以通过分类对偿债能力、盈利能力等具体财务指标进行分析。

CPA审计经验分享

当审计人员拿到被审计单位的财务报表时，需要对未审数据做财务报表分析，用于计划和评估风险，对于年报审计来说，资产负债表和利润表的项目包括两期数据，我们可以做两期数据的报表原数的比较分析（比如货币资金年末数与年初数的差额变化分析），每期数据的结构百分比占比及趋势分析（比如货币资金占资产总额的比例，以及年末与年初占比的变化）等，这样做的目的是可以初步识别重大的报表项目的变化，并需要了解变化的原因是否合理；我们还可以对毛利率这样的财务比率进行指标分解，毛利率等于营业收入与营业成本之差再除以营业收入，营业收入关键的因素是售价，需要了解市场报价；营业成本关键的因素是料工费，也就是原材料成本、人工成本和制造费用，原材料需要关注耗用量、物料清单和生产耗用、行业工艺水平，外购材料采购成本价格是否公允；人工成本需要考虑人力薪酬政策、人员绩效记录，以及了解当地社会评价薪酬等；制造费用需要注意生产用固定资产折旧费用、了解生产设备及行业特征。我们还可以计算财务报表的关键性指标资产负债率、销售净利率等进行比较分析。

（八）监盘

监盘是对实物资产执行观察和检查的审计程序。由于行业不同，资产状态各异，监盘对象可能是天上飞的（飞机、卫星）、地下跑的（火车、汽车）、海里游的（虾鱼、扇贝）、地面不容易移动的（房产、大型生产线），也可能是一些现金、票据及有价证券，只要是能观察和检查的资产都应当执行监盘程序。具体涉及报表项目或科目包括存货、在建工程、固定资产、库存现金、应收票据、金融资产（有价证券）等。

对于实体行业来说，存货是极易出现由于舞弊或错误导致财务报表发生重大错报的报表项目之一，也是 IPO（首次公开募股）上市过程中重点审核对象，即使规范的企业也可能存在成本核算和存货管理的不合规之处，所以对存货执行监盘程序非常重要。

存货监盘包括检查存货以确定其是否存在，评价存货状况，并对存货盘点结果进行检查；观察管理层指令的遵守情况，以及用于记录和控制存货盘点结果的程序的实施情况；获取有关管理层存货盘点程序可靠性的审计证据。监盘程序是用作控制测试还是实质性程序，取决于注册会计师的风险评估结果、审计方案和实施的特定程序。

实务中，对于存货盘点和监盘极易出现会计责任和审计责任划分不清的情况，审计人员经常出现误解，总错误地认为盘点就是监盘。定期盘点存货、合理确定存货的数量和状况应是被审计单位管理层的责任，而实施存货监盘，获取有关存货存在和状况的充分、适当的审计证据，这才是注册会计师的责任。

CPA审计经验分享

实务中，被审计单位管理层应先做好存货盘点计划，确定好盘点时间、人员、盘点资产的范围、盘点具体地点、盘点流程和相关注意事项。管理层将做好的盘点计划提交给审计人员，审计人员根据管理层制定的存货盘点计划，制定存货监盘计划，审计人员需要对存货可能发生的重大错报风险、内部控制情况、存货盘点计划安排是否合理进行分析和论证。例如：存货存放在多个库房，盘点时间是否需要多人分组在同一时间进行盘点；如果不是资产负债表日进行盘点，如何保证将盘点日的数量倒推回资产负债表日的数量；对于盘点差异应该如何处理，是否需要复盘；对于特殊存货的盘点是否考虑利用专家的工作；对存货截止性测试的考虑，等等。

在存货监盘过程中检查存货，虽然不一定能确定存货的所有权，但有助于确定存货的存在，以及识别过时、毁损或陈旧的存货。对于存放在箱子里或有其他包装物的存货，应当采取一定的方式打开检查。

CPA审计经验分享

在库房里检查存货时，应该留心注意一下存货是否均为被审计单位所有，是否存在不在库房范围内的存货，或者库房中存放的产品不是被审计单位拥有。建议执行检查程序时，多注意查看，如果是在箱子里存放的产品，应该适当的拆箱查看，而不是简简单单的数箱子。

在对存货盘点结果进行测试时，注册会计师可以从存货盘点记录中选取项目追查至存货实物（检查是否真实存在），以及从存货实物中选取项目追查至盘点记录，以获取有关盘点记录完整性和准确性的审计证据。

实务中，我们经常采取对重点大额的存货进行全面抽盘，而对于数量较多但金额较小的存货采取随机抽取的方式检查。而且由于存货对报表项目的重要性而言非常关键，建议对高风险审计项目的抽盘比例应大于90%以上。

对于存放于第三方的存货，可以到第三方存放存货的地点进行实施监盘，如果无法到第三方存放地点实施监盘，应当实施替代审计程序，如实施函证程序。但在一些情况下，实施替代审计程序可能无法获取有关存货的存在和状况的充分、适当的审计证据。在这种情况下，注册会计师应当按照《中国注册会计师审计准则第1502号——在审计报告中发表非无保留意见》的规定，在审计报告中发表非无保留意见。

值得注意的是，审计中的困难或时间、成本等事项本身，并不能作为注册会计师省略不可替代的审计程序或满足于说服力不足的审计证据的正当理由。如果存货监盘程序遇到一些困难无法执行时，或者时间超出预计时间等情况，不能减少存货监盘的力度。

历史经验教训始终都在告诫审计人员，作为项目负责人或高级经理应当亲自到存货现场去观察一下，并找机会与仓库管理人员了解仓库管理情况，观察存货摆放是否整齐，周围环境是否良好，如有必要，可考虑到周边范围内了解一下附近居民或者生产厂长、采购员、销售员对公司仓库保管、收发货的一些舆情，例如：是否了解该公司招工启事，是否经常有货运拉货，其频繁程度如何，公司采购和销售情况如何，等等。

除存货以外，其他重要资产的监盘还应注意的事项包括：

（1）对库存现金监盘应当进行突击性检查。如果不突击检查，若被审计单位已经有所准备，则可能无法发现那些放在保险柜里不可告人的"秘密"。

MY会计师事务所承接ZDM公司年报审计业务，当对库存现金执行现场监盘程序时，在没有事先通知出纳人员的情况下，直接突击到财务室进行监盘。由于出纳事先没有准备，直接被审计人员堵在屋里，出纳神色紧张连说请找个其他时间再来，但在审计人员一再坚持下还是将监盘程序执行完毕。最终被发现保险柜中存放多个白条及老板的银行卡，账面库存现金与实盘金额存在重大差异，而出纳无法解释原因。

（2）对在建工程监盘应当辨别是否已达到预定可使用状态。由于在建工程转固之后就要计提折旧费用，所以部分企业延迟转固时间调节利润。所以，审计人员应当在监盘在建工程时多注意是否已经达到预定可使用状态，对实质性已完工的工程应进行转固处理。

CPA审计经验分享

MY 会计师事务所首次承接 ZDM 公司年报审计业务，MY 注册会计师发现 ZDM 公司每年在建工程均为年末一次性结转固定资产，与 ZDM 公司财务总监沟通了解得知，为了减少计提折旧费用，所以每年延迟到年末转固。

（3）对固定资产监盘应注意无法观察到的资产，应采取其他方法予以证实。固定资产的主要特点是具有实物形态，但部分固定资产的属性很可能存在不便于观察的情况，比如深埋地下的光缆无法实地查看，需要获取图纸和验收报告，并可能需要利用技术人员的工作进行认定。

CPA审计经验分享

MY 会计师事务所首次承接 ZDM 公司年报审计业务，MY 注册会计师发现 ZDM 公司固定资产房产众多，通过抽取部分房产后发现，其中一处房产实际已经过户给其他公司，但固定资产卡片和财务账并未做处理。通过与管理层沟通了解，该房产未处理的原因是历史原因形成，一旦处置可能需要补交大额税费。

（4）应收票据和定期存款的监盘。对于此类资产的监盘，一定要看到原件，如果不是原件是否已存在质押、背书或贴现的情况。例如：应收票据在资产负债表日后已经背书转让；定期存款已经被质押，开户证实书原件已经在银行存放。此时，应注意是否存在资金受限的情况，而被审计单位有所隐瞒并没有告知资金受限状态。

（九）截止性测试

截止性测试是确定业务会计记录归属期是否正确，防止跨期事项。截止性测试是检查程序在特定情况下的运用，主要目的是检查会计记录是否跨期。例如：对管理费用执行截止性测试，确定被审计单位管理费用业务发生的会计记录归属期是否正确，应计入本期或下期的管理费用有否被推迟至下期或提前至本期，防止利润操纵行为。

实务中，针对截止性测试需要关注以下事项：

（1）截止日前后天数的问题。一般情况下，应选择资产负债表日前后 5～10 日内的样本进行测试，如果这一期间抽查的样本较小，可以选取更长时间的样本进行测试，此时应该注意对具体报表项目业务发生的频率及财务人员入账的方法进行分析判断，而不是机械执行程序。

（2）截止日前后样本选择的问题。对于存货截止性测试，应从顺查和逆查两个方向进行检查，并对入库单、出库单应选择连续编号的样本进行核查，跳号检查很可能遗漏跨期的样本。

（十）其他审计程序

除了上述常规的具体审计程序外，实务中，还包括现场核查、舆情调查、利用专家工作、实际体验式审计等其他审计程序。

1. 现场核查

对主要客户和供应商采取现场核查的方式，实地访谈了解客户和供应商与被审计单位的交易和往来是否真实，并采取录像、录音、访谈笔录、现场亲函等方式获取审计证据。

CPA审计经验分享

由于 IPO 项目的特殊性，以及监管要求，需要对主要客户和供应商应当采取现场核查的方式获取对交易和往来的真实性、完整性和准确性。所以对于需要访谈的对象应提前做好相关准备工作，并将实施程序的过程和证据记录于工作底稿。

2. 舆情调查

利用第三方专业机构或项目组专人收集信息，对被审计单位开展舆情调查，了解公司不为人知的一些背后"故事"和负面新闻，及时了解可能对审计结论造成重大影响的信息。实务中，很多项目组对上市公司没有做背景调查，不清楚已承接的上市公司之前曾被立案调查，可能表明管理层不够诚信，由于项目组并未保持职业谨慎最终被监管机构处罚。

由于询问的对象基本上都是企业员工，此时听到的"声音"可能都是一致的，如果审计人员仍对企业真实性存疑，建议利用第三方专业机构开展舆情调查，多方了解负面消息。如果是自行调查，可以从互联网搜索关键字方式，以及暗访工厂、库房、销售网点采取蹲点记录真实生产、库存出入库和销售情况，甚至联系竞争对手采取访谈特定人群等方式询问获取被审计单位的信息。

3. 利用专家工作

利用税务专家、利用评估专家、利用行业专家，为我们不擅长的领域解开难题。但是，注册会计师需要注意对利用专家工作的结果负责，以及考虑利用专家工作时需要执行的审计程序。

对于财务报表审计业务以外的其他领域的知识和技能，注册会计师可能需要利用专家的工作。但是，注册会计师应当评价利用专家的胜任能力和独立性，对专家出具的结果进行认真核对。

4. 实际体验式审计方法

审计人员以"消费者"的角度购买被审计单位生产的产品或提供的服务，深入了解企业内部控制流程，以及产品或服务的特点，通过深度体验感受核实其产品或服务是否存在问题。

对于很多行业中的企业，审计人员都可以尝试以"消费者"的角度去了解被审计单位，比如零售、游戏、出版、电商、航空等行业都可以尝试购买或体验消费过程，进而了解销售业务的真实情况。

MY会计师事务所审计ZDM股票软件上市公司，MY注册会计师对电话录音实施了询问程序，项目组认为以普通客户名义电话询问ZDM上市公司销售人员的审计程序也可实现与抽样查听电话营销录音同样的审计目标。

第二章 编制初步业务活动工作底稿

　　本章导读：从本章开始将具体介绍如何编制审计工作底稿，编制工作底稿的核心是不能为了编而编，不能机械地执行程序和没有思考地抄写数据，审计人员应当注意编制的基本原则，并且还要注意编制中的灵活性。

　　初步业务活动是会计师事务所接受委托前需要执行的审计工作，对于会计师事务所承接客户应该严把入口关，对承接的审计项目应该严格谨慎。

本章主要讲的是审计的初步业务活动，也就是一个审计项目的起点，包括项目合伙人如何承接业务并分析和判断风险等级，初步评估被审计单位审计风险，评定风险等级，首次承接审计项目前与前任注册会计师的沟通，考虑独立性的影响、计算工时成本后签订业务约定书。

编制初步业务活动工作底稿的目的是按照审计准则的要求，在接受委托前做好上述工作，并记录于工作底稿，并通过访谈、观察、分析等程序进行初步风险评估，在独立性、专业胜任能力、管理层诚信及公司存在的各项风险加以综合判断，项目组是否能够承做。近年来，越来越多的会计师事务所在签约前的初步风险评估中已将一些"问题公司"排除在承接或保持业务之外，不允许承接或保持高风险业务，或提示项目组应更加关注或警觉，所以编制初步业务活动工作底稿显得十分重要，是控制审计风险的第一道环节。初步业务活动工作底稿编制要点见表2-1。

表 2-1　初步业务活动工作底稿编制要点

序号	基本要素	注意事项
1	初步业务活动程序表	确定是否接受委托，确定是首次承接还是连续审计，确定是否需要实施哪些程序，并做好相关底稿的索引
2	业务承接评价表；业务保持评价表	了解管理层诚信状况、初步评估风险、考虑收费回报、人员配备、前任注册会计师的沟通、业务风险分类；首次承接较为复杂需要获取更多客户背景信息
3	对高风险项目风险评估评价表（适用于高风险客户使用）	对拟 IPO 公司、上市公司、新三板、发债业务及其他高风险项目需要加强风险评估
4	独立性评价表	从事务所、项目组成员方面评价独立性
5	内幕信息评价表	调查项目组内幕信息人并登记相关内幕知悉信息
6	委派人员评价表	对委派项目合伙人、项目组成员及质控人员进行专业胜任能力的评价
7	业务承接审批表；业务保持审批表	对业务承接和保持进行审批
8	审计业务约定书签订、条款变更及应对措施	对变更业务约定书条款具体内容和理由是否合理进行判断并得出结论

审计人员通过执行初步业务活动程序和编制工作底稿能够体现会计师事务所是否严把业务承接关，项目组将搜集的被审计单位基础信息进行整理和分析，完成初步业务活动相关底稿后给项目合伙人，以及质控负责人判断风险级别，对判断能否承接该项目提供有价值的信息。会计师事务所应勇于对不该接和没能力接的业务拒绝承接。

第一节　初步业务活动程序

项目负责人应当亲自编制初步业务活动工作底稿进行风险评估，一方面是对被审计单位业务情况的初步评估，如确定风险等级，了解企业特点，确定复杂和难易程度；另一方面是针对项目组的评估，如是否具备胜任能力，是否符合独立性要求，是否具备充足的人力资源和时间完成该项审计工作。

CPA审计经验分享

初步业务活动主要是评估能不能承接业务，"能接"则"签约进场"，"不能接"则"谢谢再见"。由于承接或保持业务须由项目合伙人及项目负责人亲自参与，所以初步业务活动底稿应由项目负责人编制，由项目合伙人复核，最终上交所内质控部审核批准是否能够承接。

编制初步业务活动工作底稿程序表是将初步业务活动需要执行的程序与具体工作底稿进行索引，如果不执行或不适用应当说明理由。

值得注意的是，对于编制初步业务活动底稿时应当注意，项目业务承接和业务保持工作底稿只能编制一个，不应当同时出现既"承接"又"保持"的情况。

一、首次承接审计委托应执行的程序

首次承接审计委托应执行的程序包括初步接触评价和首次承接委托应执行的具体程序。

1. 初步接触评价

由于首次承接审计委托，以往与客户没有深入接触，所以需要与客户初步沟通并获取客户的基本情况，了解监管方面的事项，预计经济回报，以及考虑是否作为集团审计的注册会计师等事项。

2. 首次承接委托应执行的具体程序

初步接触评价之后，项目组需要进一步获取客户财务信息、经营状况、组织架构等资料，并应与客户进行会谈深入沟通了解审计目标、审计报告用途、审计范围等内容。

如果首次承接的项目是拟 IPO 公司、上市公司及其他高风险业务，还应当完成高风险项目风险评估工作底稿。

确定能够承接业务的关键性因素，包括对客户的诚信、独立性要求，与会计

师事务所提供高质量审计服务的能力，以及业务风险评估。

初步了解被审计单位的信息系统，项目组应当对 IT 环境进行评估，了解信息系统应用程序支持与财务报表相关重大业务流程的情况，项目合伙人需要考虑是否需要引入 IT 审计，并考虑引入 IT 审计所需要的成本。

考虑对项目经济回报及其他潜在或已知利益，包括经常性收费和非经常性收费。计算拟派遣人员的成本作为收费的基础。

了解前任注册会计师的情况，向前任注册会计师发函了解更换会计师事务所的原因等内容，将客户回复与前任注册会计师的回复进行核对。

预计初步业务活动完成日期。包括确定初步业务活动底稿完成时间、审计业务约定书签约时间、外勤工作开始日至结束日时间。

⊙ CPA审计经验分享

　　首次承接时需要项目组认真履行首次承接委托应执行的程序，收集和评价客户背景资料、财务和经营资料，与客户会谈了解审计目标、审计报告用途、审计范围、监管环境、IT 环境等，初步评估业务风险，判断业务风险等级；通过上述分析与检查后，若有意承接项目，应考虑独立性、专业胜任能力、经济回报、与前任注册会计师沟通后，并经过所内质控审批后，拟定业务约定书草稿并与客户沟通签约事宜，完成初步业务活动，准备派遣审计人员进场开展审计。反之，若上述存在某个环节产生问题不能承接审计项目，则终止初步业务活动。

二、连续审计应执行的程序

连续审计的含义就是连续为客户提供审计服务。例如：对于非首次承接的年报审计业务，会计师事务所连续为客户提供审计服务。

由于连续审计在以往年度出具过审计报告，已经获取比较详细的客户资料，对于历史情况比较了解，所以项目组主要关注以往年度发现的问题（比如出具非标意见审计报告提出的重要事项）是否在本年解决，以及本年度被审计单位及其环境是否发生重大变化，识别和评估本年仍存在的重大错报风险领域。连续审计可以不用重复编制初步接触评价、前后任注册会计师沟通、对高风险项目风险评估（关注本年是否发生重大变化）等工作底稿。

除上述特殊关注内容和不用重复编制的工作底稿之外，连续审计应执行的程序与首次承接审计委托应执行的程序基本一致。

值得注意的是，在连续审计业务中，这些初步业务活动通常在上期审计工作结束后不久或伴随着上期审计工作的完成时就开始了。

第二节　业务承接评价

在实务中，我们可以将审计业务的来源分成三类：

第一类为单纯的招投标业务。该项目通过公开网站披露的信息，对符合条件的会计师事务所进行评审后选择中标的会计师事务所并签约。客户按照招投标选择会计师事务所是会计师事务所最重要的业务承接方式。

第二类为推荐类业务。推荐人可能是事务所内部人士，也包括外部人士。比如会计师事务所所内人员、合作方（券商、律师、评估师等）或客户推荐的项目，这类业务也可能需要履行招投标程序。

第三类为其他方式的承接业务。比如客户根据省国资委入库会计师事务所名单主动打电话联系会计师事务所。

CPA审计经验分享

对于业务承接工作底稿是对于首次承接项目必须要由项目负责人和项目合伙人亲自编制和复核的工作底稿，部分内容可能涉及由项目质量控制复核人员及风险控制委员会编制和复核。该底稿体现了该项目在承接时对风险控制严肃性和重要性。

业务承接评价工作底稿主要内容见表 2-2。

表 2-2　业务承接评价工作底稿主要内容

工作底稿名称	注意事项
初步接触评价工作底稿	获取基本信息并与公开信息进行核对，是否存在信息差异；了解曾经是否被监管机构处罚；初步评价经济回报
作为集团审计注册会计师的考虑工作底稿	考虑组成部分的审计范围；合并过程是否复杂
业务承接详细评价工作底稿	对财务数据、管理层诚信、独立性、初步风险判断、预计收费、人员工时、前任注册会计师沟通情况、本年审计报告分类等进行综合评价，并得出结论
业务承接会谈工作底稿	与管理层进行会谈，了解审计目标、用途和范围等事项

工作底稿名称	注意事项
初步风险评估问卷调查工作底稿	针对公司财务、业务、经营、管理层诚信等情况进行问卷调查
高风险项目风险评估工作底稿	对上市公司、拟 IPO 企业等高风险业务进一步评估风险
工时成本预算工作底稿	按项目组成员构成计算工时成本和预计收费金额
接受委托，后任与前任注册会计师的沟通工作底稿	接受委托前，后任注册会计师应当与前任注册会计师进行沟通，并注意前任注册会计师对管理层诚信、意见分歧等事项的回复意见是否与项目组对管理层获知的信息存在偏差

一、初步接触客户工作底稿

初步接触客户工作底稿是审计人员在首次承接业务时，对客户基本情况的了解。初步接触客户工作底稿编制要点见表 2-3。

表 2-3　初步接触客户工作底稿编制要点

主要事项	需要客户提供或回答的内容	审计人员核查的注意事项
1. 获取被审计单位的基本信息	（1）公司法定名称（中英文）	利用天眼查等企业信息查询平台，查询公司基本信息与企业提供的相关信息是否一致
	（2）联系方式（地址、电话、传真、电子信箱、网址、联系人姓名及职位等）	关注注册地址与实际办公地址是否一致；另外需要了解生产基地、库房等地址；利用天眼查查询并点击备案的电话是否存在多个"同电话企业"（关注是否存在未披露的关联方）
	（3）组织形式、股份性质	了解是否为公司制企业、合伙制企业等；了解是否为国家股、法人股、社会公众股、外资股
	（4）证券代码	了解客户在哪个交易所上市，可以搜集相关公告；如果是拟 IPO 企业，需要了解具体发行上市的标准

主要事项	需要客户提供或回答的内容	审计人员核查的注意事项
1. 获取被审计单位的基本信息	(5) 所属行业	了解同行业细分市场，了解上下游产业链，对标可比公司
	(6) 业务性质	了解是否为国有企业、私营企业、外商企业
	(7) 主要经营业务	了解被审计单位的主营业务，并进一步获取近1~2年审计报告和财务报表，分析主营业务构成及占比，分析毛利率变化，以及收入确认、成本结转等会计政策，与同行业及会计准则规定是否相符
	(8) 治理层及管理层关键人员（姓名及职位）	关注治理层及管理层人员近年来是否频繁更换
	(9) 主要财务人员	关注财务人员职责分工、审批权限；财务人员背景调查，是否具有注册会计师资格，是否具有会计师事务所从业经验，等等
	(10) 拟委托审计所出具的报告情况	出具审计报告的截止日期；除审计报告外，是否需要出具其他鉴证报告
	(11) 组成注册会计师审计情况	集团审计中，了解组成部分注册会计师审计范围：包括公司名称、类型及营业收入、净利润、资产总额情况及占比
	(12) 其他	根据上述内容确定拟承接项目合伙人、项目负责人
2. 监管方面事项	请说明公司受到哪些监管机构的监管	监管机构包括但不限于：中国证监会、上海证券交易所、深圳证券交易所、北京证券交易所、股权转让公司、中国银行保险监督管理委员会、银行间市场交易商协会、国资委、中国人民银行等
	说明公司是否存在问题被监管机构关注，或曾接受过监管机构的调查或处理	与公司管理层沟通了解被监管机构关注、调查或处理的具体事项，了解这些问题事项是否已经解决，是否仍存在对本年审计产生重大影响的事项

主要事项	需要客户提供或回答的内容	审计人员核查的注意事项
2. 监管方面事项	如果从公开媒体及监管机构网站查询到公司曾受到公开谴责，如存在重大问题，是否重新考虑接受新客户	如果管理层并没有说明被监管机构关注、调查或处理的情况，项目组从公开媒体及监管机构网站查询到一些公开谴责以至于发现更多问题，项目组应重点考虑管理层的诚信，重新评估是否需要承接审计项目
	如果作为 IPO 申报会计师，需要考查客户获得批准上市的可能性	对于具备 IPO 审计能力的项目合伙人及项目组，在初步接触客户时，通过了解一些基本面情况后，实际上已经做到"心中有数"，客户是否存在"硬伤"以至于影响其 IPO 进程
3. 经济回报的初步估计	核实拟承接业务有无或有收费安排	鉴证业务不能存在任何"或有收费"安排
	审计收费初步估计	需要考虑 IT 审计成本预算；通过人员人数、级别、所需工时及考虑差旅费等综合因素初步估计审计收费
	项目组所需工时和成本回收率	用参与人员所需工时和小时标准收费计算项目成本，确定估计项目收费金额，计算成本回收率；若成本回收率低于 100%，应说明理由
	是否含有非审计服务收费	客户是否包括其他非审计服务收费，包括税务、培训、评估、内控评价等，并考虑是否对独立性是否产生影响

审计人员对客户管理层执行现场访谈、观察和检查程序编制业务承接评价表，综合以上初步风险评估结果，识别上述事项存在的风险，判断客户的风险等级，综合研判能否承接该项目，并需要对集团财务报表审计的特殊考虑，包括对组成注册会计师的胜任能力和必要素质，以及组成注册会计师执行的相关工作，评价集团审计项目组参与组成注册会计师的工作的程度和获取审计证据的充分性和适当性。

值得注意的是，在首次承接业务时，在被审计单位同意的情况下，拟承接项目的注册会计师应当与前任注册会计师沟通，了解更换事务所的理由，对会计处理是否存在意见分歧，更重要的是需要了解管理层的诚信状况，等等。

二、集团审计注册会计师工作底稿

由于企业组织架构的复杂性，项目组在业务承接时需要了解企业集团架构情况，包括子公司、合营企业和联营企业的构成情况，以及分公司是否独立核算，确定项目组是否为集团审计的注册会计师，了解集团层面的控制情况，了解合并报表复杂程度，了解组成部分注册会计师的会计师事务所名称、组成部分的公司名称及规模等情况。集团层面是否能不受限制的接触集团层面和组成部分的治理层和管理层，以及其组成部分的注册会计师。

值得注意的是，对于某些大型集团审计项目，由于涉及架构层级复杂，家数众多，这些大型集团往往会将其审计业务分包进行招投标，并会设计由一家主审会计师事务所承做母公司及重要的子公司，而其他公司会根据业务板块等分成不同的项目包。如果不是上述常规情况，项目组需要了解组成部分是由本所还是本所以外的会计师事务所审计，亦或是由管理层委托多家会计师事务所对组成部分审计的理由。

三、业务承接详细评价工作底稿

在初步接触评价完成，项目组在深思熟虑之后，若继续准备承接业务应当详细了解客户的情况，包括更加深入了解背景资料、获取和分析近年财务数据；深入了解公司治理层及管理层的诚信；考虑独立性及项目组提供高质量审计的专业胜任能力；考虑承接该客户后会计师事务所可能承担的风险；考虑承接项目是否违反职业道德上的规范；对于拟 IPO 企业、上市公司等高风险项目单独进行风险评估；考虑预计收费情况；与前任注册会计师的沟通；初步评估业务分类；拟出具的业务报告名称和时间；业务承接评价结论。业务承接详细评价工作底稿编制要点见表 2-4。

表 2-4　业务承接详细评价工作底稿编制要点

序号	底稿主要内容	注意事项
1	获取近两年财务报表	重点分析资产总额、负债总额、净资产、营业收入、利润总额、经营活动净流量等数据变化是否异常，以及了解主要构成因素及占比情况
2	获取主营业务情况说明	了解客户销售主要产品的商业模式、销售渠道和市场份额

序号	底稿主要内容	注意事项
3	主要股东及实际控制人的名称、地址、相互关系、主营业务及持股比例	①主要股东基本情况；②主要股东之间的相互关系③实际控制人（根据持股情况逐层追溯至最终实际控制人）；④子公司情况；⑤合营安排情况；⑥联营企业情况；⑦分公司名称、地址、主营业务
4	公司主管税务局	了解税种范围、增值税资质、纳税等级、欠税记录
5	客户法律顾问或委托律师	向法律顾问或律师了解公司涉诉信息
6	客户常年会计顾问（机构、经办人、联系方式）	了解常年会计顾问的基本情况、向公司提供何种服务
7	承接该业务的风险分析	通过初步承接会谈了解可能存在的财务和经营风险
8	了解管理层的诚信	①基于对已获取的信息，是否对管理层产生怀疑；②考虑客户所从事的经营性质，是否对诚信度降低；③客户是否过于压低审计收费；④存在审计工作范围受限的迹象；⑤客户或管理层以往或正在被监管机构调查；⑥管理层是否接受前任注册会计师的提出的改善建议；⑦关键管理人员及会计师事务所是否频繁更换；⑧客户所属行业经常出现舞弊或非法行为
9	独立性及高质量服务能力	分别评价会计师事务所层面、项目组层面的独立性；对派遣的项目组成员的胜任能力进行评价；分析和评价是否存在影响独立性和胜任能力的情形
10	预计经济回报	对有形回报和无形回报进行分析，判断收益与风险是否匹配
11	初步风险评估	对财务信息、经营环境、业务状况、所有权结构等事项可能引发的风险进行评估
12	人员配备情况	考虑拟派遣人员的人数、级别、工时等，是否足以满足开展工作的要求
13	前后任注册会计师的沟通	后任注册会计师在征得被审计单位同意后，与前任注册会计师进行沟通，主要了解更换会计师事务所的真实理由、前任注册会计师对管理层诚信的评价、是否与客户发生意见分歧，以及如何解决等事项

序号	底稿主要内容	注意事项
14	业务分类和出具报告的名称	根据上述获取的项目信息及委托方要求等，判断业务风险，得出业务分类结论；根据业务委托，描述业务报告名称、报送对象、报告分类级别、分类依据
15	预计完成业务承接的时间	描述业务承接工作底稿的预计完成时间；预计签订业务约定书的时间；预计外勤工作开始日的时间
16	业务承接评价结论	项目合伙人经过深思熟虑，项目合伙人已对管理层诚信、接受该客户对本所带来的风险，提供高质量的服务能力及独立性等事项进行充分考虑后，认为本所能否承接该业务作出最终的决定

四、业务承接会谈工作底稿

无论是首次承接还是连续审计，项目组均会与管理层在开始正式审计之前进行会谈，会议的主要内容包括首次或连续审计委托相关事项讨论，项目组初步判断的重点关注的审计领域，可能作为关键审计事项的业务承接会谈工作底稿编制要点见表2-5。

表 2-5　业务承接会谈工作底稿编制要点

序号	基本要素	注意事项
1	审计的目标	除了年度审计报告外，是否还需要出具其他审计或审核报告。例如：IPO审计时需要出具三年及一期审计报告、原始财务报表与申报财务报表差异情况的专项审核报告、非经常性损益专项审核报告、内部控制审计报告、主要税种纳税情况的专项报告等
2	审计报告的用途	了解报送审计报告的对象及用途
3	管理层对财务报表的责任	强调管理层的会计责任，并区分审计责任
4	审计范围	明确审计范围，公司数量、合并范围等
5	利用IT审计的工作安排（若需要）	了解IT环境，并初步判断是否需要利用IT审计工作
6	项目组初步判断的重点关注的审计领域	针对收入确认、成本核算，以及货币资金、往来款等会计核算，与管理层初步判断重点关注领域，这些内容可能成为关键审计事项

序号	基本要素	注意事项
7	执行审计工作的安排，包括出具审计报告的时间要求	与客户沟通后将派遣人员、进场审计时间安排进行充分沟通
8	审计报告格式和审计结果的沟通形式	以发送沟通函的方式记录对审计报告及审计结果的整个过程
9	管理层提供必要的工作条件和协助	现场审计时提供必要的工作场所和及时提供审计证据
10	注册会计师不受限制地接触任何与审计有关的记录、文件和重要的其他信息	需要与客户深入沟通和解释为何承接时需要这些记录、文件和重要的其他信息，以达到能够不受限制地接触
11	审计收费	与管理层沟通预计审计收费金额、结算方式

会议记录应当记载会议时间、地点、主持人、参加人员，并保存好签到簿。

五、初步风险评估问卷调查

初步风险评估问卷调查目的是项目合伙人在获取财务数据、经营环境、客户业务、内部架构等资料，进行初步风险评估判断风险等级之用。初步风险评估问卷调查编制要点见表2-6。

表2-6 初步风险评估问卷编制要点

序号	业务承接关注点	风险评估具体事项	审计提示
1	财务现状及现金流	①客户是否对新增债务或资本有明显需求	如有则风险较高，特别是现阶段针对民营企业发债项目
		②现金流量是否能够满足日常经营及偿还到期债务	如否则说明风险较高
		③贷款是否逾期或其他违约情况	如是则说明风险较高
		④销售毛利率、资产负债率及其他主要财务指标与同行业上市公司相比偏离程度较高	如是则说明企业经营风险较高
		⑤涉及较为复杂的会计处理	如是则说明风险较高
		⑥是否存在重大关联方交易事项	如是则说明风险较高
		⑦销售收入、净利润是否存在近几年恶化趋势	如是则说明风险较高

序号	业务承接关注点	风险评估具体事项	审计提示
1	财务现状及现金流	⑧与财务处理相关的重大流程是否存在高度依赖自动化的应用系统，IT系统是否较为复杂	如是则风险较高，还需要考虑是否需要IT审计
2	经营环境	①客户是否处于产能过剩制造业、夕阳产业、农林牧渔业、文化传媒与教育行业、游戏业等固有风险较高的行业	如是则说明风险较高
		②国家宏观调控是否对客户影响较大的行业	如是产能过剩的行业、房地产行业等则风险较高
		③法律及监管环境是否存在对客户不利影响	如是则说明风险较高
		④客户所属市场是否因科技创新而导致客户市场占有率下降	如是则说明风险较高
3	客户的业务	①客户的业务是否依赖主要客户或供应商	如是则说明风险较高
		②客户是否存在大量非日常关联方交易，或存在大股东占用资金	如是则说明风险较高
		③管理层是否对经营业绩十分敏感，对会计利润过度追求最大化	如是则管理层舞弊风险可能较高
		④客户是否存在重大负面舆情，对公司经营产生影响	如是则说明风险较高
		⑤客户以及客户的产品是否被监管机构调查或被起诉	如是则说明风险较高
		⑥客户是否存在重大违法违规情形	如是则说明风险较高
4	股东与管理层	①是否存在董监高长期缺位，或存在高流动现象导致治理混乱	如是则内控不健全可能风险较高
		②股东和管理层是否存在被列为失信人	如是则说明风险较高
		③控股股东及一致行动人是否存在高额质押股权情况	如是则说明风险较高

序号	业务承接关注点	风险评估具体事项	审计提示
4	股东与管理层	④控股股东是否存在与其他公司对赌情况	如是则说明风险较高
		⑤是否存在对股东、管理层诚信的质疑现象	如是则说明风险较高

对上述具体内容进行风险评估，得出每一大项的风险评估结果，经过综合分析研判初步风险评估的整体风险。除上述内容外，在初步风险评估问卷调查的基础上，项目合伙人应当综合其他信息确定业务风险等级，需要考虑以下事项：

（1）审计报告的用途不同，可能在事务所内部风险管理的级别也有所不同，比如是否用于公开市场的披露风险级别会有所不同。

> **CPA审计经验分享**
>
> MY会计师事务所承接ZDM上市公司年审业务，被所内确定为A类业务风险；之后又承接ZDM上市公司专项审计业务，此时该专项审计报告的用途并非公开披露，所内将专项审计业务的风险管理级别调整为B类。

（2）审计范围不同，评估风险的范围不同，可能涉及集团审计与组成会计师的沟通等事项。

> **CPA审计经验分享**
>
> 涉及集团审计时，项目合伙人应当了解集团内下属公司是否均由本所审计，还是部分由其他会计师事务所审计，需要了解组成部分会计师的情况，以及能否不受限制的接触组成部分管理层和注册会计师。

（3）强调管理层对财务报表的责任，与审计责任进行严格区分。

> **CPA审计经验分享**
>
> 某些公司的管理层不清楚管理层责任和审计责任，项目合伙人有责任和义务将二者的区别跟管理层强调清楚，防止出现误解。

（4）注意出具报告的时间要求，评估审计时间是否充裕，是否存在可能影响审计质量的情况。

时间就是金钱，审计人员付出的时间多少可能会影响审计质量的高低，项目合伙人应当考虑能够完成业务的必要时间。某些项目合伙人承接业务没有考虑时间要求，最终导致无法按时完成审计工作，失信于客户。

（5）审计收费不能存在或有收费，不合理的低价和高价（不合理低价没有质量保证，不合理高价可能购买审计意见）都可能存在审计问题。

项目合伙人应当注意签署业务约定书时千万不能出现或有收费条款，审计收费的标准应当能够反映出高质量服务的价值。某些项目合伙人为了抢占市场，采取不合理的低价竞标，即便符合事务所的战略目标，但绝不利于长期发展。

（6）工时预算是根据项目组派遣人员的职级、人数，以及在审计各阶段需要花费的工时和收费标准计算得出的。

实务经验高低影响着审计效率和质量。项目合伙人需要考虑派遣人员的职级和经验，作为计算审计收费的基础。某些项目合伙人为了节约成本，仅派遣一些职级低和经验少的审计人员在现场审计，这样的业务质量很难保证。

（7）项目合伙人应该初步评估被审计单位所有权及管理层、业务环境、业务及营运、财务情况及其他特有因素，依此判断承接该项业务的风险程度。

项目合伙人应当深思熟虑，并判断承接该项目的风险程度，以及面临哪些重大风险。部分项目合伙人风险意识淡薄，不重视初步业务评估，最后风险只能自行承担。

六、对高风险项目风险评估工作底稿

对于重大高风险业务，会计师事务所应制定业务承接制度，严格把控入口关，项目合伙人不能仅考虑短期经济利益而承接项目，应当勇于拒绝承接重大高风险业务。

　　MY 会计师事务所在给 ZDM 上市公司的回复中，明确说明受到现场时间及人员调配不足等压力，不符合会计师事务所立项承接要求，故拒绝承接 ZDM 上市公司年报审计业务。

　　项目组需要对高风险项目进行风险评估并作出分析判断能否承接，以达到初步业务活动的目标。对高风险项目风险评估的关键内容包括：①业务模式、销售模式及主要风险识别；②特殊的会计问题及应对措施；③特殊的审计问题及应对措施；④项目组人员组成和项目组人员过往审计经验；⑤确保排除职业怀疑的其他措施；⑥对总体风险进行评估的结论。

　　在编制初步接触客户工作底稿和业务承接详细评价工作底稿的基础上，高风险项目风险评估工作底稿具体内容包括：

　　（1）了解被审计单位的主要业务。项目组应当获取被审计单位主要经营业务或产品，例如：了解商业模式，了解主要业务流程；了解生产经营主要业务分部，集中还是分散于哪些省份和城市；了解公司主要采购模式和供应商前五名采购额和应付账款余额（至少两年数据）；了解公司产品生产模式、生产工艺和成本核算方法；了解公司销售模式和客户前五名销售额和应收账款余额（至少两年数据）。

　　（2）了解被审计单位所处行业及上下游产业链情况。项目组需要通过人员访谈、公司简介、第三方机构出具调研报告等资料了解被审计单位所处行业情况，包括公司行业基本情况、行业前景、同行业可比公司现状、公司在行业中地位，以及了解公司上下游产业链的基本情况、上下游行业前景、公司与上下游之间的议价能力、是否存在股权关系等。

　　（3）了解被审计单位收入确认和成本结转的会计政策及其他特殊会计处理问题。项目组需要获取和评价收入确认、成本核算（归集、分配和结转等），以及其他特殊会计处理的会计政策；了解管理层如何运用重大会计估计和会计判断的事项等。

🧑 CPA审计经验分享

　　由于营业收入和营业成本是企业利润表最重要的项目之一，所以收入确认和成本结转是审计最为关注的。尤其是某些公司制定的会计政策与同行业对比比较激进，比如存在验收环节的情况，大部分公司以双方验收合格后出具验收单确认收入，而部分公司则以发货确认收入，这样的收入确认会计政策就比较激进，可能存在提前确认收入的风险。还有些公司的成本核算较为粗糙，成本费用归集和分配与实际产品的流转不一致，尤其是在产品的归集和分配，导致实物、业务和财务都存在差异。

（4）了解主要资产的权属。项目组需要了解被审计单位的房产、土地、主要设备等权属关系（包括租赁方式取得）。

🔍 CPA审计经验分享

对于长期资产，尤其是固定资产、无形资产、使用权资产等，都会与资产的产权有关，有些固定资产、无形资产可能没有产权证明，项目组需要核实原因，并需要了解是否存在资产受限的情况。使用权资产只有资产的使用权，所以需要获取并检查租赁合同。

（5）税务情况。项目组需要了解被审计单位享受的税收优惠、重大不确定性税务事项，以及复杂的递延所得税的会计处理。

🔍 CPA审计经验分享

项目组需要考虑客户是否享受税收优惠，以及税收优惠对客户利润的影响。对于增值税、企业所得税、土地增值税等重要税种核实是否存在重大不确定性税务事项，是否可能存在补缴税费的情况。另外，也需要考虑客户是否存在复杂的递延所得税会计处理，不管是资产还是负债，是否存在大量报表项目的账面价值与计税基础之间存在暂时性差异，进而确定递延所得税的情况。

（6）对信息系统依赖程度的评估。项目组需要了解财务报表对信息系统依赖程度，比如存货、收入的确认需要高度集成的信息化系统。对于高风险业务，项目合伙人考虑是否需要进行 IT 审计，项目组应当编制 IT 环境评估工作底稿并交由 IT 审计部门负责人，审批是否必须执行 IT 审计。

🔍 CPA审计经验分享

MY 会计师事务所制定业务承接流程，要求所有高风险业务立项前必须经 IT 审计部门对项目的 IT 环境进行评估，并由 IT 审计部门负责人签署意见是否强制要求执行 IT 审计。

（7）或有事项。通过中国裁判文书网、天眼查等公开信息网站查询公司存在的诉讼、仲裁和处罚等事项。

CPA审计经验分享

　　项目组应当独立通过对相关网站的公开信息检索已披露的法律风险。

（8）关联方情况。获取重要关联方清单及关联方交易发生额，并关注关联方交易是否频繁，金额占比是否重大。

CPA审计经验分享

　　对于关联方的风险识别，一定要合理运用职业怀疑。除了索要客户的关联方清单，项目组也需要识别是否存在隐蔽的未披露的关联方。

（9）客户诚信与负面舆情。通过公开信息及小道消息等多方面了解公司诚信情况，包括中国裁判文书网、全国法院被执行人名单网，以及在搜索引擎、网络社区、自媒体、当地居民暗访等相关信息多方面搜索负面舆情，多角度了解企业的真实情况。

CPA审计经验分享

　　在互联网时代，公开媒体、自媒体资源非常丰富，只要有一些风吹草动在互联网上都会留下痕迹，审计人员对于拟 IPO 企业、上市公司审计等资本市场业务应当派遣专人搜集公司舆情，并通过搜集的相关信息客观评价公司诚信。

（10）项目风险初步评估。通过获取的资料进行项目风险初步评估，包括行业政策风险、税收政策风险、企业业务风险、财务核算风险、企业内部控制风险等。

CPA审计经验分享

　　术业有专攻，并不是所有的注册会计师都能够胜任上市公司审计业务。识别和评估风险非常考验注册会计师的专业胜任能力，所以项目合伙人和项目负责人应当具备丰富的上市公司审计经验才能够有效识别和评估重大错报风险，而不是机械地编制底稿完成风险评估工作。

（11）应对风险的相关措施。应对风险的相关措施是通过初步评估项目风险，设计总体应对措施和进一步审计程序。

（12）项目组成员构成及以往审计经验。主要考察项目组的专业胜任能力，包括审计项目组派遣人员构成人数（注册会计师人数、骨干成员人数），以及项目合伙人、项目负责人和骨干人员从业经历和从业年限等情况介绍。

七、工时成本预算工作底稿

　　对于以营利为目的会计师事务所来说，长期以不合理的低价获取业务只能导致行业恶性竞争，而不合理的低价最终结果是出具低质量的审计报告。

　　精准计算人工工时及成本费用能够给项目合伙人与客户洽谈收费提供基础，项目组在编制工时成本预算的具体要求包括：

　　（1）将项目组成员按照职级划分为项目合伙人、授薪合伙人、高级经理、经理、项目经理、审计助理等。

（2）按照审计流程细分为具体审计阶段，并细分工作任务，填写项目组成员在每个工作任务上预计消耗的工时。例如：授薪合伙人（项目负责人）在初步业务活动工作阶段，了解客户基本情况时花费了 2 天，那么就应当在该位置填写 16 小时（2×8 小时）。

（3）如果需要执行 IT 审计，则工时成本预算也需要考虑 IT 审计工时成本。

（4）统计好每项工作任务的工时之后，按照会计师事务所内部人员级别对应的标准工时计算费用合计，通过计算总费用后，最终确定建议收费金额。

CPA审计经验分享

由于部分省市注协发布的会计师事务所收费标准仍为 20 世纪 90 年代所制定，如果项目组按照此收费标准的计算收费很可能会存在小于按照目前人工成本计算的收费金额，所以需要项目合伙人参考当地注协发布的收费标准，也需要同时参考会计师事务所最新的职级人员标准计算的人员成本，通过综合对比分析之后，最终确定建议收费金额。

八、后任与前任注册会计师沟通工作底稿

根据《中国注册会计师审计准则第 1153 号——前任注册会计师和后任注册会计师的沟通》第七条规定："接受委托前，后任注册会计师应当与前任注册会计师进行必要沟通，并对沟通结果进行评价，以确定是否接受委托。"当被审计单位变更会计师事务所时（正在进行变更或已经变更），后任注册会计师认定编制要点见表2-7。

表 2-7　后任注册会计师认定编制要点

序号	谁是后任注册会计师	审计提示
1	在签订审计业务约定书之前，正在考虑接受委托的注册会计师	正在考虑接受委托就算后任注册会计师
2	在签订审计业务约定书之后，已接受委托接替前任注册会计师执行财务报表审计业务的注册会计师	实质和形式上均构成后任注册会计师

前任注册会计师和后任注册会计师是就会计师事务所发生变更时的情况而言。在未发生会计师事务所变更的情况下，同处于某一会计师事务所的不同注册会计师不属于前任注册会计师和后任注册会计师的范畴。

按照审计准则的规定，后任注册会计师在获取被审计单位的同意情况下，应当

给前任注册会计师发函确认具体事项。后任注册会计师发函确认事项编制要点见表 2-8。

表 2-8　后任注册会计师发函确认事项编制要点

序号	确认事项	审计提示
1	在贵所历年审计某公司财务报表及财务报告内部控制的过程中，是否发现该公司管理层存在正直和诚信方面的问题	管理层诚信是注册会计师能否承接审计业务的关键考虑要素，得到前任的答复之后，再结合与观察和询问管理层的感受核实是否吻合
2	贵所在历年提供审计服务中与该公司管理层在重大会计、审计等问题上存在的意见分歧	尤其关注某些会计、审计问题是否对本期审计是否仍存在影响，这种意见分歧对本期审计报告意见类型的影响
3	贵所向该公司治理层沟通的管理层舞弊、违反法规行为，以及值得关注的内部控制缺陷	内部控制缺陷可能涉及舞弊及重大错报风险，需要重视前任注册会计师的回复，以及后任会计师审计过程中重视内控是否存在缺陷
4	鉴于贵所对某公司长期的了解，贵所认为导致该公司变更会计师事务所的原因	核实前任注册会计师回复的变更原因与公司回复或公告内容是否一致
5	提请后任注册会计师关注的其他重要事项	如果必要，可以提出一些其他重要问题或注意前任注册会计师是否回复其他重要事项

此处主要说明接受委托前，在后任注册会计师的角度去执行相关程序。

CPA审计经验分享

后任注册会计师应当详细了解前任注册会计师的基本信息，变更会计师事务所的真实原因，以及最近三年变更会计师事务所的频率。

值得关注的是，作为后任注册会计师不仅要关注前任注册会计师的基本情况，也要注意前任的前任注册会计师变更情况，是否存在一个会计年度内，被审计单位连续变更多次会计师事务所的情况，此时，作为后任注册会计师应当更加谨慎承接。

通过前任注册会计师的回复与被审计单位管理层的回复进行分析核对，重点关注是否存在回复不一致的情况。项目组应当对沟通结果进行认真评价，再考虑是否接受委托。历史总是惊人的相似，回顾被处罚的会计师事务所案例，一家公司发生多年财务舞弊，前前后后两家或多家会计师事务所均被监管机构处罚，处罚的内容几乎一样，前任注册会计师辞任的时候真的不清楚被审计单位财务舞弊的情况吗？还是另有隐情？前后任注册会计师有没有认真履行沟通程序？这些都是需要每位审计人员思考的问题。

第三节　业务保持评价

在连续审计的情况下，在上一次审计结束之后，下一年的年度审计已经开始，对于连续审计客户的初步业务活动来说，可以关注本年与以前年度是否发生过变化，以及本年可能新增的经营、财务、宏观环境是否对公司存在影响。

业务保持工作底稿编制要点见表 2-9。

表 2-9　业务保持工作底稿编制要点

序号	具体事项	审计提示
1	上年度审计发现的重大问题是否已经在本期解决	重点关注重大问题对本年审计意见的影响
2	客户的诚信、经营风险、财务状况是否发生变化	不要轻信以往"经验"，注意一定要重新审视
3	项目组的时间、人员安排、专业能力、独立性，以及预计收费是否发生变化	发生变化要及时作出调整，认真核实

一、上年度审计发现的重大问题

在连续审计过程中，项目组可能发现被审计单位在以往年度存在某些内部控制缺陷，以及某些会计、审计重大问题，导致项目组出具非无保留审计意见审计报告，或者针对某些内部控制缺陷认定为重大缺陷或重要缺陷，以至于影响报表数据，此影响具有广泛性。

在本年度考虑业务保持阶段，应当重点关注上年度审计发现的重大问题是否已经解决，或者尚未解决的情况下对本年度审计的影响。

CPA审计经验分享

连续审计过程中，常常会存在项目组高估自身能力，认为以往发现的审计问题不会存在重大错报风险。然而，当资金链断裂就会引发公司出现重大的经营风险，某些上市公司就会铤而走险进行财务舞弊。通过对被处罚案例复盘，如果项目组能够重视以往年度长期审计积累的重大问题，实际上就可以起到风险提示的作用。

二、客户的诚信、经营风险和财务状况

在连续审计过程中，项目组可能自认为客户的诚信是不变的，然而这只是项

目组的一厢情愿。客户的诚信、经营风险和财务状况每年都需要重新评价，根据当前的经济形势、行业趋势、企业发展进行多方位、多角度的衡量。

CPA审计经验分享

　　很多项目组常年给客户提供审计服务，自认为对管理层的诚信情况非常熟悉，不会存在舞弊问题。然而，某上市公司当年遇到重大经营困难，早已经开始预谋施展"财技"美化报表，然而项目组没有做好业务保持评价工作，并未识别出公司发生的经营风险，最终导致审计失败。

三、项目组的时间和人员安排变化后调整

　　由于项目组每年都会有一些项目和人员调整（包括人员离职、新增重大项目等），所以一旦项目组的时间、人员安排发生变化，此时就需要重新对项目组的预定审计计划进行及时调整，比如能否保住充足的时间、足够的人员，专业胜任能力能否达标，是否违反独立性和重新计算本年的预计收费。

CPA审计经验分享

　　MY审计团队所在A项目的项目合伙人及主要审计人员本年新增B项目，而且部分人员出现离职，所以需要在两个项目上进行人员调配，以及补充新员工尽快熟悉工作情况。此时，项目负责人应当及时对上述变化作出调整，落实上述事项，并完成业务保持工作底稿。

第四节　独立性评价

　　永远不要因为利益而出卖自己的灵魂，否则，良心会受到谴责。独立性是审计人员的灵魂，审计人员必须坚持独立性原则。

一、独立性是审计人员的灵魂

　　影响独立性的事项可以分为会计师事务所层面和项目组成员两个层面，会计师事务所层面的独立性评价应该由项目合伙人亲自编制，项目组成员的独立性评价应该由项目经理以上人员亲自编制。

　　影响独立性的因素有很多，包括自身利益、自我评价、过度推介、密切关

系、外在压力等，这些都是职业道德守则规范的内容，项目合伙人及项目经理应当在编制独立性评价底稿时注意项目组成员是否存在上述情况，如果存在影响独立性的事项则考虑采取适当的防范措施，比如轮换项目合伙人或高级员工，或者要求加强实施质控复核等。

案例2-2

MY 会计师事务所签字注册会计师因轮换问题被处罚。在 ZDM 公司财务报表审计中存在以下问题：MY 作为 ZDM 公司 2015 年度至 2020 年度财务报表审计报告的签字注册会计师，为其连续提供审计服务超过五年，且不属于两名签字注册会计师同时服务达到五年可由一名签字注册会计师延期服务一年的情形。

编制底稿人员应从独立性的各项要求认真完成"独立性评价表"，分析是否存在对独立性的损害，评估对独立性的威胁和相关防范措施，并根据研判是否具备独立性，需要经过项目合伙人审批通过。

需要按照独立性的各项要求，与参与项目的成员沟通并填制完成问卷调查，调查是否可能存在对独立性的威胁。

编制底稿时还应关注除了审计业务以外，是否与被审计单位存在非审计项目，记录工作内容及收费，判断是否存在对独立性的威胁。

值得注意的是，在评价注册会计师综合素质时，能力方面固然重要，然而排在第一位的永远是职业操守。

二、独立性特别关注的事项

审计人员应当重视对独立性的评价，以下为需要特别关注的事项：

（1）事务所或项目合伙人是否过分依赖向客户收取的全部费用。

（2）事务所或项目合伙人是否担心可能失去某一重要客户。

（3）公开发行、上市公司等本所重大项目的签字会计师是否遵循定期（五年）轮替的要求。

（4）由于客户员工对所讨论的事项更具有专长，事务所或项目组成员是否面临服从其判断的压力。

（5）审计客户是否表示，如果会计师事务所不同意对某项交易的会计处理，则不再委托其承办拟议中的非鉴证业务。

独立性包括内在和外在两层含义，一种是内在担心失去客户利益受损，另一种是外在客户威逼利诱让你就范。从这两方面分析，如何保持内在和外在的平衡关系是非常难的事情，需要审计人员能够打开格局，不违反职业道德，坚守底线。

第五节　内幕信息评价

对于有机会接触上市公司相关审计业务的审计人员，还需要对了解的内幕信息进行保密，切不可一时大意将内幕信息违反规定透露给他人或自己谋取经济利益。

内幕信息，是指《中华人民共和国证券法》（以下简称《证券法》）所规定的，涉及上市公司的经营、财务或者对公司股票及其衍生品种交易的市场价格有重大影响的尚未公开的信息，以及《证券法》第八十条第二款、第八十一条第二款所列重大事件。

《证券法》第八十条第二款：

（一）公司的经营方针和经营范围的重大变化；

（二）公司的重大投资行为，公司在一年内购买、出售重大资产超过公司资产总额百分之三十，或者公司营业用主要资产的抵押、质押、出售或者报废一次超过该资产的百分之三十；

（三）公司订立重要合同、提供重大担保或者从事关联交易，可能对公司的资产、负债、权益和经营成果产生重要影响；

（四）公司发生重大债务和未能清偿到期重大债务的违约情况；

（五）公司发生重大亏损或者重大损失；

（六）公司生产经营的外部条件发生的重大变化；

（七）公司的董事、三分之一以上监事或者经理发生变动，董事长或者经理无法履行职责；

（八）持有公司百分之五以上股份的股东或者实际控制人持有股份或者控制公司的情况发生较大变化，公司的实际控制人及其控制的其他企业从事与公司相同或者相似业务的情况发生较大变化；

（九）公司分配股利、增资的计划，公司股权结构的重要变化，公司减资、合并、分立、解散及申请破产的决定，或者依法进入破产程序、被责令关闭；

（十）涉及公司的重大诉讼、仲裁，股东大会、董事会决议被依法撤销或者宣告无效；

（十一）公司涉嫌犯罪被依法立案调查，公司的控股股东、实际控制人、董事、监事、高级管理人员涉嫌犯罪被依法采取强制措施；

（十二）国务院证券监督管理机构规定的其他事项。

《证券法》第八十一条第二款：

（一）公司股权结构或者生产经营状况发生重大变化；

（二）公司债券信用评级发生变化；

（三）公司重大资产抵押、质押、出售、转让、报废；

（四）公司发生未能清偿到期债务的情况；

（五）公司新增借款或者对外提供担保超过上年末净资产的百分之二十；

（六）公司放弃债权或者财产超过上年末净资产的百分之十；

（七）公司发生超过上年末净资产百分之十的重大损失；

（八）公司分配股利，作出减资、合并、分立、解散及申请破产的决定，或者依法进入破产程序、被责令关闭；

（九）涉及公司的重大诉讼、仲裁；

（十）公司涉嫌犯罪被依法立案调查，公司的控股股东、实际控制人、董事、监事、高级管理人员涉嫌犯罪被依法采取强制措施；

（十一）国务院证券监督管理机构规定的其他事项。

以《上海证券交易所上市公司自律监管指引第 2 号——信息披露事务管理》的相关规定为例，项目组承接上市公司发生收购、重大资产重组、发行证券、合并、分立、分拆上市、回购股份等重大事项均涉及内幕信息。

项目组应当根据上述规定编制内部信息知情人登记表，并经复核后将该表报送给上市公司。会计师事务所和项目合伙人应当强调对于接触内幕信息的项目组成员保持独立性，不能泄露内幕信息。项目负责人应当评价项目组成员是否存在违反内幕信息的情形。

内幕信息知情人登记表（示例）见表 2-10。

表 2-10　内幕信息知情人员登记表（示例）

序号	姓名	身份证号码	单位名称	部门	职务	与上市公司关系	知悉内幕信息时间、方式	内幕信息的内容与所处阶段	登记人和时间
1	MY	210***	MY事务所	审计六部	授薪合伙人	提供服务的专业机构	知情第一时间；会谈、电话、邮件等	商议、合同订立、内部报告	按实际登记情况填报

值得注意的是，不同交易所的内幕信息知情人登记制度可能略有不同，项目组应当与上市公司负责内幕信息申报人员沟通，并按交易所的规定编制内幕交易知情人登记表及内幕信息评价工作底稿。

第六节　委派人员评价

对项目组委派的项目组成员可大致分为三类，一是项目合伙人；二是项目经理（包括项目负责人和其他项目经理）；三是审计助理。项目合伙人应当由业务发展部委派具有一定的管理能力、沟通能力、技术专长，以及具备类似行业审计经验的合伙人担任。其他项目组成员应当由项目合伙人委派，项目合伙人委派的项目经理和审计助理人员需要熟悉相关行业或业务对象，具备足够的专业胜任能力，能够保证时间的充足，具备足够的知识和必要的技能，等等。

值得注意的是，2022 年 12 月 26 日，中国注册会计师协会（以下简称中注协）修订印发《中国注册会计师行业人才胜任能力指南》，该文件对会计师事务所助理人员的胜任能力、注册会计师的胜任能力、非管理合伙人的胜任能力等应熟悉及掌握的技能和知识提出了具体要求。

案例2-3

MY 会计师事务所制定内部文件规定：对上市实体的审计或金融企业审计，需要签字注册会计师具备足够的胜任能力才能有资格签署报告的资格，包括证券业务资格或金融业务资格，上述两种资格需要在会计师事务所内部通过考核才能获取，否则不具备相应资格的注册会计师无法签署证券业务或金融业务审计报告。

委派人员评价工作底稿编制要点见表2-11。

表 2-11　委派人员评价工作底稿编制要点

序号	具体事项（举例）	适用人员	审计提示
1	是否具有项目管理的丰富经验	项目合伙人	项目执行能否顺利主要靠管理，管理团队的能力是考核项目合伙人能力最为关键的要素之一
2	是否具有良好的沟通能力	项目合伙人	虽然审计报告最终以纸质呈现，但中间的过程大部分需要面对面沟通，良好的沟通能力是项目成功的关键
3	是否具备类似行业审计经验	项目合伙人	术业有专攻，并不是每位项目合伙人都是通才，不同行业业务差异很大，项目合伙人也需要多年深入研究积累形成行业经验
4	是否具备足够的技术能力	项目经理	技术能力是注册会计师的核心竞争力，项目经理需要具备足够的技术能力解决面临的问题
5	是否具备一定的职业判断能力	项目经理	项目经理能够在解决问题、作出判断、作出决定和得出合理结论时，通过专业能力减少偏见
6	是否具备强有力的执行能力	审计助理	助理人员要的就是执行力，按照具体审计计划及项目经理的安排执行审计程序
7	是否具有足够的专业素质	审计助理	助理人员执行审计程序和获取审计证据也需要具备一定的职业判断，知其然并知其所以然
8	是否遵守职业道德要求	审计助理	加强助理人员对职业道德培训和督导，这也是对职业素养的基本要求

所有项目组成员都需要注意：项目组是否拥有足够的时间和精力完成审计项目工作，是否具备足够的职业判断能力和具备复杂环境下识别风险的能力。具备足够的资源和时间应当是高质量承接业务的底线。

案例2-4

MY 会计师事务所年报审计业务发现，M 注册会计师一人签署近四十家新三板公司审计报告，很难保证相关人员投入足够的时间完成审计工作。还有 Y 注册会计师受到行政处罚或多次被出具行政监管措施仍在签署上市公司审计报告。会计师事务所并没有对签署过多审计报告和存在不良诚信的注册会计师的执业行为进行规范。

值得注意的是，除了事务所内部进行评价专业胜任能力外，客户往往也对项目组成员的能力，尤其是对现场负责人的个人能力、从业经验有具体要求，包括专业知识、职业技能、任职年限、现场时间等。

第七节　业务承接（保持）审批

对于首次承接的业务来说，初步业务活动就是甲乙双方互相了解的过程。实务中，常常是由项目合伙人及项目经理到客户现场与管理层进行会谈并对重大事项进行沟通，对重要事项充分沟通并能够达成一致才能够促成最后的业务承接。对于会计师事务所，新承接的 IPO 公司、高风险行业或特定类型的公司可能不在其承接范围之内（比如一些被立案调查的上市公司、会计核算复杂和内控可能相对薄弱的公司、发债的民企、"炒鱿鱼和接下家①"的上市公司等）。所以，项目组承接的客户已经超出会计师事务所承接范围之外，如果项目组仍需要承接高风险业务，此时需要会计师事务所风险控制委员会进行投票表决是否需要承接。

业务承接（保持）审批表，应当由项目合伙人编制，明确业务的风险等级、项目合伙人应当对业务承接发表最终意见和承诺能够高质量地完成审计工作。需要风险控制委员会进行投票表决的业务，项目组应当以书面文件的形式给予风险控制委员会，只有通过表决的业务才能能够承接或保持，否则应当拒绝承接或保持。

第八节　审计业务约定书签订、条款变更和应对措施

当项目组具备承接（保持）业务的所有条件，并就业务条款与管理层达成一致后，就可以准备签订审计业务约定书。签约前，项目组应与管理层就审计业务约定条款进行充分沟通，达成一致意见（尤其是专项审计及特殊目的审计），对审计报告的要求、范围及表达方式均需要在业务约定书中进行阐述。另外，对于发票的开具和结算条件也需要注意，有些情况下可能审计项目最终无法出具审计报告，在审计业务约定书中应加入一些特殊条款并约定特殊情况下如何进行收费。值得关注的是，如果某些条款约定出现问题，可能导致项目组付出很大人员和时间的投入，但无法收回付出的成本，还有可能惹上官司。所以需要项目合伙人注意在项目承接和保持的时候，就要预见可能发生的事件，提前在业务约定书中补充或修改部分条款。

---

① 2002 年以来，中注协始终把年报审计期间的上市公司炒事务所"鱿鱼"、事务所不讲原则"接下家"的行为作为年报审计的监管重心与突破口，对"接下家"的事务所进行风险提示和技术指导，对不顾后果"接下家"、违背职业道德和执业准则的事务所加强监督。

一、基本要素和注意事项

审计业务约定书的格式和内容可能因项目需求而异。年度财务报表审计的业务约定书编制要点见表 2-12。

表 2-12　审计业务约定书编制要点

序号	基本要素	注意事项
1	审计的范围和目标	审计范围是对被审计单位编制的财务报表进行审计；审计目标是出具恰当意见的审计报告
2	甲方的责任	强调管理层的责任，并注明提供审计所需的全部资料的截止日
3	乙方的责任	强调审计责任，注意应删除不适用的责任
4	审计收费	注意分阶段收款的比例，以及约定差旅费的承担方，注意不能存在或有收费
5	审计报告和审计报告的使用	不能随意修改审计报告，以及将报告报送给审计约定以外的第三方
6	本约定书的有效期间	某些重要条款不受有效期的限制，比如违约条款、审计报告使用等
7	约定事项的变更	及时通知并协商解决
8	终止条款	终止业务前有权收取合理的费用
9	违约责任	依据民法典承担违约责任
10	适用法律和争议解决	产生争议可以选择诉讼或仲裁
11	双方对其他有关事项的约定	业务约定书至少 2 份，具有同等法律效力
12	双方签字盖章	应避免业务约定书不盖章、不签字、未签署日期

项目组制作审计业务约定书应当结合委托方的要求和参考 CSA1111 应用指南，以及会计师事务所发布的业务约定书模板。

二、或有收费

会计师事务所按派遣人员的级别、按工时长短，按业务复杂难度等计算的收费这都是符合规定的合理收费。值得注意的是，注册会计师进行审计收费报价时价格低于其他注册会计师的报价，虽不意味着不具备职业道德，但过于压低报价，既不能支撑所执行的审计程序的成本，也无法覆盖人员工资，很难让人相信能够按照标准的执业准则执行相关程序，将对专业胜任能力和应有的关注原则产生不利影响。

或有收费是指收费与否或收费多少取决于交易的结果或所执行工作的结果。通过中介机构间接收取的或有收费同样属于或有收费。如果一项收费是由法院或政府有关部门规定的，则该项收费不视为或有收费。也就是说，如果收费多少是需要取决于交易的结果或所执行工作的结果，难免会为了达成结果而损害独立性。

项目组应特别关注《关于严禁会计师事务所以或有收费方式提供审计服务的通知》（财会〔2023〕25 号）第二条的相关规定："会计师事务所不得以或有收费方式提供审计服务，收费与否或者收费多少不得以审计工作结果或实现特定目的为条件。或有收费通常表现为上市奖励费，以及根据审计意见类型、是否能够实现上市、能否实现发债等收取部分或全部审计费用。"

案例2-5

IPO 成功与否与职业道德独立性有什么关联？

实务中，部分会计师事务所在签署 IPO 审计业务约定书时，收费条款中会与被审计单位约定如果 IPO 成功过会，再支付高额审计费。根据或有收费的定义可知，IPO 审计费的发生及其金额，与最终是否成功 IPO 无关，实际构成或有收费，不符合职业道德守则的独立性要求，以及财政部下发的《关于严禁会计师事务所以或有收费方式提供审计服务的通知》的相关规定。

会计师事务所在执行审计业务时，以直接或间接形式取得或有收费，将因自身利益产生非常严重的不利影响，导致没有防范措施能够将其降低至可接受的水平。会计师事务所不得采用这种收费安排。另外，注册会计师也不得向客户或第三方支付业务介绍费。

案例2-6

MY 会计师事务所与 ZDM 上市公司在签订审计业务约定书时，事先约定了审计报告的意见类型，在"审计业务补充约定书"中承诺不出具否定或无法表示意见的审计报告，并基于该承诺约定或有收费，严重丧失独立性。

监管机构提示：这里需要说明的是，MY会计师事务所主张其约定出具特定类型的审计意见系以ZDM上市公司配合提供审计所需资料和文件为先决条件，但该条件是审计工作正常开展和出具合适意见审计报告的必要条件，不是出具标准或保留意见审计报告的充分条件，审计机构应从实质上和形式上保持独立性，在任何条件下不应事先约定出具审计意见的类型。

三、目标、时间、胜任能力的考虑

审计业务约定书并不能直接保证出具何种意见类型的审计报告，还需要项目组通过执行审计工作才能得到答案。所以，审计目标，也就是出具何种报告意见结论不能在双方的业务承接阶段提前直接确认。

项目组应当合理判断项目承接的复杂程度，能够具备充足的审计时间、足够的资源承接项目，不应不假思索的承接项目，无法按时提交审计报告，最终可能导致违约风险及信誉风险。签约后，项目组应当按约定高质量地完成审计工作，否则除了违约以外，还可能因为审计质量问题而接受行政处罚。

CPA审计经验分享

"没有金刚钻，不揽瓷器活"。项目复杂程度需要具备有足够经验的项目合伙人评价，需要考虑足够调配的审计资源。MY会计师事务所承接ZDM公司的专项审计工作，由于业务承接工作准备不充分导致人员调配、时间安排等出现问题，导致出具的报告质量出现重大问题，被ZDM公司领导斥责专业度。

四、结算条款

实务中，在审计业务约定书中会约定审计进场前要先预付一定比例的审计费，然后提交审计报告草稿后再支付一定比例金额，最终在出具正式审计报告后3～5日内支付尾款。由于目前审计项目整体收费较低且时间周期较长，工作难度相对复杂，监管环境趋严等因素，建议项目组提高结算比例，应该在进场后收取总合同金额的50%，其余部分在出具审计报告草稿及正式出具报告后收回。

五、业务条款的变更和应对措施

实务中，被审计单位可能由于下列事项要求注册会计师变更审计业务约定条款：

（1）环境变化对审计服务需求产生的影响；

（2）对原来要求的审计业务的性质存在误解；

（3）无论是管理层施加的还是其他情况引起的审计范围受到限制。

根据 CSA1111 应用指南相关规定："根据本准则第十四条的规定，注册会计师应当考虑要求变更审计业务约定条款的理由是否合理，特别是审计范围存在限制的影响"。

　　至此，如果上述审计业务约定书签署完毕，初步业务活动工作基本完成，那么就可以开始准备动员项目组人员，计划开展现场审计计划、进一步识别风险等工作了。

第三章　编制计划和风险识别工作底稿

本章导读：在初步业务活动完成之后，项目组开始现场审计工作，此时应当先进行风险识别的工作，也就是寻找重点和识别风险的工作。通过了解被审计单位及其环境，进一步核实是否需要利用专家工作，并对整体内部控制情况进行深入了解，判断有效性，识别舞弊导致的重大错报风险，确定重要性水平，识别重大账户和重大流程。计划和风险识别审计工作底稿应当由具备一定胜任能力的项目经理编制，并经过项目合伙人复核审批。

本章主要讲的是计划和风险识别阶段的相关工作底稿。做好审计计划阶段的工作会给后续的执行审计阶段的工作打下坚实的基础。计划阶段需要完成的工作底稿主要包括了解被审计单位业务、了解利用专家的工作、识别舞弊导致的重大错报风险的评估和应对、重要性水平的确定、识别重大账户和披露认定工作底稿。计划审计工作底稿应由项目负责人或经验丰富的项目经理亲自编制，并由项目合伙人复核。

计划和风险识别工作底稿编制要点见表 3-1。

表 3-1　计划和风险识别工作底稿编制要点

序号	底稿主要内容	注意事项
1	了解被审计单位业务	充分了解被审计单位业务，识别可能存在的审计风险
2	了解利用专家	记录可能利用专家的领域、专家的专业能力和独立性
3	了解被审计单位整体内部控制	充分了解被审计单位的控制环境、风险评估程序、对控制的监督等内容
4	识别舞弊导致重大错报风险的评估和应对	通过询问、观察和检查等程序识别被审计单位是否存在舞弊迹象
5	重要性水平确定	准确选择基准和适当比例计算重要性水平，针对集团重要性水平的分配需要具有合理性
6	识别重大账户和披露认定	通过重要性水平的确定，以及与报表项目金额对比分析，识别重大账户、非重大账户和不重大账户，并识别可能影响披露认定的事项
7	审计过程中对计划的修改	上述所有与计划有关的工作底稿均可能存在随着项目组深入了解企业业务和识别风险后对原计划进行修改

确定重要性水平就如同确定一把能够丈量风险的尺子，项目组需要合理确定基准和经验百分比，并让其能够恰当地衡量和应用于每个审计阶段；识别重大账户就需要准确无误的可执行的重要性水平金额，项目组需要做财务报表分析性程序识别重大错报风险，并最终确定已识别的重大账户、认定和重大交易流程。如果项目组承接的是整合审计，还需要对整合审计特殊考虑相关底稿，了解管理层对内部控制的自我评价和利用他人的工作。

审计计划需要贯穿于整个审计业务的始终，项目组需要时刻准备可能对计划和风险识别审计工作底稿进行修订。

第一节　了解被审计单位业务

了解被审计单位业务，实际就是了解被审计单位及其环境，了解业务的意义是为了有效识别风险，项目组需要执行询问、观察、检查、分析性程序等程序了解被审计单位业务，通过运用职业判断确定对被审计单位业务了解的深度，考虑对项目组识别和评估的财务报表层次及认定层次的重大错报风险（无论该错报是否因舞弊及错误导致），并为应对重大错报风险而设计和执行审计程序提供基础。本工作底稿应由项目经理编制，并经项目合伙人复核审批。

被审计单位业务工作底稿编制要点见表 3-2。

表 3-2　被审计单位业务工作底稿编制要点

序号	关注点	具体事项	审计提示
1	了解被审计单位性质	具体了解经营情况，所有权、治理结构和筹资渠道，投资类型	记录信息的来源，是否识别出风险，并形成风险提示，记录重大错报风险应对措施和可能出错项
2	被审计单位对会计政策的选择和运用	了解被审计单位重大会计处理方法、会计政策的选择是否较为激进、会计政策是否存在变更	
3	相关行业状况、法律环境、监管环境和其他外部因素	记录同行业及上下游供应商和客户的现状、了解行业惯例、行业监管法规、财政政策、货币政策、税收政策、环保政策等	
4	被审计单位的目标及战略	了解目标和战略实现方法和路径、关键成功因素，以及对主要利益者的影响	
5	了解被审计单位财务业绩的衡量和评价	了解管理层对财务业绩如何衡量和评价，了解管理层考核关键指标及期望值	
6	与当前经济状况相关的业务和财务报告	了解与当前经济状况相关的业务和财务报告风险	

了解被审计单位及其环境也包括了解被审计单位的内部控制，通常将了解被审计单位的内部控制与穿行测试、控制测试等放在一个底稿一起执行。

一、被审计单位性质

了解被审计单位的性质，需要向财务部或审计部部长级或总监级人员采取会谈的形式进行了解，部分访谈内容需要提供相关证据支撑，并根据询问结果与相关证据进行核对是否一致。对于上市公司可以查询公开信息予以核实相关访谈内容，而对于非上市公司则需要获取其他信息进行核对，核对的渠道可以是向内部其他员工了解或实地查看生产经营情况等。

1. 了解经营情况

通过与被访谈人进行会谈，了解被审计单位主要从事什么行业，主营业务是什么，生产的产品或服务的内容，商业模式及销售渠道等。

> **CPA审计经验分享**
>
> 项目组应当熟悉被审计单位从事行业和主营业务的特点，通过访谈经营情况后，充分识别经营风险。

2. 了解所有权结构、治理结构、组织架构和筹资渠道

通过与被访谈人进行会谈，获取被审计单位所有权结构，组织架构，治理结构等的流程图和相关文字说明。了解筹资渠道，获取筹资台账，核对金融负债和权益工具数据。

> **CPA审计经验分享**
>
> 通过获取所有权结构、治理结构和组织架构的资料，了解股权结构、管理体系架构，识别是否存在风险；了解筹资来源，分析筹资合理性，锁定重点报表项目。

3. 了解投资类型

通过与被访谈人进行会谈，了解被审计单位投资的取得和处置情况，包括子公司、合营企业、联营企业及其他投资（包括特定目的主体）。

> **CPA审计经验分享**
>
> 穿透被投资企业，了解投资的真实意图、范围、量级，了解投资资金的安全性、可收回性，以及会计处理是否恰当。

4. 记录信息来源

记录会谈人员的姓名和职位，以及获取其他资料的来源。被访谈人员可能包括财务总监、审计部部长、董事会秘书及相关知情人员。

5. 记录审计结论

通过对以上被审计单位性质的了解，识别存在的风险，记录财务报表层次或认定层次的重大错报风险，记录应对措施和可能出错项。

二、被审计单位对会计政策的选择和运用

1. 被审计单位执行的会计政策和会计估计

项目组可以以调查问卷的形式，了解被审计单位会计政策和会计估计的具体内容，搜集同行业会计政策和会计估计进行比对，了解是否存在重大不一致的情况，与管理层会谈了解重大会计政策和会计估计与同行业存在不一致的原因，以及对财务报表产生的影响。值得注意的是，项目组在执行审计阶段要注意计划阶段获取的相关会计政策与实际执行是否存在差异。

需要了解的被审计单位执行的会计政策和会计估计的具体内容及审计提示见表 3-3。

表 3-3　被审计单位执行的会计政策和会计估计的具体内容和审计提示

会计政策和会计估计项目	需要了解的具体内容	审计提示
财务报告编制基础	《企业会计准则》还是《企业会计制度》	是否存在特殊编制基础的情况，考虑对出具审计报告的影响
记账原则和基础	权责发生制、历史成本（是否存在使用其他计量基础）	是否存在使用公允价值的报表项目
记账本位币及外币折算	人民币还是其他外币，记账汇率折算方法	了解汇率折算方法对报表数据的影响
金融工具包括的种类、确认依据和计量方法	金融工具分类标准及适用的计量方式	是否符合准则对金融资产三分类及计量模式的方法
坏账准备核算方法	单项金额重大的划分标准；组合划分标准	考虑同行业及企业特点，关注预期信用损失计算方法及参数使用合理性
存货核算方法	存货取得计价方法、存货发出计价方法、生产成本核算方法、存货盘点方法、低值易耗品等周转材料计量及摊销方法、废品核算方法	存货核算方法是否符合会计准则、与同行业核算方法是否类似
长期股权投资核算方法	成本法和权益法的核算方法	注意成本法和权益法转换的处理，以及与金融资产转换的核算方法

会计政策和会计估计项目	需要了解的具体内容	审计提示
投资性房地产核算方法	了解成本模式还是公允价值模式	关注公允价值模式下的适用条件及公允价值如何计量
固定资产和累计折旧方法	了解折旧方法、资产分类及折旧年限	引申使用权资产折旧方法及折旧年限
无形资产和累计摊销方法	了解无形资产类别及摊销方法和年限	摊销年限是否与行业平均类似，摊销方法是否合理和系统
研发费用核算方法	费用化和资本化的核算条件，以及研发的进展、技术成果等	费用化和资本化条件核算依据，以及研发成果转化能否带来经济利益
长期待摊费用核算方法	了解长期待摊费用类别及摊销年限	长期待摊费用类别划分准确性、摊销年限是否与行业平均类似
商誉的确认和减值方法	了解商誉的形成及期末减值测试方法	了解商誉减值的内部控制，是否聘请资产评估机构或类似机构开展商誉减值工作；注册会计师应当关注利用专家工作的独立性和专业胜任能力，尤其是专家所做的重要职业判断（参数、假设）进行复核；了解商誉所在资产组或资产组组合可收回性如何计量
政府补助的核算方法	政府补助核算类别和方法	关注对于综合类补助如何区分资产还是收益相关，以及具体如何分摊
职工薪酬核算方法	社保基数和缴纳比例	社保基数和缴纳比例是否符合当地社保局规定
营业收入确认和计量方法	营业收入确认原则和确认标志	注意收入确认标志性证据的可获取性
成本费用的归集和分配方法	料工费归集和分配方法	成本费用归集和分配是否符合实际情况，以及与同行业对比是否类似

会计政策和会计估计项目	需要了解的具体内容	审计提示
借款费用资本化方法	专项借款和一般借款资本化条件	了解划分原则，以及对于一般借款资本化的范围及条件重点关注
特殊业务核算方法	递延所得税确认和计量、复杂的合并报表编制等	了解特殊业务核算的方法，以及确认和计量的过程
重大异常会计核算方法	临近期末大额确认销售收入、通过大额现金收支	了解重大异常会计核算是否经过审批和复核，了解业务真实交易背景
会计政策和会计估计变更	了解会计政策和会计估计变更原因，以及会计政策和会计估计划分是否合理	对变更理由是否充分、合理进行分析，注意是否确认为前期会计差错

2. 记录信息来源。

记录会谈人员的姓名和职位，以及获取其他资料的来源。被访谈人员可能包括财务总监及相关知情人员。

3. 记录审计结论

通过对以上被审计单位对会计政策的选择和运用的了解，识别存在的风险，记录财务报表层次或认定层次的重大错报风险，记录应对措施和可能出错项。

三、相关行业状况、法律环境、监管环境和其他外部因素

1. 行业特点、竞争环境、与供应商及客户的关系和科技发展关系

审计人员可以利用五力分析模型研究竞争战略，利用 PEST 模型分析宏观环境对行业和企业的影响，重点了解被审计单位处于行业的位置、与供应商及客户的议价能力、同行业竞争环境，以及了解行业科技发展的水平。

┌─ CPA审计经验分享 ─

实体零售行业受到互联网行业的冲击。随着科技的发展，互联网开始冲击传统行业，很多人没想到在传统零售业巨头竞争的同时，另一个赛道的互联网电商悄然加入竞争行列，以更加便捷、优质的服务快速占领网上零售市

场，随着移动支付互联网的升级，越来越多的人使用网上购物的形式，使得传统零售收入惨淡，即使传统零售巨头也陆续进入互联网赛道，而此时已经无法改变历史的车轮。

2. 会计政策和行业惯例、政府政策、相关法律法规

审计人员需要了解会计政策和行业惯例，例如：了解行业惯例对于收入确认是时点法还是时段法；了解政府政策，包括货币政策、财政政策、贸易限制政策；了解影响行业和企业的具体法律法规。

CPA审计经验分享

法律法规、政府政策对行业发展起到重要作用，例如：房地产行业泡沫后，我国收紧货币政策，使得房地产行业现金流紧张；由于中美贸易战使得部分商品加升关税，影响进出口价格，引发贸易战。

---

3. 竞争对手信息、经济形式、利率和汇率、通货膨胀等因素影响

了解被审计单位主要竞争对手，包括同行业上市公司、同地区竞争公司；了解国家、地区的经济发展趋势、利率、汇率及通胀情况对被审计单位产生哪些不利或有利影响。

CPA审计经验分享

可以通过公开信息查询同行业上市公司情况，通过其他方式对其他非上市竞争对手做背景调查。可以利用中国人民银行网站、财政部网站、财经资讯类软件及其他财经媒体网站搜集相关信息，了解我国及各地区经济发展情况、利率、汇率情况。

---

4. 记录信息来源

记录会谈人员的姓名和职位，以及获取其他资料的来源。被访谈人员可能包括财务总监、法务部部长、董事会秘书及相关知情人员。

5. 记录审计结论。

通过对以上相关行业状况、法律环境、监管环境和其他外部因素，识别存在的风险，记录财务报表层次或认定层次的重大错报风险，记录应对措施和可能出错项。

四、被审计单位的目标及战略

1. 被审计单位的目标及战略

被审计单位制定的目标和战略与其行业状况、法律环境和监管环境密不可分，了解被审计单位长期目标、短期目标及具体如何实施战略并完成的方法。

2. 关键成功要素

了解管理层及其他人员经常衡量和评价其认为重要的事项（包括财务指标、经营指标、服务指标、管理指标等，比如营业收入、利润总额、经营活动现金净流量、市场份额、产能利用率、服务满意度），以便核实公司的经营是否实现了既定的目标。任何关键成功要素的衡量都会对被审计单位产生压力，而这种压力可能引发管理层改善经营业绩或财务报表舞弊。

3. 对主要利益相关者的影响

了解主要利益相关者的范围，包括股东、债权人、关键管理人员等，以及被审计单位目标及战略的实现对主要利益相关者的影响。

4. 记录信息来源

记录会谈人员的姓名和职位，以及获取其他资料的来源。被访谈人员可能包括财务总监、董事会秘书及相关知情人员。

5. 记录审计结论

通过对以上被审计单位目标及战略的了解，识别存在的风险，记录财务报表层次或认定层次的重大错报风险，记录应对措施和可能出错项。

五、被审计单位财务业绩的衡量和评价

1. 了解管理层主要财务业绩指标

了解管理层如何衡量和评价财务业绩，询问管理层衡量和评价的财务业绩指标内容和范围。识别主要利益拥有者的期望和需求对管理层考核的影响。对于上市公司，还应记录外部分析师的期望。

2. 了解管理层如何衡量和评价业绩指标

了解管理层如何衡量和评价其财务业绩，了解执行人和执行的频率；评价管理层设定的财务业绩期望值和偏差率，以及采取何种措施进行修正。

3. 记录信息来源

记录会谈人员的姓名和职位，以及获取其他资料的来源。被访谈人员可能包括财务总监、审计部部长、董事会秘书及相关知情人员。

4. 记录审计结论

通过对以上被审计单位财务业绩的衡量和评价的了解，识别存在的风险，记录财务报表层次或认定层次的重大错报风险，记录应对措施和可能出错项。

六、与当前经济状况相关的业务和财务报告风险

项目组编制该工作底稿的主要目的是有助于项目组识别被审计单位因目前的经济状况而面临的业务和财务风险，记录已识别的风险有助于项目组设计进一步审计程序，有助于项目组协调审计资源。

需要了解与当前经济状况相关的业务和财务报告风险的主要内容及示例见表 3-4。

表 3-4　与当前经济状况相关的业务和财务报告风险的主要内容及示例

报表项目或重大披露	潜在的问题	是/否/不适用	结论
现金及现金等价物	银行账户中的履约保证金作为受限资金、定期存单存在质押受限	是	存在现金流量表披露风险
公允价值计量的金融资产	金融资产的公允价值如何计量	是	存在金融资产公允价值计量不准确风险
应收款项	企业客户受到当前经济状况负面影响	是	存在坏账损失风险

项目组需要根据上述报表项目和重大披露，找出可能潜在的问题并得出结论，并将整体情况进行全面、系统的分析和判断，最后完成已识别风险的总体结论，见表 3-5。如果项目组识别出与当前经济状况有关的重大错报风险，应将相关记录于综合风险评估底稿。

表 3-5　已识别出与当前经济状况有关的及能够对报表产生重大影响的总体结论及示例

项　　目	是/否/不适用
项目组是否识别出了与当前经济状况有关的，能够对被审计单位的财务报表或披露产生重大影响的风险	是

对于上市公司等高风险审计项目，很少见识别与当前经济状况有关的重大错报风险为"否"的情况，如果项目组是首次承接缺乏对行业状况的深入了解，项目合伙人应当考虑是否有必要引入事务所内部行业专家，利用其他注册会计师的工作识别与当前经济状况有关的重大错报风险。

第二节 了解利用专家

编制利用专家工作底稿的主要目的是在计划阶段根据了解被审计单位业务后，根据初步判断可能会在某个领域利用专家的工作，分析利用专家的必要性，以及拟利用专家的情况。

案例3-1

实务中，项目组最有可能是利用事务所内部专家，内部专家应当具有丰富的处理该项业务的丰富经验；如果没有事务所内部专家，则分析是否需要利用外部专家或管理层专家。

一、可能利用专家的领域

项目组应当在工作底稿中记录可能了解利用专家的领域及原因。注意应严格划分会计或审计以外的领域。例如：利用气象专家和水产养殖专家了解"冷水团"对水产养殖的影响。

案例3-2

根据《中国注册会计师审计准则第1421号——利用专家的工作》应用指南的相关规定："专家在会计或审计以外的领域具有的专长，例如：

(1) 对下列方面进行估价：复杂的金融工具、土地及建筑物、厂房和机器设备、珠宝、艺术品、古董、无形资产、企业合并中收购的资产和承担的负债，以及可能发生减值的资产；

(2) 对与保险合同或员工福利计划相关的负债进行精算；

(3) 对石油和天然气储量进行估算；

(4) 对环境负债和场地清理费用进行估价；

(5) 对合同、法律和法规进行解释；

(6) 对复杂或异常的纳税问题进行分析。"

①很多企业人员以为会计师事务所也能做估值和减值工作,实际上会计师也需要利用资产评估师、房地产估价师的工作;②如果涉及保险业务及复杂的受益计划需要利用精算师的工作;③需要与律师的沟通获取更加专业的解释;④复杂或异常的纳税问题需要与税务师沟通,比如重大资产重组涉税事项。

二、利用专家的必要性

项目组需要分析利用专家的必要性。简单来说,注册会计师自身能力有限,需要找"外援"加入项目组协助共同完成审计任务,项目合伙人需要考虑项目组和不属于项目组的专家整体上具备适当的胜任能力和专业素质,包括具备充足的时间执行审计业务。随着审计的进行或环境的变化,注册会计师可能需要修改之前有关利用专家工作的决定。

注册会计师在会计和审计领域具备一定的专业技能,但不代表其具备审计这些财务报表的专长。注册会计师需要确认是否利用专家,以及何时利用、利用多久和多大程度上利用。例如:项目组承接商业银行审计,遇到一些贷款减值及复杂的金融资产估值问题,需要考虑利用外部专家对减值模型和估值模型进行复核。

三、拟利用专家工作的相关领域和评价

注册会计师应当评价专家是否具有实现审计目的所必需的胜任能力、专业素质和客观性。在评价外部专家的客观性时,注册会计师应当询问可能对外部专家客观性产生不利影响的利益和关系。项目组应获取专家的姓名、利用专家的领域、专家的类别、对专家胜任能力和独立性的初步评价。

案例3-3

MY 会计师事务所承接 ZDM 上市公司年报审计,由于 ZDM 上市公司主要从事中草药的生产,项目合伙人在了解被审计单位业务之后,认为需要

利用专家的工作，故拟外聘中医药大学的教授作为外部专家一起到 ZDM 上市公司现场察看中草药的生产过程，以及对产品的成色等情况进行指导和鉴定。项目组在编制了解利用专家工作底稿时，记录从了解可能利用专家的领域、必要性，以及评价专业能力和独立性的整个过程。

ZDM 上市公司还有韩国业务，此时 MY 会计师事务所需要具备韩语语言能力的员工，如果项目组成员无韩语专业背景人员，项目组应当聘请具备韩语语言能力的翻译人员参与项目组共同到韩国中草药生产基地，与当地种植及管理人员沟通并获取相关资料进行核实。

第三节　了解被审计单位整体内部控制

被审计单位整体层面的内部控制是否有效运行会影响注册会计师设计总体审计策略。整体层面的内部控制包括控制环境、风险评估程序、与财务报表相关信息系统与沟通方面，以及对控制的监督等方面的内容。

项目组应当实施询问、观察和检查程序用以了解被审计单位整体层面内部控制，并将实施的审计程序和获取的询问结果、观察状况和检查文件的成果记录于工作底稿。

了解被审计单位整体内部控制工作底稿应当由经验丰富的项目组成员或项目经理亲自编制，并由项目合伙人复核。

一、控制环境

项目组需要从以下六个方面了解被审计单位的控制环境：管理层的诚信、管理层对胜任能力的承诺、管理层的经营风格和对控制的意识、治理层参与管理和监控、企业组织结构和审批权限，以及人力资源政策。

1. 管理层的诚信

（1）项目组通过访谈管理层及员工了解被审计单位是否宣传员工守则，并对其实施监控。

（2）公司文化重视诚信道德观，了解管理层是否以身作则，高标准严格遵守法律法规及公司制度。

（3）对于违反制度的员工予以公开处罚。

（4）管理层设定举报制度和舞弊热线，制定保密制度，并对举报和投诉案件进行适当处理。

项目组将上述询问及观察结果记录于工作底稿。

底稿示例

ZDM 公司管理层建立了重视诚信的企业文化制度，已向企业员工定期和不定期地宣传员工守则，并对其执行情况进行监督；高管人员以身作则，高标准要求自己；对违反已批准的政策或程序的员工行为进行了适当的奖惩处理，并在企业邮箱中公开奖惩处罚。

审计结论：审计人员未发现但预期应当存在的与关键管理人员的诚信、道德价值观和行为相关的特征。

2. 管理层对胜任能力的承诺

（1）管理层重视会计人员、业务人员的胜任能力并给予培训，能够处理复杂的经济业务。

（2）管理层对员工的胜任能力定期予以考核。

项目组将上述询问及观察结果记录于工作底稿。

底稿示例

ZDM 公司财务人员具备会计从业资格，财务主管拥有相应会计职称；IT 部门具体相应资格，具备专业经验及技术，能够处理复杂的业务；管理层设有其他流程解决有关会计、IT 或内部控制问题的投诉等情形。

审计结论：审计人员未发现但预期应当存在的与管理层对胜任能力的重视相关的特征。

3. 管理层的经营风格和对控制的意识

（1）项目组需要通过询问和观察，了解管理层的经营管理风格和会计政策倾向于激进或是保守。

（2）管理层是否定期召开会议总结或通报发现的内部控制缺陷，并及时进行整改。

（3）管理层是否遇到重大的会计和财务报告问题时向项目组咨询。

项目组将上述询问及观察结果记录于工作底稿。

ZDM 公司管理层对内部控制给予了足够的重视，有专门的信息部来对财务及业务系统进行维护；企业内部控制设计合理并得到执行，未发现内部控制重大缺陷和重要缺陷；管理层对会计政策和会计估计完全按照新《企业会计准则》及企业制定的会计核算办法规定执行；对于重大会计处理及报表问题，管理层会主动与审计人员联系沟通解决。

审计结论：审计人员未发现但预期应当存在的与管理层控制意识和经营风格有关的特征。

4. 治理层参与管理和监控

（1）项目组需要通过询问和观察，了解治理层是否对公司财务报告内部控制进行监督。

（2）治理层是否具有开放沟通渠道，定期与内审和外部审计师开展交流，及时获取审计情况和发现的问题。

（3）治理层具有足够的时间、经验和能力执行监督职能。

项目组将上述询问及观察结果记录于工作底稿。

ZDM 公司治理层对企业对外财务报告实施了充分的监督；履行了其监督职能的责任；治理层较好的与外部审计师之间有开放的沟通渠道，针对重要及重大问题进行充分的沟通；治理层拥有足够知识和经验、时间来有效执行其职能；治理层和管理层保持适当的独立性。

审计结论：审计人员未发现但预期应当存在的关于治理层参与管理和监督的特征。

5. 企业组织结构和审批权限

（1）项目组需要执行询问和观察，了解企业的组织架构与企业的性质和规模是否匹配。

（2）企业是否制定严谨的审批权限和上下级关系。

（3）企业是否制定员工手册，每一位员工熟悉岗位职责。

项目组将上述询问及观察结果记录于工作底稿。

ZDM 公司组织架构适合于企业性质、规模和复杂程度；管理层已向员工进行宣传，使其了解企业的经营目标、员工职责，每年制定经营目标和预算；公司已恰当地分配职责并确定上下级汇报关系。

审计结论：审计人员未发现但预期应当存在的关于企业组织架构和职责分配的特征。

6. 人力资源政策

（1）项目组需要执行询问和观察，了解企业制定人力资源政策程序，包括招聘、培训、考核、升职、薪酬、辞退等内容。

（2）企业人力资源部门定期评价和考核每位员工的工作业绩。

项目组将上述询问及观察结果记录于工作底稿。

ZDM 公司已制定适当的人力资源标准和程序：员工的招聘、培训、激励、评价、升职、薪酬；企业定期评价和复核每位员工的工作业绩，并定期考核给予奖惩。

审计结论：审计人员未发现但预期应当存在的关于企业人力资源政策和实务的特征。

二、风险评估程序

这里所说的风险评估程序是指管理层所需要对企业可能存在的经营风险予以识别、分析和解决。但是，不是所有企业都建立成文的风险评估程序，项目组需要记录此情况下，管理层如何进行风险评估程序。

（1）项目组需要通过询问和观察，了解管理层如何识别与财务报表相关的经营风险。

（2）了解管理层评价风险的程度及发生风险的可能性，确定应对风险的措施。

项目组将上述询问及观察结果记录于工作底稿。

①宏观经济放缓，行业竞争压力较大，收入下降、毛利率本期比较稳定

的情况可能存在经营风险；②由于传统行业销售难以增长，毛利率保持较低水平的事实，所以公司正在谋求转型，积极对外投资获取新的业绩增长点。

以上是目前公司面临的主要经营风险，对于以上可能存在的经营风险，项目组评价风险程度属于较高级别，理由：传统行业收入和毛利率下降趋势明显，并受到疫情不可控因素影响，已经导致公司主营业务亏损的情况。对于新开始运作的投资项目，虽然较少投资高风险领域，投资安全性有一定保障，但由于目前整体经济形势比较严峻，获取高额回报并不现实。虽然公司管理层已经预判到上述经营风险并采取一定的管理措施予以应对，但是审计人员通过已获取的报表数据，以及行业现状应用职业判断认为公司经营风险发生的可能性较高，我们对相关经营风险可能导致的重大错报风险制定了应对措施。

已识别的风险结论：已识别与财务报告相关的经营风险。

可能影响的报表项目：财务报表整体层面。

对报表项目的具体影响：财务报表整体层面。

风险为较高水平、发生的概率较高。管理层需要加强内部监督职能。

拟派遣经验丰富的审计人员、加强对审计人员的培训、督导、对拟实施的审计程序加入不可预见性、强调让项目组保持高度的职业谨慎，等等。

三、对控制的监督

（1）项目组通过询问和观察，了解治理层对管理层的监督情况。

（2）相关业务部门定期向管理层和治理层汇报内部控制执行情况的结果。

（3）了解企业制定相关政策和程序，当发生没有出现的例外情况是否及时予以纠正。

（4）了解审计委员会如何对财务报告及内控控制进行监督。

（5）了解内部审计或其他部门对内部控制进行审核。

项目组将上述询问及观察结果记录于工作底稿。

底稿示例

ZDM 公司管理层已制定相应内部控制制度，并有效运行；

公司管理层定期召开会议，治理层与管理层定期召开会议沟通重大经营事项。

审计结论：审计人员未发现但预期应当存在的关于企业控制监督的特征。

四、内部审计工作职能

（1）项目组通过询问和观察，了解内部审计在企业的作用和地位，是否存在利益冲突或被凌驾的情况。

（2）了解内部审计的胜任能力，是否切实履行职责。

项目组将上述询问及观察结果记录于工作底稿。

底稿示例

> 已建立内审部门，内审部门独立于其他所被审计的部门；内审部门可以直接向董事会或审计委员会直接报告；内审部门已制定年度审计计划；审计委员会与外部审计机构进行充分沟通和汇报。
>
> 审计结论：审计人员未发现但预期应当存在的内部审计部门问题。

五、沟通过程

项目组通过询问和观察，了解管理层和治理层的沟通机制，企业与监管机构沟通情况。

项目组将上述询问及观察结果记录于工作底稿。

底稿示例

> 管理层与治理层定期召开会议，包括经理办公会、董事会、审计委员会等，并保留相关会议纪要。项目组应当索取以上重要会议的会议纪要，并查看是否存在项目组未知的重大经营风险。

六、底稿记录和结论

项目组应当对以上了解被审计单位整体层面的内部控制的具体情况进行充分记录并得出审计结论。

底稿示例

> 对被审计单位整体层面进行了充分了解，并将了解情况记录于上述底稿。对风险评估阶段发现的经营风险进行充分关注，并设计相应的实质性程

序予以应对。对于其他方面，未见被审计单位整理层面内部控制存在重大异常。

第四节　识别舞弊导致重大错报风险的评估和应对

项目组应当在计划阶段和进一步执行审计程序阶段完成识别、评估和应对舞弊导致的重大错报风险的审计目标。值得注意的是，存在舞弊风险因素并不必然表明发生了舞弊，但在舞弊发生时通常存在舞弊风险因素，因此，舞弊风险因素可能表明存在由于舞弊导致的重大错报风险。项目组编制舞弊风险识别和应对工作底稿主要内容及审计提示见表3-6。

表 3-6　识别舞弊导致重大错报风险的评估和应对工作底稿具体内容及审计提示

底稿名称	具体内容	审计提示
识别舞弊应执行的程序	对舞弊导致的重大错报风险评估和应对确定审计目标、程序和对应具体的工作底稿	项目组需要判断哪些审计程序必须要执行，并将其与具体工作底稿内容进行索引
舞弊风险因素调查表	列举与财务报表及侵占资产相关舞弊风险分类和要素，判断公司是否存在及受影响的账户和交易类别	对列举的舞弊风险因素内容应于公司实际情况进行分析，项目组运用职业判断核实是否存在舞弊风险
舞弊风险询问程序表	向公司管理层、治理层和内部审计人员及其他人员询问	项目组应当记录与不同人员询问的姓名、职位、具体询问内容和结果
特别风险事项复核计划及风险评估表	复核的内容包括不恰当的收入确认原则、不恰当的调整事项、不实表达的会计估计、不实表达及不寻常交易带来的舞弊风险	项目组通过对复核内容进行识别和评估舞弊风险，并与具体审计计划进行索引，作出风险应对措施
对异常和偏离预期关系的记录	列示关键财务指标及考核业绩指标，分析指标偏离程度	项目组对预期指标偏离程度进行描述，并判断是否存在舞弊因素，以及可能受影响的余额和交易类别
舞弊导致的重大错报风险汇总表	通过对舞弊风险要素的分析和判断，列示已识别的舞弊风险、报表项目、风险是否重大，以及化解风险的审计程序	项目组将识别出可能存在的全部舞弊风险，并作出化解风险的具体控制，并将其具体内容与总体审计策略进行索引

底稿名称	具体内容	审计提示
管理层凌驾于内控之上的风险	列示总体应对措施和管理层凌驾于内控之上的审计程序，核实是否存在异常的调整事项	项目组针对管理层凌驾于内控之上的风险示例进行逐个分析判断，核实是否需要执行，并列示所执行的具体程序，得出审计结论并与执行的相关底稿进行索引
与适当管理层、治理层和监管机构的沟通	项目组按照对在计划阶段识别和评估重大错报风险（包括特别风险）与适当的管理层和治理层及监管机构进行沟通和汇报	项目组应当将识别出的舞弊风险及相关事项与相适应的层级进行沟通和汇报，并保存好相关沟通记录

项目组应当将识别的舞弊风险涉及的相关报表项目、认定和应对措施汇总至综合风险评估工作底稿。

如何识别民营企业舞弊风险。民营企业由于内部控制薄弱，民企老板"一支笔"现象严重，民企老板为了偷逃税费经常使用个人卡截留收入，以及无法获取发票的费用使用个人卡支付方式等形成对外报税的外账和真实反映财务状况的内账。更有甚者，部分企业还存在多套账，比如报税账、报银行账、报补贴账、报老板账等。

CPA审计经验分享

如何识别多套账。

（1）在财务软件普及的年代，仍使用手工记账，检查会计凭证发现购买服务器和财务软件。

（2）被审计单位不让审计人员接触服务器及财务软件，不让用审计软件取数，对取数这件事极为敏感；或通过审计软件前端导数软件发现多个账套。

（3）被审计单位不提供全部银行流水，只给最后一页，或存在迟迟不提供，或提供银行流水有明显瑕疵（字体大小不对，银行盖章不清或印章不符等）。

（4）关键财务人员总在加班工作，但实际与其业务规模并不匹配。

（5）会计凭证编号重复、跳号，编制日期混乱。

（6）经常使用大额现金支付，并通过个人卡收付款。

（7）收入、成本、费用数据异常，无法反映公司真实财务状况。例如：账面体现的工资多年不变，且低于同地区平均工资，老板个人卡支付剩余工资。

（8）纳税申报的报表与企业提供的财务报表存在重大差异。

历史经验告诉我们，从会计分录测试入手是识别报表舞弊风险较好的手段，项目组可以在抽凭时关注那些大额异常和特殊交易的会计分录。另外，识别舞弊风险的根基是审计人员一定要具备专业胜任能力、职业怀疑态度和职业谨慎。

可能存在舞弊方面的具体内容和审计提示见表 3-7。

表 3-7　可能存在舞弊方面的具体内容和审计提示

可能存在舞弊的方面	具体内容	审计提示
临近期末大额异常交易	11 月和 12 月集中大额确认收入	通过分析性程序识别收入舞弊风险，包括月度变化、季节性分析、与同行业分析；对于大额异常交易重点检查
非经常性交易	交易偶发，利用大额现金交易	重点关注库存现金科目，了解真实交易背景，是否符合行业惯例
证据异常	凭证离奇失踪、凭证无附件或不完整、函证不回函、监盘无实物等证据异常	抽查凭证时重点查看原始凭证，对缺少依据的会计处理均视为重点核查对象
异常会计分录	借：银行存款　10 000 　　贷：应付账款　10 000 不按会计准则要求做账，或多借多贷，让人看完眼花缭乱	透过现象看本质，超出常规认知的会计分录均应视为重点核查对象
隐蔽关联方交易	客户或供应商为未披露或未识别的关联方或关联交易非关联化	通过对客户或供应商背景调查，了解这些关联交易的背景，以及对报表产生的影响
阴阳合同	对于某项业务订立两份以上内容不相同的合同	检查合同条款是否存在重大变化，核实价格是否公允
两套账	存在内账和外账，以及其他用途的账套	通过分析性程序、纳税申报表核对，以及其他技术手段识别两套账
管理层态度紧张或异常	管理层不愿意提供证据、不愿意回复问题、不愿意接触其他人员，对审计人员开展工作表达不满或拖延	重点是需要了解动机或压力，能够通过现象看到本质，发掘哪些方面的证据或问题疑点可能涉及舞弊

对于上市公司财务报表舞弊可能涉及某个业务循环造假，或者全流程财务造假。

1. 货币资金循环舞弊

如果发现货币资金循环存在舞弊迹象，项目组应当实施进一步审计程序予以核查，合理运用职业判断，审慎评价可靠性存疑的审计证据。货币资金循环舞弊信号及可能舞弊的具体内容见表3-8。

表 3-8　货币资金循环舞弊信号及可能舞弊的具体内容

舞弊信号	可能舞弊的具体内容
制作虚假网银流水和银行对账单	虚增银行存款，伪造经济业务（比如大股东占用上市公司资金）
虚假大额存单或开户证实书	可能存在被质押的大额定期存款
银行回单备注信息的异常	收入或支出可能存在不符合其真实业务的情况
违规现金交易	隐蔽无法合规处理的业务
第三方支付款项	伪造经济业务，形成资金闭环
越权审批支付	虚假支付或大额套取资金
在无经营地开立银行账户	出借公司账户或配合其他公司转移资金
货币资金很大，但无利息收入	虚做的货币资金，但忘记同步虚做利息收入
银行账户未入账	通过账外账户截留收入或支付成本费用
存贷双高	银行存款可能受限或被大股东占用

2. 采购与付款舞弊

如果发现采购与付款循环存在舞弊迹象，项目组应当实施进一步审计程序予以核查，合理运用职业判断，审慎评价可靠性存疑的审计证据。采购与付款舞弊循环舞弊信号及可能舞弊的具体内容见表3-9。

表 3-9　采购与付款循环舞弊信号及可能舞弊的具体内容

舞弊信号	可能舞弊的具体内容
虚构供应商及制作虚假采购合同	虚构采购业务，配合成本及毛利率不存在异常
同一客户同时签订采购和销售合同，存在融资性贸易	无商业实质的贸易，实则是变相融资而非真实交易商品
故意不进行暂估入库	隐瞒高额负债或存在虚构的交易
采购合同的采购单价、结算条款等存在异常，不符合行业惯例	虚构采购交易或套取资金

舞弊信号	可能舞弊的具体内容
隐藏关联方采购事实	利用关联方虚构交易或套取资金
伪造采购入库单、验收单、付款申请单，或上述单据没有连续编号，系统管理员直接制单	虚构采购交易，伪造采购流程单据；或通过跳号虚做；系统管理员身份直接虚做或篡改数据
利用关联方给供应商支付部分货款	利用关联方承担成本和负债
预付资金远大于采购发生额，部分资金可能回流至大股东	利用虚构预付款套取资金
付款单据没有财务负责人签字	虚构采购交易
采购、验收等不相容岗位为同一人	侵占资产或虚构采购交易

3. 销售与收款循环舞弊

如果发现销售与收款循环存在舞弊迹象，项目组应当实施进一步审计程序予以核查，合理运用职业判断，审慎评价可靠性存疑的审计证据。销售与收款循环舞弊信号及可能舞弊的具体内容见表 3-10。

表 3-10　销售与收款循环舞弊信号及可能舞弊的具体内容

舞弊信号	可能舞弊的具体内容
虚构客户及制作虚假销售合同	虚构销售交易，虚增营业收入；目的可能是为了银行贷款、业绩对赌或管理层业绩考核
同一客户同时签订采购和销售合同，存在融资性贸易	货物空转，没有实际物流，虚增营业收入
销售合同的销售单价、结算条款等存在异常，不符合行业惯例	通过操纵价格虚增营业收入或虚构销售交易
隐藏关联方销售事实	通过关联方虚增收入
伪造销售出库单、验收单，或上述单据没有连续编号，管理员直接制单	伪造相关佐证为了让虚假销售业务更加真实
利用关联方给客户支付货款	将资金给客户，然后由客户转给被审计单位，形成资金闭环
大股东或用个人卡截留收入	截留收入，少缴税款

舞弊信号	可能舞弊的具体内容
利用第三方回款	让报表看起来更好看
伪造增值税发票	伪造增值税发票虚构销售业务
大量负数收入冲回	通过"大洗澡"方式让上年度营业收入完成任务
提前确认收入或跨期确认	通过提前或跨期确认方法转移营业收入
毛利率极度异常	为了提升营业收入满足指标需求
虚构境外业务	不容易让人发现和核查造假事实

4. 存货与成本循环舞弊示例

如果发现存货与成本循环存在舞弊迹象，项目组应当实施进一步审计程序予以核查，合理运用职业判断，审慎评价可靠性存疑的审计证据。存货与成本循环舞弊信号及可能舞弊的具体内容见表 3-11。

表 3-11　存货与成本循环舞弊信号及可能舞弊的具体内容

舞弊信号	可能舞弊的具体内容
盘点登记表的名称和数量存在涂抹痕迹	存货控制薄弱，存货数量可能存在重大账实不符
仓库储存能力明显小于库存商品数量	管理层没有考虑仓储能力而一味对报表造假，库存商品可能存在重大账实不符
存货存放地点多个，频繁换地方	利用多地点不易同时监盘，隐瞒存货造假事实
隐藏没有告知的仓库	部分收入存在舞弊，将存货运送至隐蔽的仓库存放
存货积压严重，产品负毛利增加	隐瞒存货重大减值损失
存货可变现净值计算方法不严谨	未考虑服装行业产品更新快、当季新款与过季旧款价格差异巨大的情况，统一以当年 12 月份的平均销售单价测算可变现价值
主要产品成本的构成及波动异常	利用生产成本归集和分配舞弊，人为调节成本
手工核算存货成本	难以利用数字化手段核实存货成本计量准确性，隐瞒真实存货成本
大额存货跨期结转	利用跨期结转调节营业成本

5. 全流程业务舞弊示例

全流程业务舞弊信号、可能舞弊的具体内容和审计提示见表 3-12。

表 3-12　全流程业务舞弊信号、可能舞弊的具体内容和审计提示

舞弊信号	可能舞弊的具体内容	审计提示
关键证据涂抹、印鉴不清晰	伪造或变造关键证据虚做交易造假	通过认真核实关键审计证据，能够予以识别，主要审计思路是同样一笔业务证据不同或印记不一致
关键员工频繁离职	关键员工发现财务造假不忍道德谴责及处罚风险离职	通过了解关键员工的履职背景、访谈在职基层员工，或有条件下直接访谈离职员工了解具体离职原因
注册多个壳公司	利用壳公司虚做交易造假	对壳公司进行延伸审计或进一步观察和检查相关注册信息
关键证据之间逻辑混乱	造假经验不足，造成业务数据和关键证据逻辑混乱	对审计过程中多项审计证据应当做好交叉核对、项目组内部经常开会讨论发现的异常情况
报表精心设计	报表项目逻辑关系完美无缺，但可能与真实业绩相去甚远	现场观察生产和经营情况，了解经济及同行业发展状况，多利用非财务信息判断

在审计实务中，常见的舞弊更多来源于全流程业务造假，"别有用心"的管理层，更多采取"倒推模式"进行全方位舞弊，即：首先根据预期的业绩指标，然后将各项报表项目进行分解，将各项数据和指标刚刚能够完成，并让人看起来并不是特别异常，而且还会利用一些客观因素进行解释。但是，即使"财技"水平更高的造假者，也会留下一些舞弊的蛛丝马迹，项目组需要随着舞弊的线索一步一步识别并最终全部挖掘出来。

一、识别舞弊应执行的程序

识别、评估和应对舞弊导致的重大错报风险所需执行的审计程序包括从计划阶段开始对舞弊执行审计程序、拓展至进一步审计程序阶段，并最终将与适当的管理层、治理层和监管机构沟通。

计划阶段识别舞弊应执行的程序见表 3-13、表 3-14 和表 3-15。

表 3-13　计划阶段对舞弊执行的审计程序、具体内容和审计提示

审计程序或事项	具体内容	审计提示
对可能存在的舞弊事项与项目组进行讨论	具体索引至第四章第七节项目组讨论、风险评估和审计计划	与项目组成员共同讨论舞弊导致的重大错报风险的可能性因素
与管理层讨论舞弊风险	制作舞弊调查问卷，向管理层询问可能存在的舞弊风险	需要记录被访谈管理层的姓名、职位、时间和询问结果
评估舞弊风险因素	包括与财务信息作出虚假报告相关和侵占资产相关的舞弊风险因素	按照舞弊三角理论的分类、舞弊风险因素对标被审计单位是否存在发生舞弊的可能性进行判断
记录分析性程序发现的异常关系	了解并列示关键财务指标及考核指标，包括但不限于：收入增长率、毛利率、资产负债率、流动比率、存货周转率等	需要运用职业判断异常关系是否构成舞弊
舞弊导致的重大错报风险汇总表	包括对收入确认存在舞弊风险的假定，评价哪些类型的收入、收入交易或认定导致舞弊风险	记录已识别的舞弊风险

表 3-14　进一步审计程序、具体内容和审计提示

审计程序或事项	具体内容	审计提示
针对舞弊导致的认定层次的重大错报风险实施的审计程序	包括总体应对措施和财务报表认定层次的应对措施	记录已识别的风险因素、风险大小、受影响的账户和交易列报，以及化解风险的控制
针对管理层凌驾于控制之上的风险实施的程序	包括总体应对措施和管理层凌驾于控制之上的风险程序	记录已识别的风险因素、记录风险大小、受影响的账户和交易列报，以及化解风险的控制

表 3-15　与管理层、治理层和监管机构沟通具体内容和审计提示

审计程序或事项	具体内容	审计提示
与适当管理层沟通舞弊事项	记录发现的舞弊风险因素和存在的舞弊事实情况，以及适当的管理层对舞弊事项的反馈	如果识别出舞弊或获取的信息表明可能存在舞弊，注册会计师应当及时将此类事项向适当层级的管理层通报，以便管理层告知对防止和发现舞弊事项负有主要责任的人员
与治理层沟通管理层舞弊事项	记录发现的舞弊风险因素和存在的舞弊事实情况，以及治理层对舞弊事项的反馈	如果怀疑舞弊涉及管理层，注册会计师应当将此怀疑向治理层通报，并与其讨论为完成审计工作所必需的审计程序的性质、时间安排和范围

审计程序或事项	具体内容	审计提示
与监管机构汇报舞弊事项	记录发现的舞弊风险因素和存在的舞弊事实情况，以及监管机构对舞弊事项的反馈	如果识别出舞弊或怀疑存在舞弊，注册会计师应当确定是否有责任向被审计单位以外的监管机构报告

项目组在编制舞弊风险评估与应对审计程序工作底稿时应当注意所执行的审计程序能够满足审计目标，即：识别、评估和应对舞弊导致的重大错报风险。项目组应当记录谁执行、是否执行审计程序，以及对具体的工作底稿进行索引。

二、舞弊风险因素调查表

舞弊风险因素包括两大类，一是与对财务信息作出虚假报告相关的舞弊风险因素，二是与侵占资产相关的舞弊风险因素调查。项目组通过舞弊三角理论具体分析舞弊风险因素。

1. 识别与对财务信息作出虚假报告相关的舞弊风险因素

项目组将舞弊三角理论进行细分成具体舞弊风险因素，根据对被审计单位的了解结合判断与财务信息作出虚假报告相关的舞弊风险因素是否存在，并描述影响账户余额或交易类别。即：将发生舞弊因素分为动机或压力、机会和借口（合理化解释），将舞弊风险因素进行分类和细分解，项目组经过评估和判断后，记录是否存在舞弊风险因素的全过程。识别与对财务信息作出虚假报告相关的舞弊风险因素见表 3-16。

表 3-16　与财务信息舞弊因素及受影响账户余额或交易类别

发生的舞弊因素	舞弊风险因素分类	具体舞弊因素举例	是否存在	受影响的账户余额或交易类别
动机或压力	管理层为满足第三方要求或预期而承受过度的压力	被审计单位股票将被证券交易所进行特别处理或退市。	是	与财务报表层面认定相关
机会	组织结构复杂或不稳定	除被审计单位外，实际控制人或大股东还拥有或控制大量其他实体	是	与财务报表层面认定相关
借口（合理化解释）	管理层态度不端或缺乏诚信	以往存在违反证券法或其他法律法规的历史纪录，或企业、高级管理人员或治理层由于舞弊或违反法律法规而被指控	是	与财务报表层面认定相关

假设项目组正在审计一家 ST 上市公司，如果本年业绩还不能达到预期则会被证券交易所退市处理，此时 ST 上市公司管理层承受过度压力，正好此时大股东控制很多隐蔽的其他实体，管理层自身认为"死猪不怕开水烫"，可能利用关联方交易确认虚假收入。

> **CPA审计经验分享**
>
> 　　审计人员在识别是否存在舞弊因素时，除了对每一项舞弊因素进行识别分析外，还应当将利用舞弊三角理论将各种可能发生的舞弊情形结合一起分析。随着时间流逝，舞弊手段也从单一模式演变成全过程精心设计模式。
>
> 　　对于识别舞弊风险的程序可以通过对内部控制进行测试、对会计分录进行测试，以及通过对公司内外部人员或公开信息网络搜索公司舆情进行分析和挖掘。

2. 识别与侵占资产相关的舞弊风险因素

与识别与财务信息作出虚假报告相关的舞弊风险方法一致，项目组也需要识别与侵占资产相关的舞弊风险因素。识别与侵占资产相关的舞弊风险因素见表 3-17。

表 3-17　与侵占资产舞弊因素及受影响账户余额或交易类别

发生的舞弊因素	舞弊风险因素分类	具体舞弊因素	是否存在	受影响的账户余额或交易类别
动机或压力	个人的生活方式或财务状况问题	如果接触现金或其他易被侵占（通过盗窃）资产的管理层或员工负有个人债务，可能会产生侵占这些资产的压力	是	货币资金、其他应收款
机会	内部控制存在缺陷	对高级管理人员的支出（如差旅费及其他报销费用）的监督不足	是	货币资金、其他应收款、费用等；财务报销流程
借口（合理化解释）	侵占资产的态度或借口	企业人员在行为或生活方式方面的变化可能表明资产已被侵占	是	货币资金、其他应收款

对于员工侵占公司财产的情形，更多是管理层或一般员工利用公司内部控制薄弱，将公司财产占为己有，这可能与财务报表层面和认定层面的重大错报风险关系并不大，除非侵占资产的事实并未经过正确的账务处理。

案例3-4

ZDM 公司 A 高管由于赌博欠下高额负债，A 高管利用大额差旅费报销套现方式侵占公司财产偿还负债，后被知情人举报后，ZDM 公司报案后已退回套现资金。如果上述资金已退回并已做账务处理，实际该事项不会对账户余额和交易类别产生影响。值得关注的是，由于出现高级管理人员舞弊没有被及时发现的情况，项目组应当注意 ZDM 公司费用报销等内部控制是否有效，以及对公司整体层面内部控制的有效性可能需要重新评价。

三、舞弊风险询问程序表

舞弊风险询问程序主要目的是通过与管理层及相关人员会谈了解对舞弊风险执行的措施，以及是否了解公司是否存在舞弊事实。项目组实施舞弊风险问询的对象可能包括管理层、治理层、内部审计人员、财务人员及相关其他人员。值得说明的是，项目组在执行穿行测试、控制测试、实质性程序均会与企业内部人员进行沟通，如果在沟通过程中发现可能存在未识别的舞弊风险，项目组应当将识别和应对全过程记录于工作底稿。舞弊风险询问程序见表 3-18。

表 3-18　舞弊风险询问内容及询问结果记录

询问内容	被询问者姓名	被询问者职位	会谈时间和地点	询问结果记录
管理层是否了解任何影响企业已发生的、疑似的或传闻的舞弊	王某	财务总监	20×2 年×月×日财务总监办公室	未见已发生和疑似或传闻的舞弊事项
审计委员会是否知悉任何舞弊事实、舞弊嫌疑或舞弊指控	张某	独立董事	20×2 年×月×日×公司会议室	有员工举报部分高管实施报表舞弊多拿绩效
是否了解任何舞弊事实、舞弊嫌疑或舞弊指控	马某	内审部部长	20×2 年×月×日内审部长办公室	已将员工举报信上报给审计委员会
是否了解任何舞弊事实、舞弊嫌疑或舞弊指控	唐某	其他人员	20×2 年×月×日×公司会议室	财务总监让其提前确认收入

在对上述人员进行问询访谈时，项目组应当做好询问前的准备工作，提前制作好访谈提纲，并对询问内容和询问结果做好记录。在询问过程中，需要核实被询问

者的姓名、职位，灵活掌握询问方式和技巧，能够让被询问人放下警惕，不能让被询问人带走思路，对访谈结果应当结合其他信息予以核实，核实是否存在异常。

四、特别风险事项复核计划及风险评估表

在识别和评估由于舞弊导致的重大错报风险时，注册会计师应当基于收入确认存在舞弊风险的假定，评价哪些类型的收入、收入交易或认定导致舞弊风险。特别风险事项复核计划及风险评估过程见表 3-19。

表 3-19　特别风险事项复核计划及风险评估表

重点复核内容	是否存在舞弊风险	与总体审计策略交叉索引	舞弊风险记录	受影响的账户余额及交易类别
不恰当的收入确认原则的舞弊风险	是	ZTSJCL-001	收到 50% 以上的预售款直接确认收入，可能存在尚未交付房产提前确认收入	营业收入/销售与收款循环
客户需求大幅下降，所在行业或总体经济环境中经营失败的情况增多	是	ZTSJCL-001	由于受到国家宏观经济影响和对房地产行业管控影响，房地产开发企业房屋滞销严重，被审计单位属于上市公司且管理层有业绩指标压力	营业收入/销售与收款循环

如果认为收入确认存在舞弊风险的假定不适用于业务的具体情况，从而未将收入确认作为由于舞弊导致的重大错报风险领域，注册会计师应当按照《中国注册会计师审计准则第 1141 号——财务报表审计中与舞弊相关的责任》（以下简称 CSA1141）第二十七条的规定形成相应的审计工作底稿。

除非出现特殊情况，项目组应当将收入确认作为舞弊导致重大错报风险领域，例如：ZDM房地产公司将收款超过50%作为收入确认条件，由于受到房地产行业宏观调控及业绩指标等压力，ZDM房地产公司管理层可能通过串通舞弊让隐蔽关联方按照超过平均房价购入房产，以达到掩盖巨额亏损的事实，以及掩盖房产滞销、打折销售而可能造成的存货减值风险。

五、对异常和偏离预期关系的记录

项目组需要了解并列示关键财务指标及考核指标，包括不限于：收入增长率、毛利率、资产负债率、流动比率、存货周转率等，对预期指标偏离程度进行描述，并判断是否存在舞弊因素，以及可能受影响的余额和交易类别，所有分析数据及指标计算来源于财务报表分析性程序底稿并进行索引。对异常和偏离预期关系的记录过程见表3-20。

表3-20　对异常和偏离预期关系的记录表

相关财务指标	分析性程序底稿索引号	对异常和偏离程度的描述	是否表明存在舞弊风险	受影响的账户余额及交易类别
存货周转率	略	存货周转率明显高于以往年度，且高于同行业平均水平，与目前房地产市场行情背离	是	存货、营业成本应收账款、营业收入
收入增长率	略	收入增长率明显高于以往年度，且高于同行业平均水平，与目前房地产市场行情背离	是	应收账款/营业收入

值得说明的是，某些财务指标存在偏离也不一定表明存在舞弊风险，项目组需要对异常和偏离程序的描述进行具体分析。

通过上述ZDM房地产公司的案例，项目组应当关注房地产宏观调控政策和开发项目所在地区的限价政策，以及房地产市场行情等信息，对ZDM公司的毛利率、净利率、存货周转率、现房库存占比等重要指标与同行业、同地区房地产企业进行分析，识别和评估ZDM公司是否存在利用少计提存货跌价准备的舞弊风险。

六、舞弊导致的重大错报风险汇总表

项目组需要记录已识别的舞弊导致的重大错报风险，包括对收入确认存在舞弊风险的假定，评价哪些类型的收入、收入交易或认定导致舞弊风险，项目组将识别出可能存在的全部舞弊风险，并作出化解风险的具体控制，并将其具体内容与总体审计策略进行索引。舞弊导致的重大错报风险汇总过程见表3-21。

表3-21　舞弊导致的重大错报风险汇总表

已识别的舞弊风险	受影响的账户余额及交易类别	风险是否重大	导致财务报表重大错报的可能性	化解风险的控制
不恰当的收入确认原则的舞弊风险	营业收入/销售与收款循环	是	高	综合性方案/详见总体审计策略

值得说明的是，已识别的舞弊风险来源于特别风险事项复核计划及风险评估表，项目组通过职业判断风险是否重大（是/否）、导致财务报表重大错报的可能性（高/中/低），并设计和执行化解风险的控制（审计方案）。一般情况下，化解风险的控制会索引至总体审计策略工作底稿。

七、管理层凌驾于内控之上的风险

项目组需要列示总体应对措施和管理层凌驾于内控之上的审计程序，核实是否存在异常的调整事项，项目组针对管理层凌驾于内控之上的风险示例进行逐个分析判断，核实是否需要执行，并列示执行的具体程序，得出审计结论并与执行的相关底稿进行索引。管理层凌驾于内控之上的风险具体措施及所执行的程序见表3-22。

表3-22　管理层凌驾于内控之上的风险具体措施及所执行的程序

序号	具体措施或考虑事项	是否执行	所执行的程序	索引号
1	测试日常会计核算过程中作出的会计分录和编制财务报表过程中作出的其他调整是否适当（了解财务报告过程，以及对日常会计分录及财务报表编制过程的调整分录的控制）	是	询问、观察和检查	略
2	复核会计估计是否存在偏向（了解管理层对某些会计估计反映出某种偏向，是否与注册会计师表明的最佳估计存在较大差异）	是	询问、检查和重新计算	略

序号	具体措施或考虑事项	是否执行	所执行的程序	索引号
3	对于超出被审计单位正常经营过程的重大交易（了解异常交易是如何产生的，并记录金额和内容）	是	询问、检查	略

值得说明的是，根据 CSA1141 第三十三条规定：无论对管理层凌驾于控制之上的风险的评估结果如何，注册会计师都应当设计和实施审计程序，用以：

（1）测试日常会计核算过程中作出的会计分录和编制财务报表过程中作出的其他调整是否适当。

CPA审计经验分享

通过对财务账簿查找日常会计分录进行测试，检查是否存在异常会计处理；关注会计核算是否存在调整分录，这些调整分录是如何执行，是否存在舞弊，需要项目组进一步核实。

（2）复核会计估计是否存在偏向，并评价产生这种偏向的环境是否表明存在由于舞弊导致的重大错报风险。

CPA审计经验分享

重点关注管理层对会计估计假设的依据，是否与注册会计师获取的证据存在重大差异，管理层对会计估计严重带有某种偏向，项目组需要了解管理层编制会计估计及相关控制的过程，对会计风险进行评估，评价管理层是否存在舞弊风险。例如：预期信用损失的会计估计。

（3）对于超出被审计单位正常经营过程的重大交易，或基于对被审计单位及其环境的了解，以及在审计过程中获取的其他信息而显得异常的重大交易，评价其商业理由（或缺乏商业理由）是否表明被审计单位从事交易的目的是对财务信息作出虚假报告或掩盖侵占资产的行为。

CPA审计经验分享

任何交易均应该符合商业逻辑，而往往被审计单位财务报表舞弊则缺乏商业实质，项目组需要检查重大交易的合同及其他重要确认依据，核实交易是否异常。

八、与适当管理层、治理层和监管机构的沟通

项目组按照 CSA1141 和《中国注册会计师审计准则第 1151 号——与治理层的沟通》（以下简称 CSA1151）相关规定对在计划阶段识别和评估重大错报风险（包括特别风险）与适当的管理层和治理层及监管机构进行沟通和汇报。

如果项目组发现管理层和治理层存在影响审计意见的重大舞弊事项，应当收集好相关证据，及时与证监局及交易所等监管机构进行沟通和汇报。

CPA审计经验分享

我们按照 CSA1141、CSA1151 的相关规定，对在计划阶段识别和评估重大错报风险（包括特别风险），将营业收入设定为舞弊风险因素并对治理层进行汇报，并将总体审计策略报给管理层、治理层及证监局进行备案。实际审计过程中，由于未见舞弊情况发生，之后并未与管理层、治理层和监管机构对舞弊情况进行沟通；我们于 20×1 年 12 月 6 日与审计委员会对关键审计事项进行了沟通。

第五节　重要性水平确定

编制重要性水平工作底稿前，项目组需要考虑以下两个方面：

（1）项目组需要了解被审计单位的性质、业务成熟度、是否盈利、报表使用人的期望。了解以上因素的目的是合理确定重要性水平的基准和经验百分比。

（2）项目组需要了解审计项目为集团审计还是单体报表审计，如果属于集团审计业务，应编制集团重要性水平工作底稿并将其分配到各个母子公司并确定各自的重要性水平。

重要性水平就如同注册会计师的一项"救命稻草"，当被审计单位出现错报没有被注册会计师识别出来，只要错报的金额不高于"救命稻草"，注册会计师可以免责。即：重要性水平的本质是判断错报的重大程度，它包括性质和金额两个维度，金额上判断是否超过财务报表整体重要性或从性质上判断影响财务报表使用者作出经济决策。

重要性水平工作底稿由于涉及高度复杂的职业判断，应当由项目负责人亲自编制，并经项目合伙人复核审批。如果遇到复杂的项目，还应当咨询质量管理部，比如税前利润介于盈利平衡点的项目、长期盈利但当年亏损项目等。

一、编制重要性水平工作底稿

注册会计师应当根据每年财务报表实际反映情况重新确定重要性水平大小。编制重要性水平工作底稿包括以下六个方面：

1. 财务报表整体的重要性

财务报表整体的重要性水平是识别重大账户的根基和来源，而且重要性水平的确定需要高度运用职业判断，见表 3-23。通常先选定一个基准，再乘以某个经验百分比，得到一个恰当的金额，将其作为财务报表整体的重要性。

即：财务报表整体的重要性＝基准×经验百分比

整体重要性金额＝2 000 万元×5％＝100 万元

表 3-23　编制财务报表整体重要性水平选择基础项目及考虑因素

基础项目	采用该基础项目考虑因素	金额
税前利润	上市公司且持续盈利	2 000 万元

值得注意的是，在审计计划阶段上述考虑基础项目的金额一般为未审数据，随着审计工作的深入，审定数据如果与未审数据存在变化，项目组应当对审计过程中的重要性金额进行修改。

CPA审计经验分享

编制重要性的基准和经验百分比需要考虑具体行业、企业财务状况结合注册会计师的职业判断，最终确定恰当的基准和比率取值范围。

2. 特定类别交易、账户余额或披露的重要性水平（如适用）

值得注意的是，并不是所有的审计项目均会存在特定类别交易、账户余额或披露，这需要项目组进行详细分析企业和行业特点和职业判断，如果存在某个交易、账户余额或披露非常重要，则需要专门制定特定类别交易、账户余额或披露的重要性水平，见表 3-24。

表 3-24　特定类别交易、账户余额或披露及考虑因素（制药企业为例）

特定类别交易、账户余额或披露	确定的重要性金额	考虑因素
研究与开发成本	15 万元	被审计单位所处行业相关的关键性披露

项目组需要关注，如果对特定类别交易、账户余额或披露确定重要性，则需要在执行相关审计程序和获取审计证据的同时，关注是否存在重大错报风险，错报金额是否超过确定的重要性。

3. 实际执行的重要性

财务报表实际执行的重要性水平为确定的整体重要性金额×适用比率得出计算数值，见表 3-25。值得说明的是，项目组需要考虑整体审计风险高低情况，如果风险低参考比率为 50%，如果风险高参考比率为 75%，最终根据计算数值取整后得出实际执行的重要性金额。

表 3-25　实际执行的重要性水平考虑因素

考虑因素	确定的整体重要性金额	参考比率	适用比率	计算数值
如整体审计风险为低	100 万元	75%	75%	75 万元
如整体审计风险为高	100 万元	50%	50%	50 万元

值得注意的是，对于适用比率建议不要取值于 50%～75% 之间（项目组需要解释制定百分比所考虑的具体因素，这可能涉及复杂的职业判断），且一个项目只能存在一个实际执行的重要性水平，而不能同时存在两个重要性水平。

4. 特定类别交易、账户余额或披露的重要性相关的实际执行的重要性（如适用）

如果存在"特定类别交易、账户余额或披露的重要性水平"，项目组应当编制与特定类别交易、账户余额或披露的重要性相关的实际执行的重要性，见表 3-26。

表 3-26　特定类别交易、账户余额或披露确定的实际执行的重要性

特定类别交易、账户余额或披露	确定的实际执行的重要性金额	考虑因素
研究与开发成本	7.5 万元	被审计单位所处行业相关的关键性披露

值得注意的是，确定的实际执行的重要性＝确定的重要性×适用比率，适用比率可以参考"实际执行的重要性"的参考比率。

5. 未更正错报名义金额

未更正错报的名义金额即是明显微小错报的临界值。实务中，项目需要考虑明显微小错报累计数是否超过临界值。

值得注意的是，对于未更正错报的参考比率一般选择 5％，某些情况下选择低于 5％，应当说明考虑因素（比如预期报表使用人对低于 5％ 金额更加敏感），且一个项目只能存在一个未更正错报的名义金额，而不能同时存在两个未更正错报的名义金额，见表 3-27。

表 3-27　未更正错报名义金额考虑因素和确定金额

考虑因素	确定的整体重要性金额	参考比率	适用比率	计算数值
当实际执行的重要性水平设为财务报表整体重要性水平的 50％	100 万元	5％	5％	5 万元

6. 审计多期报表如何确定重要性

多期（年）报表审计中，各期（年）的重要性水平都应当单独确定，而不应各期（年）采用相同的重要性水平。

CPA审计经验分享

对于 IPO 审计项目，审计期间为三年一期，此时应按照各期单独制定重要性水平。如果一期的数据并非年度数据，而是季度、半年度等，那么这一期的重要性水平，应以这一期的税前利润作为基准。可能导致这样确定的重要性水平与前两年差异比较大。

二、编制集团重要性水平工作底稿

实务中，编制集团重要性水平可以基于前述对重要性水平的基础知识，但不同于重要性水平底稿（单体），集团重要性水平工作底稿的数据来源可能是合并层面的数据，而且对于分配的重要性水平依据来源于会计师事务所的审计指引。

1. 了解组成部分具体信息

集团审计项目组应当及时了解并获取组成部分具体信息，包括但不限于：公司名称、业务性质、财务报表、所适用的审计准则、组成会计师事务所基本信息和项目组重要人员联系方式等。

2. 分析集团和组成部分特别风险

集团审计项目组获取上述信息之后，计算集团和组成部分权益占比，计算重大账户占比（主要资产负债表和利润表项目），以及资产总额、负债总额、税前利润占比，分析集团和组成部分特别风险（包括舞弊风险）。

在计算集团和组成部分规模占比时，各项报表指标数据输入值，应当考虑内部交易和往来对组成部分规模的影响。

3. 确定集团审计整体重要性水平等事项

与单体层面确定重要性水平方法类似，项目组首先确定整体重要性水平基准，并描述考虑因素，然后确定经验百分比，确定集团整体重要性水平。然后分步骤计算集团实际执行的重要性水平和集团未更正错报名义金额。

4. 确定集团审计范围

根据上述分析集团和组成部分特别风险，以及确定集团审计整体和可执行的重要性，结合计算主要报表项目占比确定识别的重大账户，确定集团审计范围，包括全面范围审计的组成部分、特定范围审计的组成部分、有限范围审计的组成部分、实施特定程序的组成范围、未纳入审计范围的组成部分。

项目组根据职业判断确定集团审计范围，每个组成部分需要根据集团审计指令确定组成部分的审计程序。

5. 将重要性水平分配给组成部分

在确定好集团整体及可执行的重要性水平之后，按照组成部分的规模在集团中所占的比例，结合重大错报风险的风险程度（高/中/低），得出分配该组成部分的实际执行重要性占集团审计执行的重要性水平比例。最终计算得出组成部分实际执行的重要性水平或复核临界值金额和各组成部分未更正错报名义金额，并将计算数据发送给组成部分注册会计师参照执行。组成部分项目组在接受集团审计项目组的指令之后，应按照集团审计项目组分配的组成部分实际执行重要性水平和其组成部分自身计算的重要性水平孰低金额（如果按组成部分存在法定审计项目需要单独出具审计报告），作为执行审计程序时的重要性水平参考值。当这个组成部分为重要组成部分，而组成部分审计师确定的重要性标准又高于集团审计师定的标准时，应采用集团审计项目组分配的组成部分重要性水平。

各组成部分的实际执行的重要性水平的合计数很可能超过集团的重要性水平，分配至任何单独组成部分的实际执行的重要性水平不能超过集团层面实际执行的重要性水平。通常来说，组成部分数量越多时，某个特定组成部分中的错误对集团财务报表产生重大影响的可能性就会减少。

第六节　识别重大账户和披露认定

识别重大账户和披露认定相关工作底稿包括财务报表执行分析性程序工作底稿和重大账户认定和重大流程评估工作底稿。上述工作底稿应由项目负责人或经验丰富的项目经理亲自编制，并由项目合伙人复核审批。

一、财务报表执行分析性程序工作底稿

以下工作底稿编制均以年度财务报表审计项目为例，项目组在获取本年未审财务报表后，将相关数据录入分析程序工作底稿中，自动计算相关报表项目的变动比率（包括横向变动比率和纵向变动比率），并将增减变动原因记录于底稿之中。值得说明的是，财务报表上年数据应当为已审数据，对于行业平均指标或相关企业指标的来源包括行业部门发布的指标、查询同行业可比较上市公司、企业绩效评价标准值等。

1. 资产负债表分析

项目组获取本年资产负债表，需要关注上年数据是否与审定数据一致。如果上年未经审计，可以按未审数据填写。增减变动需要分析包括绝对额和相对比率［其中：增减变动金额＝期末余额－期初余额；增减变动比率（横向变动）＝（期末余额－期初余额）÷期初余额；增减变动比率（纵向变动）＝（期末报表项目余额÷期末资产总额或负债和权益总额－期初报表项目余额÷期初资产总额或负债和权益总额）÷（期初报表项目余额/期初资产总额或负债和权益总额）］。一般情况下，资产负债表增减变动比例超过20%（含）的项目应进行分析，如果审计期间被审计单位所外部环境发生较大变化时，应考虑相关变化因素，并考虑相应的风险评估等级。

上市公司年度报告中，上市公司管理层会披露财务报表重大项目的增减变动说明，项目组应当检查管理层披露的因素与项目组分析因素是否一致。如果不一致，是否说明项目组仍有尚未识别的重大错报风险。

资产负债表分析性程序底稿见表3-28。

表 3-28　资产负债表分析性程序底稿

项目	20×1年1月1日已审数		20×1年12月31日未审数		增减变动金额 ⑤＝③－①	横向变动比例 ⑥＝⑤÷①	纵向变动比例 ⑦＝（④－②）÷②	增减变动原因⑧
	金额①	比例②	金额③	比例④				
货币资金								
应收账款								

值得说明的是，对于高风险项目，即使增减变化原因小于20%，建议项目组在工作底稿仍需要记录变动原因，而不是仅记录增减变动超过20%的项目进行分析（这是必须分析）。这是因为部分绝对额可能很大，即使项目增减变动不大，但仍需要项目组特别关注并加以分析变动原因。另外，增减变动原因切记不能蜻蜓点水，浅尝辄止，项目组应当能够穿透业务实质，了解真实业务背景，结合内外部因素站在更高的层面进行分析。

常见错误增减变动原因分析。

（1）应收账款减少原因是本年回款较好。

（2）预付账款增加原因是本年预付款增加。

（3）存货减少原因是本年销售增加，成本结转增加。

上述增减变动原因均没有确切分析报表项目具体如何增加或减少，解释的原因不够具体，详实。可以参考的原因分析如下：

（1）应收账款减少原因是对历史遗留债务问题采取诉讼，强制执行后收回部分客户历史欠款×××元导致本年应收账款余额减少。

（2）预付账款增加原因是本年某订单突然激增，与某供应商谈判需要预付部分货款才能发货，故当年预付账款增加。

（3）存货减少原因是本年加大促销力度，以及某款产品扩大市场份额导致销售激增，公司商品供不应求导致存货减少。

值得注意的是，对于分析结果需要设计和执行进一步审计程序予以核实，而不是分析完原因就到此结束。

2. 利润表分析

项目组获取本年利润表，需要关注上年数据是否与审定数据一致。如果上年未经审计，可以按未审数据填写。增减变动需要分析包括绝对额和相对比率〔其中：增减变动金额＝本年发生额－上年发生额；增减变动比率＝（本年发生额－上年发生额）÷上年发生额〕。一般情况下，利润表增减变动比例超过10％（含）的项目应进行分析，如果审计期间被审计单位所在外部环境发生较大变化时，应考虑相关变化因素，并考虑相应的风险评估等级。利润表分析性程序底稿见表3-29。

表3-29 利润表分析性程序底稿

项目	20×0年 已审数①	20×1年 未审数②	增减变动		解释增减变动 原因⑤
			金额③＝ ②－①	变动比例④＝ ③÷①	
营业收入					
销售费用					

值得说明的是，对于高风险项目，即使增减变化原因小于10％，建议项目组在工作底稿仍需要记录变动原因，而不是仅记录增减变动超过10％的项目进行分析（这是必须分析）。

CPA审计经验分享

常见错误增减变动原因分析。

（1）营业收入减少原因是受到不可抗力影响销售减少。

（2）销售费用增加原因是销售佣金增加导致。

上述增减变动原因均没有确切分析报表项目具体如何增加或减少，解释的原因不够具体，详实。可以参考的原因分析如下：

（1）营业收入减少原因是10月—12月发货受到重大影响，同期对比销售收入减少××万元，减少百分比××％，故造成全年营业收入减少。

（2）销售费用增加原因通过未审报表分析是销售佣金增加导致的，但通过分析检查发现，因销售收入下降，且销售佣金与收入存在挂钩，也未见销售佣金比例有所增加，通过上述分析销售佣金可能存在重大错报风险。需要设计进一步审计程序予以核实。

3. 现金流量表分析

项目组获取本年现金流量表，需要关注上年数据是否与审定数据一致。如果上年未经审计，可以按未审数据填写。增减变动需要分析包括绝对额和相对比率〔其中：增减变动金额＝本年发生额－上年发生额；增减变动比率＝（本年发生额－上年发生额）÷上年发生额〕。一般情况下，现金流量表增减变动比例超过10％（含）的项目应进行分析，如果审计期间被审计单位所在外部环境发生较大变化时，应考虑相关变化因素，并考虑相应的风险评估等级。现金流量表分析性程序底稿见表 3-30。

表 3-30 现金流量表分析性程序底稿

项目	20×0 年已审数①	20×1 年未审数②	增减变动		解释增减变动原因⑤
			金额③＝②－①	变动比例④＝③÷①	
销售商品、提供劳务收到的现金					
购买商品、接受劳务支付的现金					

值得说明的是，对于高风险项目，即使增减变化原因小于10％，建议项目组在工作底稿仍需要记录变动原因，而不是仅记录增减变动超过10％的项目进行分析。

CPA审计经验分享

常见错误增减变动原因分析。

（1）销售商品、提供劳务收到的现金减少原因是本年收入减少。

（2）购买商品、接受劳务支付的现金增加原因是本年销售增加进而成本增加。

上述增减变动原因均没有确切分析报表项目具体如何增加或减少，解释的原因不够具体，详实。可以参考的原因分析如下：

（1）销售商品、提供劳务收到的现金减少原因部分客户受到经济环境影响回款较慢，且部分客户改为票据结算导致。

（2）购买商品、接受劳务支付的现金增加原因公司对某项产品加大投产，增加对部分供应商预付款导致。项目组需要设计进一步审计程序予以核实。

4. 比率趋势分析（同企业不同期间对比）

项目组按照工作底稿的要求编制比率指标分析。比率指标分析主要包括流动性比率、资产管理比率、负债比率、盈利能力比率和生产能力比率。如果上年未经审计，可以按未审数据填写。增减变动仅有相对比率［增减变动比率＝（本年比率－上年比率）÷上年比率］。一般情况下，比率趋势分析表增减变动比例超过10％（含）的项目应进行分析，如果审计期间被审计单位所外部环境发生较大变化时，应考虑相关变化因素。比率趋势分析（同企业不同期间对比）底稿见表3-31。

表 3-31   比率趋势分析（同企业不同期间对比）底稿

项目	计算公式	20×0年已审数①	20×1年未审数②	增减变动 ③＝（①－②）÷②	增减变动原因④
毛利率	［（销售收入－销售成本）÷销售收入］×100％				
存货周转率	营业成本÷平均存货				

值得说明的是，对于高风险项目，即使增减变化原因小于10％，建议项目组在工作底稿仍需要记录变动原因，而不是仅记录增减变动超过10％的项目进行分析。

CPA审计经验分享

常见错误增减变动原因分析。

（1）毛利率减少原因是本年收入减少。

（2）存货周转率增加原因是加大促销力度加快存货周转。

上述增减变动原因均没有确切分析报表项目具体如何增加或减少，解释的原因不够具体，详实。可以参考的原因分析如下：

（1）毛利率减少原因是公司受到行业低价格竞争影响，本年部分产品降价销售导致毛利率降低（成本并没有大幅下降）。

（2）存货周转率增加原因是公司制定去库存目标，采取了降价销售模式，故存货周转率增加。

5. 比率趋势分析（同行业对比）

与比率趋势分析（同企业不同期间对比）底稿编制过程类似，项目组只不过需要获取同行业相关比率数据与其自身本年指标进行差异分析，具体分析过程和底稿示例不再赘述。

同行业指标来源包括行业部门发布的指标、查询同行业可比较上市公司、企业绩效评价标准值等渠道。项目组可以从万得资讯和同花顺资讯等相关软件获取，以及其他权威部门发布的数据获取，项目组也可以从可比较上市公司年报中获取。

值得注意的是，如果无法获取可对比的同行业指标数据，项目组应当注意是否存在特别风险。

二、重大账户认定和重大流程评估工作底稿

重大账户认定和重大流程的评估与被审计单位业务工作底稿、被审计单位整体层面内部控制工作底稿、舞弊导致重大错报风险工作底稿、重要性水平工作底稿，以及财务报表执行分析性程序均存在密不可分的关系。项目组确定重大账户之后，可能发生的重大错报的认定需要与综合风险评估工作底稿对应。

1. 识别重大账户和重大流程评估

重大账户是指该账户对财务报表总体而言具有重大性，或者与已识别的重大错报风险相关联，有可能包含重大错报的某一账户。识别重大账户需要考虑的因素见表 3-32。

表 3-32　识别重大账户需要考虑的因素

识别重大账户需要考虑的因素	通常来说，某一账户的金额接近或超过可执行的重要性水平即是重大账户
	某一账户小于但其单个错报或多项错报组合起来接近或超过可执行的重要性水平也是重大账户
	所有的披露都是重大的
	特定账户额外的考虑，某些账户对于预期使用人特别关注

通常情况下，项目组在识别重大账户主要从账户金额是否接近或超过可执行的重要性水平进行识别，并结合与了解被审计单位及其他相关工作底稿判断是否存在重大错报风险，如果存在重大错报风险，则必然将该账户识别为重大账户，项目组需要进一步识别可能发生重大错报风险的认定，以及涉及的重大交易流程。如果不存在重大错报风险，则可能识别为非重大账户。

非重大账户是余额接近或高于实际执行的重要性水平，但其重大错报风险的程度有限或者无重大错报风险的账户。识别非重大账户需要考虑的因素见表3-33。

表 3-33   识别非重大账户需要考虑的因素

识别非重大账户需要考虑的因素	了解内部控制时认为企业的控制环境有效能够预防或检查并更正与财务报告相关的重大错报
	该账户仅有少量或小额的交易活动（很少发生额变动）
	该账户的会计核算没有发生重大业务变化
	该账户不存在特别风险

项目组在判断非重大账户时，应当将考虑的因素记录于工作底稿。值得说明的是，对于高风险项目，因其整个审计项目都在严格监管范围之内，很难出现金额超过可执行的重要性水平但重大错报风险的程度有限或者无重大错报风险的账户，故建议项目组保持职业谨慎，除非特殊情况，否则高风险项目不应当出现非重大账户。

不重大账户通常指账户余额小于实际执行的重要性水平并且项目组认为该账户不会发生重大错报的账户。项目组通常对不重大账户的程序仅限于实质性分析程序和有限的详细测试。

案例3-5

因重大账户及相关认定不恰当而被监管机构处罚案例。

营业收入是关键审计事项，影视投资业务风险较大，本年货币资金越权审批支付，与上述业务相关的账户对公司财务报表影响重大，未将营业收入的完整性认定、营业成本的完整性认定、其他应收款的计价与分摊认定作为重大账户及相关认定不恰当。

上述行为不符合《企业内部控制审计指引实施意见》"三、关于实施审计工作……（三）识别重要账户、列表及其相关认定，注册会计师应当基于财务报表层次识别重要账户、列报及其相关认定"的相关规定。

2. 对重大交易流程进行评估

项目组需要通过了解被审计单位内部控制，识别涉及的重大交易流程，对于常规交易流程必须执行了解程序和穿行测试，对于非常规交易流程则可以选择执行穿行测试和控制测试。通过了解程序，执行穿行测试，了解可能出错项和需要测试的控制要点。

值得说明的是，"财务报表结账"流程必须执行了解程序和穿行测试。可能出错项可以参考会计师事务所内部的技术文档中的风险矩阵，也可以根据被审计单位实际情况进行描述，可能出错项对于每个流程可能不仅是一项而是多项。常规流程和非常规流程涉及的重大交易流程汇总表部分举例见表3-34。

表3-34　常规流程和非常规流程涉及的重大交易流程汇总表

涉及的重大交易流程	交易类型	了解程序	穿行测试	控制测试	可能出错项	需要测试的控制点	直接实施实质性程序
财务报表结账	非常规交易	是	是	是	略	略	略
货币资金收款	常规交易	是	是	是	略	略	略
货币资金付款	常规交易	是	是	是	略	略	略
销售与应收收款	常规交易	是	是	是	略	略	略
采购与应付付款	常规交易	是	是	是	略	略	略

3. 编制重大账户、认定和重大流程评估工作底稿

项目组确定可执行的重要性水平，通过对资产负债表和利润表项目本年未审数据金额与可执行重要性水平金额对比，并结合有无重大错报风险进行职业判断后，确定已识别的重大账户，进而确定可能发生重大错报的认定（针对重大账户）和涉及的重大交易流程（针对重大账户）。

识别重大账户、认定和重大交易流程见表3-35。

表3-35　识别重大账户、认定和重大交易流程汇总表　　　　单位：元

报表项目	未审数	可执行重要性水平	有无重大错报风险	识别重大账户	可能发生重大错报的认定	涉及的重大交易流程
货币资金	5 000 000	1 000 000	有	重大账户	存在、完整性	货币资金收款、货币资金付款和财务报表结账
固定资产	1 100 000	1 000 000	无	非重大账户	—	—
其他流动资产	100 000	1 000 000	无	不重大账户	—	—
其他收益	500 000	1 000 000	有	重大账户	发生、完整性、截止	政府补助的确认和分摊

值得注意的是，上述示例中，其他收益本年未审数即使小于可执行的重要性，但由于存在重大错报风险，项目组应当将其识别为重大账户。

第七节　审计过程中对计划的修改

计划审计工作并非一个孤立的阶段，而是一个持续的、不断修正的过程，贯穿于整个审计业务的始终。

在审计过程中，如果识别风险不够充分，很可能导致审计计划需要修改，包括对重要性水平的修改、对重大错报风险识别的修改、对重大账户及交易类别的修改、对进一步审计程序的补充和修改等。在作出上述重大修改时，项目组应当在审计工作底稿中记录作出重大修改的理由及过程。

CPA审计经验分享

很多情况下，如果项目组遇到复杂项目，数据很有可能发生数次变化，这样计划风险识别和评估的很多工作底稿都会受到影响，如果项目组使用EXCEL编制相关底稿，则需要打开这些底稿重新链接相关数据，而此时由于数据变化，很多评估结果可能发生重大变化，项目组需要注意及时修订进一步审计程序。

第四章 编制风险评估和审计策略工作底稿

本章导读：风险评估和风险应对是审计业务的核心内容，指导项目组工作方向，是项目组执行工作的行动纲领。风险评估和审计策略的核心是了解内控、执行穿行测试和控制测试，以及通过初步业务活动、计划和风险识别阶段与风险评估阶段识别和评估出的所有重大错报风险进行汇总，并形成综合风险评估工作底稿。然后，项目组设计总体审计策略、具体审计计划，执行进一步审计程序。

本章主要讲的是风险评估和审计策略阶段所要编制的工作底稿。在了解内部控制时需要首先了解信息系统的复杂程序、业务对系统的依赖程度、IT环境等，财报审计项目组和IT审计项目组应当确认是否引入IT审计。审计项目组最重要的核心是了解内控、执行穿行测试和控制测试，获取内部控制流程图和内控制度，识别内部控制是否存在缺陷，核实内部控制有效性。

根据《中国注册会计师审计准则第1201号——计划审计工作》第十一条规定："注册会计师应当就下列事项形成审计工作底稿：

（1）总体审计策略；

（2）具体审计计划；

（3）在审计过程中对总体审计策略或具体审计计划作出的任何重大修改及其理由，包括对项目组成员实施指导、监督和复核的计划作出的重大修改及其理由。"

风险评估和审计策略工作底稿内容和编制要点见表4-1。

表4-1　风险评估和审计策略底稿内容和编制要点

序号	风险评估和审计策略工作底稿内容	编制要点
1	信息系统审计评估	对信息系统进行了解，核实需要强制引入IT审计；编制IT预算，与IT审计团队进行有效配合，获取IT审计管理建议书和工作总结备忘录
2	了解内控、执行穿行测试和控制测试	获取流程图、内控制度等了解内部控制，发现可能出错项、对主要控制点进行测试，并最终得出审计结论
3	综合风险评估	将计划和识别、评估阶段的所有风险汇总在综合风险，并设计应对措施
4	设计会计分录测试和其他与舞弊事项相关的审计程序	考虑管理层凌驾于控制之上的风险，设计会计分录测试核实是否存在重大异常调整分录等舞弊事项
5	总体审计策略	确定审计范围、时间安排和审计方向，并指导具体审计计划的制定
6	具体审计计划	设计具体审计程序的性质、时间和范围
7	项目组讨论、风险评估和审计计划	项目负责人将风险识别和计划阶段、风险评估和应对阶段重要内容与项目组成员进行充分讨论

审计计划根据实际情况要求持续不断地更新和修改，它包括两个层次，总体审计策略和具体审计计划。总体审计策略涵盖审计范围、时间安排、审计方向等内容，而具体审计计划更侧重于具体的细节内容，包括制定审计程序的性质、时间安排和范围。二者并非孤立存在，而是相辅相成，从上至下的关系。

随着计算机应用的快速发展，越来越多的企业早已不再使用手工记账，而采用更加高效的财务软件，以及全流程的 ERP、SAP 等系统，科技的进步使得审计人员不仅需要财务审计知识，还需要更多了解计算机应用知识，所以，对于注册会计师可能需要利用 IT 审计专家的工作，而信息系统审计工作底稿则是需要了解信息系统情况及考虑是否引入 IT 审计时需要编制的工作底稿。信息系统及相关工作底稿主要内容及编制要点见表 4-2。

表 4-2　信息系统及相关工作底稿主要内容及编制要点

底稿名称	编制要点
对信息系统变化的考虑	了解被审计单位的信息系统所处的环境复杂性，以及对财务报表的影响
非强制引入 IT 审计对信息系统评估	对于非高风险项目非强制引入 IT 审计，但需要对信息系统的环境等情况进行了解
强制引入 IT 审计对信息系统评估	对于高风险项目必须强制引入 IT 审计失败是否有必要执行
IT 预算分析表（IT 审计人员编制）	IT 审计人员派遣人员及工时，编制 IT 审计预算
IT 审计计划备忘录（IT 审计人员编制）	IT 审计与财务报表审计沟通具体 IT 审计计划
IT 审计管理建议书（IT 审计编制人员）	IT 审计对执行的 IT 审计程序及发现的问题、影响及建议，并与管理层沟通落实得到反馈

一、项目组对信息系统审计的考虑

财务报表审计项目组在初步业务活动识别风险时，应当对被审计单位的信息系统进行了解和评估，编制 IT 环境调查表，以及根据风险等级编制强制或非强制引入 IT 审计对信息系统评估工作底稿。

CPA审计经验分享

　　财务报表审计项目组与被审计单位更早的接触或已经开展现场审计工作。一般情况下，IT 审计项目组进场时间较晚一些，主要与信息部沟通较多，并且 IT 审计项目组与财务报表审计项目组对某些审计内容会展开密切的合作，并将 IT 审计过程中发现的问题及时与财务报表审计项目组进行反馈。所以，在实务中，两个项目组不是割裂独立，更多的是亲密合作，共享资源和经验。

1. 对信息系统变化的考虑

编制该底稿的目的是为了对本年度被审计单位 IT 环境的变化收集信息和评价之用。对于首次承接的项目应当深入了解被审计单位的信息系统所处的环境复杂性，以及对财务报表的影响。对于连续审计的项目应当侧重于信息系统本年发生的变化。信息系统变化需要考虑的内容及注意事项见表 4-3。

表 4-3　信息系统变化需要考虑的内容及注意事项

信息系统变化需要考虑的内容	注意事项
了解信息系统基本情况及本年存在的变化	关注是否引入新的财务软件或 ERP 系统，了解软件或系统的复杂程度
了解客户安装哪些应用软件	记录安装哪些应用软件，并注意是否已全部入账
了解财务软件的基本情况	了解财务软件的名称、版本、功能、特点、各模块是否完整、运行环境和成熟度
了解客户的数据交换系统	了解业务数据是如何生成，以及在内部传输的过程
了解客户的其他应用系统	了解是否存在双系统、双财务软件并存等情况

项目组在编制信息系统变化的工作底稿时主要是以询问和观察程序为主，项目组需要对信息系统的了解情况，记录是否存在重大错报风险并将结果记录于工作底稿。

2. 非强制引入 IT 审计对信息系统评估

对于非强制引入 IT 审计的客户，项目组应当编制该工作底稿，对信息系统的复杂性进行评估，了解信息系统对业务的重要性，评估信息系统对审计风险的影响，最终由项目合伙人确认是否引入 IT 审计。非强制引入 IT 审计对信息系统评估需要执行的程序及注意事项见表 4-4。

表 4-4　非强制引入 IT 审计对信息系统评估需要执行的程序及注意事项

需要执行的程序	注意事项
了解被审计单位的信息系统	了解信息系统模块的设计者、系统平台、修改情况；了解信息系统一般控制的基本情况
评估信息系统的复杂性	以调查问卷打分的方式，了解信息系统的复杂性；包括信息系统的执行部门、系统整合情况、交易处理情况、系统存储情况
评估信息系统对业务的重要性	了解业务对系统的依赖程度、计算机出现故障给业务造成中断的影响程度、系统出现错误给业务带来的影响程度

需要执行的程序	注意事项
评估信息系统对审计风险的影响	评估信息系统增加的风险因素、降低风险的控制、证明一般控制有效运行已执行的审计程序、控制设计及运行是否与风险密切相关
项目合伙人的最终意见	对上述内容进行评估，确认哪些方面需要引入 IT 审计或不引入 IT 审计

3. 强制引入 IT 审计对信息系统评估

对于高风险项目，在项目承接或保持时，会计师事务所应当强制引入 IT 审计对信息系统的评估，减少由于信息系统可能存在的问题导致无法出具审计报告。财务报表审计项目组编制该项底稿，并交由 IT 审计团队审批。

（1）IT 环境调查表。IT 环境调查表应当由财务报表审计项目组发送给被审计单位 IT 部门负责人（部分数据由各使用部门提供），并对 IT 部门进行询问相关 IT 环境，检查该调查表填写是否完整、准确。IT 环境调查表需要执行的程序及注意事项见表 4-5。

表 4-5　IT 环境调查表需要执行的程序及注意事项

需要执行的程序	注意事项
了解信息系统应用及重要性	了解应用系统名称、系统功能介绍、使用部门、上线时间、本年重大变化、各部门使用人数、主要接口、主要模块、系统运行的服务器名称及配置、服务器存放地点、操作系统、数据库、开发商；以上信息由 IT 部门、各使用部门提供
IT 环境的复杂性	公司计算机数量及局域网组建和互联网接入情况、系统是否由外包公司运营和维护、公司是否有软件人员能够开发修改软件功能、公司财务系统和业务系统是否有自动数据接口
IT 部门组织框架	IT 部门提供具体组织框架图
网络拓扑图	IT 部门提供网络拓扑图
了解填报人员	填报人员姓名、所属部门、联系方式、提供的资料名称

财务报表审计项目组从 IT 部门将 IT 环境调查表收回后，然后由财务报表审计项目组和 IT 审计项目组共同完成评价工作。

（2）强制引入 IT 审计对信息系统评估需要执行的程序及注意事项。值得注意的是，此处内容与第 2 章对高风险项目风险评估工作底稿存在高度关联性，项目组应当在承接或保持高风险项目时必须编制"强制引入 IT 审计对信息系统评估"底稿。强制引入 IT 审计对信息系统评估需要执行的程序及注意事项见表 4-6。

表 4-6　强制引入 IT 审计对信息系统评估需要执行的程序及注意事项

需要执行的程序	注意事项
财务报表项目组需要了解本年 IT 环境是否发生重大变化	将了解是否发生重大变化需要重点描述，比如新增系统或模块等
与 IT 专家进行沟通	与 IT 专家沟通 IT 环境初步判断的意见、征询 IT 审计策略和具体 IT 技术问题
财审项目合伙人确定是否引入 IT 审计的结论	财审项目合伙人综合已获取的相关信息后确定是否引入 IT 审计
IT 审计团队结论	IT 审计合伙人是否同意财报审计项目合伙人的意见
风险管理委员会的意见	如果财审项目合伙人和 IT 审计合伙人意见不一致时，由风险管理委员会出具最终确定意见

二、财务报表审计与 IT 审计的有效配合

IT 审计团队编制预算分析表、IT 审计计划备忘录与财务报表审计团队沟通 IT 审计预算与收费、客户基本情况等信息，并对审计范围和具体内容进行确认，确定开展 IT 审计工作时间，并确认最终完成 IT 审计需要提交的成果物。

（一）IT 预算分析表

本底稿应当由 IT 审计项目组编制（IT 项目经理编制，IT 合伙人复核），并将 IT 预算分析表发送给财务报表审计项目负责人核实并讨论，最终确认 IT 预算价格。IT 项目预算表根据 IT 审计团队派遣的人员级别和所需执行的工作内容，编制预计工时和单位预算，最终得出项目预算。

CPA审计经验分享

IT 审计团队派遣 1 名项目经理和 2 名助理人员，按照工作内容主要包括公司层面的信息技术控制、一般控制和应用控制和计算机辅助审计等工作内容，按不同级别的人员编写相应阶段的工时并进行汇总得出合计数，与小时收费率相乘计算得出项目预算。

（二）IT 审计计划备忘录

本底稿应当由 IT 审计项目经理编制，并应当与财务报表审计项目负责人紧密沟通，确定 IT 审计工作范围，了解审计项目基本情况等信息。编制该底稿的主要目的是更好地让 IT 审计团队与财务报表审计团队高效合作，对于工作范围、计划时间、资源利用等方面进行充分沟通和协作。

1. 背景介绍

（1）项目总体介绍。简要介绍项目总体情况，包括 IT 审计目标及范围、审计报告预计出具的日期。

底稿示例

本项目为财务审计支持项目，IT 团队根据事务所的质量标准及财务审计团队的要求提供 IT 审计服务（工作范围包括公司层面信息技术控制、信息技术一般性控制），以利于财务审计出具自 20×2 年 1 月 1 日起至 20×2 年 12 月 31 日的审计报告。本项目预计出具审计报告的时间为 20×3 年 4 月 20 日。

（2）客户背景介绍。简要描述客户的背景信息，可以参考公司简介和公开信息。

（3）信息系统整体介绍。了解 IT 部门组织架构、员工分工及职责情况，了解信息系统主要环境和主要应用系统。

2. IT 审计工作目标及范围

（1）公司层面信息技术控制。从控制环境、风险评估、信息与沟通和监控等四个方面评价信息技术控制的设计及执行情况。

（2）信息技术一般性控制。从信息系统开发、信息系统变更、信息系统运行维护和信息安全等四个方面评价信息技术控制的设计及执行情况。

（3）计算机辅助审计技术。财审项目组需要 IT 审计项目组获取信息系统中业财数据并进行测算其准确性。比如获取信息系统中有关缴费的业务数据与财务数据进行分析核对是否一致。以某教育培训拟 IPO 申报公司 IT 审计为例：通过对信息系统的一般控制评估、信息系统的应用控制评估，以及关键业财数据分析，了解公司现有信息系统的建设、管理控制程度和业财数据的一致性、完整性和真实性情况。核查程序包括询问相关人员、查阅相关资料、系统查看和穿行测试、数据分析等。了解信息系统内容、具体程序和执行情况举例见表 4-7。

表 4-7　了解信息系统内容、具体程序和执行情况举例

了解信息系统内容	具体内容	具体程序	执行情况
信息系统的一般控制	组织架构、制度建设、运维管理、信息安全管理、数据备份管理和软件开发管理	人员访谈、系统查看、资料审阅	通过核查可以确认目前公司信息系统从制度流程上、自动化工具的部署使用正在执行一系列有效的信息系统一般控制措施，公司信息系统的一般控制具备可靠性和安全性的控制
信息系统的应用控制	访问管理、学员注册、班级创建、收款确认、班级和学员学习信息展示	系统查看、穿行测试	通过核查可以确认目前公司信息系统在应用控制具备有效性和准确性的控制
信息系统数据进行全样本分析	信息系统基础业务数据和财务数据	业财数据核对、业财月收入和月订单分析、课程收入分布分析、学员手机号地域集中度和连号分析	通过执行以上数据分析程序，未发现趋势一致性、数据集中度等存在异常情况
缴费数据分析	信息系统基础业务数据和财务数据	支付流水的支付金额和支付笔数趋势的分析、业财数据核对	通过执行以上数据分析程序，可以确认数据趋势无异常情况

3. 人员安排

记录 IT 审计项目组人员姓名及职责分工，记录客户联系人及联系方式。

底稿示例

IT 审计合伙人和项目经理的姓名、联系方式及主要职责；被审计单位的 IT 联络人姓名和联系方式。

4. 交付成果物

记录 IT 审计团队最终交付给财务报表审计团队的具体成果明细。

IT 审计团队最终交付成果物包括 IT 工作总结备忘录、IT 审计管理建议书、财务利息支出测算表。

5. 时间安排

IT 审计团队计划于何时进场开展现场工作，以及各项明细具体计划时间和完成时间。

IT 审计团队计划于 20×2 年 2 月 3 日进场开展工作，连续开展 2 周现场工作。具体工作明细项目预计时间和完成时间如下：

公司层面信息技术控制：20×2 年 2 月 3 日至 20×2 年 2 月×日；

信息技术一般性控制：20×2 年 2 月×日至 20×2 年 2 月×日；

并于 20×2 年 2 月×日完成现场工作后交付工作成果给财务报表审计团队。

6. 预算和收费

通过对 IT 预算分析表确定好预算之后，IT 项目经理应当与财务报表审计项目负责人沟通预算和收费事宜，并最终确定审计范围和报价，如若审计范围有变化，则应另行协商，并更新备忘录。

三、IT 审计管理建议书

此底稿应当由 IT 审计项目经理编制，IT 项目合伙人复核，并将 IT 审计管理建议书发送给财务报表审计项目组。主要包括以下内容：

1. 公司层面信息技术控制

公司层面信息技术控制的现状及管理建议举例见表 4-8。

表 4-8　公司层面信息技术控制现状及管理建议举例

发现的问题	给企业带来的影响	管理建议	管理层回应
未制定 IT 战略规划、IT 年度计划和 IT 年度预算	可能会导致信息技术的发展与公司的整体发展目标脱节，不能对业务形成强有力的支撑	根据企业的整体发展目标制定相应的 IT 战略规划、IT 年度工作计划及预算，确保信息系统的建设及规划与企业的整体规划相一致，满足公司业务发展的需求，并对其形成强有力的支撑	略

发现的问题	给企业带来的影响	管理建议	管理层回应
未制定信息系统使用规范，未对员工进行信息系统使用规范的相关培训	缺少必要的培训，业务人员可能无法具备必要的专业技能，具体的业务职能可能无法得到持续、有效的履行，从而影响到公司业务的正常运行	建立完善的业务人员培训机制，制定统一的培训计划，为业务人员安排必要的培训，确保其具备履行其职能的专业知识及技能，并保留相关的培训记录（如：签到表、培训反馈表等）	略

2. 信息技术一般性控制

信息技术的一般性控制主要包括信息系统开发、信息系统变更、信息系统安全、信息系统运行维护等方面。信息技术一般性控制的现状及管理建议举例见表 4-9。

表 4-9　信息技术一般性控制现状及管理建议举例

分类	发现的问题	给企业带来的影响	管理建议	管理层回应
信息系统开发	未制定信息系统开发管理制度	缺少完善的系统开发管理制度，相关人员在具体工作中可能无据可依，系统实施的各环节不能得到有效的控制和实施，可能会导致上线失败，系统实施工作无法如期推进及完成，系统无法满足业务需求等情况的发生，从而给企业带来损失	建立正式的信息系统开发制度或规范，明确项目需求分析、项目方案、系统测试、上线审批、用户培训和数据迁移等过程的管理要求	略
信息系统变更	未制定信息系统变更管理制度，未对信息系统程序和配置变更的需求申请、审批、测试、上线等环节制定统一并且规范的管理流程	缺少正式的信息系统变更管理制度，无法确保变更过程中相关控制的持续、有效执行，可能会导致变更失败或意外的发生，系统中业务及财务数据的准确性及完整性也会受到影响，从而使企业遭受损失	建立正式的系统变更管理制度，并在实际工作中严格执行，有效监控	略

分类	发现的问题	给企业带来的影响	管理建议	管理层回应
信息系统安全	尚未制定用户账号管理制度，未针对应用系统及其操作系统和数据库层面的用户账号的授权和维护进行明确规定	缺少正式的用户管理制度和流程，无法确保用户管理过程中相关控制的持续、有效执行，加大了系统被未经授权访问的风险，系统中财务及业务数据的准确性和完整性也会受到影响	建立正式的用户账号授权管理制度，对ERP系统及其操作系统和数据库层面用户账号及权限的创建、变更、删除等环节进行统一规范，并妥善保留相关的申请及审批记录	略
信息系统运行维护	未制定信息系统安全管理制度，实际工作中由于制度的缺失，ERP系统的数据备份管理方面出现问题	缺少正式的完善的备份制度，会导致备份执行没有相关标准和指导	制定信息系统安全管理制度，对数据备份进行明确规定，制定详细的备份策略，应对关键的业务数据、财务数据和应用程序进行必要的备份	略

第二节　了解内控、执行穿行测试和控制测试

实务中，对于 IPO 申报审计、上市公司年报审计来说，由于其规模较大，内部控制比较健全，了解内控、执行穿行测试和控制测试通常都是必做的程序，并且应当有效执行并识别被审计单位内部控制缺陷和存在的重大错报风险。

20×1年1月，MY会计师事务所针对ZDM上市公司截至20×1年12月31日与财务报告相关的内部控制有效性出具了《内部控制审计报告》，内控测试程序流于形式，未审慎核查ZDM公司销售合同，未以风险评估为基础开展控制测试、未对部分内部控制缺陷迹象保持合理的职业谨慎、未合理评价识别出的内部控制缺陷等并执行审计程序，未能发现ZDM公司内部控制存在漏洞，未有效执行控制测试。

对于非上市公司审计而言，大部分中小企业通常业务规模较小，控制权较为集中，客观造成了形成管理层凌驾于控制之上的舞弊风险，在审计过程中，注册会计师应对此有特殊考虑，并设计和执行相应的审计程序加以应对；大部分中小企业由于业务单一、人员较少等原因，财务报表编制过程可能对计算机系统的依赖程度不高，但对于用作审计证据的被审计单位系统生成的信息，注册会计师不能在不执行相关程序的情况下直接依赖，而应通过测试信息系统一般控制和应用控制的有效性或其他实质性测试程序，验证其准确性和完整性。

一、货币资金内部控制、执行穿行测试和控制测试

货币资金内部控制工作底稿可以分为货币资金收款和货币资金付款。项目组需要获取货币资金内部控制制度、流程图、岗位操作手册、职责分工和审批权限等资料，识别可能出错项及其具体控制类型和控制方式、与哪些认定相关、选择所需测试的控制、控制发生的频率、测试的样本量等。

项目组编制货币资金收付款内部控制工作底稿应当首先了解企业货币资金基本情况，核算哪些内容，使用何种方式结算，并通过穿行测试，检查内部控制是否得到执行。值得关注的内容包括：①银行账户开户性质，核算内容，受限状况；②银行账户网银开通情况，是否存在定期存款，是否常用支票付款；③财务印鉴、银行U盾和票据保管和登记情况；④库存现金大额收付款情况。

1. 货币资金收款和付款内部控制

项目组需要获取货币资金收款和付款相关的内部控制制度及流程图，根据流程图记录货币资金收款关键控制点及关键证据。实务中，每个企业的内部控制制度内容均有不同，项目组需要注意抓住关键内容，并能够将重点内容摘录下来并记录于底稿中，尤其是可能出错项和关键控制要点及关键证据，这些内容是需要项目组分析和判断的重点。

值得说明的是，对于货币资金付款内部控制，项目组除了要对采购直接付款进行测试外，还需要对日常费用报销相关控制进行测试。

CPA审计经验分享

项目组获取货币资金收款和付款相关审计证据后，制作流程图并识别关键控制要点和关键证据，包括但不限于：银行回单、现金缴款单、银行收款凭证、应收账款明细账、银行存款明细账、库存现金明细账、银行对账单、银行余额调节表等。

根据内部控制制度、岗位职责分工和审批权限等内容，并通过询问程序，了解到与货币资金收款内部控制从头到尾是如何在部门间、人员间、票据间流转过程中所有细节内容，并将重要流程文字进行记录。

---

2. 可能出错项及控制

可能出错项及相关控制来源于风险矩阵，而风险矩阵是根据对企业内部控制的了解制定。通常来说，大型会计师事务所技术部门会将通用的可能出错项及控制制作成模板给项目组参考，项目组拿到之后结合企业实际情况进行添加或修订各项内容。货币资金重大交易流程可能出错项及控制举例见表 4-10。

表 4-10　货币资金重大交易流程可能出错项及控制举例

重大交易流程	交易类别	可能出错项	控制方法	控制类别	与认定相关	选择测试的控制点	控制发生频率	测试样本量
货币资金收款	常规交易	如何确保现金收款业务得到准确的记录及复核	不相容职务已分开设置并得到执行	应用程序控制	"存在""完整性""准确性、计价和分摊"	与流程图对应	每日一次	不低于25个
货币资金收款	常规交易	如何确保所有业务都是真实的，均与企业经营活动相关	收款业务的内容与企业经营活动相关	手工检查	"存在"	与流程图对应	每日一次	不低于25个
货币资金收款	常规交易	如何确保原始单据和记账凭证内容均一致、金额均一致	记账凭证与原始凭证的内容、金额核对一致	手工检查	"存在""完整性""准确性、计价和分摊"	与流程图对应	每日一次	不低于25个

重大交易流程	交易类别	可能出错项	控制方法	控制类别	与认定相关	选择测试的控制点	控制发生频率	测试样本量
货币资金付款	常规交易	如何确保所有账面记录的现金支付金额与实际支付金额一致	银行对账单金额与付款记录核对一致	手工检查	"完整性" "准确性、计价和分摊"	与流程图对应	每日一次	不低于25个
货币资金付款	常规交易	如何确保未入账重复或虚构的现金付款业务	费用支出取得合法有效的发票	手工检查	"存在" "完整性"	与流程图对应	每日一次	不低于25个

（1）不相容职务分离。只要是有人参与的内部控制都需要注意不相容职务是否分离的这个问题，不相容职务分离的核心是"内部牵制"，它要求每项经济业务都要经过两个或两个以上的部门或人员的处理，使得单个人或部门的工作必须与其他人或部门的工作相一致或相联系，并受其监督和制约。货币资金内部控制不相容职务分离主要包括货币资金支付的审批与执行；货币资金的保管与盘点清查；货币资金的会计记录与审计监督；出纳人员不得兼任稽核、会计档案保管和收入、支出、费用、债权债务账目的登记工作。

（2）控制方法。控制方法来源于内部控制制度，项目组在编制控制方式时可以提炼相关文字说明，或与内控控制制度具体内容进行索引。

（3）控制类别。控制类别可以分为手工检查、手工预防、依赖 IT 的手工控制、应用程序控制等。项目组需要根据观察和检查结果据实填写。

（4）选择测试的控制点。项目组根据了解货币资金收款和付款内部控制时获取的流程图中的关键控制点进行测试，获取重点审计证据予以核实。

（5）控制发生频率。项目组根据观察了解该项业务活动发生的频率，可能是每日多次、每日一次、每周一次、每月一次或每年一次。

（6）测试样本量。项目组需要考虑风险的高低、控制发生频率、项目特点等综合因素后，根据会计师事务所审计指引中的最低样本测试量选择本项目应当测试样本量。

3. 执行穿行测试

项目组根据了解货币资金收付款内部控制、分析了解可能出错项和控制方法，并执行穿行测试核实内部控制是否有效设计并能及时预防或发现和更正重大错报，控制是否得到执行，并评估与财务报表相关的重大错报风险。

项目组需要记录穿行测试程序描述、职责分离、授权审批、管理层凌驾于控制之上等情况，并根据穿行测试的结论确认及考虑额外执行审计及程序。

银行存款收付款业务穿行测试举例见表 4-11。

表 4-11 银行存款收付款业务穿行测试举例

样本情况	银行对账单	会计凭证	原始单据	主要控制点核查
银行转账业务，描述业务具体内容	记录对账单发生日期、银行账户、归属期间、对方单位、金额	记录会计凭证发生日期、编号、款项性质、金额	记录原始单据发生日期、编号、金额	根据了解内控内容编制主要控制点并对其进行测试

（1）样本选择。通常情况下，穿行测试的样本只需要随机选择一个即可。项目组通过选择一个货币资金收付款业务，并沿着收款关键路径追踪下去，询问、观察和检查与收付款相关的重大交易类别和重大披露流程。如果货币资金收付款业务类型较多，我们可以分不同类型进行测试，比如库存现金收付款、银行存款收付款等。项目组需要将如何选取样本的过程记录于工作底稿。

（2）银行对账单。对于高风险项目，项目组应当亲自到银行机构获取银行对账单。在拿到银行对账单原件时，应当认真观察银行对账单相关信息和银行印鉴，观察是否存在异常。项目组可以从中随机选择一笔银行存款收款或付款业务为起点开始穿行测试，当然也可以从会计凭证中选取一笔银行收款或付款业务为起点。

（3）会计凭证。如果通过银行对账单为起点开始穿行测试，此时项目组需要根据银行对账单的信息追查至具体银行存款收款或付款的会计凭证，并记录会计凭证信息。

（4）原始单据。同（3）会计凭证追查思路，项目组需要核实银行回单相关信息是否与银行对账单信息是否一致。

（5）主要控制点核查。银行存款收款和付款业务主要控制点见表 4-12。

表 4-12 银行存款收款和付款业务主要控制点

银行存款主要流程	常用主要控制点
银行存款收款流程	检查点1：不相容职务已分开设置并得到执行； 检查点2：银行对账单金额与收款记录核对一致；

银行存款主要流程	常用主要控制点
银行存款收款流程	检查点 3：收款及时入账； 检查点 4：收款凭证的对应科目与付款单位的户名一致； 检查点 5：收款业务的内容与企业经营活动相关； 检查点 6：记账凭证与原始凭证的内容、金额核对一致
银行存款直接付款流程	检查点 1：不相容职务已分开设置并得到执行； 检查点 2：申请付款项目有预算； 检查点 3：付款单据经审核，履行了审批程序； 检查点 4：付款后在原始单据加盖"付讫"戳记； 检查点 5：银行对账单金额与付款记录核对一致； 检查点 6：付款及时入账； 检查点 7：付款凭证的对应科目与付款单位的户名一致； 检查点 8：付款业务的内容与企业经营活动相关； 检查点 9：记账凭证与原始凭证的内容、金额核对一致
银行存款与费用报销流程	检查点 1：不相容职务已分开设置并得到执行； 检查点 2：费用支出已按规定编制费用申请单（或类似功能单据）； 检查点 3：费用开支申请经批准，超预算和预算外支出符合规定； 检查点 4：费用支出取得合法有效的发票

如果还有其他主要控制点，项目组可以自行添加，并进行测试。检查情况可以选择"是""否""不适用"，项目组需要根据实际情况进行编写，如果穿行测试发现问题，需要进行说明。

（6）穿行测试说明。记录项目组实施穿行测试的过程描述，记录执行过程中发现的内部控制的问题。

（7）穿行测试结论。项目组记录追踪了与收款有关的业务在财务报告信息系统中的处理过程，证实了我们对前一阶段重要业务流程和可能发生错报的环节的了解是准确和完整的；穿行测试结论分为得到执行和未得到执行，项目组需要根据实际测试结果进行描述。

4. 执行控制测试

如果项目组选择执行控制测试，那么，执行控制测试的目标是确定货币资金收款和付款环节内部控制是否有效执行。

与上述"执行穿行测试"工作底稿类似，执行控制测试的工作底稿样式与其无实质性差异，这里不再赘述。

值得注意的是，控制测试需要注意测试的目的、抽取的样本范围、执行时间、测试说明和测试结论与穿行测试有所不同，需要按照执行控制测试的规定执行，并将控制测试说明和结论记录于工作底稿。

CPA审计经验分享

在控制测试中，项目组主要执行的程序是重新执行，项目组可以按照业务循环进行测试，并识别重要控制点，执行了解控制、穿行测试和控制测试。

实务中，有很多项目组成员会存在这样一种疑问，寻找完整的证据链条的样本非常难，比如从销售凭证开始，然后去找相对应的销售合同、订单、发票、银行回单将其匹配在一起很困难。项目组需要真正理解做内控测试的目标和方法，首先看企业内部控制是如何制定和规范，然后通过检查样本进行验证，如果查找的样本并没有从头到尾执行完毕，也不应当轻易换掉样本或不再追查，而是进一步需要了解未执行完毕的原因。

---

5. 货币资金收款和付款控制易错点

（1）未对主要控制点进行测试。举例：项目组仅针对银行存款对账执行内部控制测试程序，未针对现金对账执行内部控制测试程序，无法实现整个"资金对账"控制点的审计目标。在货币资金内控了解和测试中，项目组未关注公司银行账户的管理及定期核对的有关内部控制。生产经营中使用票据较多，项目组未对公司票据的保管及使用相关的内部控制进行了解和测试。货币资金管理流程中未见网银管理的内控测试资料。

（2）未关注到大额现金异常交易是否符合内部制度。举例：对于提取大额现金发放薪酬的情况，项目组未关注是否符合公司内部控制制度的规定，未采取进一步的应对措施。

（3）货币资金内部控制测试底稿不完整或不准确。举例：项目组未编制关键控制点相关描述、控制测试样本明细、测试内容及说明、审计结论等内容，以及上述内容编制不准确的情况。

（4）样本选取缺乏充分性、恰当性。举例：货币资金内控测试底稿中记载的内控测试方法为"抽样"，但未列明抽样的具体方式，所选取的内控测试样本中未包含大额、异常供应商货款的相关资金收付记录。对银行对账单、银行存款日记账及总账核对是否一致的内部控制测试，项目组仅抽取1个样本量就得出"核对一致，控制运行有效"的结论，未抽取足够的样本规模，以将抽样风险降至可接受的低水平。

（5）测试的认定不完整。举例：在实际执行货币资金循环了解内控和控制测试底稿中，项目组仅对银行存款"存在、完整性"方面的认定执行了审计程序，未对银行存款"权利和义务"的认定执行控制测试，未关注银行定期存款所有权风险，进而未识别出公司存在未制定定期存款相关管理制度、定期存款凭据原件保管失控等内部控制重大缺陷。

（6）未检查印章管理控制。举例：在了解货币资金管理流程、进行穿行测试和控制测试过程中，控制点"印章管理"的控制措施包括印章使用需要出纳和费用会计分别加盖财务章和法人章才能报销，但底稿中穿行测试的控制证据仅记录"岗位责任说明"，未见检查费用报销审批、印章使用审批等实际执行情况。在穿行测试未实际抽查执行记录的情况下得出"控制可依赖，低风险"的结论；在未执行控制测试程序（底稿记录"穿行测试足够支持相关结论"）的情况下，得出"未发现异常"的控制测试结论。

（7）未检查募集资金账户。举例：募集资金的使用屡次出现违规，项目组在货币资金内控了解及测试中，未专门了解募集资金专户管理的内部控制，未实施相应的控制测试程序。

（8）控制矩阵与实际测试内容不一致。举例：货币资金管理控制矩阵中记录财务费用的控制性质为手工控制，但相应控制测试底稿记录的控制性质为依赖信息系统的人工控制，记录存在不一致。

（9）未综合运用多种方法对整个测试期间进行测试。举例：项目组执行货币资金的控制测试程序时，对内部控制运行有效性只运用了询问一种方法进行测试。

二、采购与付款内部控制、执行穿行测试和控制测试

1. 采购与付款内部控制

项目组需要获取采购与付款相关的内部控制制度及流程图，根据流程图记录采购与付款关键控制点及关键证据。一般来说，生产型企业的采购与付款循环应至少涉及以下四个部门，生产部门、采购部门、仓储部门、财务部门，对应的业务流程分别为请购、订货、验收、付款等。采购与付款基本流程中涉及的业务活动及关键证据见表 4-13。

表 4-13　采购与付款基本流程中涉及的业务活动及关键证据

关键控制点	内控制度	关键证据	认定	业务部门及说明
请购商品和劳务	采购申请制度、预算制度、审批管理制度	请购单	"存在"	"请购单"是采购交易轨迹的起点；请购单是采购交易的"发生"认定的凭据之一；审批后的请购单应送至"采购部门"
订货	采购管理制度	订购单、采购合同	"完整性"	订购单应一式若干份，至少要送交"供应商"一份，送至"验收部门""应付凭单部门""请购部门"各一份
验收商品	商品验收制度	验收单	"存在""完整性"	"验收单"至少应送至仓库部门和请购部门各一份
储存已验收的商品存货	商品入库制度	入库单	"存在"	"入库单"仓库部门和财务部门各一份
编制付款凭单、确认与记录负债	会计记账制度	采购发票、付款凭单	"存在""完整性""权利和义务""准确性、计价和分摊"	财务部门需要对采购发票、验收单、订购单等进行核对
付款	付款审批制度、预付账款和定金授权批准制度、退货管理制度，定期核对制度	付款凭证（现金、银行存款等）	"存在""完整性"	付款的日期通常由"应付凭单部门"负责确定，会计部门负责执行付款

值得说明的是，项目组需要认真了解被审计单位采购与付款内部控制真实情况，通过询问、观察、检查等程序，记录采购与付款内部控制的流程图和流程描述，可以在基本工作底稿模板的基础上增加具有企业特点的内容。

2. 可能出错项及控制

采购与付款内部控制的可能出错项及相关控制来源于风险矩阵，而风险矩阵是根据对企业内部控制的了解制定。通常来说，大型会计师事务所技术部门会将通用的可能出错项及控制制作成模板给项目组参考，项目组拿到之后结合企业实际情况进行添加或修订各项内容。采购与付款交易流程可能出错项及控制举例见表 4-14。

表 4-14　采购与付款交易流程可能出错项及控制举例

重大交易流程	交易类别	可能出错项	控制方法	控制类别	与认定相关	选择测试的控制点	控制发生频率	测试样本量
采购与付款	常规交易	如何确保未入账重复或虚构的采购业务	不相容职务已分开设置并得到执行；采用订单采购或合同订货采购的方式	依赖 IT 的手工控制	"存在"	与流程图对应	每周一次	不低于25 个
采购与付款	常规交易	如何确保所有已发生的采购/应付账款业务均已入账	采购合同经过授权批准；与采购订单供应商核对一致	依赖 IT 的手工控制	"完整性"	与流程图对应	每周一次	不低于25 个
采购与付款	常规交易	如何确保采购业务在适当的期间入账	通过设置系统，使系统在货物或服务收到时自动确认入账	应用程序控制	"完整性"	与流程图对应	每周一次	不低于25 个
采购与付款	常规交易	如何确保发票反映正确的价格，数量，服务日期等	系统将采购订单、入库验收报告和发票进行匹配（三单匹配）	应用程序控制	"完整性""准确性、计价和分摊"	与流程图对应	每周一次	不低于25 个
采购与付款	常规交易	如何确保对所有收到的货物均生成入库验收报告	每日将收货日志与系统中的入库验收报告调节相符	依赖 IT 的手工控制	"完整性"	与流程图对应	每周一次	不低于25 个

（1）不相容职务分离。采购与付款内部控制不相容职务包括请购与审批；询价与确定供应商；采购合同的订立与审核；采购、验收与相关会计记录；付款的申请、审批与执行。

（2）控制方法。控制方法来源于采购与付款内部控制制度，项目组在编制控制方式时可以提炼相关文字说明，或与内控控制制度具体内容进行索引。

（3）控制类别。控制类别可以分为手工检查、手工预防、依赖 IT 的手工控制、应用程序控制等。项目组需要根据观察和检查结果据实填写。

（4）选择测试的控制点。项目组根据了解采购与付款内部控制时获取的流程图中的关键控制点进行测试，获取重点审计证据予以核实。

（5）控制发生频率。项目组根据观察了解该项业务活动发生的频率，可能是每日多次、每日一次、每周一次、每月一次或每年一次。

（6）测试样本量。项目组需要考虑风险的高低、控制发生频率、项目特点等综合因素后，根据会计师事务所审计指引中的最低样本测试量选择本项目应当测试样本量。

3. 执行穿行测试

项目组根据了解采购与付款内部控制、分析了解可能出错项和控制方法，并执行穿行测试核实内部控制是否有效设计并能及时预防或发现和更正重大错报，控制是否得到执行，并评估与财务报表相关的重大错报风险。

项目组需要记录穿行测试程序描述、职责分离、授权审批、管理层凌驾于控制之上等情况，并根据穿行测试的结论确认及考虑额外执行审计及程序。项目组需要将如何选取样本的过程记录于工作底稿。采购与付款交易流程穿行测试举例见表 4-15。

表 4-15　采购与付款交易流程穿行测试举例

样本情况	采购合同	采购订单	入库单、验收单	采购发票	采购凭证	付款凭证	主要控制点核查
采购与付款业务，描述业务具体内容	记录采购合同的供应商单位名称、编号、结算方式、采购物品名称、数量、金额等	记录订单供应商名称、编号、数量、单价和金额	记录入库单、验收单的编号和数量	记录采购发票的编号、数量和金额	记录采购凭证发生日期、编号、款项性质、金额	记录付款凭证日期、编号、金额、支付方式、银行付款时间、银行回单编号	根据了解内控内容编制主要控制点并对其进行测试

（1）样本选择。通常情况下，穿行测试的样本只需要随机选择一个即可，采购类型按照与供应商签订合同判断，比如集中采购、JIT采购、电子采购、委托加工等，项目组应按采购类型各选取一个采购与付款业务，并沿着采购业务关键路径追踪下去，询问、观察和检查与采购相关的重大交易类别和重大披露流程。

（2）采购合同。项目组需要认真检查采购合同所有信息，并注意对双方的权利和义务，结算条款、交货方式、到货检查、采购运输、交易标的具体内容，退换货条款等进行详细核查。项目组应当关注采购合同是否为框架性合同，并未明确约定采购标的具体数量和金额，而是以采购订单作为具体交易证据，此时应以双方确定的采购订单作为确定具体交易标的数量和金额的证据。项目组需要注意同一个供应商，如果签订不同制式的采购合同是否可能存在舞弊的情形，比如对于采购同一个材料，项目组发现存在不同条款的合同。

（3）采购订单。如果采购合同仅为框架性合同，采购订单很可能作为选取穿行测试样本的起点。

（4）验收单、入库单。一些企业可能将验收和入库作为一个控制点，也有可能将其由不同人员分开。只有验收合格的商品或材料才能入库，入库后，财务部应当及时进行会计处理。

（5）采购发票。一般情况下，在商品或材料验收合格入库后或同时，由供应商开具发票给企业。如果企业是一般纳税人，项目组应当注意如果采购发票是增值税普通发票的原因，是否存在虚假采购的情况。

（6）采购凭证和付款凭证。项目组应当检查采购凭证入账是否及时，关键检查是否存在应付账款暂估入账，以及采购业务不及时造成的重大采购跨期等问题。

（7）主要控制点核查。采购与付款业务主要控制点（举例）见表4-16。

表 4-16　采购与付款业务主要控制点（举例）

主要流程	主要控制点
采购与付款流程	检查点1：不相容职务已分开设置并得到执行； 检查点2：所有采购均已按规定编制请购单； 检查点3：请购申请经批准，超预算和预算外采购符合规定； 检查点4：采用订单采购或合同订货采购的方式； 检查点5：采购合同经过授权批准；且连续编号； 检查点6：入库单的品名、数量与发票内容一致； 检查点7：收到货物时指定专人验收并编写验收报告； 检查点8：入库单有保管员和经手人签名； 检查点9：发票购货额与付款结算凭证一致；

主要流程	主要控制点
采购与付款流程	检查点 10：付款已填制资金支付审批单并经批准； 检查点 11：发票购货额已正确记入存货账和应付账款（银行、现金）账； 检查点 12：进项税金账务处理正确； 检查点 13：定期核对与供应商的债权债务金额

如果还有其他主要控制点，项目组可以自行添加，并进行测试。检查情况可以选择"是""否""不适用"，项目组需要根据实际情况进行编写，如果穿行测试发现问题，需要进行说明。

（8）穿行测试说明。记录项目组实施穿行测试的过程描述，记录执行过程中发现的内部控制的问题。

（9）穿行测试结论。项目组记录追踪了与收款有关的业务在财务报告信息系统中的处理过程，证实了我们对前一阶段重要业务流程和可能发生错报的环节的了解是准确和完整的；穿行测试结论分为得到执行和未得到执行，项目组需要根据实际测试结果进行描述。

4. 执行控制测试

如果项目组选择执行控制测试，那么，执行控制测试的目标是确定采购与付款环节内部控制是否有效执行。

与上述"执行穿行测试"工作底稿类似，执行控制测试的工作底稿样式与其无实质性差异，这里不再赘述。

值得注意的是，控制测试需要注意测试的目的、抽取的样本范围、执行时间、测试说明和测试结论与穿行测试有所不同，需要按照执行控制测试的规定执行。

CPA审计经验分享

项目组应当特别关注对于企业内部生成的重要单据是否连续编号，重要单据是否存在记号或修改的痕迹，这些异常情况可能代表着虚假交易。

---

5. 采购与付款控制易错点

（1）采购合同与实际采购量存在重大差异。举例：项目组获取了公司购货合同，但合同中约定的商品采购数量与实际采购量出现严重偏离，对于这一异常情况，审计人员只是听取公司的解释、收集购货合同，未获取充分的证据。

（2）忽视采购供应商的背景调查。举例：审计人员在明知被审计单位子公司与供应商同时发生钢材销售和采购业务的情况下，忽视明显的未披露关联方特征，未保持职业怀疑，未作为异常处理，未实施进一步审计程序。

（3）忽视发票地址与注册地址不一致。举例：在采购与付款控制点测试时，项目组没有关注发票地址与注册地址不一致等异常情况，未能识别出虚假供应商。

（4）未关注采购单价异常。举例：在采购与付款控制点测试时，项目组未关注公司调低原材料采购单价，以及未在账面确认已处理霉变存货损失的方式虚增利润和存货。

（5）未关注虚假采购发票。举例：在采购与付款内部控制点测试时，项目组未关注当年虚开采购原材料的发票中，大部分用本公司的销售发票加盖"供应商"的章充当采购原材料的发票，上述发票存根联在公司保存。

三、销售与收款内部控制、执行穿行测试和控制测试

1. 销售与收款内部控制

项目组需要获取销售与收款相关的内部控制制度及流程图，根据流程图记录销售与收款关键控制点及关键证据。一般来说，生产型企业的销售与收款循环应至少涉及以下五个部门，销售部门、信用管理部门、仓储部门、装运部门、财务部门，对应的业务流程分别为签订销售合同、接受客户订单、信用审批、按订单发货、装运、开具销售发票、客户签收、财务记账等。销售与收款基本流程中涉及的业务活动及关键证据见表 4-17。

表 4-17　销售与收款基本流程中涉及的业务活动及关键证据

关键控制点	内控制度	关键证据	认定	业务部门及说明
签订销售合同	销售合同管理制度	销售合同、合同审批单	"发生"	销售部门签署合同
接受客户订单	订单管理制度	客户订单和销售单及审批单	"发生"	销售部门审批销售单
信用审批	信用审批管理制度	信用审批单	"准确性、计价和分摊"	信用管理部门对客户进行信用审批
按订单发货	发货管理制度	销售单和出库单	"发生""完整性"	仓储部门按销售单发货

关键控制点	内控制度	关键证据	认定	业务部门及说明
按订单装运	装运管理制度	销售单和装运凭证	"发生"	装运部门按销售单装运
开具销售发票	开具发票管理制度	销售单、出库单、销售发票	"发生""完整性""准确性"	财务部门进行开票
客户签收	货物签收管理制度	客户签收单	"发生""完整性"	销售部门与客户对接签收
财务记账	财务管理制度	销售合同、销售单、出库单、销售发票、银行回单等	"发生""完整性"和"准确性"等	财务部门进行账务处理

值得说明的是，项目组需要认真了解被审计单位销售与收款内部控制真实情况，通过询问、观察、检查等程序，记录销售与收款内部控制的流程图和流程描述，可以在基本工作底稿模板的基础上增加具有企业特点的内容。

2. 可能出错项及控制

销售与收款内部控制的可能出错项及相关控制来源于风险矩阵，而风险矩阵是根据对企业内部控制的了解制定。通常来说，大型会计师事务所技术部门会将通用的可能出错项及控制制作成模板给项目组参考，项目组拿到之后结合企业实际情况进行添加或修订各项内容。销售与收款交易流程可能出错项及控制举例见表 4-18。

表 4-18　销售与收款交易流程可能出错项及控制举例

重大交易流程	交易类别	可能出错项	控制方法	控制类别	与认定相关	选择测试的控制点	控制发生频率	测试样本量
销售与收账款	常规交易	如何确保将销售业务记录到正确的顾客明细账和销售收入账户	通过设置系统，在处理销售订单前应先验证顾客和销售收入的账户编号	应用程序控制	"完整性"	与流程图对应	每周一次	不低于25个

重大交易流程	交易类别	可能出错项	控制方法	控制类别	与认定相关	选择测试的控制点	控制发生频率	测试样本量
销售与收账款	常规交易	如何确保所有对顾客的发货都在恰当的期间入账	每月,将销售发票上的商品与发出商品调节相符	依赖IT的手工控制	"完整性"	与流程图对应	每周一次	不低于25个
销售与收账款	常规交易	如何确保未入账重复或虚构的销售业务	通过系统设置,要求对销售订单进行审核	应用程序控制	"存在"	与流程图对应	每周一次	不低于25个
销售与收账款	常规交易	如何确保货物发送给了正确的顾客	复核对客户信息主文件编辑记录的报告	应用程序控制	"存在"	与流程图对应	每周一次	不低于25个
销售与收账款	常规交易	如何确保发票正确反映了发货数量	当记录发货业务时,系统自动生成发票	应用程序控制	"准确性""计价和分摊"	与流程图对应	每周一次	不低于25个

(1) 不相容职务分离。销售与收款内部控制不相容职务包括客户信用调查评估与销售合同的审批签订;销售合同的审批、签订与办理发货;销售货款的确认、回收与相关会计记录;销售退回货品的验收、处置与相关会计记录;销售业务经办与发票开具、管理;坏账准备的计提与审批、坏账的核销与审批。

(2) 控制方法。控制方法来源于销售与收款内部控制制度,项目组在编制控制方式时可以提炼相关文字说明,或与内控控制制度具体内容进行索引。

(3) 控制类别。控制类别可以分为手工检查、手工预防、依赖IT的手工控制、应用程序控制等。项目组需要根据观察和检查结果据实填写。

(4) 选择测试的控制点。项目组根据了解销售与收款内部控制时获取的流程图中的关键控制点进行测试,获取重点审计证据予以核实。

(5) 控制发生频率。项目组根据观察了解该项业务活动发生的频率,可能是每日多次、每日一次、每周一次、每月一次或每年一次。

(6) 测试样本量。项目组需要考虑风险的高低、控制发生频率、项目特点等综合因素后,根据会计师事务所审计指引中的最低样本测试量选择本项目应当测试样本量。

3. 执行穿行测试

项目组根据了解销售与收款内部控制、分析了解可能出错项和控制方法，并执行穿行测试核实内部控制是否有效设计并能及时预防或发现和更正重大错报，控制是否得到执行，并评估与财务报表相关的重大错报风险。

项目组需要记录穿行测试程序描述、职责分离、授权审批、管理层凌驾于控制之上等情况，并根据穿行测试的结论确认及考虑额外执行审计及程序。项目组需要将如何选取样本的过程记录于工作底稿。销售与收款交易流程穿行测试举例见表4-19。

表4-19 销售与收款交易流程穿行测试举例

样本情况	销售合同	销售订单	出库单、验收单	销售发票	销售凭证	收款凭证	主要控制点核查
销售与收款业务，描述业务具体内容	记录销售合同的客户单位名称、编号、结算方式、销售物品名称、数量、金额等	记录销售订单客户名称、编号、数量、单价和金额	记录出库单、验收单的编号和数量	记录销售发票的编号、数量和金额	记录销售凭证发生日期、编号、款项性质、金额	记录收款凭证日期、编号、金额、收款方式、银行收款时间、银行回单编号	根据了解内控内容编制主要控制点并对其进行测试

（1）样本选择。通常情况下，穿行测试的样本只需要随机选择一个即可，销售类型按照与客户签订合同判断，比如经销模式、代销模式、厂家直销等，项目组应按销售类型各选取一个销售与收款业务，并沿着销售业务关键路径追踪下去，询问、观察和检查与销售相关的重大交易类别和重大披露流程。

（2）销售合同。项目组需要认真检查销售合同所有信息，并注意对双方的权利和义务，结算条款，信用期约定、交货验收方式、运输方式及结算、交易标的具体内容，退换货条款等进行详细核查。项目组应当关注销售合同是否为框架性合同，并未明确约定销售标的具体数量和金额，而是以销售订单确认，此时应以双方确定的销售订单作为确定具体交易标的数量和金额的证据。收入舞弊的起始很可能来源于合同造假，项目组获取销售合同后，应当仔细阅读合同条款，并合理分析和判断是否存在合同条款异常。例如：项目组需要注意"同一个客户"，如果签订不同制式的销售合同是否可能存在舞弊的情形，即对同一客户销售同样产品，项目组发现存在不同条款的合同。

（3）销售订单。如果销售合同仅为框架性合同，销售订单很可能作为选取穿行测试样本的起点，值得注意的是，项目组需要检查销售订单是否连续编号。

（4）出库单、验收单。一些企业可能将出库和验收作为一个控制点，但如果验收是一项实质性条件则需要单独确认为一个控制点。待商品出库，与客户进行验收后，财务部应当及时进行会计处理，这里需要特别关注验收是初验还是终验作为确认收入的条件。还值得注意的是，部分生产型企业将出厂时的出门单也作为关键销售证据之一，项目组应当获取出门单进行测试。

（5）销售发票。一般情况下，按照合同约定控制权转移给客户后，由销售部门申请开具发票给企业。如果企业是一般纳税人，项目组应当注意销售不开具发票或仅开具增值税普通发票的原因，是否存在虚假销售的情况。

（6）销售凭证和收款凭证。项目组应当检查销售凭证入账是否及时，关键检查销售商品确认收入依据是否充分，是否存在虚假销售业务或提前确认收入，以及收入确认跨期等问题。

（7）主要控制点核查。销售与收款业务主要控制点（举例）见表4-20。

表 4-20　销售与收款业务主要控制点（举例）

主要流程	主要控制点
销售与收款流程	检查点1：不相容职务已分开设置并得到执行； 检查点2：所有销售均已按规定编制销售订单； 检查点3：采用订单销售或合同订单销售的方式； 检查点4：销售合同经过授权批注，且连续编号； 检查点5：出库单的品名、数量与发票内容一致； 检查点6：出门单的品名、数量与出库单和发票内容一致； 检查点7：客户收到货物时指定专人验收并在验收单签字； 检查点8：出库单有保管员和经手人签名； 检查点9：销售发票销售额与收款结算凭证一致； 检查点10：收款资金回单的公司名称和销售凭证的客户名称一致； 检查点11：销售发票销售额已正确记入营业收入账和应收账款（银行、现金）账； 检查点12：销项税金账务处理正确； 检查点13：定期核对与客户的债权债务金额； 检查点14：核实退货流程及相关退货手续是否真实、完整； 检查点15：核实收入确认政策是否准确； 检查点16：核实收入确认是否存在跨期情形

如果还有其他主要控制点，项目组可以自行添加，并进行测试。检查情况可以选择"是""否""不适用"，项目组需要根据实际情况进行编写，如果穿行测

试发现问题，需要进行说明。

（8）穿行测试说明。记录项目组实施穿行测试的过程描述，记录执行过程中发现的内部控制的问题。

（9）穿行测试结论。项目组记录追踪了与收款有关的业务在财务报告信息系统中的处理过程，证实了我们对前一阶段重要业务流程和可能发生错报的环节的了解是准确和完整的；穿行测试结论分为得到执行和未得到执行，项目组需要根据实际测试结果进行描述。

4. 执行控制测试

如果项目组选择执行控制测试，那么，执行控制测试的目标是确定销售与收款环节内部控制是否有效执行。

与上述"执行穿行测试"工作底稿类似，执行控制测试的工作底稿样式与其无实质性差异，这里不再赘述。

值得注意的是，控制测试需要注意测试的目的、抽取的样本范围、执行时间、测试说明和测试结论与穿行测试有所不同，需要按照执行控制测试的规定执行。

CPA审计经验分享

实务中，项目组执行穿行测试和控制测试时，总认为意义不大。这可能源自对内部控制的了解不够透彻，认为只有实质性程序做好了就能够控制风险。而实际上，管理层的内部控制才是查错防弊的第一道防火线，尤其是在信息化越来越普遍的当下，项目组完全依赖实质性程序能够降低审计风险显得更加力不从心，最终可能陷入到无穷的数据之中无法自拔，审计资源白白浪费。

5. 销售与收款控制易错点

（1）未对主要内控点进行测试。举例：广告业务内部控制流程有"对账与调节"环节，应收账款主管每月复核与客户的对账报告，即向客户寄发的对账单是否均已收回，客户回复金额是否与明细账记录金额一致，如有差异，差异原因是否已经调查，是否需要调整会计记录。项目组未对这一重要环节进行穿行测试和控制测试，却得出"内控有效"的审计结论。

举例：公司本期存在大额退货，根据"了解和评价内控-销售与收款循环"底稿，退货流程应包含产品退换货联系单、退换货产品跟单、工作联系单、退换货接收单等资料。但"销售和收款循环"底稿中，退货流程只有对退换货接收单的检查，未见其他相关检查程序及书面材料，且退货专项底稿中未能体现全部检查内容。

举例：在销售与收款循环控制测试底稿中，未见对截止测试、收入确认政策的恰当性等其他控制点进行控制测试，存在样本取证不完整的情况，存在关键控制点测试存在偏差的情况。

（2）未关注到异常的审计证据。举例：审计工作底稿《控制测试-销售与收款流程-销售货物控制测试表》显示，项目组查阅了货物出库单及其运货单，针对公司对同一客户销售的同类产品同时存在"XS"开头的出库单和"XOUT"开头的出库单，项目组未采取恰当的审计程序获取排除此异常情况的充分、适当的审计证据，导致其未发现公司"XS"开头的出库单有虚假的情况，控制测试结论为"经测试，我们认为销售与收款循环与销售货物有关的内部控制活动是有效的"。

（3）控制测试样本不够充分、适当。举例：项目组未对公司不同业务的销售与收款循环分别执行控制测试。另外，控制测试抽样数量与既定计划不一致、未包含重要组成部分。

举例：销售与收款流程中，合同签订的验证文件销售订单和销售合同不匹配（即非同一笔交易），穿行测试资料不匹配。

四、存货与成本内部控制、执行穿行测试和控制测试

1. 存货与成本内部控制

项目组需要获取存货与成本相关的内部控制制度及流程图，根据流程图记录存货与成本关键控制点及关键证据。一般来说，生产型企业的存货与成本循环应至少涉及以下五个部门，生产部门、质检部门、仓储部门、发运部门、财务部门，对应的业务流程分别为计划和安排生产、领料和投料、生产产品、成本归集和分配、产品入库及储存、发出产成品、存货盘点、成本分析等，项目组需要进一步分析和检查生产工艺、投入产出比、产能利用率、生产成本构成分析、成本归集和分配方法等资料，越是工序较多，成本核算复杂的存货项目，项目组越是需要重视识别和评估存货与成本内部控制重大错报风险。

存货与成本基本流程中涉及的业务活动及关键证据见表 4-21。

表 4-21　存货与成本基本流程中涉及的业务活动及关键证据

关键控制点	内控制度	关键证据	认定	业务部门及说明
计划和安排生产	企业生产管理制度	生产计划书、生产通知单	"存在"	生产计划部门根据订单编写生产计划书和签发生产通知单

关键控制点	内控制度	关键证据	认定	业务部门及说明
领料和投料	企业生产管理制度	投料单、领料单、登记簿、退料单	"存在""完整性"	仓储部门根据领料单发出材料,生产部门根据实际用量填写投料单
生产产品	企业生产管理制度	产量统计记录表	"准确性、计价和分摊"	成本部门领取材料进行生产任务,并进行加工制造
成本归集和分配	成本管理制度	材料领用日报表、生产记录日报表、成本核算计算表和成本分配表、工时统计表等	"准确性、计价和分摊"	成本记账员编制日报表,记录材料实物流转;通过系统自动生产成本记账凭证
产品入库及储存	商品入库制度	产品入库单、质检报告、存货台账	"存在""完整性""准确性、计价和分摊"	入库前抽检并清点数量办理入库手续
发出产成品	发货管理制度	出库单、发运通知单	"发生""完整性"	装运前应有核准的发运通知单,并据此编制出库单
存货盘点	存货盘点管理制度	盘点计划、盘点明细表	"存在""发生""完整性""权利和义务""准确性、计价和分摊"	管理层制定盘点计划,定期盘点并调查差异原因
成本分析	成本分析管理制度	成本分析报告	"准确性、计价和分摊"	财务部门对成本进行分析核实成本核算是否准确

值得说明的是,项目组需要认真了解被审计单位存货与成本内部控制真实情况,通过询问、观察、检查等程序,记录存货与成本内部控制的流程图和流程描述,可以在基本工作底稿模板的基础上增加具有企业特点的内容。

2. 可能出错项及控制

存货与成本内部控制的可能出错项及相关控制来源于风险矩阵,而风险矩阵是根据对企业内部控制的了解制定。通常来说,大型会计师事务所技术部门会将通用的可能出错项及控制制作成模板给项目组参考,项目组拿到之后结合企业实际情况进行添加或修订各项内容。存货与成本交易流程可能出错项及控制举例见表4-22。

表 4-22　存货与成本交易流程可能出错项及控制举例

重大交易流程	交易类别	可能出错项	控制方法	控制类别	与认定相关	选择测试的控制点	控制发生频率	测试样本量
存货与成本	常规交易	如何确保适当记录生产活动（从原材料到在产品，最后到产成品）	存货项目在总账中预先设置编码	应用程序控制	"完整性"	与流程图对应	每日一次	不低于25个
存货与成本	常规交易	如何确保成本计算方法的应用、更新和成本计算结果是恰当的	通过设置系统，使系统根据预先确定的规则自动计算销售成本	应用程序控制	"完整性"	与流程图对应	每月一次	不低于25个
存货与成本	常规交易	如何确保销售发生时，销售成本即已入账	通过系统设定，确保一笔销售业务均有对应的销售成本记录	应用程序控制	"存在"	与流程图对应	每月一次	不低于25个
存货与成本	常规交易	如何确保永续盘存记录恰当地反映了数量和金额	将永续盘存记录与实物盘点结果调节相符	应用程序控制	"存在"	与流程图对应	每月一次	不低于25个
存货与成本	常规交易	如何确保账面上的存货确实有对应的实物存在	通过实地盘点核实存货的库存数量	手工检查	"存在"	与流程图对应	每月一次	不低于25个

（1）不相容职务分离。存货与成本内部控制不相容职务包括存货的请购与审批，审批与执行；存货的采购与验收、付款；存货的保管与相关会计记录；存货发出的申请与审批，申请与会计记录；存货处置的申请与审批，申请与会计记录。

（2）控制方法。控制方法来源于存货与成本内部控制制度，项目组在编制控制方式时可以提炼相关文字说明，或与内控控制制度具体内容进行索引。

（3）控制类别。控制类别可以分为手工检查、手工预防、依赖 IT 的手工控制、应用程序控制等。项目组需要根据观察和检查结果据实填写。

（4）选择测试的控制点。项目组根据了解存货与成本内部控制时获取的流程图中的关键控制点进行测试，获取重点审计证据予以核实。

（5）控制发生频率。项目组根据观察了解该项业务活动发生的频率，可能是每日多次、每日一次、每周一次、每月一次或每年一次。

（6）测试样本量。项目组需要考虑风险的高低、控制发生频率、项目特点等综合因素后，根据会计师事务所审计指引中的最低样本测试量选择本项目应当测试样本量。

3. 执行穿行测试

项目组根据了解存货与成本内部控制、分析了解可能出错项和控制方法，并执行穿行测试核实内部控制是否有效设计并能及时预防或发现和更正重大错报，控制是否得到执行，并评估与财务报表相关的重大错报风险。

项目组需要记录穿行测试程序描述、职责分离、授权审批、管理层凌驾于控制之上等情况，并根据穿行测试的结论确认及考虑额外执行审计及程序。项目组需要将如何选取样本的过程记录于工作底稿。存货与成本交易流程穿行测试举例见表4-23。

表4-23　存货与成本交易流程穿行测试举例

样本情况	生产计划书和生产通知单	领料单/投料单	产量统计报告	材料、人工、制造费用日报表及分配表	入库单出库单	成本分析表	主要控制点核查
存货与成本业务，描述业务具体内容	记录具体生产任务的日期、名称、数量	记录材料领取和投入的时间、数量	记录半成品、产成品数量	记录料工费归集和分配的信息	记录产品入库和出库日期和数量	记录成本变化和分析结论	根据了解内控内容编制主要控制点并对其进行测试

（1）样本选择。通常情况下，穿行测试的样本只需要随机选择一个即可，存货生产类型按照与生产模式判断，比如订单生产、委托加工等，项目组应按销售类型各选取一个销售与收款业务，并沿着存货生产和实物流转关键路径追踪下去，询问、观察和检查与存货成本相关的重大交易类别和重大披露流程。

（2）生产计划书和生产通知单。生产部门根据订单制定生产计划，并编制连续编号的生产通知单。项目组应当获取相关生产计划，了解生产工艺流程，厂房布置，车间职能划分、主要生产设备产能、配置和工作标准流程等基本情况。

（3）领料单和投料单。生产部门根据生产任务进行领料，车间工人根据实际生产进行投料，编制相关连续编号的领料单和投料单。项目组需要根据领料和投料过程，进一步了解和核实生产工艺步骤，物料使用频率，投入产出比例，生产核心技术等。

（4）产量统计报告。根据生产计划书定期查看产量统计报告，了解半成品、产成品产量情况。项目组需要进一步了解和核实生产周期。

（5）材料日报表和分配表。根据成本计算单，核实料工费日报表和分配表，核实成本计算是否准确。项目组需要通过成本核算方法，进一步了解和核实生产成本的归集和分配是否准确。

（6）产品入库单和出库单。生产产品完成后通过质量检验合格后办理入库手续，产品销售时办理出库手续。项目组需要了解产品入库和出库相关单据是否连续编号，是否经过核对。

（7）成本分析表。通过成本分析，了解存货价格变动是否存在异常，并分析主要变化是料工费哪里出现重大变动，项目组需要重点核实是否存在人为调节存货成本因素。

（8）主要控制点核查。存货与成本业务主要控制点（举例）见表 4-24。

表 4-24 存货与成本业务主要控制点（举例）

主要流程	主要控制点
存货与成本流程	检查点 1：不相容职务已分开设置并得到执行； 检查点 2：所有生产计划均已按规定编制生产通知单； 检查点 3：生产通知单事先连续编号； 检查点 4：领料单经过授权审批；且连续编号； 检查点 5：投料单内容与系统数据一致； 检查点 6：工时记录表与系统数据一致； 检查点 7：制造费用分配数据与系统数据一致； 检查点 8：人工成本分配数据与系统数据一致； 检查点 9：仓储部门将产品分类存放，并填制标签； 检查点 10：对成本差异进行分析并修改； 检查点 11：根据发运通知单编制出库单； 检查点 12：定期对产成品和半成品进行盘点； 检查点 13：定期编制存货库龄信息； 检查点 14：定期复核存货跌价准备计提准确性

如果还有其他主要控制点，项目组可以自行添加，并进行测试。检查情况可

以选择"是""否""不适用"，项目组需要根据实际情况进行编写，如果穿行测试发现问题，需要进行说明。

（9）穿行测试说明。记录项目组实施穿行测试的过程描述，记录执行过程中发现的内部控制的问题。

（10）穿行测试结论。项目组记录追踪了与存货成本有关的业务在财务报告信息系统中的处理过程，证实了我们对前一阶段重要业务流程和可能发生错报的环节的了解是准确和完整的；穿行测试结论分为得到执行和未得到执行，项目组需要根据实际测试结果进行描述。

4. 执行控制测试

如果项目组选择执行控制测试，那么，执行控制测试的目标是确定存货与成本环节内部控制是否有效执行。

与上述"执行穿行测试"工作底稿类似，执行控制测试的工作底稿样式与其无实质性差异，这里不再赘述。

值得注意的是，控制测试需要注意测试的目的、抽取的样本范围、执行时间、测试说明和测试结论与穿行测试有所不同，需要按照执行控制测试的规定执行。

CPA审计经验分享

对于生产型企业的内部控制流程，其核心是存货和成本流程，它能够给企业带来核心价值。近些年，我国从简单的劳动密集型生产向"专精特新"模式发展，尤其是针对目前我国存在的部分行业技术"卡脖子"现象，如果企业能够突破技术壁垒生产出高科技产品就能够立足于科技行业。

对于项目组最大的困难是对生产技术不是特别了解，这可能需要更多生产技术专业领域的知识，但项目组可以通过查询同类型上市公司的公开资料，并通过获取财务信息和非财务信息对比分析，执行穿行测试和控制测试，了解和识别存货和成本流程可能存在的审计风险。

5. 存货与成本控制易错点

（1）主要控制点描述与测试不一致。举例：项目组了解生产成本计算为人工核算，但对生产成本计算部分控制活动描述为，信息系统可以自动完成产成品生产成本的分配及核算，与人工核算的实际情况不符。

（2）存货与成本内部控制程序缺失。举例：一是未发现公司对生产与存货相关的制度存在缺失；二是在执行存货监盘程序时未发现公司存货盘点方法存在重大缺陷,仅对成品首饰的件数进行核对,无法确定每件首饰的贵金属含量;三是未发现公司成本核算方法不合理,公司对同一种贵金属首饰采用月末一次加权平均法核算,难以准确计量每件贵金属首饰的成本。项目组未对行业普遍核算方法进行了解,未发现公司存货盘点、成本核算方法不合理,未发现公司产成品成本核算不准确。

(3)控制测试与实质性程序之间关联度不足。举例:在没有实施控制测试的情况下,项目组仅对被审计单位的8个存货品种和2个牧场进行了抽盘检查,占全部存货品种的比例仅为1.6%,对60%的牧场未实施抽盘检查,存货抽盘比率较低。

(4)主要控制点没有测试。举例:项目组在年度审计工作中没有按照审计计划对公司的存货库龄划分是否正确执行审计程序,也没有对审计计划作出更新和修改。

五、其他内部控制要点和底稿编制思路

项目组根据企业特点识别常规流程和非常规流程,对于所有流程均应当执行了解程序,对于常规流程和重要非常规流程应当执行穿行测试,而对于控制测试则需要根据了解内控和穿行测试的结果,以及整体项目风险状况和审计计划要求所决定。其他重要业务流程和重要控制点见表4-25。

表 4-25 其他重要业务流程和重要控制点

业务流程	重要控制点
研发支出归集和分配流程	研发立项、预算、可行性研究、预算、审批、专家论证、验收、研发支出费用化和资本化
在建工程和固定资产投资流程	投资立项、可行性研究、预算、审批、验收、决算、转固、利息资本化、款项支付
股权投资和处置流程	投前尽调、投中监督、投后审计、投资分析报告、投资分类
工资计提和支付流程	招聘、签署劳动合同、考勤及工时确认、计算工资表、工资计提和发放、五险一金等福利政策
财务报表结账流程	财务报表结账由谁操作,财务软件和会计报表决算流程
资产减值流程	了解坏账准备、存货跌价准备,以及其他资产减值流程,复核减值计算表或评估报告

业务流程	重要控制点
资产折旧、摊销流程	了解资产、摊销是否为自动化应用控制，复核新增资产真实性，折旧计算结果经过复核，复核计提折旧的假设条件和参数
计提税费流程	了解涉税人员税务知识和业务技能，核实增值税、企业所得税等计算结果经过审核，检查税费申报并是否及时缴纳
关联方交易流程	核实关联方清单完整性，了解关联交易定价原则、关联交易信用政策、关联方审批流程

项目组需要认真编制了解内控、执行穿行测试和控制测试工作底稿，项目组需要拿出部分精力设计工作底稿，将业务流程图、流程描述、主要控制点、控制方式、可能出错项、影响项目和认定、控制频率、样本量、测试说明、审计结论等内容进行整合，并形成测试底稿和文字说明，项目组成员能够简单易懂的看完示例和说明之后，快速掌握后可以进行操作，并随时企业内部控制的不断优化和完善，工作底稿也同步更新。

CPA审计经验分享

项目负责人可以在淡季时，组织项目组成员开展内部控制测试相关底稿的编制，并利用思维导图、画图软件等制作业务流程图，加强对了解业务流程的认识，并进而开展培训工作，做好准备才能提高效率。

值得注意的是，每个企业的内部控制情况均会有所不同，即使是同一企业不同商业模式下的业务流程也会有所不同，项目组需要深入了解之后才能设计好的工作底稿来识别和评估可能遇到的重大错报风险，所以，项目组切勿照搬照抄工作底稿内容。

第三节　综合风险评估

项目组编制综合风险评估工作底稿的目的是评估综合风险并设计进一步审计程序。即：从初步业务活动、计划和风险评估，了解内部控制、穿行测试和控制测试等方面充分识别和评估重大错报风险，编制和汇总已识别风险结论、可能影响报表项目及具体对报表项目的影响，根据上述因素对综合风险进行评定（包括固有风险和控制风险），并结合已识别的重大账户和可能发生的错报认定进而设计进一步审计程序（包括实质性分析性程序和关键项目测试程序和测试样本起点、并考虑除关键项目外是否抽取代表性样本进行测试），以及对非重大账户和不重大账户设计进一步审计程序（包括实质性分析程序和有限的详细测试程序）。

一、已识别风险汇总表

项目组通过对初步业务活动、计划和风险阶段，以及对特殊交易事项和流程的了解，记录已识别风险结论、可能影响报表的项目和对报表项目的具体影响。已识别风险及可能影响报表项目示例见表 4-26。

表 4-26　已识别风险及可能影响报表项目示例

底稿名称	已识别风险结论	可能影响报表的项目	对报表项目的具体影响
了解被审计单位业务-被审计单位性质	基于对经营情况及宏观和行业环境的判断，我们将营业收入锁定为检查目标	营业收入	虚增收入
了解被审计单位业务-被审计单位对会计政策的选择和运用	营业收入确认的会计政策和会计估计作为检查重点	营业收入、应收账款、合同资产、预收账款、合同负债	虚增收入
了解和评价被审计单位整体层面内部控制	已识别与财务报告相关的经营风险；风险为中等水平发生的概率中等	财务报表整体层面	财务报表整体层面
舞弊风险评估与应对	客户需求大幅下降，所在行业或总体经济环境中经营失败的情况增多	营业收入	虚增收入、管理层凌驾于控制之上舞弊风险
执行财务报表风险评估分析程序-利润表分析	宏观经济及行业竞争影响，销售收入下降	营业收入	预计营业收入应该下降
关联方及关联方交易	隐瞒关联方交易或未及时披露	其他应收款、营业收入、管理费用等	未完整披露风险及大股东占用资金风险

值得注意的是，项目组应当将已识别风险汇总表引用其他工作底稿内容进行索引，并注意其他底稿修改时，应同步更新该底稿。

二、综合风险评估

项目组按照资产负债表、利润表已识别的重大账户和披露和认定，与固有风险、控制风险进行结合，进而评估综合风险等级。其中：固有风险评价为较高和特殊风险时，应当索引至具体评估工作底稿；对于控制风险选择为依赖控制时，应当索引至控制测试底稿。综合风险评估示例见表 4-27。

表 4-27　综合风险评估示例

重大账户和披露	可能发生重大错报的认定	固有风险	控制风险	综合风险	固有风险为较高或特殊风险时的索引	控制测试索引
货币资金	存在、完整性、权利和义务等	较高	依赖控制	二级风险	索引至第三章第一节六、了解与当前经济状况相关的业务和财务报告风险	略
营业收入	发生、完整性、准确性	特殊风险	依赖控制	特殊考虑	索引至第三章第四节六、舞弊导致的重大错报风险汇总表	略

值得说明的是，项目组对于固有风险的识别需要项目组进行职业判断，主要考虑的因素包括总体因素和特殊账户的因素，而这些因素的来源，需要项目组完成初步业务活动、了解被审计单位的业务、了解企业的整体内部控制、识别由于舞弊而导致的重大错报风险并确定应对措施等工作底稿。

即：对于控制风险，项目组则需要考虑了解内部控制及相关业务是否存在高度自动化交易，并针对其设计和执行控制测试，进而了解判断是否依赖控制。

项目组需要参考会计师事务所技术指引中的综合风险模型，根据固有风险高低和控制风险是否依赖控制，判断综合风险的级别。综合风险评估模型示例见表 4-28。

表 4-28　综合风险评估模型示例

固有风险评估	风险级别	控制风险评估	
	较低	依赖控制	不依赖控制
	较高	一级风险	三级风险
	特殊风险	二级风险	四级风险
		特殊审计考虑	

三、设计进一步审计程序

项目组在设计进一步审计程序（重大账户和披露）时，应当将重大账户、披露和认定工作底稿中的数据索引至该底稿中，保持数据来源准确，并设计实质性审计程序的关键项目测试起点、判断是否需要对代表性样本测试，以及针对特殊风险是否还需要扩大审计程序的性质、时间和范围。

通常来说，除了重大账户评定为一级风险以外（风险最低），其他风险等级的重大账户应当全部进行关键项目测试，项目测试起点金额等于实际执行的重要性水平乘以经验百分比，经验百分比来源于综合风险的评估结果（此数据需要查看会计师事务所的技术文档）。重大账户被评定为三级风险（含三级）以上，经过项目组判断则应当进行测试，而代表性样本则从剩余的总体（关键项目除外）中采取抽样的方法进行选择。设计进一步审计程序工作底稿示例见表 4-29。

表 4-29　设计进一步审计程序工作底稿示例

重大账户及披露	综合风险	可能发生的重大错报认定	关键项目测试起点	关键项目测试程序	代表性样本测试	实质性分析程序	实质性程序表和总体说明	针对特别风险的特殊考虑
货币资金	二级风险	略	TE×50%	检查、函证、监盘	否	是	索引实质性底稿	不适用
营业收入	特殊风险	略	TE×5%	检查、函证、重新计算	是	是	索引实质性底稿	扩大审计程序的性质、时间和范围

值得说明的是，表 4-29 中的 TE 代表实际可执行重要性水平，百分比需要按照会计师事务所技术指引规定并经项目组判断后确认。实质性程序表和总体说明则需要将与实质性程序工作底稿进行索引，即：风险评估和应对制定的进一步审计程序应当与实际执行的审计程序保持前后一致。

对于非重大账户和不重大账户，也可以参照上述底稿模板。值得说明的是，非重大账户的审计程序为分析性复核程序和有限的详细测试，不重大账户仅需分析性复核程序。

第四节　设计会计分录测试和其他与舞弊事项相关的审计程序

项目组编制设计会计分录测试和其他与舞弊事项相关的审计程序的目的是降低管理层舞弊导致的重大错报风险。

一、了解企业记账会计分录类型

项目组可以与财务人员通过询问和检查会计凭证，了解企业记账会计分录的类型和控制活动，并将结果记录于工作底稿。

> **CPA审计经验分享**
>
> 　　会计分录可以分为常规会计分录和非常规会计分录，简单说，常规会计分录是经常性交易或常年定期发生会计估计，比如收入和支出、计提折旧和工资等；非常规会计分录是超出正常业务以外的会计分录，比如资产减值。某些会计分录可能不在财务系统中，不受被审计单位内部控制影响，比如合并调整和抵消分录；
>
> 　　另外，某些会计分录可能不是系统生成，而是手工干预的会计分录，这些都会影响企业的内部控制。

二、考虑管理层凌驾于控制之上的风险

记录项目组对管理层编制虚假财务报告或侵占资产的机会和动机的理解而作出的管理层凌驾于控制之上的风险可能性分析，以及该分析如何影响测试会计分录的样本量。

项目组应当检查是否存在人为调节的重大、异常的会计分录（比如直接由财务部长或总监直接操作的会计凭证），需要通过对各科目进行筛选和检查。

三、询问负责财务报表结账流程的财务人员

项目组询问财务部相关人员，对财务报表结账流程各项操作细节进行详细了解，识别在财务报表生成过程中可能会影响我们对测试会计分录的选择因素。

四、确定用于测试的会计分录和其他调整分录的总体

项目组选择测试会计分录和其他调整分录的总体包括临近期末所做的会计分录和调整分录，关账后所做的调整分录，以及超出正常业务范围所做的会计分录和调整分录。在审计过程中，项目组需要保持应有的关注对大额、异常的会计凭证进行核实并形成检查表。

CPA审计经验分享

通常舞弊性会计分录发生在期末或临近期末所做，而且部分会计分录可能超出普通财务人员授权范围内，而是由管理层直接调整，不受财务报告内部控制影响。所以，项目组首先应对上述大额异常会计分录进行测试，并在选择总体分析时，考虑额外增加测试的会计分录（可能增加一部分特殊情况，也包括可能是全部整体）。

实务中，项目组通常会利用审计软件，利用借贷方科目逻辑关系、借贷方发生额、凭证摘要等要素筛选和排序，观察企业编制的会计分录是否存在异常。这是比较有效识别舞弊风险的方法之一。

五、确定测试会计分录的方法和获取会计分录数据的计划

项目组需要记录测试会计分录的方法，以及获取会计分录数据的步骤。

工作底稿示例

记录计划获取记账分录数据的步骤。

与财务部主办获取会计分录数据，并与信息部沟通，开通查询权限。使用审计软件，结合往来款明细，对财务系统导出数据进行直接比对，并核对生成的试算平衡表期初和期末数据，以验证会计分录的完整性。

六、评价拟选择测试的会计分录和其他调整分录总体的完整性

项目组将财务系统中导出的会计分录数据与企业的记录或财务报表比较，或是选择从客户财务系统中直接选取会计分录并确认该分录是否在所获取的数据当中。识别所有在完整性测试中发现的差异，并及时告知管理层和了解差异产生的原因和差异解决的方法。通过对上述数据分析，以及与报表核对，证实会计分录完整。

第五节 总体审计策略

编制总体审计策略工作底稿的目的是确定审计范围、时间安排和审计方向，并指导具体审计计划的制定。实务中，总体审计策略的工作底稿主要内容包括被审计单位的基本情况、审计范围、被审计单位所处行业本期重大变化、报告目标及人员安排、初步了解内部控制有效性、总体分析性程序、初步识别的重大错报风险领域、初步设定的重要性水平、识别的重大交易类别和重大披露流程及审计策略、识别重大账户和披露及综合风险、持续经营能力的考虑、重大会计问题及应对措施、与治理层沟通重大审计事项（含关键审计事项）、与管理层沟通其他信息、出具内部控制审计报告的考虑、预审后对总体审计策略的更新、其他事项。总体审计策略工作底稿应当由项目负责人编制，并由项目合伙人复核审批。

> **CPA审计经验分享**
>
> 项目组编制总体审计策略的问题主要是工作底稿前后存在"两张皮"，即：计划的程序和实际做得不一致。而且总体审计策略作为自上而下，指引项目组成员方向的最重要的文件，常常存在数据和说明逻辑不通，以及缺少识别重大错报风险和设计有效的应对措施等重要问题，这也说明了初步业务活动和计划风险识别阶段，项目组很大程度上没有认真对待，这些都需要项目组认真思考和加以完善。

一、被审计单位基本情况

此处需要描述被审计单位的公司名称、简称、股东持股及基本信息、工商信息、公司组成部门、公司架构等。值得注意的是，请注意对公司简称的措辞，不要使用本公司的字样，因为这是站在审计角度，而不是公司角度描述。另外，请注意所有信息应当及时更新，不要出现很多陈旧的信息，尤其是针对新增或减少子公司的情况。

二、审计范围

审计范围包括适用的财务报告编制基础、适用的审计准则、与财务报告相关的行业规定、审计工作范围（合并范围内公司基本情况）、合并财务报表范围、集团审计中组成部分注册会计师审计部分的范围、特定审计策略需要考虑的其他事项。

三、被审计单位所处行业本期重大变化

项目组需要了解被审计单位所处行业本期是否发生重大变化，并将其获取的资料和观察到的情况记录于工作底稿。通常情况下，对于容易受到政治、经济、文化和技术创新影响较大的行业很可能存在重大变化，比如房地产行业、文化传媒行业、生物医药行业等。值得说明的是，即使是经济大环境可能对行业发展带来不利影响，但行业内的细节市场里的企业也可能存在比较良好的发展，这是产业结构化发展和全球化分工的必然趋势。值得注意的是，在以往会计师事务所被处罚案例中曾出现过，项目组没有识别出被审计单位所处行业本期发生重大变化的情况，与实际情况不符，提请项目组需要认真分析核实被审计单位所处行业的发展趋势和现状。

CPA审计经验分享

战略大师迈克尔·波特在竞争三部曲之一的《竞争优势》提出："任何产业，无论是国内或国际的，无论生产产品或提供服务，竞争规律都将体现在五种竞争作用力当中"。项目组可以通过到行业官方网站、财经媒体、同类型上市公司公开披露信息等渠道搜集和整理有关被审计单位所处行业发展现状，并利用"五力分析模型"透过复杂的表象看到本质，识别企业真实的盈利能力。

四、报告目标及人员安排

项目组需要将初步业务活动阶段对审计报告的目标、时间要求、人员安排、利用专家工作，以及所需的沟通记录于工作底稿。值得注意的是，如果预审时人员与年审时人员不一致，或是新增人员，此时项目经理应当及时补充和完善相关审计计划，以及初步业务活动相关工作底稿，并注意新增人员遵守独立性等职业道德方面的事项。

1. 报告时间要求

项目组需要按照业务约定书出具报告时间要求倒排时间计划表，并在每一个步骤和环节上做好充分的计划安排，按时保质地完成审计工作。

项目组需要与管理层沟通存货、固定资产等重要资产盘点计划和监盘计划，并关注盘点计划是否合理，项目负责人安排人员参与现场监盘并制定监盘计划。项目组汇总复核阶段的时间安排，包括对各子公司数据的汇总，以及母子公司合

并报表的汇总（包括内部交易、往来、现金流的抵消数据的准确性），项目组内部三级复核和合并报表的编制和汇总时间安排也会提前完成。在提交审计报告草稿前，项目组需要把审计报告草稿及相关工作底稿拿到所内质量控制部，届时进行项目质量控制复核，以及复核合伙人进行复核。项目负责人应当与被审计单位管理层尽快落实年度报告披露日，并更新工作安排时间表。如果遇到不可抗力的原因可能导致审计时间延长，项目负责人应当及时与管理层和治理层沟通。

2. 时间、人员具体安排

项目组需要详细列示审计范围内所有被审计单位进场时间和人员安排，以及复核人员的计划安排。时间、人员具体安排示例见表 4-30。

表 4-30　时间、人员具体安排示例

被审计单位名称	预审时间	监盘时间	期末审计时间	报告出具时间	人员安排
ZDM 上市公司母公司	审计年度的 11 月至 12 月之间	优先考虑在 12 月 31 日或 1 月 1 日	1 月 1 日之后	20×3 年 4 月	安排综合组人员分工及复核人员
ZDM 上市子公司	可以与母公司同步或不同	监盘时间应当保持一致	与母公司同步	一般不能早于上市公司报告出具日	需要项目经理按人员情况分配

项目负责人负责项目组内部分工和沟通协调工作，以及对项目组内部进行指导、监督和复核。项目经理主要负责报表的整体层面风险控制，对报表实施分析性程序，对重大账户实施部分实质性程序，以及指导、监督、复核本组其他项目组成员的工作底稿。审计助理主要收集工作底稿所需要的各类证据（比如银行对账单、各类资产的盘点表、重大的供应商和客户的合同）并进行细节测试，审计助理按照经验丰富情况分配工作，经验丰富的成员负责复核经验较少的成员的工作底稿。

质量保障措施包括项目组组内三级复核和独立的质量控制复核。其中：项目组组内一级复核人员包括经验丰富的注册会计师和项目经理组成；项目组组内二级复核人员为项目组负责人（报告签字注册会计师），项目组组内三级复核人员为项目合伙人（报告签字注册会计师），项目质量控制复核人员为事务所指派的质量专管员；项目质量复核合伙人为事务所指派的复核合伙人。值得说明的是，项目专管员和复核合伙人应当具备相关行业的复核经验，具有一定的专业胜任能力。

3. 利用专家工作

项目组需要将可能利用专家工作的情况进行记录。包括利用内部审计的工作、利用其他注册会计师的工作、对其他外部专家的利用。利用专家工作示例见表 4-31。

表 4-31　利用专家工作示例

利用专家工作范围	利用专家的姓名	主要职责及工作范围	利用专家的原因	评价独立性及胜任能力
利用内部审计工作之存货盘点结果	略	内审部门每半年盘点一次，根据中期审计结果观察其结果满意，期末审阅内审盘点结果	适当减轻期末存货监盘范围	具备独立性，具备多年从业经验和资质
利用其他注册会计师工作	略	利用事务所内部行业专家对分析企业行业状况及	项目组无相关经验及胜任能力	已签署独立性声明，未见违反独立性事项，具备多年行业经验
利用专家工作之商誉减值评估	略	需要利用估值专家的工作评价管理层采用的减值测试模型及折现率的合理性	项目组无相关经验及胜任能力	具备独立性和相关行业经验和资质
利用专家工作之工程造价	略	对监理作出的工程造价金额，核对相关成本是否已经正确计提	项目组无相关经验及胜任能力	具备独立性和相关行业经验和资质
利用专家工作之精算福利	略	对设定受益计划相关负债金额进行确认	项目组无相关经验及胜任能力	具备独立性和相关行业经验和资质
利用专家工作之存货、收入和成本的 IT 审计	略	对支持存货、收入、成本交易的信息系统一般控制和应用控制进行测试	因信息系统复杂程度较高，仅通过实质性测试无法应对	具备独立性和相关行业经验和资质
利用专家工作之重大资产重组涉税处理	略	重大资产重组过程中的涉税是否正确计提	项目组无相关经验及胜任能力	具备独立性和相关行业经验和资质

如果项目组利用专家工作，应将相关工作底稿内容进行交叉索引。

4. 沟通时间的安排

项目组应当记录与项目组内部、组成部分注册会计师、管理层和治理层、监管机构（如适用）、前任注册会计师（如适用）等相关人员进行沟通的关键内容和时间。如果存在沟通不适用或未进行沟通的情况，应当对相关内容充分解释说明。

如果项目组与上述对象进行沟通，应将相关工作底稿内容进行交叉索引。

五、初步了解内部控制有效性

项目组应当记录了解被审计单位整体层面内部控制的有效性。需要说明的是，此部分底稿描述的内控控制有效性仅为整体层面的初步了解，并非已经执行穿行测试和控制测试后的结果。

底稿示例

项目组对被审计单位整体层面进行充分了解，并将了解情况记录于相关工作底稿。对风险评估阶段发现的经营风险进行充分关注，并设计相应的实质性程序予以应对。对于其他方面，通过初步了解被审计单位整体层面内部控制有效。

六、总体分析性程序

项目组应当记录在对财务信息和非财务信息进行分析和识别过程中的结论，以及在这个过程中发现的与预期结果或同行业水平存在异常的事项。

七、初步识别的重大错报风险领域

项目组应当记录初步识别的重大错报风险，包括舞弊导致的重大错报风险、异常的关联方交易相关风险，以及应对措施。通常情况下，项目组应当将收入确认作为舞弊导致的重大错报风险，如果项目组未将其识别，应当在工作底稿中充分说明理由。

八、初步设定的重要性水平

项目组应当记录财务报表整体重要性水平、实际可执行的重要性水平和未更正错报名义金额的计算过程和金额。如果为集团审计项目，需要记录组成部分的重要性水平，项目组可以索引至具体工作底稿。

值得注意的是，如果本年计算重要性水平的基准和经验百分比与以往年度存在不一致，项目组需要在总体审计策略工作底稿中说明变化的原因。

九、识别的重大交易类别和重大披露流程及审计策略

项目组应当记录识别的重大交易类别和重大披露流程，以及审计策略。重大交易类别和重大披露流程及审计策略示例见表4-32。

表4-32　重大交易类别和重大披露流程及审计策略示例

重大交易类别和重大披露流程	审计策略
销售与收款业务循环	综合性方案/内控测试、实质性分析及细节测试
采购与付款业务循环	综合性方案/内控测试、实质性分析及细节测试
货币资金业务循环	综合性方案/内控测试、实质性分析及细节测试
存货和成本业务循环	综合性方案/内控测试、实质性分析及细节测试
关联方交易披露流程	实质性方案/细节测试

十、识别重大账户和披露及综合风险

项目组应当记录识别重大账户和披露及综合风险评估的结论。识别重大账户和披露及综合风险示例见表4-33。

表4-33　识别重大账户和披露及综合风险示例

重大账户和披露	相关认定	固有风险	控制风险	综合风险
货币资金	存在、完整性、权利和义务等	较高	依赖控制	二级风险
营业收入	发生、完整性、准确性	特殊风险	依赖控制	特殊考虑

值得说明的是，项目组还需要在总体审计策略中披露，余额超过实际可执行的重要性水平但分类为"非重大账户"的原因。

十一、重大会计问题及应对措施

项目组应当记录被审计单位本期发生或以往发生对本年仍为重大的会计问题，并设计具有针对性的应对措施。这些重大会计问题可能来自项目组内部讨论、与管理层和治理层的讨论、识别和评估重大错报风险（包括舞弊风险）阶段

的工作底稿等内容。

十二、与治理层沟通重大审计事项（含关键审计事项）

项目组应当与治理层沟通审计中发现本年存在的重大审计事项（包括关键审计事项）。即：沟通可能重点关注的对本期财务报表审计最为重要的事项、拟在审计报告中沟通的关键审计事项；可能存在重大错报风险的领域增加对是否初步识别为关键审计事项的判断，增加单独标题"关键审计事项"描述拟识别为关键审计事项的内容、识别为关键审计事项的原因、计划采取的应对措施。

非上市实体不需要按照《中国注册会计师审计准则第 1504 号——在审计报告中沟通关键审计事项》（以下简称 CSA1504）的要求，在审计报告中沟通关键审计事项，但仍然应按照 CSA1151 相关规定与治理层沟通重大审计问题，就审计范围、时间安排沟通的结果进行记录，考虑沟通结果影响及应对措施。

第六节　具体审计计划

一、编制具体审计计划要求和目标

具体审计计划顾名思义就是比总体审计策略更加详细、更加具体，包括项目组拟实施的进一步审计程序的性质、时间安排和范围，以及需要获取充分、适当的审计证据，是项目负责人拟定并由项目合伙人复核后，分发给项目组成员让其具体执行的工作计划。

CPA审计经验分享

具体审计计划说得再通俗一些，就是手把手教助理如何做审计，项目负责人需要将助理人员做的每个细节用既专业又通俗的语言及工作模板使他们轻松操作，并能够让助理人员成为项目经理的左右手一样娴熟地执行审计程序，就是做成"傻瓜式"底稿模板，但能够做到这种程度并非易事，需要花费大量时间去研究企业的业务，并对审计程序和工作底稿有极深刻的理解，才能设计出真正有水平的审计计划和工作底稿模板。比如穿行测试、控制测试、实质性程序如何执行程序，如何抽查样本，注意哪些事项，何时提交成果，等等。

项目负责人编制的具体审计计划应当通俗易懂，就像三国演义的诸葛亮写给其将领的三副锦囊，能够让项目组拿到之后，很容易上手操作，审计人员按照计划步骤实施就可以顺利完成审计工作。对于具体审计计划编制要求包括但不限于以下内容：

（1）明确各审计阶段应执行的工作和需要上交的底稿和证据。例如：预审阶段需要做哪些工作，预审结束后需要提交何种成果，年审时需要执行哪些程序，获取哪些证据，如何提升效率和质量，做好项目组内部三级复核工作。

（2）需要执行的审计程序需要"接地气"。由于审计专业语言过于教科书，部分审计人员可能无法完全在实务中进行实操，这需要项目负责人列举案例明确如何具体操作。比如执行函证程序看起来很简单，但执行到位则非常难。项目组需要在收集函证基础数据和函证信息并进行核对真实性，收发函过程中时刻保持独立性和控制力，回函时需要核实回函信息的可靠性，回函数据是否存在差异并编制差异调节表等，如果上述某一个环节出现一丝纰漏，函证程序就会多一份操作风险。

（3）对项目组成员提出具体要求和审计过程中需要关注的事项。项目负责人提出对审计程序和抽取样本方法的具体要求，比如对控制测试的样本量选择，项目组根据表 4-34 说明，使用随机或随意挑选方法来测试最低样本量。

表 4-34　控制执行频率与选择样本量关系

控制执行频率	控制运行的总次数	测试的最小样本量区间	风险较低的控制的最低测试样本量
每年 1 次	1	1	1
每季 1 次	4	2	1
每月 1 次	12	2～5	1
每周 1 次	52	5～15	2
每天 1 次	250	20～40	10
每天多次	大于 250 次	25～60	10

（4）进一步审计程序应当明确，审计程序的性质、时间、范围应当具体化，并与之有对应关系的工作底稿作为辅助，审计计划与工作底稿要做好对应关系，应当做的审计程序必须按照计划要求彻底执行完毕，切不可"放飞机"糊弄自己。

CPA审计经验分享

　　无论是在事务所内部的质量控制复核，还是外部监管机构的检查，总体审计策略和具体审计计划都是复核重点，也非常容易出现前后脱节"两张皮"的现象，策略和计划里将识别的风险和所需执行的程序写得非常漂亮，但在项目组具体执行过程中"跑偏"，这些需要项目组认真总结和督导，务必做到知行合一，上下一致。

二、具体审计计划工作底稿示例

以某上市公司年报审计为背景，具体审计计划的部分审计程序示例进行介绍，以下内容仅供项目组参考，不能替代项目组具体审计计划。

1. 库存现金收支检查（含费用报销）

审计人员应对大额现金收支业务保持应有的职业谨慎，尤其是频繁使用或期末偶发大额使用库存现金业务，一定要追查到底，判断和核实相关业务发生的合理性和真实性。现金支出和现金收款具体审计程序见表 4-35。

表 4-35　现金支出和现金收款具体审计程序

审计要点	具体审计程序
现金支出	对大额库存现金报销项目予以重视，注意大额现金报销的合理性，比如会议费支出、业务招待费支出等（票据是否合规、是否有审批）；检查是否存在白条入库，坐支等违规情况；关注其他应收款——个人备用金或借款明细中大额现金异常收支情况，是否存在侵占资产或逾期不报销费用情况；费用报销管理内部控制设计是否合理，是否得到执行，是否执行有效。关注发票报销情况（是否有发票、发票与业务是否匹配）
现金收款	对大额现金收款业务应予以警惕，若发现被审计单位使用大额现金结算营业收入应保持职业谨慎，尤其在年末被审计单位可能不能完成业绩指标而实施舞弊

具体审计要求：

（1）项目组应该在预审时对库存现金收支进行分析性程序，包括库存现金收支的业务类型，是否合规、合理；近两年数据对比分析，检查数据是否异常；抽查大额现金收支会计凭证，检查原始凭证要件是否齐全，是否有相关责任人审批签字，是否有合同协议、发票及其他证据支持。了解现金收支业务是否合理，与公司业务是否匹配，必要时，项目组应当与相关业务人员进行深入访谈调查了解。

（2）对企业库存现金进行突击盘点，注意保险柜中是否存在应入账未入账的权证、现金等情况。

（3）项目组预审结束时上交库存现金分析过程、销售费用和管理费用分析过程，以及相关的抽凭检查表，并对发现的主要问题进行沟通汇报，并商讨解决方法及思路（以下报表项目审计要求不在提示上交底稿内容，由于项目差异，不具体提示抽查样本数量等事项）。

（4）库存现金收支情况执行截止性测试，检查是否存在跨期事项。

对于资产负债表项目的检查，主要通过细节测试进行检查，但项目组也可以分析各年资产和负债余额和月度发生额变化，核实相关资产和负债业务是否经常性发生，并有重点地进行核查具体月份发生的业务，这样做可能更加快速抓住问题。另外，高风险项目对于资产负债表项目也需要做截止性测试，而不仅仅是对利润表项目做截止性测试，这可以从另一个角度检查跨期事项。

2. 银行存款的检查

（1）获取已开立银行结算账户清单和银行对账单（该资料需要审计人员独立到银行单独获取），财务账面与银行对账单进行核对，检查是否存在"空中飞"，是否存在资金收支不入账情形。

（2）了解银行开户情况，核实是否开通网银业务，了解企业与银行是否合作开通资金池业务等，并通过访谈相关财务人员，获取银行联系方式等多渠道了解核实。

（3）获取企业各月银行存款余额调节表和对账单，查看是否存在大额未达账项，未达账项是否需要进行调整。

（4）关注是否存在特殊用途的银行账户，是否在其他货币资金核算，获取银行对账单进行检查，核对是否一致，了解资金是否存在受限，注意与银行函证进行核对。

（5）对银行存款和其他货币资金执行函证程序，收发函必须通过所内函证中心统一进行，派专人与函证中心对接，及时获取相关函证的扫描件，核实银行函证14项内容是否存在回函不符，以及是否存在函证联系方式、收发函地址与银行实际联系方式和地址不一致的情况，并尽快启动核查程序。

（6）对银行对账单与银行存款明细账进行双向核查。即：从银行对账单检查至银行存款明细账，或从银行存款明细账检查至银行对账单，核查银行存款入账是否完整，以及银行存款是否真实存在。项目组应当注意对银行存款发生额进行双向检查，而非仅对银行存款余额进行审计的思维转换。

（7）给企业银行账户存一元钱。对某些重要银行账户也可以在现场函证的过程中，给该银行账户存一元钱，然后再把对账单打出来进行核对，验证银行开户的真实性。

其他项目具体审计程序内容略。

第七节　项目组讨论、风险评估和审计计划

实务中，项目组很多情况下仅通过口头沟通项目风险和计划，并没有形成文字记录于工作底稿，很难证明项目合伙人和项目组负责人在审计过程中进行过指导、监督和复核工作。所以，非常有必要将项目组讨论的内容编制成工作底稿。

项目合伙人将风险识别和计划阶段、风险评估和应对阶段重要内容与项目组成员进行充分讨论，项目组可能涉及讨论的内容和审计提示见表4-36。

表 4-36　项目组可能涉及讨论的内容和审计提示

可能涉及讨论的内容	审计提示
审计项目总体情况	项目合伙人组织充分讨论风险评估后对项目情况的了解，项目组成员分享对项目整体情况的认知
对于首次承接，初步识别的重大风险	项目合伙人组织充分讨论如何识别出重大风险，提示项目组成员注意要点
对于连续审计，总结上年审计情况和重要问题	项目合伙人组织充分讨论上年审计情况并将上年重要问题对本年审计的影响予以提示
被审计单位环境的重大变化、面临的经营风险，以及对审计程序的影响	项目合伙人组织充分讨论了解被审计单位业务、存在的经营风险及项目组对此作出的应对措施
识别财务信息和非财务信息对审计程序的影响	项目合伙人组织充分讨论对财务信息和非财务信息存在异常波动及不吻合，项目组设计审计程序予以应对
重要性水平的确定	项目合伙人组织充分讨论编制的未审财务报表整体重要性、实际执行的重要性和未更正错报名义金额。强调审定财务报表需要重新设定重要性水平。如果涉及集团重要性水平分配也需要充分讨论
重大会计和审计问题，以及可能构成关键审计事项段的问题	项目合伙人组织充分讨论重大会计和审计问题，以及可能构成关键审计事项段的问题，这是审计的核心内容，强调项目组在风险识别、评估和应对完整体现和解决相关问题记录于工作底稿
对内部控制整体层面的评价	项目合伙人组织充分讨论被审计单位控制环境是否支持重大错报的预防、检查和更正。整体层面内部控制薄弱代表项目组很可能面临更高的审计风险，需要更加注重职业怀疑态度
舞弊风险的评估和应对	项目合伙人组织充分讨论列举可能存在的舞弊风险，对舞弊风险评估和应对采取的各项措施予以说明
年度报告的范围和出具时间，以及阅读其他信息的安排	项目合伙人组织充分讨论业务约定书中约定的审计范围和出具时间要求，对审计计划的时间安排和分阶段完成的工作成果应当做好安排

可能涉及讨论的内容	审计提示
综合风险评估及重大变化对审计策略的影响	在风险识别和计划阶段，以及风险评估和应对阶段，将所有已识别风险列示于综合风险评估表
识别重大账户和交易流程	项目合伙人组织充分讨论重大账户和交易流程如何制定，并设计审计程序的性质、时间和范围
项目组如何利用专家的工作	项目合伙人组织充分讨论拟利用专家工作的领域，以及相关专家背景、独立性和专业能力
强调在审计过程中对独立性、职业怀疑的重要性	项目合伙人再次强调项目组遵守独立性、保持职业怀疑的重要性，对于违反规定的员工予以相应处罚
其他事项	对于上述没有提示的已知重要内容也需要组织项目组充分讨论

由于项目组讨论内容均来源于不同的工作底稿内容，如果项目组修改风险识别和计划阶段、风险评估和应对阶段的工作底稿内容，也应当同步修改项目组讨论工作底稿内容，并且应当考虑修改后内容对实施的审计计划、执行的审计程序的影响。

案例4-2

计划和实施记录内容不符。在《项目组讨论纪要——风险评估和审计计划》记录关键审计事项为开发支出和应收款项，而在《审计报告》中描述关键审计事项是收入确认和计提应收账款坏账准备，二者不一致。

项目组可以采取互动讨论的方式开展项目组讨论，项目组列示讨论提纲，由项目合伙人与项目组成员针对每项内容分别予以讨论交流，并最终形成"项目组讨论—风险评估和审计计划"工作底稿。

第五章 编制实质性程序工作底稿[①]

本章导读：在执行实质性程序工作底稿前，项目组应了解被审计单位的业务和做账特点，并需要具备一定的会计、审计和税法知识，能够在执行审计程序的过程中，发现存在的问题或通过异常现象能够延伸审计并追查到底。

本章部分会计核算及审计提示内容参考《企业会计准则》《中国注册会计师审计准则》及中国会计视野论坛中的 CPA 业务探讨中陈奕蔚版主与网友的问答回复。

[①] 鉴于实质性程序工作底稿数量较多且部分内容重叠，本章重点讲解其编制逻辑，配套表格模版（本章内容中有提示性标志）已整合为素材包，扫描本页上方二维码即可下载。

本章主要讲述资产类、负债类、损益类报表项目或科目的实质性程序工作底稿。

实质性程序工作底稿是整个审计工作的核心内容，也是整个审计过程中最能够体现"细节决定成败"的关键环节。实务中，很多项目组没有按照审计指引的要求，将风险导向审计的方法应用于整个项目，仅关注如何"刷底稿"完成工作，而忽视了初步业务活动、计划和风险识别、风险评估和审计策略等环节对实质性程序工作的指引，导致审计工作脱节，底稿"两张皮"现象严重，该做的审计程序没有做，或者做了很多无用的工作，无论质量还是效率都很糟糕。

项目组应该清晰审计目标，了解每一张底稿背后执行的意义，这样能够快速理解哪些审计程序必须执行，哪些审计程序可以忽略，而这些都需要一个清晰的审计策略，以及可以落地执行的具体审计计划，让项目组成员在执行程序减少误解和猜测，减少不必要的沟通环节，提升审计效率。

再次强调的是，对于助理人员在执行实质性程序时，一定要清楚所执行的程序的目标、要求、程序、方法、技巧等内容，只有方向对了，执行实质性程序才有意义。

1. 实质性程序工作底稿的基本内容和逻辑关系

（1）实质性程序工作底稿可以分为基础性底稿和参考类工作底稿。基础性工作底稿包括导引表、明细表、披露表、抽凭检查表、函证控制表、函证明细表、监盘表等；参考类工作底稿包括但不限于截止性检查表、合同检查核对表、分析表、分配表，以及各类测算表等。

（2）实质性程序工作底稿要符合内在逻辑。首先，导引表、明细表和披露表的审定数据应当保持一致，且应与试算平衡表数据一致；其次，参考类底稿中存在测试类的数据总额应该与明细表或导引表数据一致，比如坏账准备测试表中的总数应该与导引表及披露表中坏账准备数据一致；最后，通过不同审计程序得出的审计结论应当一致，如果不一致，应当核实原因，核查是否存在舞弊或差错。

（3）实质性程序工作底稿存在关联的数据应该交叉索引，数据保持一致性。例如：应付职工薪酬计提成本费用数据应该与分配的各项成本费用项目的明细数据保持一致并交叉索引；又如固定资产计提折旧计入成本费用数据应该与分配的各项成本费用项目的明细数据保持一致并交叉索引。

2. 编制实质性工作底稿具体要求

（1）底稿的完整性要求。实质性工作底稿至少应包括导引表、程序表、明细表、检查表、披露表。针对不同项目，不同的审计要求，还可能会涉及测算表、函证控制表、函证明细表、差异调整表、分析表、调查表、监盘表等。

（2）底稿的内在逻辑要求。工作底稿之间需要"互相说话"，符合逻辑一致。往往审计人员会出现表格内的"数据打架"问题，可能是数据引用不准确，或数据缺失不完整等情况造成的，这是新手很常见的问题，我们可以用一些 EXCEL 中的链接并注明交叉索引来规避这类问题，即使明细表中的数据存在变化，那么最终结果也会在不同表格内同时变化，进而保持数据的内在逻辑一致。

（3）底稿的审计说明要求。工作底稿的审计说明最能体现审计人员执业能力高低和认真程度，审计是用数字来说话，而表格内大部分是未审数、调整数、审定数，以及各类分析、核对、测算的数据，这些数据需要用审计语言在底稿的审计说明处将其简明扼要的进行分析和论述结论。

CPA审计经验分享

1. 导引表下的审计说明一般是将整个底稿实施的审计程序进行汇总的地方，也会将这个项目或科目核算的内容，以及增减变化进行分析，如果有审计调整还需要将调整分录和依据进行描述，让没有接触过该项目的注册会计师也能够看明白项目组所执行的程序和结论是否合理、准确。

2. 明细表下的审计说明一般是要求将企业提供的明细账与总账及报表或试算表进行核对的过程，明细表根据科目的不同可能存在多种情况，比如货币资金按库存现金、银行存款、其他货币资金列示，而且银行存款按银行账户来划分，那么是基本户、一般户还是特殊账户，账户是冻结还是正常，都是需要审计人员去核实。还比如应收账款的明细表是按客商来划分的，需要注意核对那些公司的名称是否准确、款项性质是否准确、账龄划分是否准确等。明细表是企业提供的，但明细表获取后是需要审计人员进行核实，我们上面常说的导引表、明细表、披露表三者数据一致，最核心的也就是明细表，如果明细表有误，其他底稿的数据肯定也会出现问题。

3. 披露表下也可能有说明，那是附注披露时需要的一些注解文字，比如货币资金受限需要解释一下原因，其他科目如果本年发生重大事项也需要披露。披露表的格式一定要与审计报告附注披露的格式要一样（对于上市公司、国有企业、一般企业附注披露格式会有所不同，应注意与附注模板保持一致）。

4. 分析表下的审计说明，是要将分析的数据来源，数据结果对比进行分析，揭示变化是否符合同行业和企业自身发展趋势。比如应收账款分析表，我们可能获取近三年的数据，分析应收账款周转天数是否发生异常变化，分析的结论是给项目组一个方向，比如应收账款周转天数突然减少，我们可能需要了解公司目前发展情况，是否新增赊销业务减少，或是款项收回及时，还是舞弊造假没有确认收入和回款伪造银行单据等。所以，分析程序是给审计人员指引方向的程序。

5. 检查表下的审计说明，需要将如何抽取的样本，检查的要点，检查的过程和检查的结论进行详细的说明。例如：货币资金的检查表，项目组从本年借方和贷方通过随机抽样的方式，抽取了××％的样本量（假设符合该项目风险的抽样标准），根据检查的要点，共需要检查五个要点，通过抽查发现存在××几个样本存在问题，并将问题的影响金额进行列示，并分析是否需要做审计调整，最终的结论是什么，等等。往往检查表只是说了一句，未见异常，这实际是不对的，没有体现出整个检查的过程，审计结论没有支撑。

6. 测算表或核对表，审计说明需要将数据的来源，数据的真实、完整性情况进行说明，否则测算和核对没有意义。测算的程序实际是重新计算，是将企业做的数据与我们重新计算的数据进行对比，如果数据差异较大，可能涉及审计调整，比如计提折旧、计提社保等。核对表主要是将企业提供的各类财务数据和业务数据进行核对的过程，如果发现差异也是需要进行分析和说明，这类底稿实际就是所见即所得，做了什么就写什么，有问题发现之后就要查找原因并分析和处理解决。

7. 函证控制表和明细表，函证是最基础的审计程序之一，但其工作底稿也是最容易出现问题，函证控制表应该体现对函证程序最基本的要求，比如如何选取样本，对函证收发函编制和控制的要求，等等。函证明细表则是具体体现收发函控制的表格，项目组应该按照准则要求对整个收发函进行控制，并及时对函证进行整理和反馈，以及对后续替代测试等进行充分的考虑。

3. 实操时的注意要点

（1）底稿的数据来源，有些底稿的数据可以通过审计软件直接获取，例如：有一些明细表需要企业帮忙在系统中导出，或让企业提供台账（业务数据），那么数据来源的核对是非常关键的，即：财务数据和业务数据之间的核对。如果发现数据不对，或数据不完整应及时与业务部门或财务部门沟通，可能会出现企业提供资料不完整或者财务数据更新不及时的情况。

（2）编制底稿的效率和技巧问题，如果是连续审计，应该将上年的工作底稿内容看熟，这样独立编制本年底稿时会有一个很清楚的思路，最起码不能比去年做的底稿还差吧。但是，去年的底稿也可能有错误或问题，这需要项目组要有最基本职业判断，不能再按错误的方法或数据在本年底稿继续照抄下来，应该及时纠正错误，并完善本年的工作底稿。

（3）底稿编制没有逻辑，没有灵魂。这是审计助理常见的问题，说白了，就是根本没搞清楚工作底稿编制的目的和方法，也没搞清楚这个科目核算的内容，更别说深入了解企业的业务，这是一个审计人员胜任能力或态度和责任心的问题。

（4）底稿编制的效率问题。审计是有时间要求的，在保证质量的前提下，应该越快越好，那么效率中最大的问题就是对底稿的熟悉程度，以及所获取的资料是否完整，如果项目组对该底稿非常清楚明晰，应该在获取资料的时候就已经提出要求并及时获取，那么填制各类底稿时就不会出现障碍，只有底稿数据和资料完整，才能通过底稿的内在逻辑和在执行程序的过程中有效地发现问题。往往助理人员就是等着项目经理给指出问题和调整分录直接往底稿里面录入，这从底稿编制的原理来说是错误的，一个具有责任心和胜任能力的审计助理是应该能够通过编制底稿发现审计风险和具体问题。

第一节　资产类工作底稿

一、货币资金

（一）"货币资金"核算内容

货币资金包括库存现金、银行存款和其他货币资金。企业持有由中国人民银行发行的数字人民币的，可以增设"数字货币——人民币"科目进行核算，在资产负债表中将其列报在"货币资金"项目，并根据《企业会计准则第 31 号——现金流量表》（以下简称 CAS31）相关规定判断是否属于现金及现金等价物和进行相应列报。

1. 库存现金基本会计处理原则

库存现金基本会计处理原则见表 5-1。"库存现金"科目核算企业的库存现金，企业有内部周转使用备用金的，可以单独设置"备用金"科目。

表 5-1　库存现金基本会计处理原则

业务事项	会计处理
企业增加库存现金	借记"库存现金"科目，贷记"银行存款"等科目；减少库存现金做相反的会计分录

企业应当设置"现金日记账",根据收付款凭证,按照业务发生顺序逐笔登记。每日终了,应当计算当日的现金收入合计额、现金支出合计额和结余额,将结余额与实际库存额核对,做到账款相符。

2. 银行存款基本会计处理原则

银行存款基本会计处理原则见表5-2。"银行存款"科目核算企业存入银行或其他金融机构的各种款项。

表 5-2　银行存款基本会计处理原则

业务事项	会计处理
企业增加银行存款	借记"银行存款",贷记"库存现金""应收账款"等科目
企业减少银行存款	借记"应付账款""管理费用"等科目,贷记"银行存款"科目

企业可按开户银行和其他金融机构、存款种类等设置"银行存款日记账",根据收付款凭证,按照业务的发生顺序逐笔登记。每日终了,应结出余额。"银行存款日记账"应定期与"银行对账单"核对,至少每月核对一次。企业银行存款账面余额与银行对账单余额之间如有差额,应编制"银行存款余额调节表"调节相符。

3. 其他货币资金基本会计处理原则

其他货币资金基本会计处理原则与银行存款基本类似,不再赘述。值得注意的是,"其他货币资金"核算的范围已不限于银行汇票存款、银行本票存款、信用卡存款、信用证保证金存款、存出投资款、外埠存款,还有支付宝、微信账户中的余额、待送存的支票,以及存放在公司银行账户的具有专项用途的受限资金等,对于受限资金要注意与现金流量表相关数据的勾稽关系。

(二)"货币资金"重要提示

1. 重视对"已开立银行结算账户清单"的检查

项目组在审计银行存款时,如果只拿到银行对账单和银行存款明细账,实际是无法证明银行存款账户的完整性。此时,已开立银行结算账户清单就起到证明银行账户完整性的目的,这里会记载被审计单位在银行金融机构开立的各种账户,包括已经注销或久悬的账户。但是,对于一些外币账户、临时账户或非结算账户,已开立银行结算账户清单可能无法打印出来。此时,审计人员应注意执行其他审计程序获取银行账户的完整信息。

企业人员拿着开户许可证及开户密码到基本户银行打印"已开立银行结算账户清单"。建议高风险项目，审计人员应当亲自获取"已开立银行结算账户清单"。

2. 重视对"企业信用报告"的检查

企业信用报告是全面记录企业各类经济活动，反映企业信用状况的文书，是企业征信系统的基础产品。企业信用报告客观地记录企业的基本信息、信贷信息，以及能反映其信用状况的其他信息，全面、准确、及时地反映其信用状况。

企业信用报告主体信息主要包括六部分内容：信息概要、基本信息、信贷信息、非信贷信息、公共信息、声明及异议标注信息，根据服务对象的不同可对上述内容增减，形成不同版式的信用报告。

获取和检查企业信用报告能核对银行贷款、融资租赁、担保、票据等业务，并与企业账面记录核对是否一致。建议高风险项目，审计人员应当亲自获取"企业信用报告"。

3. 重视"银行对账单"的检查

任何企业不管是人财物，还是供产销都离不开资金的运转，所以货币资金的审计非常关键，而银行对账单就是所有业务发生的关键证据，它记载了银行账户里的每一笔收支的交易时间、对手方和交易金额，获取该证据就能够在检查记账凭证的时候核实资金收支是否真实发生。而往往企业全流程的造假舞弊必定会通过货币资金收支，所以，注册会计师需要重视对银行流水的双向实质性核查，并应当关注对货币资金发生额的审计思维。

4. 重视银行存款存在资金归集导致的特别风险

公司将被归集资金在财务报表"银行存款"项目中列示，实际银行账户余额为零。审计时未有效实施银行存款函证程序，未审慎分析银行存款函证确认金额与账面金额不一致的合理性，未恰当识别银行存款列报存在的错报。

5. 重视对银行函证收发函控制

项目组应当重视对银行函证收发函整个过程的控制，以及核实银行收件人的身份和地址等信息，如果程序不到位则可能导致项目组收取的银行函证可靠性存在重大疑虑。

6. 重视存在大量现金业务和境外货币资金占比较高的情况

项目组应当对企业使用大量"库存现金"业务保持应有的职业怀疑，并对"库存现金"收支业务的相关内部控制进行详细了解和检查。对于公司境外货币资金占比较高的情况，需要进一步了解业务流程，设计进一步审计程序，关注境外货币资金是否账实相符，境外银行账户函证是否相符。

7. 重视不合理的"存贷双高"情况

项目组应当关注公司是否存在"存贷双高"现象（有大额货币资金的同时负有大额债务）。了解公司银行账户数量和分布与其实际经营需要是否匹配。公司本期新增缺乏商业合理性的大额购销交易或其他大额非常规交易等，是否存在资金占用方面的重大错报风险。

（三）编制底稿常见问题

1. 工作底稿低级错误问题

（1）导引表、明细表、披露表数据不准确与试算平衡表和附注不一致。

（2）明细表的发生额不准确，存在虚增或虚减情况，与其他对应科目逻辑不符。

（3）审计说明不完整，没有将执行的审计程序情况说明清晰、完整。

（4）缺少索引号或纸质底稿索引号与电子版索引号编制不准确。

（5）审计说明中包含审计调整，但本期数中没有审计调整事项，或者情况相反。

（6）抽取的样本没有记录选取的过程，以及样本量不满足审计计划要求。

（7）计划实施的审计程序没有实施，将应当编制的底稿随意隐藏。

2. 未获取重要审计证据问题

（1）未获取已开立银行结算账户清单和企业信用报告。

（2）高风险项目，未亲自获取银行对账单。

（3）未见开户证实书原件。

（4）未获取关键银行账户的回函。

3. 审计程序实施不到位问题

（1）未认真详细对银行流水和银行日记账双向核查。

（2）未关注银行存款未达账项是否合理，是否存在会计差错。

（3）仅关注银行存款余额审计，未关注发生额变化，未关注"空中飞"和账外账户。

（4）未对银行函证保持足够的控制，以及未对银行函证项目进行认真核对，未对银行函证收件人和地址等信息进行核实。

（5）未发函的银行账户没在工作底稿中说明理由，未回函的函证未执行替代程序。

（6）未对利息收入和银行存款规模进行分析。

（四）"货币资金"所需执行的审计程序

根据不同企业核算内容及风险特征，比如上市公司和非上市公司，IPO公司与非IPO公司，经常使用票据结算的公司可能存在保证金账户等，审计人员所需执行货币资金的实质性程序也会存在较大差异，中注协及其他监管机构对注册会计师所需执行的审计程序有专门的规定和指引，根据被审计单位实际情况，对于必须要执行的审计程序应该必须执行，而对于不执行或不适用的情况应该在程序表底稿中加以说明。

需要强调的是，在讲解具体编制工作底稿的同时，会将所需执行的审计程序以示例的方式放在导引表予以说明，故不再单独赘述"程序表"相关内容。

CPA审计经验分享

项目组需要具备一些最基本的会计知识，并且需要熟悉银行相关业务，需要了解货币资金核算的内容，以及要对货币资金涉及的业务流程要清楚，上述知识和技能是做好货币资金审计的基础前提。

建议项目负责人在考虑风险较高的审计项目时，货币资金底稿应当由经验较为丰富的审计人员亲自执行，项目经理还需要持续指导、监督和复核。对于其他高风险报表项目的实质性工作底稿亦是如此。

1. 导引表

货币资金导引表是记录货币资金审计调整前后的年初余额和年末余额及其变化情况，记录审计人员执行货币资金实质性程序及获取证据，并进而推断货币资金的审计结论的工作底稿。

（1）导引表组成内容。货币资金导引表主要包括货币资金项目明细的期末余额和期初余额，以及增减变化、审计说明和审计结论。

货币资金导引表示例见素材包—素材1。

审计说明：至少包括货币资金明细的核算内容、增减变化、执行的审计程序和获取的主要审计证据情况。

审计结论：①经审计，该项目未见重大异常；②经审计调整后，该项目未见重大异常；③因银行存款回函数据与账面记录存在重大不符且管理层不同意调整（仅为举例）原因，该项目余额不能确认。根据实际情况，只能选择一个审计结论。

（2）导引表编制要点。期初余额来源于上年工作底稿审定数或者未审数（如有调整也需要插列增加调整过程），变动比例为期末余额调整后的数据与期初余额审定数之间的变动比例。

导引表里的索引号与明细表索引号对应。即：此处的项目明细与明细表中的数据保持一致。如果有审计调整，还需要在审计说明中描述审计调整事项及说明。

（3）导引表部分审计说明示例如下：

货币资金主要核算库存现金、银行存款和其他货币资金业务。货币资金年末余额较上年末无明显变化。具体执行的审计程序如下：

（一）库存现金

1. 经核实，库存现金明细表与总账、日记账合计数的金额相符，与试算平衡表和附注核对一致；经检查，非记账本位币库存现金的折算汇率及折算金额准确。

2. 项目组对库存现金执行监盘程序，未见异常。

3. 抽查大额库存现金收支凭证，经核实，原始凭证齐全、记账凭证与原始凭证相符、账务处理正确、并记录于恰当的会计期间。

4. 经检查，被审计单位的现金交易比例较低，且制定了现金管理办法，规范使用现金的范围和限额，能够保证现金收支完整、准确、安全。

（二）银行存款

1. 经核实，银行存款余额明细表与总账、日记账合计数的金额相符，与试算平衡表和附注核对一致；经检查，非记账本位币银行存款的折算汇率及折算金额准确。

2. 与出纳访谈了解账户的开立、使用、注销等情况，并获取被审计单位已将全部银行账户信息提供给注册会计师的书面声明。

3. 审计人员在企业人员陪同下到基本存款账户开户行查询并打印《已开立银行结算账户清单》，并观察银行办事人员的查询、打印过程，经检查，被审计单位账面记录的银行人民币结算账户完整。

4. 经抽凭，未见交易相关单据中被审计单位的收（付）款银行账户不包含在已获取的开立银行账户清单内。

5. 审计人员与被审计单位人员一同前往被审计单位所在地人民银行外汇管理局，现场查询被审计单位的外币银行账户情况。或网上登录方式获取外币银行账户情况。

6. 经重新计算，活期利息及定期存款利息与利息收入明细基本一致，未见重大差异。利息收入与资金规模基本一致，未见高息资金拆借情形。

7. 结合营业收入底稿和应付账款底稿，对报告期内的销售、采购交易等情况，运用分析性程序以识别风险，结合对利息收入和银行手续费的审计，经分析和检查，未见企业货币资金余额和购销交易存在不合理之处。

8. 向被审计单位在本期存过款的银行发函，包括零余额账户和账户已结清的银行，对未回函的银行电话了解函证情况，并执行替代程序。经回函信息核实，未见受限货币资金，未见影响现金流量表的事项。

9. 抽查大额银行存款收支的原始凭证，经检查，原始凭证齐全、记账凭证与原始凭证相符、账务处理正确、记录于恰当的会计期间。未见非营业目的的大额货币资金转移现象。

10. 经检查，银行存款收支的截止准确，未见跨期收支事项。

11. 对银行存款账面收付记录与银行对账单抽样进行双向检查，经检查未见异常。

12. 经检查，未见定期存款占银行存款的比例偏高，或同时负债比例偏高现象。

13. 获取定期存款明细表，经检查，与账面记录金额一致，存款人为被审计单位，定期存款未被质押或限制使用。

14. 在资产负债表日，对定期存款凭据（开户证实书原件）执行监盘程序，以及实地观察被审计单位登录网银系统查询定期存款信息，并将查询信息截屏保存。经询问及银行回函检查，公司无质押定期存款事项。

15. 在审计外勤工作结束日前，对已提取的定期存款，核对相应的兑付凭证、银行对账单和定期存款复印件，未见异常。

16. 获取资产负债表日的银行存款余额调节表，经检查，调节表中加计数是否正确，调节后银行存款日记账余额与银行对账单余额一致。经检查，调节事项的性质和范围合理。

17. 检查跨期收支和跨行转账的调节事项，以及大额在途存款和未付票据，未见异常。

18. 经检查，不存在未入账的利息收入和利息支出；

19. 项目组选择以下银行账户进行核对：基本户，余额较大的银行账户，发生额较大且收付频繁的银行账户，发生额较大但余额较小、零余额或当期注销的银行账户，募集资金账户等。经检查，未见异常。

20. 项目组通过下列程序检查被审计单位资金池业务：

（1）询问被审计单位相关管理层及资金管理人员了解资金池业务。

（2）查阅董事会会议等有关会议纪要检查资金池业务。

（3）向开立银行账户的银行进行函证，确认相关账户有资金池安排。

（4）被审计单位与控股股东、实际控制人及其关联方存在资金往来。

经检查，已按上述程序对资金池业务进行核查，未见异常。

21. 项目组了解和评估被审计单位加入资金池业务的合法合规性、资金池资金在各企业之间和集团层面的集中方式、采取了适当措施保证资金安全等。项目组已实施审计程序，经检查，未见异常。

（三）其他货币资金

1. 了解开立支付宝、微信等第三方支付账户，获取相关开户信息资料，了解其用途和使用情况，获取与第三方支付平台签订的协议，了解第三方平台使用流程等内部控制，比照验证银行存款或银行交易的方式对第三方平台支付账户函证交易发生额和余额。获取第三方支付平台发生额及余额明细，并与账面记录进行核对，对大额交易考虑实施进一步的检查程序。

2. 经检查，其他货币资金存在质押、冻结等对变现有限制、或存放在境外、或有潜在回收风险的款项。

（四）披露

附注已按库存现金、银行存款、其他货币资金分别列示货币资金情况。因质押或冻结等对使用有限制、存放在境外、有潜在回收风险的款项已单独说明。

2. 明细表

货币资金明细表数据来源于企业明细账和日记账，但在货币资金工作底稿还需要加入一些关键要素，如银行账户的基本信息及附证材料。即：项目组编制货币资金明细表时应关注银行存款和其他货币资金明细，还需要补充开户银行、银行账户、币种、性质、是否受限、并增加已开立银行结算账户清单、银行对账单、银行函证、银行存款余额调节表等附证材料。

货币资金明细表示例见素材包—素材1。🖳

值得注意的是，银行存款和其他货币资金还需要关注期末余额和银行对账单是否存在重大差异，获取并检查银行余额调节表，核实具体原因并判断是否需要做出审计调整。对于银行存款账户需要与"已开立银行结算账户清单"进行核对，了解银行开户性质和状态，并与账面记录进行核对，是否存在异常。

3. 函证控制表

关注《中国注册会计师审计准则第 1312 号——函证》（以下简称 CSA1312）第十二条："注册会计师应当对银行存款（包括零余额账户和在本期内注销的账户）、借款及与金融机构往来的其他重要信息实施函证程序，除非有充分证据表明某一银行存款、借款及与金融机构往来的其他重要信息对财务报表不重要且与之相关的重大错报风险很低。如果不对这些项目实施函证程序，注册会计师应当在审计工作底稿中说明理由"的相关规定。

实务中，由于发出和收回银行函证往往审计人员需要与企业财务人员、银行工作人员，以及快递公司人员等多方沟通和协调，所以对于时间紧、任务重的审计项目，项目组需要提前做好银行函证收发函工作准备，且提前与企业财务人员和银行工作人员联系，对各银行的函证要求提前做好部署，提高工作效率。在实务中，往往会出现各种由于银行函证不符合银行规定而要求重新寄送的情况，耽误审计进度。另外，对于能否使用电子函证需要与企业提前沟通开通相应权限，对于向银行函证采用格式一还是格式二也需要与银行提前沟通。

项目组在按照准则规定的要求执行函证程序时，需要始终保持职业怀疑，对舞弊风险迹象保持警觉；通常情况下，对于高风险项目，实施银行函证程序时，应当全部发函询证，包括对于发生额较大但余额较小的账户、零余额账户、当年注销的账户也应将其纳入函证范围；如果通过风险评估风险较小的项目，项目负责人应当根据实际情况判断发函样本量，并对未发函的样本执行替代程序，并说明不发函的理由。

编制函证控制表的目的是对银行函证收发过程保持控制，并核实回函是否存在差异进行进一步审计工作。如果条件允许，建议项目组通过会计师事务所的函证中心进行收发函工作。

项目组需要获取"已开立银行结算账户清单""银行对账单""银行存款明细表"，了解银行存款的开户行、账号、对账单金额、银行联系方式等相关信息，记录银行发函信息和回函信息，并对银行回函的 14 项内容进行逐项核对并检查是否相符，对不符事项需要进一步执行审计工作。

银行存款函证工作底稿示例如下：

（1）核查银行函证收发函联系方式。发函前，项目组需要从企业获取银行的相关信息，并与公开的银行信息进行核对，检查是否存在不一致的情况，如有则需要与银行客服电话了解并最终确认银行发函信息。建议对高风险项目执行银行函证的所有 14 项内容全部函证，对没有数据的项目写"无"。

回函时，也需要按此方法验证回函联系方式和地址，并核实是否存在异常回函信息。

银行函证收发函联系方式明细表示例见素材包—素材1。▨

（2）核查银行回函信息。项目组应对银行回函的14项内容逐项内容进行核对，检查是否存在异常。包括银行存款、银行借款、注销的账户、贷方委托贷款、借方委托贷款、担保（含被审计单位为其他公司提供担保、银行为被审计单位提供担保）、未支付银行承兑汇票、已贴现未到期商业汇票、持有银行托收的商业汇票、不可撤销的信用证、外汇买卖合约、托管的证券或其他产权文件、未到期银行理财产品、其他（含贵金属、外汇期权、外币利率互换、人民币利率互换、人民币货币掉期和外汇货币掉期）。值得注意的是，项目组需要进一步了解被审计单位是否存在"资金池"业务，如有则需要进一步核对资金池业务数据。

如果银行未回函需要执行银行存款替代程序，获取银行对账单进行核对；关注银行存款是否存在受限情况，了解受限原因；对选择不发函的银行账户要在底稿中记录原因，并补充其他程序。

CPA审计经验分享

项目组在执行银行函证前，应对执行银行函证的审计人员进行培训和学习，提高银行函证和回函工作质量。建议熟悉《财政部中国银保监会关于进一步规范银行函证及回函工作的通知》（财会〔2020〕12号）《关于加快推进银行函证规范化、集约化、数字化建设的通知》《关于加快推进银行规范化、集约化、数字化建设的通知》（财会〔2022〕39号）《银行函证工作操作指引》（财会〔2024〕2号），以及会计师事务所制定的银行函证操作指引等文件。如果项目组对某银行回函产生重大疑虑，建议项目组直接与银行人员进行访谈了解真实情况。

4. 银行存单检查表

如果被审计单位存在定期存款业务，项目组应当编制银行存单检查表，核查开户证实书或银行存单是否为被审计单位所拥有，以及定期存款是否存在质押受限情况。

银行存单检查表示例见素材包—素材1。▨

值得注意的是，单位定期存款开户证实书用于对公客户开立定期存款时使用，单位定期存单用于对公客户将定期存款质押时使用，二者存在明显区别。另外，对于银行存单，项目组应当执行监盘程序，记录监盘过程，查看开户证实书原件及银行存单复印件情况。

　　值得注意的是，相当部分审计人员对银行金融知识和流程比较匮乏，如无法区分单位定期存款开户证实书与单位定期存单的区别。监管机构检查中发现，一些审计人员在公司现场查看了"单位定期存单"，却不懂业务常识，即如果是单位定期存单，该存单必然已被质押，且保管在银行。此外，对银行现金管理业务、大额存单、信用证、资管计划产品、理财产品等银行产品了解较少，出现异常时，无法保持职业敏感性。如果被审计单位与银行业务较多，建议项目组应当派遣对银行业务具有丰富经验的审计人员参与，并加强对相关工作底稿的指导、监督和复核。

5. 银行存款未达账项检查表

　　编制银行存款未达账项检查表的目的是核查被审计单位是否存在大额及重要的未达账项，并核实是否需要进行审计调整，或不调整对审计结论的影响。值得注意的是，银行存款余额调节表应当由企业财务人员编制，审计人员只需获取并核实银行存款未达账项。

　　银行存款未达账项包括银行对账单未达和企业银行日记账未达，未达账项产生的原因有因时间差而形成的正常未达账项，也有由于会计差错（被审计单位或其客户或其双方）而形成的非正常未达账项。

　　项目组应当了解银行存款余额调节表中调节事项的性质，对银行存款余额调节表存在的大额或长期未达账项，项目组需要追查原因并检查相应的支持文件，判断是否为错报事项，确定是否需要提请被审计单位调整。对于企付银未付款项，检查被审计单位付款的原始凭证，并检查该项付款是否已在期后银行对账单上得以反映；在检查期后银行对账单时，就对账单上所记载的内容，如支票编号、金额等，与被审计单位支票存根进行核对。对于企收银未收款项，检查被审计单位收款入账的原始凭证，检查其是否已在期后银行对账单上得以反映。对于银收企未收、银付企未付款项，检查收、付款项的内容及金额，确定是否为截止错报。

　　实务中，某些项目组要求被审计单位不允许有未达账项，如存在未达账项则全部做审计调整。实际上这样的操作做法也存在一定的问题，对于正常由于时间性差异导致的企付银未付款项或企收银未收款项不需要提请被审计单位作出调整；而对于非正常原因形成的错报，项目组应查明情况并提请被审计单位作出相应的调整。

银行存款未达账项检查表工作底稿示例如下：

（1）银行对账单未达账项检查表示例见素材包—素材1。🈀

项目组需要审查银行对账单未达账项是否归属当期，并核实截止日后是否进账，核查是否存在异常，确定是否需要进行调整。

（2）企业银行日记账未达账项检查表示例见素材包—素材1。🈀

项目组需要审查企业银行日记账未达账项是否归属当期，并核实截止日后是否收到相关单据或银行通知，核查是否存在异常，确定是否需要进行调整。

6. 库存现金监盘表

编制库存现金监盘表的目的是核实资产负债表日库存现金的余额是否真实、完整和准确。项目组在执行库存现金监盘前，应当制定监盘计划，了解企业库存现金存放地点，确定具体监盘时间和人员安排；对非资产负债表日进行监盘时，应追溯调整至资产负债表日金额。值得注意的是，监盘过程中注意保险柜是否存在白条抵库、来源不明的银行卡、未做报销的原始凭证等情况，如发现上述情况则需要执行进一步审计程序，查明原因后有必要做调整。

如果库存现金存在外币还需要补充对外币的监盘程序，并测算折算本位币是否准确。库存现金监盘完毕后，应当由出纳人员、会计主管人员和审计人员共同签字确认。如果库存现金监盘存在差异，项目组需要查明原因后，有必要情况下作出调整。

👤 CPA审计经验分享

库存现金监盘主要是对库存现金余额的审计，项目组应当还需要关注库存现金的内部控制管理，以及对库存现金发生额的审计，了解现金业务，结合收入和支出进行发生额审计。

思考题：如果被审计单位是商场可能涉及多个以备用金形式存在的现金放在营业员手里，此时应该如何考虑进行库存现金监盘程序，以及如何填制工作底稿。

7. 银行存款账户检查表

对于高风险项目，审计人员应当亲自到基本户银行获取"已开立银行结算账户清单"，并对银行账户的完整性进行核查。通过对银行开户基本情况与账面记录的银行账户情况进行交叉核对，核实银行账户的户名、账号、状态，并与账面记录核对是否存在异常，了解哪些银行账户仍在使用。比如某银行账户开户状态显示已经注销，但账面记录仍存在发生额和余额。

银行存款账户检查表示例见素材包—素材1。🈀

对于存在不符事项，项目组需要执行进一步审计程序予以核实，获取充分审计证据并记录于底稿之中。如果存在部分银行账户不在"已开立银行账户结算清单"之中，比如外币账户，可以与企业沟通了解是否开通网银功能，通过网银查询开户状态。对于高风险项目，应获取被审计单位对银行账户完整性的承诺函。

8. 银行对账单与银行存款收付记录核对表

通过编制本底稿可以检查银行存款记录的真实性和完整性。在银行日记账中抽取一定样本量的大额发生额与银行对账单核对，检查银行存款记录真实性；项目组应当在银行对账单中抽取一定样本量的大额发生额与银行日记账核对，检查银行存款记录完整性。即：对银行对账单与银行账面记录的双向审查。

银行对账单与银行存款收付记录核对表工作底稿示例如下：

（1）由银行日记账追查至对账单检查表示例见素材包—素材1。

项目组需要对收款记录与银行对账单核对，以及对付款记录与银行对账单进行核对。在抽样时，可以通过审计软件根据抽样规则进行选取样本，选取后将选取过程及样本记录于底稿之中。

（2）由银行对账单追查至日记账检查表示例见素材包—素材1。

项目组需要对银行对账单与收款记录核对，以及对银行对账单与付款记录进行核对。在抽样时，可以在大额或重要的银行流水之中选取样本，选取后将选取过程及样本记录于底稿之中。

CPA审计经验分享

银行存款双向核查程序可能存在获取证据和样本抽取不足的问题。项目组应当转变对银行存款的余额审计思路，加强对发生额的审计，应获取审计期间全部银行资金流水并选取样本进行核查，检查是否存在"空中飞""账外账户"情况。

9. 外币折算表

编制外币折算表的目的是检查非记账本位币货币资金的折算汇率及折算金额是否准确。即：项目组将外币余额按照汇率折算为本位币余额，与账面本位币余额核对是否存在差异。如有差异，项目组需要分析差异原因并判断是否需要调整。

外币折算表示例见素材包—素材1。

折算汇率需要了解企业选择的会计政策，查询人民币汇率中间价可以到中国人民银行官网查询①。

10. 受限资金对现金流量表影响检查表

编制本底稿主要目的是为了核实受限资金对现金流量表的影响，受限资金可能包括定期存款质押、银行承兑汇票保证金、保函等。值得关注的是，对于资产负债率较高，但期末货币资金余额较大的公司，重点关注其货币资金是否存在受限制的情形。

受限资金对现金流量表影响检查表示例见素材包—素材1。🈺

项目组需要获取受限资金的相关协议和具体单据（例如：企业与银行签订的定期存款质押协议和银行存单），核实受限资金的起止日期和具体金额，以及对现金流量表的影响金额。

11. 企业信用报告检查表

编制企业信用报告检查表的目的主要是通过获取企业信用报告，了解企业是否存在信贷记录，核实银行承兑汇票、保函、信用证、未结清贷款、担保事项等情况并与企业账面数据或提供的相关证据核实是否相符。

企业信用报告检查表示例见素材包—素材1。🈺

项目组在检查企业信用报告的同时需要关注履约保函、银行承兑汇票保证金等受限资金对现金流量表的影响。如果发现企业信用报告信息与账面记载数据或其他证据不一致，需要查明原因，有必要时进行审计调整。

12. 保证金勾稽检查表

编制本底稿主要目的的为了检查银行承兑汇票保证金与应付银行承兑汇票勾稽关系。本底稿相关数据可以与应付票据交叉索引。

保证金勾稽检查表示例见素材包—素材1。🈺

项目组通过获取应付票据协议核实保证金比例，并重新计算保证金与账面记录进行核对，如果发现存在差异，需要查明原因，有必要时进行审计调整。

13. 抽凭检查表

通常来说，所有报表项目都需要抽查会计凭证，但是由于借贷记账法的原因，项目组在抽查凭证时可能需要注意是否重复抽查相关凭证，虽然项目组关注的报表项目和认定可能有所不同，但为了提升工作效率，建议项目组在抽查会计凭证时，对于抽取样本的方式和具体规则应当在计划阶段做好部署，保证前后统一。如果采取抽样方式，记录抽样方法、比例和结果。

---

① 人民币汇率中间价查询网址：http://www.pbc.gov.cn/zhengcehuobisi/125207/125217/125925/index.html

鉴于货币资金的重要性，而且对于高风险项目通常还需要执行穿行测试和控制测试，所以在实质性程序抽查凭证时，应当避免重复抽取相同样本进行测试，并且还能够达到各项程序的审计目标和认定要求。

货币资金抽凭表示例见素材包—素材1。🔲

核对内容包括：①原始凭证内容完整；②有授权批准；③账务处理正确；④账证的内容相符；⑤账证的金额相符；⑥记录在正确的会计期间。

值得注意的是，附件中应当记载原始凭证的内容；核对内容根据上述要点进行检查，重点关注银行回单记载的相关信息与账面记载是否一致，如果发现异常应当记录发现的问题，并考虑对审计结论的影响。

不同项目的抽凭底稿内容基本一致，所以在其他项目底稿中不再赘述。

14. 截止性测试表

编制截止性测试表的目的是确定货币资金期末截止性是否准确，是否存大额跨期事项。项目组应关注《会计监管风险提示第9号——上市公司控股股东资金占用及其审计》第三条第（三）项第2目（2）货币资金检查程序监管关注事项要求："注册会计师应对货币资金实施截止测试，核对银行对账单和公司的账务处理，检查银行存款余额调节表，关注资产负债表日前后是否存在大额、异常资金变动，是否存在大额、长期的未达账项，以及大量的货币资金期后红字冲销事项等。"的相关规定。

通常情况下，项目组可以选取截止日前后若干张凭证进行截止性测试（如果公司截止日前几笔和后几笔发生的业务金额很小，则选择截止日前几天或后几天发生额较大的业务，测试其是否存在跨期情况）。

货币资金截止性测试表示例见素材包—素材1。🔲

项目组通过截止性测试发现跨期事项应当查明原因，有必要则需要做审计调整。

15. 利息测算表

编制利息测算表的主要目的是为了判断银行存款真实性。项目组可以结合财务费用审计测算利息收入的合理性，判断是否存在体外资金循环的情形。利息测算表包括活期存款利息测算和定期存款利息的测算。

（1）活期存款利息测算。由于用本期平均余额计算的活期利息可能与实际收到的银行利息收入存在差异，项目组需要根据评价差异是否异常，是否高于可执行的重要性水平。

活期存款利息测算表示例见素材包—素材1。🔲

（2）定期存款利息测算。项目组需要查看企业是否对期末定期存款计提应收利息，并重新计算应收利息是否相符。

定期存款利息测算表示例见素材包—素材1。

16. 披露表

货币资金的披露表主要包括库存现金、银行存款和其他货币资金的年末和年初金额。实务中，披露表数据应与导引表和明细表的数据一致，建议在 EXCEL 表中做好链接，用审计标识记录核对相符。如果货币资金中存在存放在境外的款项需要单独列报，对于存在受限货币资金的情况也需要单独列报。

货币资金和受限货币资金披露表示例见素材包—素材1。

值得注意的是，受限资金一般在其他货币资金列报较多，也有部分公司在银行存款列报，关键是审计人员应特别注意对受限货币资金的披露信息。受限资金主要是指法律法规或合同等导致的资金受限情况，"受限"应是来自外部的他项权利所导致的限制，如银行账户被冻结、质押的定期存款、银行承兑汇票保证金、保函等。企业自身根据财务管理方面的考虑设置的使用限制不构成受限资金。

二、应收账款

（一）"应收账款"核算内容

"应收账款"既是一个报表项目，也是会计科目，本科目主要核算以摊余成本计量的、企业因销售商品、提供劳务等日常活动应收取的款项。本科目可按债务人进行明细核算。该项目应根据"应收账款"科目的期末余额，减去"坏账准备"科目中相关坏账准备期末余额后的金额填列。应收账款基本会计处理原则见表 5-3。

表 5-3　应收账款基本会计处理原则

业务事项	会计处理
企业发生应收账款，按应收金额和按确认的营业收入	借记"应收账款"科目，贷记"主营业务收入"等科目
企业取得无条件收款权时，合同资产转应收账款	借记"应收账款"科目，贷记"合同资产"科目
收回应收账款时	借记"银行存款"等科目，贷记"应收账款"科目
代购货单位垫付的包装费、运杂费	借记"应收账款"科目，贷记"银行存款"等科目
收回代垫费用时	借记"银行存款"科目，贷记"应收账款"科目

涉及增值税销项税额的，还应进行相应的处理。

（二）"应收账款"重要提示

1. 应收账款函证和未回函替代程序

根据 CSA1312 第十三条相关规定："注册会计师应当对应收账款实施函证程序，除非有充分证据表明应收账款对财务报表不重要，或函证很可能无效。如果认为函证很可能无效，注册会计师应当实施替代审计程序，获取相关、可靠的审计证据；如果不对应收账款实施函证，注册会计师应当在审计工作底稿中说明理由。"

实务中，项目组需要分析未回函原因，这可能包括：①合作减少的客户回函意愿较低；②某些特定行业的客户通常不会回函（如电信行业的个人客户）；③涉及诉讼的客户不予回函等因素。项目组可以与上述客户进行沟通协调，争取这些客户的回函。针对未回函客户，项目组仍应执行相关替代测试。

如果被审计单位是销售商品确认收入和应收账款，项目组应核查收入明细表，获取未回函客户的销售合同/订单、货物清单、出库单、签收单/验收单、销售发票、银行回单等单据，查看合同主要条款，核对销售合同/订单、销售发票、银行回单等凭证中客户名称、货物种类、数量、金额、时间等信息是否勾稽一致，确定销售发生额的真实性、准确性。对于该客户期后回款情况也需要核对银行进账单及银行流水，检查是否一致。

值得注意的是，实施的替代测试应当充分。即：对未回函客户实施替代测试时，不能仅核查应收账款借方发生额，也需要对应收账款的贷方发生额检查相关的回款原始凭证。通常情况下，应收账款替代测试，需要从期末余额开始从后往前找相关会计凭证及原始单据，如果中间有回款的，也应当予以核实。而对于期后回款的情况也应当予以检查。

2. 应收账款的预期信用损失计量

实务中，不同行业、不同企业情况不同，所以很难用统一的预期信用损失模型将所有的公司模板化计算预期信用损失。对于金融行业的银行来说，由于其行业特殊性及内部信贷资产管理的严格性和完善性，所以在设计预期信用损失模型时，可以充分考虑客户的信用风险评级、五级分类、逾期情况、行业前瞻性信息、抵押物等相关信息。而对于一般企业来说，大部分公司没有完善的内部控制对客户的信用情况进行分析和分类，所以更多的是采取通用的账龄方式计算预期信用损失，并且针对不同客户类型、所处行业、信用风险评级、历史回款等信息，并没有加以区分，这种做法可能会将不同信用风险特征的组合划分到一起，而对高风险的客户少计提预期信用损失。

所以，财政部会计司明确了企业应基于重要性和成本效益原则建立和实施与应收账款相关的内部控制，识别、调整应收账款组合并恰当计量预期信用损失。

3. 预期信用损失中的前瞻性调整

在预期信用损失模型下，尤其是在客户信用风险存在问题的情形下，项目组需要特别关注前瞻性信息，对于不计提减值或计提很少减值的客户，项目组需要关注其合理性。

实务中，受到经济及行业环境影响，部分公司的客户存在逾期欠款情况，且部分公司法人代表被法院采取限制消费措施，而被审计单位并未对此情况予以关注，仍将其应收账款作为低风险组合，未计提坏账准备，部分公司未按照《企业会计准则第 22 号——金融工具确认和计量》（以下简称 CAS22）第四十八条相关规定考虑相关前瞻性信息，合理估计预期信用减值损失。

（三）编制底稿常见问题

1. 工作底稿低级错误问题

（1）导引表、明细表、披露表数据不准确与试算平衡表和附注不一致。

（2）明细表的发生额不准确，存在虚增或虚减情况，与其他对应科目逻辑不符。

（3）审计说明不完整，没有将执行的审计程序情况说明清晰、完整。

（4）缺少索引号或纸质底稿索引号与电子版索引号编制不准确。

（5）审计说明中包含审计调整，但本期数中没有审计调整事项，或者情况相反。

（6）抽取的样本没有记录选取的过程，以及样本量不满足审计计划要求。

（7）账龄划分、款项性质不准确，客商名称不是全称。

（8）计划实施的审计程序没有实施，将应当编制的底稿随意隐藏。

2. 未获取重要审计证据问题

（1）未获取重要客商的销售合同、出库单、验收单等关键证据。

（2）未获取重要客户的基本信息。

（3）未获取应收账款函证及重要单据。

3. 审计程序实施不到位问题

（1）未详细对应收账款销售合同条款及关键确认收入的依据进行核查。

（2）未关注客户与企业是否为关联方、应收款项性质、应收账款账龄较长尚未回款的合理性。

（3）仅关注余额审计，未关注发生额变化，未关注可能存在与大股东或其他关联方之间隐蔽的应收款业务。

（4）未对应收账款函证保持足够的控制，以及未对应收账款回函不符保持应有关注，未对客户的收件人和地址等信息进行核实。

（5）未充分关注应收账款存在减值风险。

（6）未发函的应收账款没在工作底稿中说明理由，未回函的函证未执行替代程序。

CPA审计经验分享

通常而言，对重要的应收账款需要执行客户背景调查，了解背景信息和业务规模，是否存在关联方关系，获取销售合同核实主要条款，收集客户信息，执行函证程序。项目组可以通过天眼查、企查查等网络工具，了解公司与资本市场公众公司之间是否存在往来，以及披露的金额是否与公司账面记载金额一致。

特别关注应收账款账龄较长的情况，是否存在客户注销、诉讼情况；是否存在债务重组、应收账款保理等特殊业务，并关注相关会计处理是否准确。

（四）"应收账款"所需执行的审计程序

1. 导引表

应收账款导引表是记录应收账款项目审计调整前后的期末余数和期初余额及其变化情况，记录审计人员执行应收账款实质性程序及获取证据，并进而得出应收账款审计结论的工作底稿。

（1）导引表组成内容。应收账款导引表主要包括应收账款按照账面余额、坏账准备、账面价值分为不同的账龄段的期末余额和期初余额，以及增减变化、审计说明和审计结论。值得注意的是，一般情况下，应收账款账龄分类最长到五年以上（需要关注企业会计政策），并关注账龄勾稽是否相符。

应收账款导引表示例见素材包—素材2。

审计说明：至少包括应收账款核算内容、增减变化、执行的审计程序和获取的主要审计证据情况。

审计结论：①经审计，该项目未见重大异常；②经审计调整后，该项目未见重大异常；③应收账款确认不准确且管理层不同意调整（仅为举例）原因，该项目余额不能确认。根据实际情况，只能选择一个审计结论。

（2）导引表编制要点。期初余额来源于上年工作底稿审定数或者未审数（如有调整也需要插列增加调整过程），变动比例为期末余额调整后的数据与期初余额审定数之间的变动比例。

导引表里的索引号与明细表索引号对应。即：此处的项目明细与明细表中的数据保持一致。如果有审计调整，还需要在审计说明中描述审计调整事项及说明。

（3）导引表部分审计说明示例如下：

1. 应收账款主要核算根据销售商品、提供劳务等日常活动应收取的款项。

2. 应收账款本年余额与上年余额变化不大，并未出现特殊情况发生。

3. 获取应收账款和坏账准备明细表，总账、报表和明细表核对相符，与试算平衡表和附注核对一致。

4. 经检查，非记账本位币应收账款的折算汇率及折算准确。

5. 分析有贷方余额的项目，经查明原因，已作重分类调整。

6. 结合其他应收款、预收账款等往来项目的明细余额，经调查，无同一客户多处挂账、异常余额或与销售无关的其他款项（如，代销账户、关联方账户或雇员账户）。

7. 检查涉及应收账款的相关财务指标进行分析程序；

8. 《会计监管风险提示第4号——首次公开发行股票公司审计》（以下简称《会计监管风险提示第4号》）特别要求：对于IPO项目，如果发行人应收账款余额较大，或者应收账款增长比例高于销售收入的增长比例，审计人员应当分析具体原因，并通过扩大函证比例、增加大客户访谈、增加截止测试和期后收款测试的比例等方式，加强应收账款的实质性测试程序。

9. 获取或编制应收账款账龄分析表，核实账龄是否勾稽相符；

10. 对应收账款进行函证，描述发函情况、回函情况、回函不符情况，如未发函则描述原因；

11. 对未函证应收账款实施替代审计程序。抽查有关原始凭据，如销售合同、销售订单、销售发票副本、发运凭证及回款单据等，以验证与其相关的应收账款的真实性。

12. 审核应收账款分类为以摊余价值成本计量的恰当性。经抽查，无不属于结算业务的债权。

13. 对应收账款执行截止性测试，经检查不存在跨期。

14. 评价坏账准备计提的适当性；

15. 复核应收账款和相关总分类账、明细分类账和现金日记账，调查异常项目。对大额或异常及关联方应收账款，即使回函相符，仍应抽查其原始凭证。

16. 检查应收账款减少有无异常。对于保理、资产证券化等金融资产转移情形时，应重点审核是否符合终止确认条件。

17. 检查应收账款中是否存在债务人破产或者死亡，以其破产财产或者遗产清偿后仍无法收回，或者债务人长期未履行偿债义务的情况，如果是，应提请被审计单位处理。

18. 标明应收关联方［包括持股 5％以上（含 5％）股东］的款项，执行关联方及其交易审计程序，并注明合并报表时应予抵销的金额；对关联企业、有密切关系的主要客户的交易事项作专门核查；

19. 检查银行存款和银行贷款等询证函的回函、会议纪要、借款协议和其他文件，经确定应收账款已被质押或出售。

20. 应收账款已按照《企业会计准则》的规定记录于恰当的账户及恰当列报于财务报表。

2. 明细表

应收账款明细表数据来源于企业明细账（按客户明细划分），但在应收账款工作底稿还需要加入一些关键要素，比如客户与企业是否存在关联方关系、应收账款款项性质、账龄等信息。

应收账款明细表示例见素材包—素材 2。🈺

项目组编制应收账款明细表时应关注所有明细项目填列是否完整和准确，重点核查客户是否为关联方（可以通过关联方清单、第三方平台查询等方法），款项性质（关注同一客户提供不同产品或服务的情况）、账龄划分等是否完整、准确，分析期末余额和期初余额之间变动情况是否存在异常，并根据实际情况是否需要补充进一步审计程序予以核实。值得注意的是，对于借方发生额和贷方发生额是否准确进行核查，避免因为发生额列示不准确导致的账龄划分错误。对于应收账款减少的特殊事项（应收账款保理、资产证券化、债务重组等），项目组需要关注会计处理是否准确，报表列报是否准确。

3. 函证控制表

项目组编制函证控制表记录如何选取应收账款的函证样本、发函样本金额占总金额的百分比，同时统计和分析回函占函证金额的比例及占应收账款余额的比例，并记录其他方法，以及未回函替代测试验证的余额占函证金额比例和占应收账款余额的比例。通过上述分析，项目组需要整体了解和判断函证程序执行是否到位。

应收账款函证控制表示例见素材包—素材2。

项目组还需要进一步编制函证明细表，获取并核实发函资料、被询证单位信息、记录快递信息、核实回函资料，并核查收发函整个过程是否得到有效控制。

应收账款函证明细表示例见素材包—素材2。

实务中，应收账款函证对象如果是个人、不再合作的客户、存在诉讼的客户等可能回函比较困难，在回函无望的情况下，项目组应当通过替代测试方式核实应收账款的真实性；对未收回的函证执行期后检查和检查销售合同、出库单、验收单、银行回单等资料予以核实，如果仍有无法验证的应收账款，则需要考虑对审计报告意见类型的影响。值得注意的是，对大额及重要的未发函的样本需要在函证控制表里说明理由，并执行其他审计程序予以核实。

4. 未回函替代测试表

执行未回函替代测试的主要目的就是能够达到和应收账款函证一样的效果。实务中，对于未回函替代测试并非一直等在无法回函的情况下才执行未回函替代程序，相反，项目组需要在计划阶段就应当关注哪些应收账款的客户很难回函而计划执行未回函替代测试表。

未回函替代测试表示例见素材包—素材2。

值得强调的是，项目组需要关注应收账款发生额的准确性，了解借方发生额对应的是否全部为货币资金或其他科目。

对于期末支持性证据的检查，需要了解应收账款收回的款项是否属于一笔对应一笔，如果不是个别认定法，则一般认定为"先发生先收回"的原则，在查找期末支持性证据的样本时，可以从资产负债表日从后往前推，确保所检查的金额大于或等于应收账款的期末余额。

对于复核期后收回的应收账款的检查，也需要了解收回的应收账款是否属于一笔对应一笔，如果不是个别认定法，则一般从资产负债表日后从前往后推（注意是否存在新发生大额应收账款或外勤日结束前为止），需要获取银行进账单资料予以检查。

5. 函证结果调节表

编制函证结果调节表的主要目的是为了核实回函不符的情形下，调查不符的原因，分析回函和账面记录之间差异是否合理，检查是否需要作出审计调整。

函证结果调节表示例见素材包—素材 2。

对于回函不符存在差异的情况下，项目组应当按照上述底稿示例，填写相关数据并分析差异原因，对于大额不符事项查明原因后，有必要则进行调整。

实务中，很多审计助理忽略对函证结果调节表的检查，对回函不符视而不见。这需要项目组认真对待所有应收账款回函，关注回函不符的具体差异原因，编制函证结果调节表并核实关键审计证据，必要时进行相应审计调整。

值得注意的是，回函不符实际有可能间接认定企业与客户之间很可能存在销售业务，只不过双方可能因为入账时间和方法不一致导致存在差异。反之，项目组需要对那些百分之百回函且相符的情况需要保持职业怀疑态度。

6. 账龄测试表

编制账龄测试表的主要目的是为了检查应收账款账龄划分是否准确。项目组可以通过计算机编程程序制作自动化账龄测试表，将需要测试样本的期初账龄、借方发生额和贷方发生额粘贴至测试表之中，即可自动计算应收账款明细的期末账龄，跟企业提供的账龄明细进行核对是否相符，对于不符事项，查找原因后根据实际情况进行调整。值得注意的是，划分账龄的自动化程序也是基于"先发生先收回"的计算原则，特别关注借贷方发生额需要进行检查，核实发生额是否存在虚增或虚减的情况导致应收账款账龄出现错误。

CPA审计经验分享

通常划分账龄方法都是"先发生先收回"的先进先出法。一般的逻辑就是余额为一年内的账龄到下一年的账龄，通常是不会发生大于的情况，只要掌握这个原则，就可以通过逻辑判断手工或利用函数自动划分账龄。已知期初账龄和当期借贷方发生额，然后根据先进先出的账龄逻辑关系，进而得出期末账龄。

7. 分析检查表

编制本底稿的主要目的是检查应收账款赊销政策、应收账款周转率、应收账款借方发生额与含税收入核实等方面是否存在异常。值得注意的是，项目组对应收账款执行分析性程序时需要考虑可比期间各项要素是否发生重大变化，并通过各项内部及外部因素结合指标要素变化，以及应收账款和含税收入之间逻辑关系进行全面的分析，核实应收账款余额和发生额的变化是否存在异常。部分工作底稿示例如下：

（1）了解公司赊销政策。了解公司的赊销政策，报告期内是否存在放宽赊销比例、降低预付比例、延长付款期限、提高现金折扣，以及加大促销政策等情形。

对上述可能存在赊销政策变化情况进行详细审计，抽查相关样本进行核实收入确认真实性。

（2）分析应收账款周转率。项目组通过三年应收账款周转率进行横向对比分析，了解指标数据变化背后是否存在赊销政策或者其他因素导致的异常变化，并对相关因素进行核实是否具有合理性。

应收账款周转率分析表示例见素材包—素材 2。

指标数据变动可以采用数据可视化图表的形式，可以直观反映指标数据在不同年度的变化趋势是否一致，并查找异常变化的真实原因。值得注意的是，指标数据存在异常需要项目组认真核实和追踪问题所在之处，而不能仅是为了填底稿而机械地执行程序。

（3）分析应收账款借方发生额与收入。通常而言，应收账款借方发生额与含税收入存在逻辑关系，但也可能存在企业做账不通过应收账款，也可能通过合同负债、合同资产、银行存款等项目。如果通过核对发现存在较大差异，则需要分析差异原因，将该因素考虑之后计算调整后差异，并核实其合理性。

应收账款借方发生额与收入分析表示例见素材包—素材 2。

项目组需要记录数据具体来源，比如主营业务收入来源于主营业务收入明细表（填写具体索引号），并核对数据来源的准确性。

8. 外币测算表

编制本底稿的主要用于检查非记账本位币应收账款的折算汇率及折算是否准确。项目组需要关注外币折算汇率的会计政策，以及企业计算是否准确，如存在差异，必要时，作出审计调整。

外币测算表示例见素材包—素材 2。

项目组需要关注被审计单位期初和期末使用账面折算汇率是否统一，经重新计算，核实账面记账本位币与测算记账本位币是否存在差异，以及差异原因是否合理。另外，如果存在重分类调整也需要同步考虑其影响。

9. 坏账准备明细表

编制坏账准备明细表的主要目的是按项目类别检查应收账款坏账准备期初余额、本期增加发生额、本期减少发生额和期末余额之间的逻辑是否相符。项目类别可以分为单项评估预期信用损失计提的坏账准备和按信用风险组合计提的坏账准备。

坏账准备明细表示例见素材包—素材2。

项目组需要将上述核对过程记录于审计底稿之中，并检查期初余额和期末余额与明细表数据是否一致，本期增加额和本期减少额数据是否与其他底稿相关数据勾稽相符。

10. 计量损失准备明细表

编制计量损失准备明细表的主要目的是对于不含重大融资成分的应收账款和合同资产应当采用简化处理方法计算预期信用损失；而对于包含重大融资成分的应收账款、合同资产和租赁应收款选择采用简化处理方法计算预期信用损失或采用不选择简化处理方法，依据其信用风险自初始确认后是否已经显著增加，而采用未来12个月内或者整个存续期内预期信用损失的金额计量损失准备。

企业以预期信用损失为基础，对向其他企业提供的委托贷款、财务担保或向集团内关联企业提供的资金借贷等进行减值会计处理时，应当将其发生信用减值的过程分为三个阶段，对不同阶段的预期信用损失采用相应的会计处理方法，不得采用按照整个存续期内预期信用损失的金额计量损失准备的简化处理方法。

部分工作底稿示例如下：

（1）计量损失适用于实务简化方法。项目组需要获取企业的金融资产减值会计政策，获取和核实上述管理层的判断是否符合CAS22准则的规定的简化方法，如不符合或不选择简化方法，应采用三阶段模型计算预期信用损失，注册会计师应明确核查意见，并将已获取的审计证据做好索引。

计量损失适用于实务简化方法示例见素材包—素材2。

（2）计量损失准备确定风险组合。分组的标准及考虑因素可能包括地理区域、产品类型、客户评级、担保物，以及客户类型（如军工客户）或者以上的组合。分组的结果可能包括：组合1为信用等级为××级的国内军工客户的应收款项；组合2为本组合以应收款项的账龄作为信用风险特征；组合3为本组合为××不包含重大融资成分或不考虑一年内重大融资成分的应收账款；组合4为本组合为××国家的××商品/服务销售的应收款项，等等。注册会计师应明确核查意见，确定分组标准和分组结果是否符合CAS22准则的规定。

计量损失准备确定风险组合示例见素材包—素材2。▨

（3）确定期末单项评估预期信用损失应收账款预期信用损失。通常情况下，企业对信用风险显著不同的金融资产单项评价信用风险，如应收关联方款项；与对方存在争议或涉及诉讼、仲裁的应收款项；已有明显迹象表明债务人很可能无法履行还款义务的应收款项等。除单项评估信用风险的金融资产外，企业基于共同风险特征将金融资产划分为不同的组别，在组合的基础上评估信用风险。注册会计师应注意对确定期末按单项评估预期信用损失的应收账款，没有计提减值损失的情况予以重点核查，并明确核查意见。比如，对已发生逾期的应收关联方款项等。

确定期末单项评估预期信用损失的应收账款预期信用损失示例见素材包—素材2。▨

（4）确定组合的违约损失率。违约损失率的基准可能是逾期天数或账龄，并需要表述区间段和考虑因素。

确定历史信息的方法。历史信息是企业计量预期信用损失的重要基准。某些情形下，未经调整的历史信息可能是最佳的合理且有依据的信息。而其他情形下，企业可能需要使用当期数据对历史数据进行调整，以反映当前状况和未来预测的影响，并剔除与未来现金流量不相关的历史因素的影响。

考虑前瞻性信息因素。在考虑前瞻性信息时，并不要求企业对金融工具整个预计存续期内的情况作出预测。企业在估计预期信用损失时需要运用的判断程度的高低，取决于具体信息的可获取性。预测的时间跨度越大，具体信息的可获取性越低，则企业在估计预期信用损失时必须运用判断的程度就越高。CAS22准则并不要求企业对很远的未来作出详细估计，企业只需根据现有资料对未来情况进行推断。

确定的历史损失率来源于历史损失率测算表，本期确定的违约损失率不会超过100%。关注本期确定的违约损失率与上年确定的违约损失率的变化情况，分析增减变化是否具有合理性。

计量损失准备的结果参照历史损失率测算表，并在此基础上考虑前瞻性信息等调整因素，最终确认计量损失准备的金额。

确定组合的违约损失率及对照表示例见素材包—素材2。▨

11. 历史损失率测算表

编制历史损失率测算表的主要目的是测算不同信用风险组合在不考虑调整因素下计算的历史损失率是否准确。一般情况下，企业通过账龄或逾期天数的迁徙率计算各账龄或逾期天数的历史损失率。

历史损失率测算表示例见素材包—素材2。▨

值得注意的是，上述历史损失率可以通过下述方法进行验证，计算每个账龄段迁徙的余额占上年末该账龄余额的比重，并进行加权平均后计算得出各账龄余额历史损失率。

12. 坏账准备测试表

编制坏账准备测试表的主要目的是检查企业计提预期信用损失的模型和参数等标准是否合理，以及重新计算坏账准备的结果是否准确。应收账款的坏账准备测试需要分为单项计提和按信用风险组合计提坏账准备。

部分工作底稿示例如下：

（1）期末单项评估预期信用损失的应收账款坏账准备。期末坏账准备应有余额等于应收账款余额乘以预计违约概率再乘以预计违约损失率，并分析其与期末坏账准余额之间的差异原因，必要时进行审计调整。对于单项评估预期信用损失的标准，以及计提依据或文件，项目组应获取后进行检查核实是否合理。

期末单项评估预期信用损失的应收账款坏账准备检查表示例见素材包—素材2。🔲。

（2）按信用风险组合计提的坏账准备。审计人员需要按不同信用风险组合进行测算坏账准备余额是否准确，如果通过测算发现差异需要了解差异原因，必要时进行审计调整。

按信用风险组合计提的坏账准备（按组合划分）检查表示例见素材包—素材2。🔲。

13. 坏账准备转出（核销）检查表

编制坏账准备转出（核销）检查表的主要目的是检查应收账款核销的批准程序，实际发生坏账损失的，检查转销依据是否符合有关规定，会计处理是否准确。坏账核销需要遵循的有关规定包括会计方面、税务方面、国资管理方面等相关文件，可以参考文件包括财企〔2002〕513号、国资发评价〔2005〕67号、财税〔2009〕57号、国税发〔2009〕88号等。

实务中，对于国有企业坏账核销应向上级主管机构进行请示，在得到批复之后才能进行核销，而不能仅以内部文件或者外部证据不全的情况下直接核销处理，这可能会导致国有资产的流失。

坏账准备转出（核销）检查表示例见素材包—素材2。🔲

14. 应收账款质押出售情况检查表

编制应收账款质押出售情况检查表的主要目的是检查应收账款质押和出售情况，检查相关审批及依据是否完整，会计处理是否准确。审计人员需要根据实质重于形式原则，不能仅凭合同条款简单认为应收账款符合终止确认条件，而是需要综合各项因素进行判断。

应收账款质押出售情况检查表示例见素材包—素材2。🔲

15. 应收账款期后回款检查表

编制应收账款期后回款检查表的主要目的是检查应收账款期后回款情况，并验证资产负债表日前应收账款借方发生额的真实性。

实务中，项目组需要关注期后应收账款回款单位、回款金额是否与企业记录应收账款的单位名称，以及应收账款余额是否一致或存在关联。对于第三方回款情况应特殊关注合理性并进一步调查原因和其账务处理是否准确。

应收账款期后回款检查表示例见素材包—素材2。🔲

16. 新增客户关联往来检查表

编制新增客户关联往来检查表的主要目的是检查新增客户与被审计单位是否存在关联方关系，以及关联方交易，通过查询工商信息，查看公司股权结构、实际控制人、董监高成员等信息核实其是否与被审计单位存在关联方关系。通过查看客户经营范围、注册资本情况，判断客户经营范围是否需要采购被审计单位的商品或服务，交易是否具有商业实质。

值得注意的是，除了关注工商信息网站以外，也需要查询中国裁判文书网、天眼查等相关网站，并穿透核查关联方关系。

新增客户关联往来检查表示例见素材包—素材2。🔲

17. 披露表

应收账款项目披露表较为复杂且不同的报告要求也存在披露格式不一致的情况。值得注意的是，应收账款披露的账龄要勾稽相符，按坏账计提方法分类列示应符合会计政策及公司实际情况。通常情况下，应收账款预期信用损失按照简化方法列示，如采用一般预期信用损失模型计提坏账准备的应收账款，应分三阶段披露坏账准备计提情况，以及各阶段划分依据和坏账准备计提比例。关注各类应收账款本期计提、收回或转回的坏账准备金额，以及转销或核销坏账准备是否准确。如果核销款项由关联方交易产生，应单独披露。如采用分别披露前五名应收账款（含合同资产）的客户名称需要在国家企业信用信息公示系统或其他信息查询网站查询是否存在异常，如果前五名客户是上市公司或能够在公开信息中能够查到对方科目信息的情况，应注意与相关数据进行核对是否一致。

应收账款披露表工作底稿示例如下：

（1）应收账款按账龄列示示例见素材包—素材2。🔲

（2）按坏账计提方法分类列示示例、年末单项计提坏账准备的应收账款示例，以及组合中按××组合计提坏账准备的应收账款示例见素材包—素材2。

（3）坏账准备的情况示例、本年坏账准备收回或转回金额重要的单位示例见素材包—素材2。

（4）本年实际核销的应收账款情况示例、重要的应收账款核销情况示例见素材包—素材2。

（5）按欠款方归集的年末余额前五名的应收账款情况示例见素材包—素材2。

注：根据中国证券监督管理委员会2023年修订的《公开发行证券的公司信息披露编报规则第15号——财务报告的一般规定》（2023年修订）有关财务报表及其附注的披露要求，按表5-53也可以汇总披露为：本公司按欠款方归集的年末余额前五名应收账款汇总金额为×××元，占应收账款年末余额合计数的比例为××％，相应计提的坏账准备年末余额汇总金额为×××元。

（6）因金融资产转移而终止确认的应收账款示例见素材包—素材2。

注：于本年，本集团向金融机构以不附追索权的方式转让了应收账款×××元（上年：×××元），相关的损失为×××元（上年：×××元）。

（7）转移应收账款且继续涉入形成的资产、负债金额示例、外币性项目的披露表示例见素材包—素材2。

三、存　货

（一）"存货"核算内容

"存货"是一个报表项目，但包含众多的会计科目（包括但不限于原材料、生产成本、制造费用、发出商品、库存商品、周转材料、合同履约成本等）。按照《企业会计准则第14号——收入》的相关规定确认为资产的合同履约成本，应当根据"合同履约成本"科目的明细科目初始确认时摊销期限是否超过一年或一个正常营业周期，在"存货"或"其他非流动资产"项目中填列，已计提减值准备的，还应减去"合同履约成本减值准备"科目中相关的期末余额后的金额填列。

（二）"存货"重要提示

1. 在途存货的审计提示

项目组应注意对在途商品入库后进行监盘，核实其真实性。一是充分关注企业在途存货存在的异常情形并进行审慎核查，针对在途存货需要核查期后入库单、报关单和提单，对已入库的存货执行监盘、抽盘、抽样送检等程序。

2. 执行存货审计程序的误区

（1）存货监盘。在某些情况下，项目组可能无法亲自到达境外现场开展监盘工作，需要利用其他注册会计师的工作，建议项目组可以要求进行视频盘点，要求聘请的境外注册会计师执行现场监盘程序，在监盘过程中观察存货的性质、摆放方式、摆放地点，确认手持摄像头人员的身份并全程录像，同时复核监盘表与账面存货的差异并汇总监盘结果。

由于存货监盘只能对某一时点的存货数量进行核实，一些造假者会精心策划"盘点计划"，提前将存货运输到指定地点，审计人员监盘后又被拉走。

对于不是资产负债表日进行监盘的情况，还需要编制盘点倒扎表，以及抽查与存货相关的大额出入库单据。项目组很容易遗漏该项审计程序，未实施其他审计程序获取充分适当的审计证据确定存货盘点日与财务报表日之间的存货变动得到恰当记录。

（2）存货检查。存货的检查需要执行双向检查，即：会计凭证到原始单据和实物，以及实物和原始单据到会计凭证。另外，对于计价测试而言，检查全年收发记录是否完整，计价方法需要与企业会计政策进行核对，然后挑选适当的样本进行重新计算。实务中，经常能看到项目组成员对存货的检查的样本选择重复或价值很低，不足以达到测试目的。

（3）截止性测试。截止性测试一定要在资产负债表日按连续单号进行核查，否则可能没有达到截止性测试程序的要求，无法发现跨期现象。另外，对于原材料、库存商品等截止性测试也需要执行双向检查。实务中，经常能看到项目组成员对截止性测试样本选择较为随意，并没有对截止日前后连续编号的出入库单据进行检查。

（4）存货跌价准备。有时候会有种错觉，项目组认为财务账上没有存货跌价准备，审计程序和工作底稿就不用做了。反问如果不做存货跌价准备测试怎么知道不用计提存货减值呢？项目组需关注可变现净值的计算方法和数据来源是否可靠和准确。

（三）编制底稿常见问题

1. 工作底稿低级错误问题

（1）导引表、明细表、披露表数据不准确与试算平衡表和附注不一致。

（2）明细表的发生额不准确，存在虚增或虚减情况，与其他对应科目逻辑不符。

（3）审计说明不完整，没有将执行的审计程序情况说明清晰、完整。

（4）缺少索引号或纸质底稿索引号与电子版索引号编制不准确。

（5）审计说明中包含审计调整，但本期数中没有审计调整事项，或者情况相反。

（6）抽取的样本没有记录选取的过程，以及样本量不满足审计计划要求。

（7）存货明细数据有误，存在明细项目串项情况。

（8）计划实施的审计程序没有实施，将应当编制的底稿随意隐藏。

2. 未获取重要审计证据问题

（1）未获取存货分类明细账，以及原材料和库存商品等进销存台账。

（2）未获取生产成本、制造费用、生产工时等归集和分摊明细表。

（3）未获取生产工艺流程、投入与产出明细、成本计算单。

（4）未获取存货盘点计划、存货盘点表、倒扎明细表。

（5）未获取存货跌价准备明细表。

3. 审计程序实施不到位问题

（1）未对存货项目分类明细执行计价测试。

（2）未对存货执行监盘程序。

（3）未对存货是否存在减值进行减值测试。

（4）未对生产产品的原材料投入产出比进行分析和检查。

（5）未对采购原材料的价格波动进行分析和检查。

（6）未对产品的生产能力进行检查。

（7）未对存货项目明细执行截止性测试。

（8）未对库存商品数量和价格进行分析。

（9）未对发出商品执行函证程序。

CPA审计经验分享

实务中，项目组应了解企业的生产工艺和业务流程，以及成本核算方法，与同行业上市公司相关会计政策对比分析是否相符，对存货周转率、存货库龄和减值，以及成本构成进行分析对比，核实数据是否存在异常。

（四）"存货"所需执行的审计程序

1. 导引表

存货导引表是记录存货项目审计调整前后的期末余数和期初余额及其变化情况，记录审计人员执行存货实质性程序及获取证据，并进而得出存货审计结论的工作底稿。

（1）导引表组成内容。存货导引表主要包括存货按照项目分类的期末余额和期初余额，以及增减变化、审计说明和审计结论。

存货导引表示例见素材包—素材3。

审计说明：至少包括存货核算内容、增减变化、执行的审计程序和获取的主要审计证据情况。

审计结论：①经审计，该项目未见重大异常；②经审计调整后，该项目未见重大异常；③因计提存货跌价准备差异较大且管理层不同意调整（仅为举例）原因，该项目余额不能确认。根据实际情况，只能选择一个审计结论。

（2）导引表编制要点。期初余额来源于上年工作底稿审定数或者未审数（如有调整也需要插列增加调整过程），变动比例为期末余额调整后的数据与期初余额审定数之间的变动比例。

导引表里的索引号与明细表索引号对应。即：此处的项目明细与明细表中的数据保持一致。如果有审计调整，还需要在审计说明中描述审计调整事项及说明。

（3）导引表部分审计说明举例。导引表部分审计说明示例如下：

1. 获取存货明细表，经复核加计准确并与总账数、报表数及明细账合计数核对相符。

2. 对存货的相关会计政策进行了解，经评价其符合企业适用的会计准则或制度，与以前年度保持一贯性。

3. 分析性复核：计算存货周转率，与上期进行比较或与其他同行业的企业进行比较；比较前后各期及各月份存货余额及其构成，以判断期末余额及其构成的总体合理性；将本期存货增加与进项税发生额、应付、预付账款贷方发生额进行核对。

4. 对分类存货的数量、计价及账务处理的查验见各个分项目查验底稿。

5. 对存货执行监盘程序，未见异常。

6. 经检查，与关联方的购销业务正常，关注交易价格、交易金额的真实性及合理性，经检查，对合并范围内购货记录应予合并抵销的数据准确，并对关联方交易进行统计和审核。

7. 经检查，存货已按照《企业会计准则》的规定记录于恰当的账户及恰当列报于财务报表。

2. 明细表

存货明细表数据来源于企业明细账（按项目类型），由于存货还有备抵科目存货跌价准备，故存货明细表还需要加入存货跌价准备明细项目。

存货明细表示例见素材包—素材 3。🔲

项目组编制存货明细表时需要关注相关数据来源的准确性，针对每个项目明细均应该与相对应的工作底稿进行交叉索引，以保证存货项目明细表数据的准确性。如存货明细表中原材料的相关数据来源于原材料明细表工作底稿。对于原材料、库存商品等明细表可以参考存货明细表格式。

3. 存货核算方法检查表

编制存货核算方法检查表的目的是检查存货核算方法是否符合企业会计政策和会计准则规定。项目组在对存货核算方法进行调查时，还应了解同行业可比公司的会计政策和相关会计准则的规定，是否存在本年会计政策与上一年会计政策不一致，或与同行业可比公司会计政策和相关会计准则的规定差异较大。项目组在编制审计结论时，需要说明存货核算方法是否符合规定，与上年度是否一致等内容。关注《财政部关于做好执行会计准则企业 2008 年年报工作的通知（财会函〔2008〕60 号）》"符合固定资产确认条件的周转材料，应当作为固定资产列报，不得列入流动资产。"的相关规定。

存货核算方法检查表示例见素材包—素材 3。🔲

4. 成本核算方法检查表

编制成本核算方法检查表的目的是检查存货成本核算方法是否符合企业会计政策及相关成本核算制度规定。

项目组应关注财政部发布《企业产品成本核算制度（试行）》（财会〔2013〕17 号）文件，该制度适用于大中型企业，小企业参照执行，不适用于金融企业。项目组在编制审计结论时，应分析被审计单位成本核算方法是否符合实际经营情况和相关成本核算制度的要求，报告期成本核算的方法是否保持一贯性。

5. 原材料工作底稿

编制原材料工作底稿的目的是分析和检查本年发生的原材料相关业务是否存在异常。项目组应完成以下工作底稿，并在具体工作底稿中的审计说明位置记录执行的审计程序和获取的充分、适当的审计证据，并将审计过程中发现的问题及调整事项进行描述。

（1）原材料月份发生额分析表。编制本底稿的目的是分析原材料月份借贷方发生额数据变化是否存在异常。项目组应注意借方和贷方发生额不同明细数据与相应的科目明细之间是否存在逻辑关系，并通过各月份数据之间的对比分析，财务数据与实际业务是否存在不匹配的情形。项目组可以通过 EXCEL 等工具制作图表进行趋势分析，并关注变化异常的月份。

原材料月份发生额分析表示例见素材包—素材3。🔳

（2）原材料发出计价测试表（加权平均法）。编制本底稿的目的是检查原材料发出计价方法是否符合企业会计政策及会计准则规定，以及原材料发出和期末结存计价测试金额是否准确。

随机抽取若干样本对原材料发出计价测试进行重新计算，检查是否存在结转差异，期末原材料应存金额与账面结存金额是否存在差异，必要时应进行审计调整。

项目组应记录测试目的、测试步骤、测试结果和测试结论。值得注意的是，如果企业发出计价方法不是加权平均法（比如是先进先出法），项目组应设计相应的工作底稿模板进行测算。

原材料发出计价测试表示例见素材包—素材3。🔳

（3）原材料入库截止性测试表。编制本底稿的目的是检查原材料入库的截止性是否准确，是否存在跨期情况。

项目组应采取双向检查方法进行测试，从原材料明细账的借方发生额中抽取样本与入库记录核对，以确定原材料入库被记录在正确的会计期间；从原材料入库记录抽取样本与明细账的借方发生额核对，以确定原材料入库被记录在正确的会计期间。

项目组应记录测试目的、测试步骤、测试结果和测试结论。值得注意的是，对于原材料入库截止性测试样本所选择的入库单应连续编号，否则断号抽查较难发现跨期现象。

（4）原材料出库截止性测试表。编制本底稿的目的是检查原材料出库的截止性是否准确，是否存在跨期情况。

项目组应采取双向检查方法进行测试，从原材料明细账的贷方发生额中抽取样本与出库记录核对，以确定原材料出库被记录在正确的会计期间；从原材料出库记录抽取样本与明细账的贷方发生额核对，以确定原材料出库被记录在正确的会计期间。

项目组应记录测试目的、测试步骤、测试结果和测试结论。值得注意的是，对于原材料出库截止性测试样本所选择的出库单应连续编号，否则断号抽查较难发现跨期现象。

（5）原材料投入产出比检查表。编制本底稿的目的是结合产成品对投入产出比、生产能力等检查购入原材料的数量是否能够满足生产需要，关注原材料成本，以及产成品成本是否存在体外循环的情形（完整性）。

抽取最重要和配比关系最稳定的若干种主要原材料，对主要原材料领用在生产环节的投入产出进行测算。重点关注投入产出比存在较大波动的情况，核查是否存在少计原材料成本或虚增产量的情况。

项目组应记录测试目的、测试步骤、测试结果和测试结论。值得注意的是，项目组需要调查了解原材料与生产出的产品之间的对应关系，例如：一种原材料生产一种产成品、一种主要原材料生产多种产成品，以及生成多种产成品的原材料之间存在替代性。另外，项目组需要掌握被审计单位从事的行业和生产工艺特点，熟悉生产流程，且通过对同行业可比上市公司的对比分析查找异常。

原材料投入产成比检查表示例见素材包—素材3。◻

（6）原材料价格波动与产成品成本变动表。编制本底稿的目的是检查主要原材料价格波动和占成本的比例，分析产成品单位成本波动的合理性，重点关注原材料价格和生产成本趋势不匹配的情形。

项目组应执行的审计程序包括：①针对不同原材料，核查报告期内的采购数量、金额和单价情况，分析其变动原因及合理性并取得证明文件，与市场价格进行对比，并分析主要原材料占成本比例是否合理；②收集主要原材料的市场价格数据，关注报告期内其价格是否稳定，并核对其与被审计单位账面记载情况是否一致。重点关注企业是否存在由于在市场价格出现较大幅度上升前提前囤积原材料的情况，以定性分析和定量分析相结合的方法对超额盈利能力的持续性和稳定性作出重点分析。项目组应记录测试目的、测试步骤、测试结果和测试结论。

原材料价格波动与产成品成本变动表示例见素材包—素材3。◻

编制说明：

①按照分产品填列，测试的样本涵盖报表中销售金额前五的产品或者销售占比合计超过80％的主要产品；②取数说明：原材料采购价格根据仓库收发存报表和采购合同填列；成本占比根据历史数据填列；③与填写本表相关的主要原材料采购合同复印件、原材料收发存报表、主要原材料市场价格有关的外部证据应存入工作底稿。

6. 生产成本工作底稿

编制生产成本工作底稿的目的是分析和检查本年发生的生产成本相关业务是否存在异常。项目组应完成以下工作底稿，并在具体工作底稿中的审计说明位置记录执行的审计程序和获取的充分、适当的审计证据，并将审计过程中发现的问题及调整事项进行描述。

（1）生产能力检查表。编制本底稿的目的是调查生产主要产品的可使用设备与年生产总量生产能力，并与实际使用设备和真实生产能力进行比较分析，核实是否存在异常。项目组应获取主要产品生产设备的工艺流程图和相关生产手册，并现场观察生产线及相关设备实际生产工作情况，通过现场观察和案头分析对比生产能力是否存在较大差异。现场观察生产设备时，可以与现场生产工人访谈了解生产情况，多渠道多方向不同资料进行交叉验证真实的生产能力。

生产能力检查表示例见素材包—素材 3。

（2）制造费用明细表及分析表。编制本底稿的目的是按月度分析制造费用明细发生额变化是否异常，并对比分析本年和上年发生额变化是否异常，并将制造费用贷方发生额与生产成本-制造费用借方发生额对比是否存在差异，分析差异原因后，必要时，应进行调整。

制造费用明细表及分析表示例见素材包—素材 3。

（3）完工产品按年度分析表。编制本底稿的目的是分析按年度划分完工产品的单位成本变化是否异常，分析异常单位成本变动的真实原因。项目组应结合"原材料投入产出比检查""生产能力检查表""燃料动力耗用分析""生产规模调查表"等底稿相关审计程序执行情况分析报告期被审计单位主要原材料及单位能源耗用与产能、产量、销量之间是否匹配。

单位成本＝（直接材料＋直接人工＋制造费用等）÷产量

完工产品按年度分析表示例见素材包—素材 3。

（4）完工产品单位成本按月分析表。编制本底稿的目的是分析按月度划分完工产品的单位成本变化是否异常，分析异常单位成本变动的真实原因。项目组应分析报告期被审计单位料、工、费的单位成本波动情况及其合理性。

直接材料单位成本＝直接材料金额÷完工产量

直接人工和制造费用的单位成本参考直接材料单位成本计算公式，并通过直接材料单位成本、直接人工和制造费用单位成本计算得出完工产品月度单位成本。

完工产品单位成本按月分析表示例见素材包—素材 3。

（5）成本计算单测试表。编制本底稿的目的是抽查部分主要产品的单位成本计算单相关数据来源及计算过程和结果是否准确。针对核对结果存在差异，应查找和分析差异原因，必要时，应作出审计调整。项目组只需对成本计算单中主要品种测试，无须全部检查。对于 IPO 底稿要求：对比同行业的成本费用结构，说明相关数据变动的原因及合理性。

分配率＝直接材料或直接人工或燃料动力或制造费用÷分配标准（产量、工时、定额成本等）

项目组在选取分配标准时，应注意是否符合实际情况并与同行业可比上市公司方法类似。项目组还应关注企业选择的分配标准是否恰当，这需要项目组了解企业成本核算，并熟悉同行业可比上市公司通用做法，并对企业的分配标准是否恰当进行评价。

生产成本项目实际发生额明细表和单位成本复核表示例见素材包—素材3。

（6）制造费用截止性测试表。编制本底稿的目的是检查制造费用截止性是否准确，是否存在大额跨期情况。项目组应选取截止日前后某几张凭证进行截止性测试（如果公司截止日前几笔和后几笔发生的业务金额很小，例如：只有几百元，则选择截止日前几天或后几天发生额较大的业务，测试其是否存在跨期情况）。项目组应记录测试目的、测试步骤、测试结果和测试结论。值得注意的是，对于制造费用截止性测试样本所选择的机物料领料单及其他单据应连续编号，否则断号抽查很难发现跨期情形。

（7）生产成本倒轧表。编制本底稿的目的是检查从原材料至营业成本的整个结转过程，生产成本倒扎逻辑关系是否准确。项目组应通过原材料、生产成本、制造费用、库存商品、营业成本等明细账进行分析并将具体数据填写在工作底稿之中，核实逻辑关系是否平衡。通过生产成本倒扎表的检查，项目组应核实存货明细项目借贷方发生额都计入哪些项目，是否存在异常现象，并关注相应的会计处理是否准确。

（8）燃料动力耗用分析。编制本底稿的目的是分析燃料动力损耗是否存在较大波动，是否存在异常情况。项目组应注意对燃料动力耗用情况进行测算，重点关注燃料动力耗用比存在较大波动的情况，核查是否存在少计燃料动力成本或虚增产量的情况。

燃料动力采购明细表示例见素材包—素材3。

取数说明：本表中数量、金额取自燃料动力结算原始单据。

燃料动力与产量配比明细表示例见素材包—素材3。

填表说明：表中按燃料动力项目分别填列，IPO项目填报明细应占燃料动力合计金额的80%以上，非IPO项目根据实际情况确定。如有煤气、蒸汽及其他燃料动力，应补充相关明细底稿。

7. 库存商品工作底稿

编制库存商品工作底稿的目的是分析和检查本年发生的库存商品相关业务是否存在异常。项目组应完成以下工作底稿，并在具体工作底稿中的审计说明位置记录执行的审计程序和获取的充分、适当的审计证据，并将审计过程中发现的问题及调整事项进行描述。

（1）库存商品月发生额分析表。编制本底稿的目的是分析库存商品月份借贷方发生额数据变化是否存在异常。项目组应注意借方和贷方发生额不同明细数据与相应的科目明细之间是否存在逻辑关系，并通过各月份数据之间的对比分析，财务数据与实际业务是否存在不匹配的情形。项目组可以通过 EXCEL 等工具制作图表进行趋势分析，并关注变化异常的月份。

库存商品月发生额分析过程见素材包—素材 3。

（2）数量分析表。编制本底稿的目的是核实企业的生产设备数量和年可生产总量与实际生产总量对比分析是否存在异常。除上述数量和总量对比分析外，还可以比较当年度及以前年度已售存货的数量，并查明异常情况的原因；比较存货库存量与生产量及库存能力的差异，并分析其合理性；比较存货的实际用量与预算用量的差异，并分析其合理性。值得注意的是，本底稿仅适用于生产型企业。

项目组如在询问或固定资产盘点过程中发现有闲置设备，或年内有闲置时间，请详细在备注栏填写停产时间，并在计算年可生产总量时剔除；如属于正常维修停用或季节性停用，可不予以考虑。如中期审计，非全年度的产量必须具体说明时间长度。

生产线数量与年产量分析表示例见素材包—素材 3。

项目组应记录具体询问时间，填表人和审计人员。此底稿应请被审计单位相关管理部门确认并加盖公章。

（3）价格分析表（实际成本法）。编制本底稿的目的是比较各月库存商品采购、消耗或销售金额及单位价格并分析和解释异常波动。具体分析程序可以细分为：①比较库存商品购入数量与耗用或销售数量，联系本年度库存商品的变动，并对异常变动情况作出解释；②比较各月库存商品采购的金额并对异常波动作出解释；③比较各月库存商品消耗的金额并对异常波动作出解释；④将采购数量与平均单价之积与账面采购金额相比较。

项目组应记录上述价格异常事项的分析过程，以及作出解释的合理性，必要时应对异常情况执行进一步审计程序予以核实。

库存商品价格分析表示例见素材包—素材 3。

（4）发出计价测试表（加权平均法）。编制本底稿的目的是检查库存商品发出计价方法是否符合会计政策及会计准则规定，以及库存商品发出和期末结存计价测试金额是否准确。随机抽取若干样本对库存商品发出计价测试进行重新计算，检查是否存在结转差异，期末库存商品应存金额与账面结存金额是否存在差异，必要时，应进行审计调整。项目组应记录测试目的、测试步骤、测试结果和测试结论。值得注意的是，如果企业发出计价方法不是加权平均法（比如是先进先出法），项目组应设计相应的工作底稿模板进行测算。

库存商品发出计价测试表示例见素材包—素材 3。

（5）入库截止性测试表。编制本底稿的目的是检查库存商品入库的截止性是否准确，是否存在跨期情况。项目组应采取双向检查方法进行测试，从库存商品明细账的借方发生额中抽取样本与入库记录核对，以确定库存商品入库被记录在正确的会计期间；从库存商品入库记录抽取样本与明细账的借方发生额核对，以确定库存商品入库被记录在正确的会计期间。项目组应记录测试目的、测试步骤、测试结果和测试结论。值得注意的是，对于库存商品入库截止性测试样本所选择的入库单应连续编号，否则断号抽查较难发现跨期现象。

（6）出库截止性测试表。编制本底稿的目的是检查库存商品出库的截止性是否准确，是否存在跨期情况。项目组应采取双向检查方法进行测试，从库存商品明细账的贷方发生额中抽取样本与出库记录核对，以确定库存商品出库被记录在正确的会计期间；从库存商品出库记录抽取样本与明细账的贷方发生额核对，以确定库存商品出库被记录在正确的会计期间。项目组应记录测试目的、测试步骤、测试结果和测试结论。值得注意的是，对于库存商品出库截止性测试样本所选择的出库单应连续编号，否则断号抽查较难发现跨期现象。

8. 存货监盘工作底稿

编制本底稿的目的是记录项目组在执行监盘程序时，是否发现存在特殊存货、存货盘点计划不合理，以及现场观察和抽盘过程中发现的各项异常。项目组应完成以下工作底稿，并在具体工作底稿中的审计说明位置记录执行的审计程序和获取的充分、适当的审计证据，并将审计过程中发现的问题及调整事项进行描述。

（1）特殊存货监盘程序。编制本底稿是为了提示项目组如遇到性质特殊的存货或无法实施存货监盘程序，以及首次承接业务等特殊事项时，应该如何实施其他替代程序和实施额外程序的注意事项。此程序表基本涵盖针对特殊存货监盘程序，如有没有涵盖的内容，可以另行补充。特殊存货监盘程序工作底稿示例如下：

（一）由于存货的性质或位置而无法实施存货监盘程序

1. 存货的特殊性质

（1）存货涉及保密问题，如产品在生产过程中需要利用特殊配方或制造工艺；

（2）存货系危害性物质，如辐射性化学品或气体。

复核采购、生产和销售记录，以获取充分、适当的审计证据，还可以向能够接触到相关存货项目的第三方人员询证。此外，还可以实施其他替代审计程序。例如：对于危害性物质，如果被审计单位对其生产、

使用和处置存有正式报告，可通过追查至有关报告的方式确定此类危害性物质是否存在。

2. 存货的特殊位置（如在途存货）

如果此类项目仅占存货的一小部分，通常可以通过审查相关凭证加以查验。对于存放在公共仓库中的存货，可通过函证方式查验。

《会计监管风险提示第 4 号》特别要求：如果实施监盘程序确有困难，审计人员应考虑能否实施有效替代程序（包括聘请专家进行监盘程序）以获取充分、适当的审计证据，否则审计人员应考虑上述情况对审计意见的影响。

（二）因不可预见因素导致无法在预定日期实施存货监盘或接受委托时被审计单位的期末存货盘点已经完成。

（1）注册会计师无法亲临现场，即由于不可抗力导致其无法到达存货存放地实施存货监盘；

（2）气候因素，即由于恶劣的天气导致注册会计师无法实施存货监盘程序，或由于恶劣的天气无法观察存货，如木材被积雪覆盖。

3. 不可预见因素

如果被审计单位存在良好的内部控制，可以考虑改变存货监盘日期，并对预定盘点日与改变后的存货监盘日之间发生的交易进行测试。对于无法亲临现场的情况，可考虑委托其他适当人员实施存货监盘。

4. 接受委托时被审计单位的期末存货盘点已经完成

评估与存货相关的内部控制的有效性，并根据评估结果对存货进行适当检查或提请被审计单位另择日期重新盘点，同时测试检查日或重新盘点日与资产负债表日之间发生的存货交易。

（三）委托其他单位保管或已作质押的存货

如果被审计单位将存货存放于其他单位，通常需要向该单位获取委托代管存货的书面确认函。如果存货已被质押，应当向债权人询证与被质押存货有关的内容。对于此类存货，通常还应当检查被审计单位的相关会计记录和可能设置的备查记录。如果此类存货比较重要，应当考虑与被审计单位讨论其对委托代管存货或已作质押存货的控制程序，并考虑对此类存货实施监盘程序，或聘请其他注册会计师实施监盘程序。

《会计监管风险提示第 4 号》特别要求：对于 IPO 项目，如果存在异地存放和由第三方保管或控制的存货，审计人员应当针对发行人实际情况，执行异地盘点或向第三方发函等审计程序。

（四）首次接受委托的情况

当首次接受委托未能对上期期末存货实施监盘，且该存货对本期财务报表存在重大影响时，如果已获取有关本期期末存货余额的充分、适当的审计证据，应当实施下列一项或多项审计程序，以获取有关本期期初存货余额的充分、适当的审计证据。

（1）查阅前任注册会计师工作底稿；

（2）复核上期存货盘点记录及文件；

（3）检查上期存货交易记录；

（4）运用毛利百分比法等进行分析

《会计监管风险提示第4号》特别要求：对于IPO项目，如果审计人员在申报期第1年或第2年结束后接受委托担任发行人的注册会计师，可能无法对发行人第1年或第2年年末的存货实施监盘，审计人员应考虑能否实施有效替代程序（包括取得、使用并评估前任会计师的监盘结果）以获取充分、适当的审计证据，否则注册会计师应考虑上述情况对审计意见的影响。

（五）针对识别的舞弊风险等特别风险，额外实施的审计程序

（1）检查被审计单位的存货记录；判断需要在被审计单位盘点过程中（或结束后）特别重视的存货项目或存货存放地点；

（2）在不预先通知的情况下观察存放地点的存货盘点，或在同一天对所有存放地点的存货实施观察；

（3）要求被审计单位在期末或尽可能接近期末的时点安排存货盘点；

（4）在观察存货盘点过程中结合实施其他程序，并利用专家工作；

（5）按照存货的等级或类别、存放地点或其他标准分类，将存货的当期数量与上期进行比较，或将盘点数量与上期进行比较，或将盘点数量与存货记录进行比较；

（6）利用计算机辅助审计技术进一步测试存货盘点数据的可靠性。

（2）存货监盘计划。编制本底稿的目的是通过检查存货盘点计划和企业实际存货存放情况，制定存货监盘计划，通过编制监盘计划指导现场监盘人员应关注的存货监盘程序和应注意的特殊问题。项目组应关注被审计单位存货盘点制度的建立和报告期实际执行情况，异地存放、盘点过程存在特殊困难或由第三方保

管或控制的存货的盘存方法，以及履行的替代盘点程序。关注被审计单位存货的真实性，分析其是否存在将本应计入当期成本费用的支出混入存货项目以达到少计当期成本费用的情况。

《会计监管风险提示第4号》特别要求：审计人员应当关注发行人不同时期存放存货的仓库变动情况，以确定发行人盘点范围是否完整，是否存在因仓库变动未将存货纳入盘点范围的情况发生。

存货监盘类别、地点等明细表示例见素材包—素材3。

①建议的抽盘范围及抽盘项目的选取：对于存放在不同位置的存货，项目组应在监盘计划中安排同一天进行监盘，如果存货盘点计划安排多日，应与企业沟通和判断存货盘点计划是否合理，并考虑如何防止企业发生"串货"情形。对于可能存在存货舞弊风险的IPO项目（包括其他高风险项目）建议监盘比例应超过80%，对于其他项目（存货舞弊高风险）建议监盘比例至少应超过50%。对于第三方保管或存放的存货，如果无法实施监盘，应对其实施函证程序。

②盘点时应收集的截止测试信息：为了防止存货存在跨期情况，尤其是项目组不是在资产负债表日进行监盘的情况下，项目组应关注盘点时收集截止测试信息，核实相关出入库资料是否存在跨期情形。

③应予注意的特殊问题和其他要求：项目组应关注存货存放地点是否存放其他公司存货，或企业的存货存放在其他单位地点，以及存货性质特殊需要通过其他方式进行监盘等特殊问题；项目组应将掌握的存货类别和存放地点情况进行梳理，识别和评估可能在监盘过程中遇到的问题，及时做好应对措施和计划，并告知监盘人员如遇问题时应如何应对。

（3）存货盘点抽查表。编制本底稿的目的是检查已盘点的存货是否真实存在和完整。项目组应采取双向检查方法进行测试，从存货盘点记录中选取项目追查至存货实物，以测试盘点记录的准确性；从存货实物中选取项目追查至存货盘点记录，以测试存货盘点的完整性。项目组应记录测试目的、测试步骤、测试结果和测试结论。值得注意的是，由于抽盘日不是资产负债表日，所以核对完抽盘日数据后，还需要对相关数据进行倒扎回资产负债表日并核对相关数据是否存在差异，如有差异还应分析差异原因，必要时，应进行调整。

IPO项目的抽盘比例建议应满足如下要求：①被审计单位所在地存货，抽盘比例不得低于当地存货总额的80%；②工业企业存放于异地的存货，抽盘比例不得低于异地存货总额的50%，函证和抽盘比例合计不得低于异地存货总额的80%；③经销＋直营模式下，存放于异地直营店的存货，抽盘比例不得低于异地存货总额的80%。非IPO项目具体抽盘或函证比例由项目组根据实际情况确定。

存货监盘抽查明细表示例见素材包—素材 3。🔲

（4）存货抽样监盘汇总表。编制本底稿的目的是核实抽查的存货类别明细的账面数与实盘数进行核对检查是否存在重大差异，分析并核实差异原因，并做进一步审计程序。抽查比例应满足审计计划要求并真正做到抽盘要求，而不是以点带面虚增抽查比例。汇总表相关项目数据应有索引至具体的工作底稿或审计证据。

存货抽样监盘汇总表示例见素材包—素材 3。🔲

（5）存货明细账与盘点报告（记录）核对表。本底稿仅适用于监盘日（盘点日）为财务报表截止日的情况，编制本底稿的目的是将期末存货明细账记录存货数量与经确认的期末存货盘点表的数量进行核对是否存在差异，并对差异进行分析和处理。项目组应采取双向检查方法进行测试，从明细账中选取具有代表性的样本将明细账上的存货数量与经确认盘点报告的数量核对；从经确认的盘点报告中抽取有代表性的样本将盘点报告的数量与存货明细账核对。

存货明细账与盘点报告（记录）核对表示例见素材包—素材 3。🔲

（6）仓储情况检查。编制本底稿的目的是核查存货储存规模与业务规模的匹配性、账列存货的完整性，包括但不限于仓库名称、仓库位置、仓库面积、期末存放存货数量和金额。

值得注意的是，项目组应获取仓库租赁合同，并查看涵盖报告期内所有主体自有仓库、租用仓库、曾用仓库、曾经租用已停用的所有仓库。项目组可以通过地图工具查看仓库地址，通过街景了解仓库具体位置，并分析报告期仓库面积大小变化、单位面积存货金额变化，以及现有仓库是否能够足以存放期末存货。对于长期租赁的仓库核实是否已确认使用权资产。现场监盘时，项目组可以与仓库保管人员进行访谈核实租赁协议的相关信息。

仓库基本情况明细表示例见素材包—素材 3。🔲

（7）存货监盘报告。本底稿为执行存货监盘程序最后的总结性报告，将监盘计划及实际监盘情况进行全面的记录，评价整个存货盘点过程和复盘结果，最后由监盘人签字确认。

（8）存货监盘核对表。存货监盘核对表包括了存货监盘过程中应当获取的信息和通常使用的审计方法，包括对永续盘存法下存货记录的测试。项目组通过询问、实地观察和抽盘等方式，对存货类别、存货盘点计划、客户盘点程序、截止程序、存货的残次冷背和安全保管、抽盘程序、存货盘点汇总表的编制，以及其他有关方面进行全面的调查了解，记录被询问人的回复内容。在某些监盘场合，某些问题可能不适用。对不适用的问题，应标明"N/A"（即不适用）。如回答"否"，则应在所附备忘录中对相关问题作出解释。

被审计单位可能存在多个存货地点或部门，项目组在制定存货监盘计划时，应告知项目组成员均应填制一份存货监盘调查问卷，且应于离开盘点现场前填写完毕，见表5-4。该问卷可以代替"存货监盘备忘录"使用。

表 5-4　存货监盘调查问卷

需要询问、观察和检查的事项	审计提示	
一、对存货情况的总体描述		
1. 请对存货性质作简要描述并考虑是否使用独立专家的建议	如遇到中药、珠宝、化学药剂等特殊性质的存货需要考虑	
2. 存在哪些存货类别	原材料、在产品、库存商品	
3. 存在哪些特殊类型的存货		
（1）存放在营业场所之内的存货	已开发票但尚未发出的货物 货到单未到的货物 他人委托本公司代销的货物	
（2）存放在营业场所以外的存货	存放在外部场所的存货 在途存货 委托他人代销的货物	
（3）特殊类型的存货	残次冷背 超产积压的产品 呆滞存货 过多储备的材料	工程模型 毁损的存货 特殊订货
二、存货盘点计划		
1. 是否具备充分的书面盘点计划，该计划是否涵盖了存货实地盘点过程中的各个阶段	获取并查看存货盘点计划是否存在涵盖各个阶段	
2. 客户人员是否遵循了盘点计划	盘点人员是否清晰了解盘点计划	
3. 在盘点开始前，存货是否放置整齐以方便盘点	观察存货是否放置整齐	
4. 类别不同的存货及特殊种类的存货，是否恰当地分隔开来，以便适当地确定是否将其纳入盘点范围	观察现场盘点情况	

需要询问、观察和检查的事项	审计提示
5. 客户盘点人员是否被充分督导	现场观察督导情况
三、客户盘点程序	
1. 盘点小组是否被安排盘点通常不由他们负责的材料，每个盘点小组是否包括一名熟悉所盘点存货的员工	沟通访谈相关人员及观察盘点情况
2. 盘点者是否系统、有序地进行盘点，盘点数量是否以钢笔书写以避免可能的未经授权的修改	观察盘点人员是否认真按盘点计划执行
3. 所有存货数量是否均通过实物点数加以确定（如果不是，请说明估计存货数量时所使用的方法）	观察盘点表是否没有数量，必须由现场人员实物点数确定
4. 如果在产品存货是重大的，说明在产品完工程度是如何确定的，制造费用是如何分配的	了解在产品的构成、现场观察和询问
四、截止程序	
1. 客户盘点程序是否包括收集截止信息	询问和观察是否收集截止信息
2. 盘点期间生产过程是否暂时停止（如果不是，请说明用于控制材料流转的程序）	应提示企业应尽量暂停
3. 盘点期间收、发货业务是否暂停（如果不是，请说明用以确保收、发货业务正确截止的程序）	应提示企业应尽量暂停
五、存货的残次冷背和安全保管	
1. 简要描述客户用以识别残次冷背和呆滞存货项目的程序	是否单独存放和管理
2. 简要描述客户对存货实物的安全保管方面存在的缺陷	制度设计还是执行方面，还是二者皆有
六、抽盘程序	
1. 是否实地观察了盘点和记录程序	现场观察时留下视频和图片留存证据

需要询问、观察和检查的事项	审计提示
2. 是否进行复核以确保所有存货项目已被贴上了标签，或者以其他方法盘点（如果客户未使用标签，则简要描述我们的程序）	关注对已监盘存货是否贴上标签或使用其他方法识别已盘点过的存货
3. 如果使用存货盘点表，我们是否从实物及盘点表中各选取若干抽盘对象	双向执行抽盘程序
4. 我们的监盘是否涵盖了所有该场所的存货（如果不是，请说明存放在外部场所的存货项目及估计金额，包括代销品）	了解存货存放的场所和位置
5. 在实地观察过程中，我们是否已列出了在监盘过程中注意到的所有残次冷背和呆滞积压存货中的重大项目（包括与其讨论这些项目的公司雇员姓名）	观察存货的状态，访谈了解特殊存货
七、存货盘点汇总表的编制	
1. 如果已盘点的数量在最终存货明细表上被换算成不同的计量单位，则我们是否已获取了充分的资料以测试换算	了解存货性质和计量单位，对数字转换有较为敏锐的警觉
2. 在将我们的抽盘测试结果追查至最终存货明细表时，能否取得客户盘点结果汇总底稿（如果不能取得，请说明我们如何将抽盘结果调节至最终存货明细表）	向客户索取完整的盘点表

项目组根据上述询问、观察和检查结果，将基于审计人员的抽盘和观察结果，针对下列问题表述相关意见：客户的存货记录（如盘点标签、盘点表、永续盘存记录）是否公允地反映了监盘日所拥有的存货实际数量。对于存货能否使用和销售的问题，也请提出审计结论。

9. 存货跌价准备工作底稿

编制存货跌价准备工作底稿的目的是分析和检查本年发生的存货跌价准备相关业务是否存在异常。项目组应完成以下工作底稿，并在具体工作底稿中的审计说明位置记录执行的审计程序和获取的充分、适当的审计证据，并将审计过程中发现的问题及调整事项进行描述。

存货可变现净值是按存货的估计售价减去至完工时估计将要发生的成本、估计的销售费用，以及相关税费后的金额。在确定存货的可变现净值时，以取得的确凿证据为基础，同时考虑持有存货的目的及资产负债表日后事项的影响。实务中，通常情况下，企业按照单个存货项目计提存货跌价准备，资产负债表日，存货成本高于其可变现净值的，计提存货跌价准备。

（1）存货跌价准备测试表。编制本底稿的目的是重新计算存货跌价准备金额的准确性。项目组应结合原材料、产品价格的波动、实际损失、监盘、现场走访、诉讼、期后价格波动等因素，核查期末存货跌价准备计提是否充分，尤其关注报告期内是否存在降低跌价准备计提标准的情况。

存货跌价准备测试表示例见素材包—素材 3。

编制说明：①当存货用途为出售时，继续生产的成本为零；②存货类别、品名、账面余额来自仓库账和财务账；③可生产可售状态商品数量、继续生产的成本、费用率和税率根据历史数据和访谈匡算；④可售商品的价格估计，对于存在销售合同的可售商品的估计售价应当以合同价格为准，无合同的应当结合产品价格的波动情况及期末前后实际售价合理估计；⑤与存货预计市场销售价格相关的凭据，如销售合同、资产负债表日前后实际销售价格的变化等应当记录资料来源，必要时，保留资料复印件。

（2）存货库龄分析表。编制本底稿的目的是结合存货库龄的分析，分析申报期内存货库龄是否延长，核查申报期各期末存货跌价准备的总体水平是否充分。如果被审计单位与同行业企业存货跌价准备均按照存货库龄方式计提，项目组应说明计提政策获取方式并比较计提比例是否一致。

存货库龄分析表示例见素材包—素材 3。

编制说明：各库龄存货余额和跌价准备金额来自财务信息系统。

10. 存货分析表

编制本底稿的目的是分析存货分类明细金额结构比是否存在异常、本年各月存货余额是否存在异常、存货借方发生额与应交税费－进项税额发生额、应付账款、预付账款贷方发生额核对是否存在异常，分析发生异常的原因，对差异率较高的情况执行进一步审计程序进行核查，必要时，应作出审计调整。

存货分析工作底稿示例如下：

（1）存货构成分析表示例见素材包—素材 3。

（2）各月存货余额分析表示例见素材包—素材 3。

（3）存货借贷方发生额核对表示例见素材包—素材 3。

项目组需要对上述分析过程及分析逻辑和数据对比和审计过程记录于工作底稿之中。

11. 披露表

存货披露表按项目分类披露年末数和年初数（含账面余额、减值准备金额和账面价值），以及存货跌价准备的年初余额、本年增加数、本年减少数、年末余额等内容。披露表的数据需要注意与财务报表和附注之间的逻辑关系核对相符，年初余额和年末余额的差额应当与现金流量表补充资料"存货的减少"数据核对一致。对于存货存在担保的情况，需要关注发生的原因，以及所有权受限及可能发生或有事项的影响。

（1）存货分类披露表示例见素材包—素材3。🔲

（2）存货跌价准备及合同履约成本减值准备披露表示例见素材包—素材3。🔲

（3）存货年末余额中含有借款费用资本化金额为×××元。

（4）合同履约成本于本年摊销金额为×××元。

存货的其他说明，如：年末用于债务担保的存货余额为××元。或者：本公司年末无用于债务担保的存货。

四、使用权资产

（一）"使用权资产"核算内容

"使用权资产"既是一个报表项目，也是会计科目，主要核算承租人初始持有的使用权资产的原价和后续计量的折旧及减值后的账面价值。本科目可按租赁资产的类别和项目进行明细核算。

"使用权资产"项目，反映资产负债表日承租人持有的使用权资产的期末账面价值。该项目应根据"使用权资产"科目的期末余额，减去"使用权资产累计折旧"和"使用权资产减值准备"科目的期末余额后的金额填列。

"使用权资产累计折旧"项目核算使用权资产的累计折旧。本科目可按租赁资产的类别和项目进行明细核算。

"使用权资产减值准备"项目核算使用权资产的减值准备。本科目可按租赁资产的类别和项目进行明细核算。使用权资产减值准备一旦计提，不得转回。

使用权资产的基本会计处理原则见表5-5。

表 5-5　使用权资产基本会计处理原则

业务事项	会计处理
使用权资产初始计量的主要账务处理	
在租赁期开始日，承租人应当按成本	借记"使用权资产"科目，按尚未支付的租赁付款额的现值贷记"租赁负债"科目；对于租赁期开始日之前支付租赁付款额的（扣除已享受的租赁激励），贷记"预付款项"等科目；按发生的初始直接费用，贷记"银行存款"等科目；按预计将发生的为拆卸及移除租赁资产、复原租赁资产所在场地或将租赁资产恢复至租赁条款约定状态等成本的现值，贷记"预计负债"科目
在租赁期开始日后，承租人按变动后的租赁付款额的现值重新计量租赁负债的，当租赁负债增加时，应当按增加额	借记"使用权资产"科目，贷记"租赁负债"科目
除下述中的情形外，当租赁负债减少时，应当按减少额	借记"租赁负债"科目，贷记"使用权资产"科目；若使用权资产的账面价值已调减至零，应当按仍需进一步调减的租赁负债金额，借记"租赁负债"科目，贷记"制造费用""销售费用""管理费用""研发支出"等科目
租赁变更导致租赁范围缩小或租赁期缩短的，承租人应当按缩小或缩短的相应比例	借记"租赁负债""使用权资产累计折旧""使用权资产减值准备"科目，贷记"使用权资产"科目，差额借记或贷记"资产处置损益"科目
企业转租使用权资产形成融资租赁	借记"应收融资租赁款""使用权资产累计折旧""使用权资产减值准备"科目，贷记"使用权资产"科目，差额借记或贷记"资产处置损益"科目
使用权资产计提折旧的主要账务处理	
承租人通常应当自租赁期开始日起按月计提使用权资产的折旧	借记"营业成本""制造费用""销售费用""管理费用""研发支出"等科目，贷记"使用权资产累计折旧"科目。当月计提确有困难的，也可从下月起计提折旧，并在附注中予以披露。因租赁范围缩小、租赁期缩短或转租等原因减记或终止确认使用权资产时，承租人应同时结转相应的使用权资产累计折旧

业务事项	会计处理
使用权资产发生减值的主要账务处理	
使用权资产发生减值的，按应减记的金额	借记"资产减值损失"科目，贷记"使用权资产减值准备"科目

因租赁范围缩小、租赁期缩短或转租等原因减记或终止确认使用权资产时，承租人应同时结转相应的使用权资产累计减值准备。

（二）"使用权资产"重要提示

1. 单项交易产生的资产和负债相关的递延所得税不适用初始确认豁免的会计处理

根据《企业会计准则解释第 16 号》第一项内容的相关规定，对于不是企业合并、交易发生时既不影响会计利润也不影响应纳税所得额（或可抵扣亏损），且初始确认的资产和负债导致产生等额应纳税暂时性差异和可抵扣暂时性差异的单项交易，不适用《企业会计准则第 18 号——所得税》（以下简称 CAS18）第十一条（二）、第十三条关于豁免初始确认递延所得税负债和递延所得税资产的规定。企业对该交易因资产和负债的初始确认所产生的应纳税暂时性差异和可抵扣暂时性差异，应当根据 CAS18 等有关规定，在交易发生时分别确认相应的递延所得税负债和递延所得税资产。按照上述规定，租赁负债及按照与租赁负债等额确认的使用权资产部分，其账面价值与计税基础之间的暂时性差异，均满足递延所得税确认条件，因此应当分别确认递延所得税资产及递延所得税负债。这里需要关注后续递延所得税资产和递延所得税负债转回期间确认金额的准确性，以及是否满足递延所得税资产和递延所得税负债净额列报条件等情形。

2. 承租人向出租人支付租金包含增值税情况

承租人向出租人支付的租金等款项中包含应缴纳的增值税的，相关增值税税额不属于租赁付款额的范畴，不应纳入租赁负债和使用权资产的计量。

3. 对亏损经营租赁合同按亏损准备金额调整使用权资产情况

承租人在首次执行《企业会计准则第 21 号——租赁准则》（以下简称 CAS21）时，按照 CAS21 第六十三条的规定，对亏损的经营租赁合同采用按照亏损准备金额调整使用权资产的方法替代使用权资产减值测试的，由预计负债转入使用权资产减值准备的部分，应当适用资产减值准则的相关规定，在以后会计期间不得转回。

4. 基准利率改革导致的租赁变更的会计处理

基准利率改革可能导致租赁变更，包括修改租赁合同以将租赁付款额的参考基准利率替换为替代基准利率，从而导致租赁合同现金流量的确定基础发生变更等情形。

（1）对仅因基准利率改革导致租赁变更的会计处理。当仅因基准利率改革直接导致租赁变更，以致未来租赁付款额的确定基础发生变更且变更前后的确定基础在经济上相当时，承租人应当按照仅因基准利率改革导致变更后的租赁付款额的现值重新计量租赁负债，并相应调整使用权资产的账面价值。在重新计量租赁负债时，承租人应当根据租赁付款额的确定基础因基准利率改革发生的变更，参照浮动利率变动的处理方法对原折现率进行相应调整。

（2）同时发生其他变更的会计处理。除仅因基准利率改革导致的上述变更外，同时发生其他租赁变更的，承租人应当将所有租赁变更适用 CAS21 有关租赁变更的规定。

5. 在现金流量表中应当如何列报承租人偿还租赁负债本金和利息、支付预付租金及租赁保证金所支付的现金

根据 CAS21 第五十三条的规定，企业应当将偿还租赁负债本金和利息所支付的现金计入筹资活动现金流出，支付的按 CAS21 简化处理的短期租赁付款额和低价值资产租赁付款额，以及未纳入租赁负债的可变租赁付款额计入经营活动现金流出。

企业支付的预付租金和租赁保证金应当计入筹资活动现金流出，支付的按 CAS21 简化处理的短期租赁和低价值资产租赁相关的预付租金和租赁保证金应当计入经营活动现金流出。

6. 能否简单认定承租人与出租人签订租赁期为 1 年的租赁合同为短期租赁

根据 CAS21 第十五条并参考相关应用指南，租赁期是指承租人有权使用租赁资产且不可撤销的期间，同时还应包括合理确定承租人将行使续租选择权的期间和不行使终止租赁选择权的期间。在租赁期开始日，企业应当考虑对承租人行使续租选择权或不行使终止租赁选择权带来经济利益的所有相关事实和情况，包括自租赁期开始日至选择权行使日之间的事实和情况的预期变化。例如：承租人进行或预期进行的重大租赁资产改良在可行使相关选择权时预期能为承租人带来的重大经济利益、租赁资产对承租人运营的重要程度、与终止租赁相关的成本等。

因此，当承租人与出租人签订租赁期为 1 年的租赁合同时，不能简单认为该租赁的租赁期为1年，而应当基于所有相关事实和情况判断可强制执行合同的期间，以及是否存在实质续租、终止等选择权以合理确定租赁期。如果历史上承租人与出租人之间存在逐年续签的惯例，或者承租人与出租人互为关联方，尤其应当谨慎确定租赁期。

企业在考虑所有相关事实和情况后确定租赁期为1年的，其他会计估计应与此一致。例如：与该租赁相关的租赁资产改良支出、初始直接费用等应当在1年内以直线法或其他系统合理的方法进行摊销。

（三）编制底稿常见问题

1. 工作底稿低级错误问题

（1）导引表、明细表、披露表数据不准确与试算平衡表和附注不一致。

（2）明细表的发生额不准确，存在虚增或虚减情况，与其他对应科目逻辑不符。

（3）审计说明不完整，没有将执行的审计程序情况说明清晰、完整。

（4）缺少索引号或纸质底稿索引号与电子版索引号编制不准确。

（5）审计说明中包含审计调整，但本期数中没有审计调整事项，或者情况相反。

（6）抽取的样本没有记录选取的过程，以及样本量不满足审计计划要求。

（7）使用权资产项目明细相关数据填写有误，部分明细账面价值出现负值。

（8）使用权资产入账金额与实际测算金额存在很大差异。

（9）计划实施的审计程序没有实施，将应当编制的底稿随意隐藏。

2. 未获取重要审计证据问题

（1）未获取使用权资产台账、测算表、减值测试计提表。

（2）未获取使用权资产相关租赁合同、审批文件等证据。

3. 审计程序实施不到位问题

（1）未对使用权资产项目增加或减少获取合同、发票、支付凭证、审批文件等重要证据进行核对。

（2）未对使用权资产当期折旧费用和累计折旧进行重新计算。

（3）未对使用权资产折旧分配情况进行核实。

（4）未对使用权资产进行减值测试。

（5）未对使用权资产处置、转租赁、变更、重组等事项进行核实。

（四）"使用权资产"所需执行的审计程序

1. 导引表

使用权资产导引表是记录使用权资产项目审计调整前后的期末余数和期初余

额及其变化情况，记录审计人员执行使用权资产实质性程序及获取证据，并进而得出使用权资产审计结论的工作底稿。

（1）导引表组成内容。使用权资产导引表主要包括使用权资产（账面余额、累计折旧、减值准备、账面价值）按照项目分类的期末余额和期初余额，以及增减变化、审计说明和审计结论。

使用权资产导引表示例见素材包—素材4。🔲

审计说明：至少包括使用权资产核算内容、增减变化、执行的审计程序和获取的主要审计证据情况。

审计结论：①经审计，该项目未见重大异常；②经审计调整后，该项目未见重大异常；③因使用权资产计提折旧数据错误（金额较大）且管理层不同意调整（仅为举例）原因，该项目余额不能确认。根据实际情况，只能选择一个审计结论。

（2）导引表编制要点。期初余额来源于上年工作底稿审定数或者未审数（如有调整也需要插列增加调整过程），变动比例为期末余额调整后的数据与期初余额审定数之间的变动比例。导引表里的索引号与明细表索引号对应。即：此处的项目明细与明细表中的数据保持一致。如果有审计调整，还需要在审计说明中描述审计调整事项及说明。

（3）导引表部分审计说明示例如下：

---

1. 使用权资产主要核算企业作为承租人租赁的房屋、机器设备、运输工具等资产的原价、累计折旧、减值准备和账面价值。

2. 使用权资产本年余额与上年余额变化较大，主要是本年新增租赁的使用权资产影响。

3. 获取使用权资产明细表，总账、报表和明细表核对相符，与试算平衡表和附注核对一致。使用权资产的累计折旧、减值准备科目和附注明细数据核对相符。

4. 对使用权资产执行实质性分析程序，经分析，分析程序的测试结果未见重大异常。

5. 实地检查被审计单位可以控制其使用的标的资产（如为首次接受委托，应适当扩大检查范围），经检查确定其相关资产存在。

6. 取得并检查租赁合同，经核实，使用权资产的控制权归被审计单位所有。

7. 检查本期使用权资产的增加：

1）询问管理层本年使用权资产的增加情况，并与获取或编制的使用权资产明细表进行核对，未见异常。

2）检查本年度增加使用权资产的计价准确，会计处理准确，对于重要的使用权资产增加可根据情况实施以下程序：

（1）对于当年新取得的使用权资产，获取并检查租赁合同及与之相关的其他文件（如有）的主要内容：①结合租赁负债科目检查相关金额已计入使用权资产原值；②根据租金支付条款的约定发现，存在预付租金，经核实，已计入使用权资产原值；③经核实，存在租赁激励并将其从使用权资产原值中扣除；④结合租赁资产的类别和性质及租赁发生的业务背景判断相关的初始直接费用的涵盖范畴，经核实，企业的会计处理恰当；⑤检查使用权资产存在复原或恢复成本，如果存在，检查复原或恢复成本的估计方法和现值的计算合理，会计处理准确；⑥检查使用权资产改良支出的核算（不属于使用权资产核算范畴）符合规定。

（2）对于以前期间存在的使用权资产，本期因租赁负债的重新计量而导致的使用权资产的增加，需结合租赁负债科目的审计检查相关调整金额是否正确，会计处理是否恰当。因租赁变更而导致重新计量的，应取得并检查有关变更协议的主要内容；因重估续租选择权、终止租赁选择权或购买选择权而导致重新计量的，应关注被审计单位有关选择权重估或实际行使结果的决策文件和依据并评价其商业合理性；租金以外币结算时因汇率波动而导致重新计量的，应根据公开汇率重新计算以确定本位币金额的调整是否恰当。

（3）对于售后租回交易取得的使用权资产，应检查销售合同和租赁合同，比较资产合同售价与市场公允售价、合同约定租金与市场公允租金的差异，关注被审计单位是否合理分摊融资价款和实际售价，检查其是否按照原资产账面价值中与租回获得的使用权有关的部分对使用权资产计价。

（4）对于通过其他途径增加的使用权资产，应检查增加使用权资产的原始凭证，核对其计价及会计处理是否正确，法律手续是否齐全。

8. 检查本期使用权资产的减少：

1）询问管理层本年使用权资产的减少情况，并与获取或编制的使用权资产明细表进行核对，经核实，未见异常；

2）对于检查使用权资产减少的会计处理是否恰当，根据减少的不同情况对重大的使用权资产减少执行下列程序：

（1）结合使用权资产累计折旧科目，抽查因租赁期届满而导致的使用权资产减少的会计处理是否恰当。

（2）对于本期因租赁负债的重新计量而导致的使用权资产的减少，需结合租赁负债科目的审计检查相关调整金额准确，会计处理恰当。

（3）对于因转租形成融资租赁而导致的使用权资产减少，应检查转租赁合同并判断被审计单位是否转移了与使用权资产有关的几乎所有风险和报酬。

（4）对于通过其他途径减少的使用权资产，应检查使用权资产减少的原始凭证，经核对其计价及会计处理准确，法律手续齐全。

9. 检查租赁有关情况：

（1）所确认的使用权资产是否均签订了相应的合同、租约，手续完备，合同内容符合国家规定，合同条款完备符合会计确认和计量的基本要求，经相关管理部门的审批。

（2）经核实，租入的资产确属企业必需。

（3）租入的资产未见久占不用、浪费损坏的现象，已关注租入资产的成新度和使用状况，未见异常。

（4）使用权资产已登记资产卡片或备查簿。

（5）向出租人函证租赁合同及执行情况，未见异常。

10. 检查有无与关联方的租赁而确认使用权资产的活动，是否经适当授权，交易价格是否公允。对于合并范围内的租赁业务，记录应予合并抵销的金额。

11. 检查使用权资产累计折旧：

（1）获取或编制使用权资产累计折旧分类汇总表，复核加计准确，并与总账数和明细账合计数核对一致。

（2）检查被审计单位制定的折旧政策和方法符合《企业会计准则》的规定，确定其所采用的折旧方法在使用权资产预计使用寿命内合理分摊其成本，前后期一致，折旧年限与租赁期或租赁资产剩余使用寿命一致。

（3）复核本期折旧费用的计提和分配：

①了解被审计单位的折旧政策符合规定，计提折旧范围准确，确定的折旧年限和折旧方法合理；

②检查被审计单位折旧政策前后期一致；

③复核本期折旧费用的计提准确，尤其关注已计提减值准备的使用权资产的折旧；

④检查折旧费用的分配方法合理，与上期一致；分配计入各项目的金额占本期全部使用权资产折旧计提额的比例与上期比较无重大差异；

⑤注意使用权资产增减变动时，经核实，有关使用权资产折旧的会计处理符合规定；

（4）将"使用权资产累计折旧"账户贷方的本期计提折旧额与相应的成本费用中的使用权资产折旧费用明细账户的借方相比较，检查本期所计提的使用权资产折旧金额已全部摊入本期产品成本或费用。若存在差异，应追查原因，并考虑是否应建议作适当调整；

（5）经检查使用权资产累计折旧的减少合理、会计处理准确。

12. 检查使用权资产的减值准备：

（1）获取或编制使用权资产减值准备明细表，复核加计正确，并与总账数和明细账合计数核对相符。

（2）检查被审计单位计提使用权资产减值准备的依据是否充分，会计处理是否正确。

（3）检查资产组的认定是否恰当，计提使用权资产减值准备的依据是否充分，会计处理是否正确。

（4）计算本期末使用权资产减值准备占期末使用权资产原值的比率，并与期初该比率比较，分析使用权资产的质量状况。

（5）经检查，被审计单位终止或部分终止确认使用权资产时原计提的减值准备同时按终止确认比例结转，会计处理准确。

（6）经检查，不存在转回使用权资产减值准备。

13. 经检查，使用权资产已按照《企业会计准则》的规定在财务报表中作出恰当列报和披露。

2. 明细表

使用权资产明细表数据来源于企业明细账（区分原价、累计折旧、减值准备、账面价值并按项目名称进行分类），项目明细名称一般可以划分为房屋和建筑物、机器设备、运输工具、电子设备、其他等，可根据会计政策了解使用权资产确认标准与分类是否准确，以及与使用权资产卡片划分的类别是否一致。

关注本期新增使用权资产明细，检查使用权资产入账是否符合确认标准，如有不符，必要时应进行审计调整。值得注意的是，关注低价值资产和短期租赁情况是否满足准则规定的豁免条件。项目组需关注使用权资产减少的原因，包括处置、转租赁、变更或重组等情形，并核实使用权资产减少的会计处理是否准确。

使用权资产明细表示例见素材包—素材4。🈳

如有必要可以将借贷方发生额再次细分，借方发生额可以细分为新取得、租赁负债变化重新计量、售后租回交易取得等，贷方发生额可以细分为处置、转租赁、变更、重组、其他等情况。

3. 折旧测算表

编制本底稿的目的是重新计算使用权资产计提本年折旧和累计折旧是否准确。以直接法计提折旧测算为例，项目组需要获取使用权资产基本信息明细表（全部信息），首先核实使用权资产相关信息与使用权资产明细账具体类别的相关数据、会计政策中规定相关折旧年限和折旧方法等信息是否一致，基础数据核实无误后才能开始重新计算折旧数据。

使用权资产折旧测算表示例见素材包—素材4。🈳

年折旧率＝1÷折旧年限

重点关注租贷日期与实际入账日期是否存在重大差异，关注是否延迟计提折旧，以及使用权资产卡片是否存在应计提而不再计提折旧的使用权资产明细。

如果重新计算后的本期应提折旧与本期实提折旧存在差异，则需要查找原因，必要时进行审计调整。另外，如果累计应提折旧与累计实提折旧存在差异，也需要查找原因，了解以前年度是否存在会计差错。值得注意的是，受到使用权资产基本信息填制所限，部分使用权资产基本信息可能存在变更、重组及其他原因修改过原值等情况，导致测算的折旧费用与企业实提折旧存在较大差异。此时，项目组需要分析原因，并通过重新设计相关底稿明细重新计算折旧费用，关注是否仍存在差异。

4. 折旧分配检查表

编制本底稿的目的是核实按照使用权资产分类计提的折旧金额与各项成本、费用明细及合计数是否一致，如有差异，则需要查找原因，必要时进行审计调整。

使用权资产折旧分配检查表示例见素材包—素材4。🈳

项目组需要将使用权资产计提折旧金额与分配至生产成本、制造费用、营业成本、销售费用等明细数据合计数进行比对，每项分配明细要与相应的工作底稿数据交叉索引和核对是否相符，并分析和核实折旧分配金额是否准确，分配依据是否充分、适当。即：计提折旧总额与各明细之和要核对一致，每项明细要与各自底稿折旧数核对一致。

5. 盘点检查情况表

编制本底稿的目的是实施使用权资产实地检查程序。对于首次承接业务应扩大实地监盘检查范围，了解企业对使用权资产盘点的内部控制制度，实地观察时，项目组需要拍摄现场照片留存于工作底稿之中。

实务中，定期对使用权资产盘点是被审计单位的一项重要内部控制检查工作。项目组应拿到被审计单位盘点表，并根据盘点清单设计监盘计划，并根据计划要求组织审计人员对使用权资产开展监盘程序，对重要的使用权资产进行重点抽盘，核实使用权资产是否正常使用。

使用权资产盘点检查表示例见素材包—素材 4。🔲

使用权资产盘点检查表应填写盘点时间、盘点地点、抽盘比例、企业盘点人员和监盘人均需要签字确认。

6. 使用权资产增加检查表

编制本底稿的目的是对使用权资产增加数进行测算，重新计算使用权资产入账金额是否准确，本底稿相关数据可以与租赁负债和预计负债相关底稿进行索引。编制本底稿需要利用一些财务管理知识，以及对 CAS21 租赁准则相关内容比较熟悉，比如对本期新取得使用权资产的初始成本测算需要根据租赁负债计算的现值结合租赁开始日之前已付款金额、租赁激励、初始直接费用、复原或恢复成本现值等计算使用权资产，如果计算的使用权资产与实际入账价值存在差异则需要查明原因，必要时进行审计调整。

使用权资产增加检查表工作底稿示例如下：

（1）本期新取得使用权资产的初始成本测算表示例见素材包—素材 4。🔲

（2）本期因租赁负债的重新计量导致的使用权资产成本增加测算表示例见素材包—素材 4。🔲

（3）本期因售后租回交易取得的使用权资产入账价值测算表示例见素材包—素材 4。🔲

售后租回交易中的资产转让属于销售的，承租人应当按原资产账面价值中与租回获得的使用权有关的部分，计量售后租回所形成的使用权资产，并仅就转让至出租人的权利确认相关利得或损失；出租人应当根据其他适用的《企业会计准则》对资产购买进行会计处理，并根据 CAS21 租赁准则相关内容对资产出租进行会计处理。如果销售对价的公允价值与资产的公允价值不同，或者出租人未按市场价格收取租金，则企业应当将销售对价低于市场价格的款项作为预付租金进行会计处理，将高于市场价格的款项作为出租人向承租人提供的额外融资进行会计处理；同时，承租人按照公允价值调整相关销售利得或损失，出租人按市场价格调整租金收入。

在进行上述调整时，企业应当基于以下两者中更易于确定的项目：销售对价的公允价值与资产公允价值之间的差额、租赁合同中付款额的现值与按租赁市价计算的付款额现值之间的差额。

7. 使用权资产减少检查表

编制本底稿的目的是对使用权资产减少进行测算，重新计算使用权资产减少额是否准确。编制本底稿需要对准则规定的租赁变更、因租赁负债的重新计量导致的使用权资产成本减少等情况（因租赁范围缩小、缩短租期、转租使用权资产构成融资租赁等情形）的会计处理比较熟悉，通过重新计算和检查能够判断合理性。

使用权资产减少检查表工作底稿示例如下：

（1）本期因终止确认或部分终止确认使用权资产的减少检查（因租赁范围缩小、缩短租期、转租使用权资产构成融资租赁等情形）表示例见素材包—素材 4。🔲

（2）本期因租赁负债的重新计量导致的使用权资产成本减少测算表示例见素材包—素材 4。🔲

（3）本期因使用权资产减少对损益的影响检查表示例见素材包—素材 4。🔲

8. 披露表

使用权资产披露表按照账面原值、累计折旧、减值准备、账面价值的具体项目明细分别披露年初余额、本年增加金额、本年减少金额和年末余额。披露表的数据需要注意与报表和附注之间的逻辑关系核对相符，本年折旧金额应当与现金流量表附表"使用权资产折旧"数据核对一致。对于存在处置、转租赁、变更或重组减少的情况，需要关注发生的原因，以及相关会计处理依据是否充分。

使用权资产披露表示例见素材包—素材 4。🔲

值得注意的是，各项目的年初余额明细数据应与上年审计报告年末余额披露的数据核对一致，如果存在差异应关注是否合理。实务中，很多企业的使用权资产的项目明细的年末余额存在混乱的情况，比如房屋及建筑物、机器设备、运输设备等明细存在串项。

第二节　负债类工作底稿

一、短期借款

（一）"短期借款"核算内容

"短期借款"既是一个报表项目，也是会计科目，主要核算企业向银行或其他金融机构等借入的期限在 1 年以下（含 1 年）的各种借款。本科目可按借款种类、贷款人和币种进行明细核算。值得注意的是，若银行承兑汇票贴现不符合金融资产终止确认条件，因票据贴现取得的现金在资产负债表中应确认为一项借款（列报于"短期借款"），该现金流入在现金流量表中相应分类为筹资活动现金流量（列报于"取得借款收到的现金"）。短期借款的基本会计处理原则见表 5-6。

表 5-6　短期借款的基本会计处理原则

业务事项	会计处理
企业借入的各种短期借款	借记"银行存款"科目，贷记"短期借款"科目；归还借款做相反的会计分录
资产负债表日，应按计算确定的短期借款利息费用	借记"财务费用""在建工程"等科目，贷记"银行存款""应付利息"等科目

（二）"短期借款"重要提示

1. 了解银行借款的类型

根据《贷款通则》相关规定：贷款按期限长短划分为短期贷款、中期贷款和长期贷款。短期贷款，系指贷款期限在 1 年以内（含 1 年）的贷款。中期贷款，系指贷款期限在 1 年以上（不含 1 年）5 年以下（含 5 年）的贷款。长期贷款，系指贷款期限在 5 年（不含 5 年）以上的贷款。贷款按有无担保划分为信用贷款和担保贷款。信用贷款，系指没有担保、仅依据借款人的信用状况发放的贷款。担保贷款，系指由借款人或第三方依法提供担保而发放的贷款。担保贷款包括保证贷款、抵押贷款和质押贷款。保证贷款、抵押贷款和质押贷款，系指按《中华人民共和国民法典》规定的保证方式、抵押方式或质押方式发放的贷款。

2. 关于《企业会计准则解释第 15 号》关于资金集中管理相关列报

对于成员单位未从集团母公司账户而直接从财务公司拆借的资金，成员单位应当在资产负债表"短期借款"项目中列示。

3. 关注"存贷双高"及"控股股东以上市公司的名义对外借款"

如有企业账面有很多存款仍然向银行借款，或者企业本身并无筹资计划或筹资需求但仍然向银行借款，此时，项目组需要关注此现象是否存在部分银行存款质押受限或控股股东以公司的名义对外借款。

4. 及时获取关键证据"企业信用报告"并与账面记录进行核对

由于打印的企业信用报告内容是截至打印报告日的信贷记录信息，所以建议项目组应在资产负债表日后尽快获取企业信用报告，否则可能会出现较多内容在打印时无法查询的情况。

（三）编制底稿常见问题

1. 工作底稿低级错误问题

（1）导引表、明细表、披露表数据不准确与试算平衡表和附注不一致。

（2）明细表的发生额不准确，存在虚增或虚减情况，与其他对应科目逻辑不符。

（3）审计说明不完整，没有将执行的审计程序情况说明清晰、完整。

（4）缺少索引号或纸质底稿索引号与电子版索引号编制不准确。

（5）审计说明中包含审计调整，但本期数中没有审计调整事项，或者情况相反。

（6）抽取的样本没有记录选取的过程，以及样本量不满足审计计划要求。

（7）短期借款项目类别列示错误。

（8）计划实施的审计程序没有实施，将应当编制的底稿随意隐藏。

2. 未获取重要审计证据问题

（1）未及时获取企业信用报告。

（2）未获取银行借款合同、担保合同和反担保合同。

（3）未获取借款台账、银行借据和银行函证。

3. 审计程序实施不到位问题

（1）未对短期借款实施函证程序。

（2）未检查短期借款借据、借款合同，以及担保合同等关键证据。

（3）未关注短期借款本金或利息是否逾期，银行机构对企业的五级分类是否存在关注或不良。

（4）未对短期借款等信息与企业信用报告进行详细核对。

（5）未充分关注向短期借款的真实原因。

（6）未对短期借款发生利息支出进行测算。

（四）"短期借款"所需执行的审计程序

1. 导引表

短期借款导引表是记录短期借款项目审计调整前后的期末余额和期初余额及其变化情况，记录审计人员执行短期借款实质性程序及获取证据，并进而得出短期借款审计结论的工作底稿。

（1）导引表组成内容。短期借款导引表主要包括短期借款类别反映的期末余额和期初余额，以及增减变化、审计说明和审计结论。值得注意的是，企业可能使用多种方式共同进行借款，比如质押结合抵押或保证借款，此时可以按实际情况使用"混合借款"并披露具体借款方式。短期借款导引表见表5-105。

审计说明：至少包括短期借款核算内容、增减变化、执行的审计程序和获取的主要审计证据情况。

审计结论：①经审计，该项目未见重大异常；②经审计调整后，该项目未见重大异常；③因大额短期借款未及时入账且管理层不同意调整（仅为举例）原因，该项目余额不能确认。根据实际情况，只能选择一个审计结论。

（2）导引表编制要点。期初余额来源于上年工作底稿审定数或者未审数（如有调整也需要插列增加调整过程），变动比例为期末余额调整后的数据与期初余额审定数之间的变动比例。

导引表里的索引号与明细表索引号对应。即：此处的项目明细与明细表中的数据保持一致。如果有审计调整，还需要在审计说明中描述审计调整事项及说明。

（3）导引表部分审计说明示例如下：

1. 短期借款主要核算向银行或其他金融机构等借入的期限在1年以下（含1年）的各种借款。

2. 短期借款本年余额与上年余额增加较大，主要是企业通过抵押厂房获取的银行借款增加影响。

3. 获取短期借款明细表，总账、报表和明细表核对相符，与试算平衡表和附注核对一致。

4. 经检查，获取被审计单位企业信用报告，核实账面记录完整准确。包括关注企业信用报告中列示的被审计单位对外担保的信息。

5. 项目组对短期借款进行函证，经回函核对信息相符。

6. 了解年度内增加的短期借款，检查借款合同，了解借款数额、借款用途、借款条件、借款日期、还款期限、借款利率，并与相关会计记录相核对，经核对相符，未见异常。

7. 了解年度内减少的短期借款，检查相关记录和原始凭证，核实还款数额，并与相关会计记录相核对，经核对相符，未见异常。

8. 根据短期借款的利率和期限，经重新计算，被审计单位短期借款的利息计算准确；如有未计利息和多计利息，应作出记录，必要时提请进行调整。

9. 经检查，被审计单位用于短期借款的抵押资产的所有权属于被审计单位，其价值和实际状况与协议中的规定相一致。

10. 经检查，被审计单位与贷款人之间所发生的债务重组。检查债务重组协议，确定其真实性、合法性，经检查债务重组的会计处理准确。

11. 短期借款已按照《企业会计准则》的规定记录于恰当的账户及恰当列报于财务报表。

2. 明细表

短期借款明细表数据来源于企业明细账（按银行借款类型），但在短期借款工作底稿还需要加入一些关键要素，比如贷款银行、借款期限、借款条件、借款本金及利率等信息。

短期借款明细表示例见素材包—素材 5。

项目组编制短期借款明细表时应关注所有明细项目填列是否完整和准确，重点核查银行借款合同与实际入账是否一致，借款是否逾期，是否承担高额的利息支出和罚金，并与企业信用报告相关信息进行比对核查。

3. 银行授信情况检查表

编制银行授信情况检查表的主要目的是为了核实银行授信情况，包括信用额度、已使用额度、业务条款、担保方式、续期情况等。

资产负债表日银行授信额度检查表示例见素材包—素材5。▨

统一授信是指商业银行对单一法人客户或地区统一确定最高综合授信额度，并加以集中统一控制的信用风险管理制度。包括贷款、贸易融资（如打包放款、进出口押汇等）、贴现、承兑、信用证、保函、担保等表内外信用发放形式的本外币统一综合授信。

值得注意的是，一般而言，商业银行对客户签发授信额度，仅代表商业银行愿意对该客户承担一定风险，但不表示银行对该客户的任何融资承诺（构成贷款承诺的授信除外）。项目组可以通过银行授信文件与企业信用报告信息进行核对，对于记录不一致的情况，需要了解原因，并与银行沟通出具说明。

4. 担保检查表

编制担保检查表的主要目的是为了检查短期借款的担保情况，包括抵质押合同、抵质押物类别、保证合同等。了解抵质押物的所有权是否归属于被审计单位，资产价值与实际状况是否与合同约定一致。

借款担保检查表示例见素材包—素材5▨

值得注意的是，如果企业用自身资产做抵押或质押，项目组应关注资产受限情况；如果提供担保单位为关联方或外部第三方，项目组应关注是否存在反担保措施，即：被审计单位是否也存在为关联方或外部第三方提供担保，项目组可以对企业信用报告中的担保信息予以核实。

5. 函证控制表

一般情况下，项目组编制银行存款函证控制表时会将银行借款记录共同进行统计并生成银行询证函，函证内容主要包括借款本金、借款利率、借款期限、借款条件及抵质押情况。项目组需要统计回函信息并核实回函是否相符。

短期借款函证控制表示例见素材包—素材5。▨

实务中，虽然企业信用报告会记载银行信贷记录，但可能会存在滞后性导致信息不完整，所以，项目组有必要对银行借款实施函证程序。

6. 未回函替代测试表

执行未回函替代测试的主要目的就是能够达到和短期借款函证一样的效果。实务中，如果项目组没有对银行借款发函或函证未回的情况下，项目组可以获取银行借款合同、授信资料、担保合同、企业信用报告等资料进行核对。

短期借款函证控制表示例见素材包—素材5。▨

对于复核期后偿还短期借款，需要获取偿还借款的银行回单进行核对。

7. 利息测算表

编制利息测算表的主要目的是为了复核短期借款期限、利率等信息，并重新计算利息计提是否准确。通常情况下，根据借款合同约定，用借款期限起止日期计算实际借款天数，并用年利率计算为日利率后，计算本年应计提的利息支出，并与账面记录对比是否存在差异。值得注意的是，项目组还需要关注利息支出费用化还是资本化，并核实资本化期间和资本化利息是否计算准确。

短期借款利息测算表示例见素材包—素材5。

企业发生的借款费用，可直接归属于符合资本化条件的资产的购建或者生产的，应当予以资本化，计入相关资产成本。符合资本化条件的资产是指需要经过相当长时间的购建或生产活动才能达到预定可使用或者可销售状态的固定资产、投资性房地产和存货等资产。具体计算借款费用资本化金额时，应区分专门借款与一般借款分别予以处理，其中，专门借款指的是为购建或者生产符合资本化条件的资产而专门借入的款项。

在实务中，如果由于人为或者故意等非正常因素导致资产的购建或者生产时间相当长的，该资产不属于符合资本化条件的资产。购入即可使用的资产，或者购入后需要安装但所需安装时间较短的资产，或者需要建造或者生产但所需建造或者生产时间较短的资产，均不属于符合资本化条件的资产。

根据《企业会计准则第17号——借款费用》和《企业会计准则解释第14号》的相关规定，对于社会资本方将相关PPP项目资产的对价金额或确认的建造收入金额确认为无形资产的部分，相关借款费用满足资本化条件的，社会资本方应当将其予以资本化，计入"PPP借款支出"科目，期末，"PPP借款支出"科目的借方余额应在资产负债表"无形资产"项目中列报；待PPP项目资产达到预定可使用状态时，将计入"PPP借款支出"科目的金额结转至"无形资产"科目。除上述情形以外的其他借款费用，社会资本方应将其予以费用化，计入财务费用。

8. 利息分配检查表

编制本底稿的主要目的是检查利息分配在各科目之间的会计处理是否准确。值得注意的是，项目组对借款费用资本化的计算应索引在建工程和研发支出等工作底稿。

短期借款利息分配检查表示例见素材包—素材5。

项目名称按照短期借款具体项目列示，实际利息按照摊余成本和实际利率计算（除非实际利率与合同利率差异不大除外）。如发现差异，应及时分析原因，并根据实际情况进行调整。

9. 披露表

短期借款项目披露表包括两个部分：一是披露短期借款分类情况，包括质押、抵押、保证、信用等方式的年末数和年初数；二是披露已逾期未偿还的短期借款情况，包括贷款银行、借款年末余额、借款利率、逾期时间、逾期利率等信息。

短期借款披露表工作底稿示例如下：

（1）短期借款分类示例见素材包—素材 5。🔲

（2）已逾期未偿还的短期借款情况。

本年末已逾期未偿还的短期借款总额为×××元，其中重要的已逾期未偿还的短期借款情况见素材包—素材 5。🔲

注：由于本公司资金周转困难，本公司向××银行借款人民币××万元已逾期未还。截至本财务报表批准日，本公司已与××银行达成协议，将于 20××年×月×日前偿还该笔借款，逾期期间的利息仍按原借款合同规定的利率支付。

二、应付账款

（一）"应付账款"核算内容

"应付账款"既是一个报表项目，也是会计科目，本科目核算企业以摊余成本计量的因购买材料、商品和接受劳务供应等经营活动应支付的款项。企业（金融）应支付但尚未支付的手续费和佣金，可将本科目改为"应付手续费及佣金"科目，并按照对方单位（或个人）进行明细核算。企业（保险）应支付但尚未支付的赔付款项，可将本科目改为"应付赔付款"科目，并按照保险受益人进行明细核算。本科目可按债权人进行明细核算。应付账款的基本会计处理原则见表 5-7。

表 5-7　应付账款的基本会计处理原则

业务事项	会计处理
企业购入材料、商品等验收入库，但货款尚未支付，根据有关凭证（发票账单、随货同行发票上记载的实际价款或暂估价值）	借记"材料采购""在途物资"等科目，按应付的款项，贷记"应付账款"科目
接受供应单位提供劳务而发生的应付未付款项，根据供应单位的发票账单	借记"生产成本""管理费用"等科目，贷记"应付账款"科目。支付时，借记"应付账款"科目，贷记"银行存款"等科目
上述交易涉及增值税进项税额的，还应进行相应的处理。	

1. 虚构采购业务舞弊

主要是指管理层舞弊和主要采购人员舞弊，其做法是虚构采购行为，作为企业的固定资产、长期待摊费用、营业外支出或虚假转入产品成本，达到个人侵吞单位资金或配合收入舞弊为目的。此行为如是个人行为，通过控制测试，核实原始单据的相关审批是否完整可以查出；如是管理层舞弊，则需要通过了解所处行业的整体售价、利润率、被审单位在业内所处地位、整个销售收入和回款情况，毛利率的分析等方法检查是否与整个行业的发展趋势情况明显存在区别来判断。

2. 采购业务不完整记录的判断

已经验收的商品和劳务未入账，将直接影响应付账款余额，不能反映企业的实际负债情况，并存在挪用及个人侵吞的可能，此时可通过资金流出的年度横向比较分析来判断资金支付是否存在较大的变动，查明主要的变动原因并核实采购业务是否完整。

3. 将采购成本计入费用或利用第三方支付形式误导报表使用人

企业为提高毛利率，粉饰业绩，将采购成本计入其他费用支出或利用第三方支付成本的形式，误导报表使用人，对此可以检查采购合同，执行函证程序，了解所购商品的市场价格，并结合其他费用科目的检查来验证。

CPA审计经验分享

应付账款是随着企业赊购交易的发生而发生的，项目组应结合赊购交易进行审计。包括关注长期的应付账款，是否存在隐瞒利润的情况；分析当期发生的应付账款与现金流量表的相关列示是否吻合；结合固定资产、存货的监盘情况，检查是否存在未入账的应付账款，避免低估负债；核对往来，确保应付账款的真实性，完整性；函证应付账款及替代测试。

（三）编制底稿常见问题

1. 工作底稿低级错误问题

（1）导引表、明细表、披露表数据不准确与试算平衡表和附注不一致。

（2）明细表的发生额不准确，存在虚增或虚减情况，与其他对应科目逻辑不符。

（3）审计说明不完整，没有将执行的审计程序情况说明清晰、完整。

（4）缺少索引号或纸质底稿索引号与电子版索引号编制不准确。

（5）审计说明中包含审计调整，但本期数中没有审计调整事项，或者情况相反。

（6）抽取的样本没有记录选取的过程，以及样本量不满足审计计划要求。

（7）应付账款账龄不勾稽、款项性质不明确、供应商名称不完整。

（8）计划实施的审计程序没有实施，将应当编制的底稿随意隐藏。

2. 未获取重要审计证据问题

（1）未获取供应商清单及明细表。

（2）未获取应付账款函证及重要协议、采购发票。

（3）未获取关联方清单、未识别采购关联方。

（4）未获取期后支付应付账款的凭证和银行回单。

（5）未获取无法支付的应付账款核销的相关证据。

3. 审计程序实施不到位问题

（1）未详细核查应付账款是否存在虚构交易，实际无需支付且长期挂账情况。

（2）未对期末应付账款执行函证程序。

（3）未对应付账款期后付款情况进行检查。

（4）未对应付账款函证保持足够的控制，以及未对应付账款回函不符保持应有关注，未对被询证方的收件人和地址等信息进行核实。

（5）未对供应商发票是否及时入账进行测试。

（6）未发函的应付账款没在工作底稿中说明理由，未回函的函证未执行替代程序。

CPA审计经验分享

> 项目组需要注意应付账款负值是否需要考虑重分类、关注是否存在应付账款转应付票据、无法支付的应付账款、应付账款转股份等特殊事项，关注以上特殊事项可能引发的会计处理是否准确。

（四）"应付账款"所需执行的审计程序

1. 导引表

应付账款导引表是记录应付账款项目审计调整前后的期末余数和期初余额及其变化情况，记录审计人员执行应付账款实质性程序及获取证据，并进而得出应付账款审计结论的工作底稿。

（1）导引表组成内容。应付账款导引表主要包括应付账款按照账龄分类的期末余额和期初余额，以及增减变化、审计说明和审计结论。项目组需要关注应付账款账龄是否勾稽相符。

应付账款导引表示例见素材包—素材 6。

审计说明：至少包括应付账款核算内容、增减变化、执行的审计程序和获取的主要审计证据情况。

审计结论：①经审计，该项目未见重大异常；②经审计调整后，该项目未见重大异常；③因应付账款记录不完整且管理层不同意调整（仅为举例）原因，该项目余额不能确认。根据实际情况，只能选择一个审计结论。

（2）导引表编制要点。期初余额来源于上年工作底稿审定数或者未审数（如有调整也需要插列增加调整过程），变动比例为期末余额调整后的数据与期初余额审定数之间的变动比例。

导引表里的索引号与明细表索引号对应。即：此处的项目明细与明细表中的数据保持一致。如果有审计调整，还需要在审计说明中描述审计调整事项及说明。

（3）导引表部分审计说明示例如下：

---

1. 应付账款主要核算企业除购过程中尚未支付的货款。

2. 应付账款本年余额与上年余额变化较大，主要是本年扩大产能采购原材料导致应付账款增加。

3. 获取应付账款明细表，总账、报表和明细表核对相符，与试算平衡表和附注核对一致。

4. 经检查，非记账本位币应付账款的折算汇率及折算结果准确无误。

5. 经分析，发现应付账款出现借方余额的项目，经查明原因后，已作重分类调整。

6. 结合预付账款等往来项目的明细余额，经调查，未见同时挂账的项目、异常余额或与购货无关的其他款项，无需作出调整。

7. 对应付账款执行实质性分析程序：

（1）比较当年度及以前年度应付账款及周转率的增减变动，通过对比发现周转率存在异常情况，与企业沟通核实主要是本年扩大产能导致应付账款较以往年度增加较大。

（2）比较当年度及以前年度应付账款的构成、账龄及主要供货商的变化，通过对比发现存在异常情况，当年度一年以内账龄的应付款增加较大，供应商前五名变化并非很明显。

（3）对应付账款借方发生额与货币资金流出、应付票据贷方发生额等进行分析，经判断，不存在为虚增利润而虚构采购交易产生的应付账款、关联循环交易产生的应付账款、为贸易融资进行的三方虚拟交易产生的应付融资款及将虚构的长期挂账应付账款作为无需支付款项转入营业外收入。

8. 获取被审计单位与其供应商之间的对账单（从采购部门获取），并将对账单和被审计单位财务记录之间的差异进行调节（如在途款项、在途货物、付款折扣、未记录的负债等），未见有无未入账的应付账款，经核实，应付账款金额记录准确。

9. 检查债务形成的相关原始凭证，如供应商发票、验收报告或入库单等，经检查，未见有未及时入账的应付账款，经核实，应付账款金额记录准确。

10. 检查应付账款长期挂账的原因并作出记录，经核实，存在部分应付账款无需支付；经核实，无需支付的应付账款的会计处理准确，依据充分；关注账龄超过 3 年的大额应付账款在资产负债表日后是否偿还，检查偿还记录及单据，并披露未偿还的大额一年以上应付账款。

11. 针对资产负债表日后付款项目，检查银行对账单及有关付款凭证（如银行划款通知、供应商收据等），经询问被审计单位内部或外部的知情人员，经核实，无未及时入账的应付账款。

12. 复核截至审计现场工作日的全部未处理的供应商发票，经询问了解，不存在其他未处理的供应商发票，经核实，所有的负债都记录在正确的会计期间内。

13. 选择应付账款的重要项目（包括零账户）函证其余额和交易条款，对未回函的再次发函或实施替代的检查程序（检查原始凭单，如合同、发票、验收单，核实应付账款的真实性）。针对已偿付的应付账款，追查至银行对账单、银行付款单据和其他原始凭证，经检查，其在资产负债表日前真实偿付。

14. 检查资产负债表日后应付账款明细账贷方发生额的相应凭证，检查其购货发票的日期，经核实，入账时间合理。

15. 结合存货监盘程序，检查被审计单位在资产负债表日前后的存货入库资料（验收报告或入库单），经检查，未见有大额料到单未到的情况，经核实，确认相关负债已计入了正确的会计期间。

16. 针对异常或大额交易及重大调整事项（如大额的购货折扣或退回，会计处理异常的交易，未经授权的交易，或缺乏支持性凭证的交易等），检查相关原始凭证和会计记录，以分析交易的真实性、合理性。

17. 检查带有现金折扣的应付账款已按发票上记载的全部应付金额入账，在实际获得现金折扣时再冲减财务费用。

18. 被审计单位与债权人进行债务重组的，经检查，不同债务重组方式下的会计处理准确。

19. 执行关联方及其交易审计程序，经检查，企业与关联方的应付账款业务真实准确。

20. 应付账款已按照《企业会计准则》的规定记录于恰当的账户及恰当列报于财务报表。

IPO 底稿：对被审计单位向供应商、外协厂商的采购情况进行分析，包括采购占比、采购价格与市价进行比较，通过走访对相关情况进行核实。

IPO 底稿：对报告期内主要外协单位，了解其名称、地址、法定代表人、股权结构、外协环节/产品服务名称、采购金额、采购金额占被审计单位同类采购的比例、被审计单位采购额占对方销售总额的比例、与被审计单位有无其他关联关系、是否存在补充协议等，比较走访掌握的情况与被审计单位记载是否一致。

IPO 底稿：对报告期内各类主要原材料前十大供应商进行付款测试，测试收款单位与供应商单位是否一致，重点关注利用员工账户或其他第三方账户周转的情形。存在异常的，应进行重点检查。

2. 明细表

应付账款明细表数据来源于企业明细账（按债权人明细），但在应付账款工作底稿还需要加入一些关键要素，比如关联方情况、款项性质、账龄、工商信息等。

应付账款明细表示例见素材包—素材 6。🔲

实务中，单位名称常常出现不完整或不及时更新的情况，可以通过天眼查等批量查询功能了解哪些供应商名称是否存在不匹配的情况，然后再与企业沟通重新获取单位全称。对于天眼查核实供应商信息时，了解供应商的经营状态、公司注册地址、注册资本，以及经营范围是否存在异常，比如某些供应商实际已经注销，但账面上仍有采购记录。值得注意的是，项目组可以通过获取采购合同台账、检查采购发票、关联方核查等方式检查供应商是否存在异常。

3. 应付账款分析表

编制本底稿的主要是对应付账款执行分析性程序，分析本年度与以往年度应付账款周转率变化是否异常、应付账款贷方发生额与存货采购金额核对是否匹配、应付账款借方发生额数据与支付货币资金及转入应付票据数据是否一致等。值得注意的是，如果应付账款相关分析存在数据异常，应对异常情况进行充分解释。

应付账款分析表工作底稿示例如下：

（1）应付账款周转率分析表示例见素材包—素材6。

应付账款周转率＝本期购货金额/应付账款平均余额，应付账款平均余额＝（期初应付账款＋期末应付账款）÷2

应付账款周转天数＝365÷应付账款周转率

期末应付账款占存货比重＝期末应付账款÷期末存货余额。

（2）应付账款贷方发生额与存货采购金额的核对表示例见素材包—素材6。

项目组分析应付账款贷方发生额是否全部为购货行为，核实采购入库金额与应付账款贷方发生额是否一致，是否存在重大差异，分析差异原因的合理性。

（3）应付账款借方发生额分析表示例见素材包—素材6。

统计应付账款借方发生额对方科目的范围和金额，例如：应付账款转入应付票据，用货币资金支付，或者通过债务重组等方式减少，等等。通过上述检查核实相关账务处理是否准确。

4. 外币测算表

编制本底稿的主要用于检查非记账本位币应付账款的折算汇率及折算是否准确。

外币测算表示例见素材包—素材6。

项目组需要关注被审计单位期初和期末使用账面汇率是否统一，经重新计算，核实账面记账本位币与测算记账本位币是否存在差异，以及差异原因是否合理或不重要。

5. 期后付款检查表

编制本底稿的主要目的是检查期后付款项目是否存在未及时入账的应付账款，以及检查是否存在跨期事项。项目组通过检查资产负债表日后付款项目，检查银行对账单、网银和支票等信息，以及检查付款凭证，询问财务人员及采购业务人员等知情人员，查找是否存在未及时入账的应付账款。

期后付款检查表示例见素材包—素材 6。🔳

项目组需要将上述供应商付款信息填写完整，并检查期后付款银行对账单、网银记录、付款凭证等，记录相关信息，核实是否存在大额未记账的应付账款，以及应付账款是否存在截止认定不恰当的情况。

6. 未处理供应商发票检查表

编制本底稿的主要目的是检查截至审计现场结束日之前全部未处理供应商发票，并询问财务人员或采购业务人员等知情人员是否存在其他未处理的供应商发票，确认所有应付账款已恰当处理在正确的会计期间。

未处理供应商发票检查表示例见素材包—素材 6。🔳

值得注意的是，并不是所有发票开具在资产负债表日后的项目就不会归属于报告期年度，这需要根据业务实质分析，应付账款在没有发票的情况下，是否根据真实业务进行暂估入账。

7. 长期挂账及核销检查表

编制本底稿的主要目的是检查是否存在长期挂账无需支付的应付账款，检查经济业务是否符合无需支付核销营业外收入的条件，相关批准文件是否完整，会计处理是否准确。

长期挂账及核销检查表工作底稿示例如下：

（1）长期挂账应付账款检查表见素材包—素材 6。🔳

获取期末债权人账龄较长的明细，了解长期挂账原因，了解债权人基本情况，了解是否存在注销；无需支付是否存在合理的证据，确定是否需要进行审计调整。

（2）本期因无需支付核销计入营业外收入的应付账款检查表见素材包—素材 6。🔳

对本期因无需支付核销计入营业外收入的明细重点核查形成的原因及批准文件和相关证据是否完整，关注企业是否存在利用无需支付的应付账款调节利润。

8. 应付账款详细分析表

编制本底稿的主要目的是检查应付工程款、设备款及其他长期资产，与相关采购合同、工程合同等进行核对，并查看现场设备、工程进展情况，核查是否存在延迟确认在建工程、固定资产的情况。

应付账款详细分析表示例见素材包—素材6。🔲

项目组需要将上述采购设备、工程等信息填写完整，并检查本年度和上年度向供应商采购规模、交易内容、合同约定付款政策和行业结算惯例，并核查供应商主营业务、注册资本等基本信息和应付账款账龄核实在建工程和固定资产是否延迟入账。值得注意的是，通常大部分企业将支付的工程款、设备款等计入其他应付款核算，这样分类可以与现金流量表测算有对应关系。

9. 主要供应商采购分析表

编制本底稿的主要目的是分析重要的供应商本年和上年采购额、同类采购原材料占比，核实采购单价、市场单价是否匹配，通过走访调查了解主要供应商采购的真实性，以及核实主要供应商是否为关联方。通过对主要采购合同的签订情况，核实实际采购商品信息与合同记录的信息，以及验收信息、收货记录和实际付款等信息是否匹配。

主要供应商采购分析表工作底稿示例如下：

（1）主要供应商采购分析表见素材包—素材6。🔲

一般情况下，项目组需要选择供应商前十名进行测试，分析本期和上期数据是否存在异常变动，针对采购额及占比、采购单价、市场价格等进行对比分析，对于高风险项目，还需要进行实地走访，深入了解被审计单位向供应商采购业务是否真实。

（2）主要合同签订及执行情况明细表见素材包—素材6。🔲

项目组需要通过对主要合同签订情况及执行情况进行重点核查，获取主要合同，对采购的商品名称、数量、单价、合同金额、执行日期、结算方式、验货情况、入库情况，以及财务处理进行全面细致的检查，即：通过分析程序和检查程序共同完成对主要供应商的重要合同及执行情况的核查。

10. 函证控制表

项目组编制应付账款函证控制表记录如何选取应付账款的函证样本，发函样本金额占总金额的百分比，同时统计和分析回函占函证金额的比例及占应付账款余额的比例，并记录其他方法，以及未回函替代测试验证的余额占函证金额比例和占应付账款余额的比例。通过上述分析，项目组需要整体了解和判断函证程序执行是否到位。选取应付账款样本包括关键项目（大额、异常、账龄较长）、代表性样本等特征。

应付账款函证控制表示例见素材包—素材6。🔲

项目组需要注意函证应付账款很难证明其完整性。但对于某些企业的商业模式来说，如果不对应付账款进行函证，也没有太适当的方法进行验证，例如百货行业联营模式，由于存货并非商场所控制，应付供应商的货款实际就是其采购成本（在净额法下已经不再确认为营业成本），如果商场与供应商不定时对账，则函证就是唯一能够认定其交易真实性、成本结转完整性的证据（净额法下按毛利确认收入）。

另外，实务中，很多企业由于给供应商函证担心对方会追讨负债，这也间接说明公司赊购期间已过，企业存在违约的风险。

项目组还需要进一步编制函证明细表，获取并核实发函资料、被询证单位信息、记录快递信息、核实回函资料，并核查收发函整个过程是否得到有效控制。

应付账款函证明细表示例见素材包—素材6。🔲

项目组需要记录应付账款样本抽取原则和依据，对收发函保持独立控制，以及记录回函信息，控制回函率，对回函不符的样本保持应有关注；对未收回的函证执行期后付款检查和检查合同、采购发票、验收单等资料予以核实。值得注意的是，对大额及重要的未发函的样本需要在函证控制表里说明理由，并执行其他方法的审计程序予以核实。

11. 未回函替代测试表

执行未回函替代测试的主要目的是能够达到和应付账款函证一样的效果。实务中，对于未回函替代测试并非一直等在无法回函的情况下才执行未回函替代程序，相反，项目组需要在计划阶段就应当关注哪些应付账款的供应商被询证方很难回函而计划执行未回函替代测试表。

应付账款未回函替代测试表示例见素材包—素材6。🔲

值得强调的是，项目组需要关注应付账款发生额的准确性，了解借方发生额是否为支付供应商货款或转为应付票据。

对于期末支持性证据的检查，需要按相关采购合同、发票、验收单进行核实。

对于复核期后付款的应付账款的检查，也需要了解期后应付账款支付的款项是否已全部支付并获取银行回单予以检查。

12. 函证结果调节表

编制函证结果调节表的主要目的是为了核实回函不符的情形下，调查回函不符的原因，分析回函和账面记录之间差异是否合理，检查是否需要作出审计调整。

应付账款函证结果调节表示例见素材包—素材6。🎞

对于回函不符存在差异的情况下，项目组应当按照上述底稿示例，填写相关数据并分析差异原因，对于大额不符事项查明原因后，有必要则进行调整。

实务中，很多审计助理忽略对函证结果调节表的检查，对回函不符视而不见。有时候，回函不符实际有可能间接认定企业与供应商之间很可能存在采购业务，只不过双方可能因为入账时间和方法不一致导致存在差异。反之，对于高风险项目，项目组需要对那些百分之百回函且相符的情况需要保持职业怀疑态度。

13. 供应商发票检查表

通过对供应商发票的检查核实采购业务发生是否真实，对于大额或异常的供应商发票应查询税务机关开票系统，了解并核实采购记录真实性，如发现异常或不真实情况需要进一步追查。

供应商发票检查表示例见素材包—素材6。🎞

14. 披露表

应付账款项目披露表主要按账龄或款项性质披露年末余额和年初余额，并披露账龄超过1年的重要应付账款。值得注意的是，披露的账龄年初和年末数据需要勾稽相符，账龄超过1年的重要应付账款披露时应选择重要的供应商进行披露，并注明未偿还或结转的原因。

应付账款披露表示例见素材包—素材6。🎞

三、合同负债

（一）"合同负债"核算内容

"合同负债"既是一个报表项目，也是会计科目，本科目核算企业已收或应收客户对价而应向客户转让商品的义务。本科目应按合同进行明细核算。合同负债的基本会计处理原则见表5-8。

表5-8　合同负债的基本会计处理原则

业务事项	会计处理
企业在向客户转让商品之前，客户已经支付了合同对价或企业已经取得了无条件收取合同对价权利的，企业应当在客户实际支付款项与到期应支付款项孰早时点，按照该已收或应收的金额	借记"银行存款""应收账款""应收票据"等科目，贷记"合同负债"科目

业务事项	会计处理
企业向客户转让相关商品时	借记"合同负债"科目，贷记"主营业务收入""其他业务收入"等科目。涉及增值税的，还应进行相应的处理

企业因转让商品收到的预收款适用收入准则进行会计处理时，不再使用"预收账款"科目及"递延收益"科目。

（二）"合同负债"重要提示

1. 合同资产和合同负债列报

合同资产和合同负债应当在资产负债表中单独列示。同一合同下的合同资产和合同负债应当以净额列示，不同合同下的合同资产和合同负债不能互相抵销。也就是说，合同资产和合同负债以净额列示是有条件的，而非绝对的一刀切。

2. 合同负债是否包含增值税

根据新收入准则对合同负债的规定，尚未向客户履行转让商品的义务而已收或应收客户对价中的增值税部分，因不符合合同负债的定义，不应确认为合同负债。实务中，合同负债中价税分离的增值税，一般计入"其他流动负债—待转销项税"列报。

3. 正确区分"预收账款"和"合同负债"

值得关注的是，企业因转让商品收到的预收款适用收入准则进行会计处理时，不再使用"预收账款"科目及"递延收益"科目，应使用"合同负债"。"预收账款"科目核算的内容大幅度减少，主要核算内容为预收的租金。

4. 合同负债还是金融负债

根据《监管规则适用适用——会计类第 1 号》之"1-17 区分合同负债和金融负债"：企业向购买其商品的客户授予奖励积分，客户可以选择使用该积分兑换该企业或其他方销售的商品。客户选择兑换其他方销售的商品时，企业承担向其他方支付相关商品价款的义务。企业授予客户的奖励积分向其提供了一项额外购买选择权，且构成重大权利时，应当作为一项单独的履约义务。企业需要将销售商品收取的价款在销售商品和奖励积分之间按照单独售价的相对比例进行分摊。客户选择使用奖励积分兑换其他方销售的商品时，企业虽然承担了向其他方交付现金的义务，但由于该义务产生于客户购买商品并取得奖励积分的行为，适用收入准则进行会计处理。企业收到的合同价款中，分摊至奖励积分的部分（无论客户未来选择兑换该企业或其他方的商品），应当先确认为合同负债；等到客户选择兑换其他方销售的商品时，企业的积分兑换义务解除，此时公司应将有义务支付给其他方的款项从合同负债重分类为金融负债。

（三）编制底稿常见问题

1. 工作底稿低级错误问题

（1）导引表、明细表、披露表数据不准确与试算平衡表和附注不一致。

（2）明细表的发生额不准确，存在虚增或虚减情况，与其他对应科目逻辑不符。

（3）审计说明不完整，没有将执行的审计程序情况说明清晰、完整。

（4）缺少索引号或纸质底稿索引号与电子版索引号编制不准确。

（5）审计说明中包含审计调整，但本期数中没有审计调整事项，或者情况相反。

（6）抽取的样本没有记录选取的过程，以及样本量不满足审计计划要求。

（7）合同负债项目列示不准确、项目名称不完整。

（8）计划实施的审计程序没有实施，将应当编制的底稿随意隐藏。

2. 未获取重要审计证据问题

（1）未获取重要的合同负债项目的合同。

（2）未获取合同负债函证。

（3）未获取关联方清单、未识别合同负债的关联方。

（4）未获取期后支持确认营业收入的凭证及相关确认依据。

3. 审计程序实施不到位问题

（1）未详细核查合同负债是否存在虚构交易，是否存在长期挂账不结转收入，也不将预收款退还给客户的情况。

（2）未对期末合同负债执行函证程序。

（3）未对合同负债期后确认收入情况进行检查。

（4）未对合同负债函证保持足够的控制，以及未对合同负债回函不符保持应有关注，未对被询证方的收件人和地址等信息进行核实。

（5）未对合同负债是否及时入账进行测试。

（6）未发函的合同负债没在工作底稿中说明理由，未回函的函证未执行替代程序。

（四）"合同负债"所需执行的审计程序

1. 导引表

合同负债导引表是记录合同负债项目审计调整前后的期末余数和期初余额及其变化情况，记录审计人员执行合同负债实质性程序及获取证据，并进而得出合同负债审计结论的工作底稿。

（1）导引表组成内容。合同负债导引表主要包括合同负债按照合同列示的期末余额和期初余额，以及增减变化、审计说明和审计结论。如果合同金额较小且数量众多，可以归类为"其他合同"列示。

合同负债导引表示例见素材包—素材7。

审计说明：至少包括合同负债核算内容、增减变化、执行的审计程序和获取的主要审计证据情况。

审计结论：①经审计，该项目未见重大异常；②经审计调整后，该项目未见重大异常；③因合同负债记录不完整且管理层不同意调整（仅为举例）原因，该项目余额不能确认。根据实际情况，只能选择一个审计结论。

（2）导引表编制要点。期初余额来源于上年工作底稿审定数或者未审数（如有调整也需要插列增加调整过程），变动比例为期末余额调整后的数据与期初余额审定数之间的变动比例。

导引表里的索引号与明细表索引号对应。即：此处的项目明细与明细表中的数据保持一致。如果有审计调整，还需要在审计说明中描述审计调整事项及说明。

（3）导引表部分审计说明示例如下：

1. 合同负债主要核算企业已收或应收客户对价而应向客户转让商品的义务。

2. 合同负债本年余额与上年余额变化较大，主要是本年按合同预收货款增加。

3. 获取合同负债明细表，总账、报表和明细表核对相符，与试算平衡表和附注核对一致。结合"合同资产""合同结算"科目审计程序，经检查，不存在同一合同同时在合同资产和合同负债双方挂账的情况。

4. 结合"营业收入、营业成本"和"合同结算"科目的审计程序，经检查，合同负债的本期发生额和期末余额列报恰当，会计处理准确，未见异常。

5. 抽查合同负债有关的销货合同、仓库发货记录、货运单据和收款凭证：

（1）经检查，将转让商品之前收到的合同对价已计入合同负债。

（2）经检查，已实现销售的商品已及时转销合同负债。

（3）经确定，合同负债期末余额列报准确。

6. 对合同负债执行函证程序，回函相符，未见异常。

7. 经检查和了解合同负债长期挂账的原因，并作出记录，已提请被审计单位予以调整。

8. 上年度审计调整是否已作了适当账务处理，并在会计报表上作了恰当披露。

9. 合同负债已按照《企业会计准则》的规定记录于恰当的账户及恰当列报于财务报表。

2. 明细表

合同负债明细表数据来源于企业明细账（按合同明细），但在合同负债工作底稿还需要加入一些关键要素，比如是否取得无条件收取合同对价的权利、预计结转期限是否超过一年或一个正常营业周期。值得关注的是，对于预收的合同对价，合同负债是否进行价税分离，如果该项合同提供的商品或服务存在多个税率情况下，企业可以参考历史经验的平均税率进行价税分离。

合同负债明细表示例见素材包—素材 7。

合同负债的列报需要根据"预计结转期限是否超过一年或一个正常营业周期"列报于"合同负债"或者"其他非流动负债"。项目组还需要关注合同负债是否来源于关联方，以及企业与客户签订了不可撤销的合同，即使客户在约定的付款日期并未支付合同对价但企业已经取得了无条件收取合同对价的权利，企业在合同约定时点是否确认了合同负债。

3. 长期挂账及核销检查表

编制本底稿的主要目的是检查是否存在长期挂账无需支付的合同负债，检查经济业务是否符合无需支付核销营业外收入的条件，相关批准文件是否完整，会计处理是否准确。

长期挂账及核销检查表工作底稿示例如下：

（1）长期挂账的合同负债见素材包—素材7。

获取客户期末合同项目账龄较长的明细，了解长期挂账原因，了解客户基本情况，了解是否存在注销；长期挂账未结转收入无需支付合同负债是否存在合理的证据，确定是否需要进行审计调整。

（2）本期因无需支付核销计入营业外收入的合同负债见素材包—素材7。

对长期挂账未结转收入及本期因无需支付的合同负债核销计入营业外收入的明细，重点核查形成的原因及批准文件和相关证据是否完整，关注企业是否存在利用无需支付的合同负债调节利润。

4. 函证控制表

项目组编制函证控制表记录如何选取合同负债的函证样本，发函样本金额占总金额的百分比，同时统计和分析回函金额占函证金额的比例及占合同负债余额的比例，并记录其他方法，以及未回函替代测试验证的余额占函证金额比例和占合同负债余额的比例。通过上述分析，项目组需要整体了解和判断函证程序执行是否到位。选取合同负债样本包括关键项目（大额、异常、账龄较长）、代表性样本等特征。实务中，对于合同负债可能需要按客户的项目进行发函确认，而不能直接按客户明细发函，这是由于企业与客户之间可能存在多笔合同，双方之间需要按合同项目入账、对账和开具发票。

合同负债函证控制表示例见素材包—素材7。

项目组需要注意函证合同负债很难证明其完整性，而且也非必须。但对于某些企业的商业模式来说，很难采用函证的方式予以核实，只能采取替代方式进行验证，例如：百货行业收取的预存储值卡，由于客户大部分为个人且单张卡预存金额较小，用函证的方式予以核查显得不切实际，此时需要考虑利用业务数据核查及银行流水核对等替代测试。但是，对于工程类的合同负债则需要按照合同项目发函询证，这要比用其他程序执行的效果好得多。

项目组还需要进一步编制函证明细表，获取并核实发函资料、被询证单位信息、记录快递信息、核实回函资料，并核查收发函整个过程是否得到有效控制。

合同负债函证明细表示例见素材包—素材7。

项目组需要记录合同负债样本抽取原则和依据，对收发函保持独立控制，以及记录回函信息，控制回函率，对回函不符的样本保持应有关注；对未收回的函证执行期后结转检查和检查合同、银行进账单等资料予以核实。值得注意的是，对大额及重要的未发函的样本需要在函证控制表里说明理由，并执行其他方法的审计程序予以核实。

5. 未回函替代测试表

执行未回函替代测试的主要目的就是能够达到和合同负债函证一样的效果。实务中，对于未回函替代测试并非一直等在无法回函的情况下才执行未回函替代程序，相反的，项目组需要在计划阶段就应当关注哪些合同负债的合同项目对于被询证方很难回函而计划执行未回函替代测试。

合同负债未回函替代测试表示例见素材包—素材 7。🔲

值得强调的是，项目组需要关注合同负债发生额的准确性，了解贷方发生额是否为收到客户支付的预收款项或应收合同对价。

对于期末支持性证据的检查，需要获取销售合同、银行进账单进行核实。

对于复核期后结转的合同负债的检查，需要获取确认收入的相关依据进行核实。

6. 函证结果调节表

编制函证结果调节表的主要目的是为了核实回函不符的情形下，调查不符的原因，分析回函和账面记录之间差异是否合理，检查是否需要作出审计调整。

合同负债函证结果调节表示例见素材包—素材 7。🔲

对于回函不符存在差异的情况下，项目组应当按照上述底稿示例，填写相关数据并分析差异原因，对于大额不符事项查明原因后，有必要则进行调整。

实务中，很多审计助理忽略对函证结果调节表的检查，对回函不符视而不见。有时候，回函不符实际有可能间接认定企业与客户之间很可能存在销售业务，只不过双方可能因为入账时间和方法不一致导致存在差异，关注客户回函数据不符的说明，并予以核实。反之，对于高风险项目，项目组需要对那些百分之百回函且相符的情况需要保持职业怀疑态度。

7. 披露表

合同负债项目披露表主要按合同项目披露年末余额和年初余额，并将预计结转期限超过一年或一个正常营业周期的部分重分类计入其他非流动负债。对于本年账面价值发生重大变动的项目需要披露变动金额和变动原因。

合同负债披露表工作底稿示例如下：

（1）合同负债情况示例见素材包—素材 7。🔲

(2) 本年账面价值发生重大变动的金额和原因示例见素材包—素材 7。

说明：①合同负债账面价值在本期发生重大变动的，应予以说明；②前期已经履行（或部分履行）的履约义务在本期调整的收入（如交易价格的变动）、履行履约义务的时间与通常的付款时间之间的关系，以及此类因素对合同资产和合同负债账面价值的影响的定量或定性信息，如影响重大，应予以说明。

四、应交税费

（一）"应交税费"核算内容

"应交税费"既是一个报表项目，也是会计科目，主要核算企业按照税法等规定计算应交纳的各种税费，包括增值税、消费税、企业所得税、资源税、土地增值税、城市维护建设税、房产税、城镇土地使用税、车船税、教育费附加、印花税等内容。应交税费的基本会计处理原则见表 5-9。

表 5-9　应交税费的基本会计处理原则

业务事项	会计处理
增值税相关科目设置和会计处理	参见《增值税会计处理规定》（财会〔2016〕22 号）相关规定
（1）企业按规定计算应交的消费税、资源税、城市维护建设税、教育费附加、房产税、城镇土地使用税、车船税、矿产资源补偿费等 （2）实际交纳上述税费时	（1）借记"税金及附加"科目，贷记"应交税费"科目 （2）借记"应交税费"，贷记"银行存款"等科目
（1）企业按照税法规定计算应交的所得税 （2）交纳企业所得税时	（1）借记"所得税费用"等科目，贷记"应交税费（应交所得税）"科目 （2）借记"应交税费（应交所得税）"，贷记"银行存款"等科目

（二）"应交税费"重要提示

1. 应交税费——应交增值税需要关注的事项

根据《增值税会计处理规定》（财会〔2016〕22 号）相关规定，应交税费增值税下设进项税、已交税金、销项税、进项税转出等明细，注意上述借方和贷方要进行区分，月末上述明细无需结转，月末根据应交税费——应交增值税借方、贷方差额从"应交税费——应交增值税－转出未交增值税"转入"应交税费——未交增值税"。重点关注增值税明细核算与纳税申报表核对是否一致，关注待转销项税、留抵退税、待抵扣进项税等分类和列报是否准确。

2. 应交税费——企业所得税与递延所得税和所得税费用结合审计

对"应交税费——企业所得税"执行审计程序时，项目组还需要与"递延所得税资产""递延所得税负债""所得税费用"等项目结合审计，检查企业所得税纳税调整，以及暂时性差异确认和计量递延所得税资产或负债是否准确。

"应交税费——企业所得税"的应纳税所得额计算调整过程需要审计人员具备一定的税法知识，对于企业所得税纳税调整事项需要结合企业实际情况进行具体分析和调整。

应交税费明细与税金及附加明细存在勾稽关系，除增值税以外的其他价内税，比如车船税、房产税、城镇土地使用税、印花税、消费税等。一般情况下，应交税费贷方发生额应与税金及附加的借方发生额保持一致，如不一致需要核实原因，是否存在跨期退税等情况。

3. 关于增值税留抵退税现金流列报

企业按照《关于进一步加大增值税期末留抵退税政策实施力度的公告》（财政部税务总局公告 2022 年第 14 号）等规定收到或缴回的增值税期末留抵退税相关现金流量，应当根据现金流量表准则的有关规定进行列示。企业收到或缴回留抵退税款项产生的现金流量，属于经营活动产生的现金流量，应将收到的留抵退税款项有关现金流量在"收到的税费返还"项目列示，将缴回并继续按规定抵扣进项税额的留抵退税款项有关现金流量在"支付的各项税费"项目列示。

（三）编制底稿常见问题

1. 工作底稿低级错误问题

（1）导引表、明细表、披露表数据不准确与试算平衡表和附注不一致。

（2）明细表的发生额不准确，存在虚增或虚减情况，与其他对应科目逻辑不符。

（3）审计说明不完整，没有将执行的审计程序情况说明清晰、完整。

（4）缺少索引号或纸质底稿索引号与电子版索引号编制不准确。

（5）审计说明中包含审计调整，但本期数中没有审计调整事项，或者情况相反。

（6）抽取的样本没有记录选取的过程，以及样本量不满足审计计划要求。

（7）应交税费明细分类性质划分不准确导致最终明细披露错误。

（8）应交税费各税种计算数据与账面数据核对不一致。

（9）纳税申报表记载数据与账面记载明细数据不一致。

（10）应交税费明细借方发生额与实际缴纳的税费现金流存在重大差异。

（11）计划实施的审计程序没有实施，将应当编制的底稿随意隐藏。

2. 未获取重要审计证据问题

（1）未获取各税种纳税申报表和缴款单。

（2）未获取各税种纳税计算明细表。

（3）未获取企业所得税汇算清缴报告。

3. 审计程序实施不到位问题

（1）未对账面记录的应交增值税的销项税、进项税、进项税转出等项目与纳税申报表进行核对。未关注部分税费没有进行纳税申报。

（2）未对各项税费进行重新计算，未关注税费计算是否准确。

（3）未关注企业是否存在欠缴税费情况。

CPA审计经验分享

对于应交税费审计，项目负责人应当派遣熟悉税法知识和具有实务应用能力的项目组成员执行审计程序和编制工作底稿，这样可以提升质量和效率。另外，很多企业设置"两套账"，纳税报表和实际报表存在重大差异，分为内账和外账，项目组应当关注纳税申报时的财务报表与审计的未审报表是否一致，以及可能存在的审计风险。

（四）"应交税费"所需执行的审计程序

1. 导引表

应交税费导引表是记录应交税费项目审计调整前后的期末余数和期初余额及其变化情况，记录审计人员执行应交税费实质性程序及获取证据，并进而得出应交税费审计结论的工作底稿。

（1）导引表组成内容。应交税费导引表主要包括应交税费项目明细的期末余额和期初余额，以及增减变化、审计说明和审计结论。

应交税费导引表示例见素材包—素材8。

审计说明：至少包括应交税费核算内容、增减变化、执行的审计程序和获取的主要审计证据情况。

审计结论：①经审计，该项目未见重大异常；②经审计调整后，该项目未见重大异常；③因企业所得税存在重大会计差错且管理层不同意调整（仅为举例）原因，该项目余额不能确认。根据实际情况，只能选择一个审计结论。

（2）导引表编制要点。期初余额来源于上年工作底稿审定数或者未审数（如有调整也需要插列增加调整过程），变动比例为期末余额调整后的数据与期初余额审定数之间的变动比例。

导引表里的索引号与明细表索引号对应。即：此处的项目明细与明细表中的数据保持一致。如果有审计调整，还需要在审计说明中描述审计调整事项及说明。

（3）导引表部分审计说明示例如下：

---

1. 应交税费主要核算应缴纳的增值税、消费税、城建税、教育费附加、房产税、城镇土地使用税、印花税及代扣代缴的个人所得税。

2. 应交税费本年余额与上年余额变化不大，并未出现特殊情况发生。

3. 获取应交税费明细表，与总账、报表和明细账合计数核对相符。

（1）注意印花税、耕地占用税，以及其他不需要预计应缴数的税金有无误入应交税费项目；

（2）经检查，分析存在借方余额的项目，查明原因，核实由被审计单位预缴税款引起。

4. 首次接受委托时，取得被审计单位的纳税鉴定、纳税通知、减免税批准文件等，了解被审计单位适用的税种、附加税费、计税（费）基础、税（费）率，以及征、免、减税（费）的范围与期限。如果被审计单位适用特定的税基式优惠或税额式优惠、或减低适用税率的，且该项税收优惠需办理规定的审批或备案手续的，应检查相关的手续是否完整、有效。连续接受委托时，关注其变化情况。

5. 经核对，期初未交税金与税务机关受理的纳税申报资料一致，经检查，缓期纳税及延期纳税事项已经过有权税务机关批准。

6. 取得税务部门汇算清缴或其他确认文件、有关政府部门的专项检查报告、税务代理机构专业报告、被审计单位纳税申报资料等，分析其有效性，并与上述明细表及账面数据进行核对，未见异常。对于超过法定缴纳期限的税费，已取得主管税务机关的批准文件。

7. 检查应交增值税：

（1）获取应交增值税明细表，加计复核未见异常，并与明细账核对相符；

（2）将应交增值税明细表与被审计单位增值税纳税申报表进行核对，比较两者是否总体相符，并分析其差额的原因，经检查，未见异常；

（3）通过"原材料"等相关科目匡算进项税合理性，未见异常；

（4）经抽查，一定期间的进项税抵扣汇总表，与应交增值税明细表相关数额合计数核对，未见差异；

（5）经抽查，重要进项税发票、海关完税凭证、收购凭证或运费发票，并与网上申报系统进行核对，并注意进口货物、购进的免税农产品或废旧物资、支付运费、接受投资或捐赠、接受应税劳务等应计的进项税额已按规定进行了会计处理；因存货改变用途或发生非常损失应计的进项税额转出数的计算准确，已按规定进行了会计处理；

（6）根据与增值税销项税额相关账户审定的有关数据，经复核，存货销售，或将存货用于投资、无偿馈赠他人、分配给股东（或投资者）应计的销项税额，将自产、委托加工的产品用于非应税项目的计税依据确定是否正确，以及应计的销项税额是否准确计算，已按规定进行会计处理；

（7）经检查，被审计单位的适用税率符合税法规定；

（8）取得出口货物退（免）税申报表及办理出口退税有关凭证，经复核，出口货物退税的计算准确，已按规定进行了会计处理；

（9）对经主管税务机关批准实行核定征收率征收增值税的被审计单位，应检查其是否按照有关规定正确执行。如果申报增值税金额小于核定征收率计算的增值税金额，应注意超过申报额部分的会计处理是否正确；

（10）抽查本期已交增值税资料，经确定，已交款数的数据准确。

11. 经检查，应交消费税的计算准确。结合税金及附加等项目，根据审定的应税消费品销售额（或数量），经检查，消费税的计税依据准确。适用税率（或单位税额）符合税法规定，已按规定进行了会计处理，并分项复核本期应交消费税税额；抽查本期已交消费税资料，确定已交数的正确性。

12. 经检查，应交资源税的计算准确，已按规定进行了会计处理。

13. 经检查，应交土地增值税的计算准确，已按规定进行了会计处理：

（1）根据审定的预售房地产的预收账款，经复核，预交税款准确；

（2）对符合项目清算条件的房地产开发项目，经检查，被审计单位已按规定进行土地增值税清算；已获取被审计单位已聘请中介机构出具的土地增值税清算鉴证报告，经检查、核对相关鉴证报告，未见异常；

（3）如果被审计单位被主管税务机关核定征收土地增值税的，应检查、核对相关的手续。

14. 经检查，应交城市维护建设税的计算准确。结合税金及附加等项目的审计，根据审定的计税基础和按规定适用的税率，经复核，被审计单位本期应交城市维护建设税的计算准确，已按规定进行了会计处理；抽查本期已交城市维护建设税资料，经确定已交数的准确性。

15. 检查应交车船税和房产税的计算是否正确。获取被审计单位自有车船数量、吨位（或座位）及自有房屋建筑面积、用途、造价（购入原价）、购建年月等资料，并与固定资产（含融资租入固定资产）明细账复核一致；了解其使用、停用时间及其原因等情况；通过审核本期完税单，检查其已如实申报和按期缴纳，已按规定进行了会计处理。

16. 经检查，应交城镇土地使用税的计算准确，按规定进行了会计处理。

17. 获取应交所得税测算表，结合所得税项目，确定应纳税所得额及企业所得税税率，复核应交企业所得税的计算准确，已按规定进行了会计处理；抽查本期已交所得税资料，确定已交数的正确性。对于汇总纳税企业所得税汇算清缴，已按税法规定追加相应的程序，经核实，未见异常。

18. 经检查，教育费附加、矿产资源补偿费等的计算准确，已按规定进行了会计处理。

19. 检查除上述税项外的其他税项及代扣税项的计算准确，已按规定进行了会计处理。

20. 经检查，被审计单位获得税费减免或返还时的依据充分、合法和有效，会计处理准确，未见异常。

21. 抽查应交税费相关的凭证，经检查，具有合法依据，且会计处理准确，未见异常。

22. 应交税费已按照《企业会计准则》的规定记录于恰当的账户及恰当列报于财务报表。

2. 明细表

应交税费明细表数据来源于企业明细账，按税种划分明细填列。项目组需要关注明细表发生额和余额是否有较大变动，账面记录数据是否与纳税申报存在差异，上年应交税费在本年没有进行缴纳，是否存在需要补缴税款及滞纳金情况。

应交税费明细表示例见素材包—素材8。🔳

项目组编制明细表时应关注所有明细项目填列是否完整和准确，核对纳税申报表与账面数据是否一致并记录于工作底稿之中，分析期末余额和期初余额之间变动情况是否存在异常，并根据实际情况是否需要补充进一步审计程序予以核实。另外，值得注意的是，对于借方发生额和贷方发生额是否准确进行核查，借方发生额一般应为本年已交税费，贷方发生额记录本年计提税费。如有特殊情况，比如退税或减免税等事项，项目组需要关注会计处理是否准确，记录的发生额借贷方向和金额是否准确。

3. 税收文件检查表

编制税收文件检查表的目的是了解被审计单位涉及哪些税费，具体涉及的税率是否存在减免税等情形。项目组需要获取税（费）种认定信息，了解企业征收项目，征收品目，征收子目，税率或单位税额，征收代理方式，纳税期间、申报期间、缴款期限、行业名称等事项。经检查实际纳税和缴税是否一致。

税收文件检查表示例见素材包—素材8。🔳

项目组如果发现被审计单位涉及的税费较多，且计算较为复杂，项目组应尽早派遣具有税法专业背景和胜任能力的项目组成员，或者考虑利用税务专家的工作。

4. 主要税种纳税申报检查表

编制主要税种纳税申报检查表的目的是核实应交税金应交数和已交数与纳税申报表的应交数和已交数之间是否存在差异，以及分析差异的具体原因并在底稿中进行记录。

主要税种纳税申报检查表示例见素材包—素材8。🔳

项目组如果发现账面记录应交税金数据大于纳税申报表应交数据，可能存在未及时申报税金的情况，或者可能存在部分收入舞弊多确认收入和税费，但实际并未进行纳税申报。如果反之，可能存在应交税费没有及时入账的情况。无论如何，项目组需要谨慎应对存在重大纳税申报差异的情况。

5. 应交增值税明细表

编制应交增值税纳税明细表的目的是核对增值税各明细项目账面数据与纳税申报数据是否一致，并重点核查不一致的原因，核实是否需要进行审计调整。

应交增值税明细表示例见素材包—素材8。🔳

只有对一般纳税人才有必要执行上述审计程序，对应交增值税明细进行全面核对，并核实是否存在差异。

根据《增值税会计处理规定》的相关规定，增值税一般纳税人应在"应交增值税"明细账内设置"进项税额""销项税额""已交税金""转出未交增值税""减免税款"等专栏，这些专栏分别在"应交增值税"明细科目的借方或者贷方，不涉及月末结转。

月度终了，企业应当将当月应交未交或多交的增值税自"应交增值税"明细科目转入"未交增值税"明细科目。对于当月应交未交的增值税，借记"应交税费——应交增值税（转出未交增值税）"科目，贷记"应交税费——未交增值税"科目；对于当月多交的增值税，借记"应交税费——未交增值税"科目，贷记"应交税费——应交增值税（转出多交增值税）"科目。

6. 应交增值税销项税金测算表

编制应交增值税销项税金测算表的主要目的是为了核实销项税计算是否准确。由于企业收入类型可能分为主营业务和其他业务，并且还有可能存在视同销售和处置固定资产等情况，均有可能存在计提增值税销项税，所以项目组需要核实销售类别，账面确认收入及税率，并通过重新计算销项税与账面记录是否一致，对存在差异进行分析并判断差异的合理性。

应交增值税销项税金测算表示例见素材包—素材8.

7. 消费税及附加税费、房产税、车船税、城镇土地使用税、印花税等测算表

编制消费税及附加税费等测算表的目的为了重新计算相关税费计算是否准确。项目组应掌握各项税费计算方法和税收优惠政策，准确计算企业涉税项目。

消费税及附加税费、房产税、车船税、城镇土地使用税、印花税等测算表工作底稿示例如下：

（1）消费税测算表见素材包—素材8.

项目组应注意如果消费税税目较多且计算过程比较复杂，可以另行编制底稿进行测算，并做好测算数据的交叉索引。

（2）城建税和教育费附加测算表见素材包—素材8.

项目组应关注城建税和教育费附加的计税基础是否准确，必要时应进行调整。

（3）车船税测算表见素材包—素材8.

项目组应关注车船税是否计入固定资产或其他费用项目，必要时应进行调整。

（4）城镇土地使用税测算表见素材包—素材8。▨

项目组应关注当地是否存在税收优惠政策，计算时应注意考虑相关因素。

（5）房产税测算表见素材包—素材8。▨

项目组应关注房产税计算方法，以及了解当地是否存在税收优惠政策，计算时应注意考虑相关因素。

（6）土地增值税测算表。

由于土地增值税汇算清缴计算比较复杂，一般情况下，企业会聘请专业的税务师出具土地增值税汇算清缴报告，项目组可以获取相关资料后进行重新测算，核实计算是否准确。

（7）资源税测算表见素材包—素材8。▨

项目组应关注资源税计算方法，以及了解当地是否存在税收优惠政策，计算时应注意考虑相关因素。

（8）其他税费测算表见素材包—素材8。▨

项目组对其他小税种，也需要获取相关企业的计算表，并重新计算是否一致，必要时，应对其进行调整。

8. 代扣代缴税测算表

一般常见的代扣代缴税主要是个人所得税（工资薪金），项目组应获取人力资源部门编制的工资表，并检查代扣代缴个税是否计算准确。

代扣代缴税测算表示例见素材包—素材8。▨

9. 披露表

应交税费项目披露表需要披露应交税费的年初余额、本年应交数、本年已交数和年末余额，需要特别关注增值税本年已交数的填写准确性，年末余额是否存在负数，是否存在预缴税费，以及本年已交数与现金流量表主表"支付的各项税费"的勾稽关系是否合理。

应交税费披露表示例见素材包—素材8。▨

"应交税费"科目下的"应交增值税""未交增值税""待抵扣进项税额""待认证进项税额""增值税留抵税额"等明细科目期末借方余额应根据情况，在资产负债表中的"其他流动资产"或"其他非流动资产"项目列示；"应交税费——待转销项税额"等科目期末贷方余额应根据情况，在资产负债表中的"其他流动负债"或"其他非流动负债"项目列示；"应交税费"科目下的"未交增值税""简易计税""转让金融商品应交增值税""代扣代交增值税"等科目期末贷方余额应在资产负债表中的"应交税费"项目列示。

五、应付职工薪酬

"应付职工薪酬"既是一个报表项目，也是会计科目，主要核算企业根据有关规定应付给职工的各种薪酬。本科目可按"工资""职工福利""社会保险费""住房公积金""工会经费""职工教育经费""非货币性福利""辞退福利""股份支付"等进行明细核算。职工薪酬，是指企业为获得职工提供的服务或解除劳动关系而给予的各种形式的报酬或补偿。企业提供给职工配偶、子女、受赡养人、已故员工遗属及其他受益人等的福利，也属于职工薪酬。职工薪酬应当分类为短期薪酬、离职后福利、辞退福利和其他长期职工福利。

1. 股份支付与短期利润分享计划（或奖金计划）的区别

对于企业向其职工发放的以股份为基础的支付，属于职工薪酬范畴，但其会计处理应当遵循《企业会计准则第 11 号——股份支付》的相关规定。

企业制订有短期利润分享计划的，如当职工完成规定业绩指标，或者在企业工作了特定期限后，能够享有按照企业净利润的一定比例计算的薪酬，企业应当按照《企业会计准则第 9 号——职工薪酬》（以下简称 CAS9）的规定，进行有关会计处理。

实务中存在一些股权激励计划，职工需通过提供一段期间的服务以获取低价认购的股份，如果职工在服务期内离职，股权激励计划将要求职工将股份回售给公司。职工尽管因离职未取得相应股份，但将股份回售仍可取得一定的收益，例如：回售价格为认股价格加固定回报率或者每股净资产等。

上述股权激励计划中，如果职工因回售股份取得的收益与企业自身权益工具价值相关，则属于股份支付，企业应当按照股份支付准则有关规定，确认相关费用；如果职工回售取得的收益与企业自身权益工具价值没有密切关系，则不属于股份支付，企业应当按照职工薪酬准则有关规定，在职工为取得该收益提供服务的期间内分期确认职工薪酬费用。

如果此类持股计划的购入和退出价格都是按照每股净资产确定，则表明员工并不能享有或承担标的股权对应的公允价值变动损益（因为每股净资产并不代表标的股份的公允价值），此时不是股份支付而是由职工薪酬准则规范的"利润分享计划"。

2. 离职后福利和辞退福利的区别

离职后福利，是指企业为获得职工提供的服务而在职工退休或与企业解除劳动关系后，提供的各种形式的报酬和福利，属于短期薪酬和辞退福利的除外。

离职后福利计划，是指企业与职工就离职后福利达成的协议，或者企业为向职工提供离职后福利制定的规章或办法等。离职后福利计划按照企业承担的风险和义务情况，可以分为设定提存计划和设定受益计划。其中，设定提存计划，是指企业向独立的基金缴存固定费用后，不再承担进一步支付义务的离职后福利计划。设定受益计划，是指除设定提存计划以外的离职后福利计划。

辞退福利，是指企业在职工劳动合同到期之前解除与职工的劳动关系，或者为鼓励职工自愿接受裁减而给予职工的补偿。企业应当根据辞退福利的定义和包括的内容，区分辞退福利与正常退休的养老金。

职工虽然没有与企业解除劳动合同，但未来不再为企业提供服务，不能为企业带来经济利益，企业承诺提供实质上具有辞退福利性质的经济补偿的，如发生"内退"的情况，在其正式退休日期之前应当比照辞退福利处理，在其正式退休日期之后，应当按照离职后福利处理。

3. 关注企业是否利用应付职工薪酬舞弊

实务中，部分公司利用多计提或少计提人工成本费用进行舞弊，进而调节损益，以及利用未披露关联公司承担企业人工成本费用。项目组应关注企业人员构成情况、人员薪酬水平等方面与企业实际经营规模、同行业可比上市公司之间是否能够存在较大差异。

4. 个人承担的社保和公积金如何核算

根据 CAS9 第七条，企业为职工缴纳的"五险一金"，应当在职工为其提供服务的会计期间，根据规定的计提基础和计提比例计算确定相应的职工薪酬金额，并确认相关负债，计入当期损益或相关资产成本。因此，企业为职工个人代扣代缴的"五险一金"应当作为职工薪酬的组成部分，在职工提供服务的期间，确认相关负债（应付职工薪酬），并计入当期损益或相关资产成本。

（三）编制底稿常见问题

1. 工作底稿低级错误问题

（1）导引表、明细表、披露表数据不准确与试算平衡表和附注不一致。

（2）明细表的发生额不准确，存在虚增或虚减情况，与其他对应科目逻辑不符。

（3）审计说明不完整，没有将执行的审计程序情况说明清晰、完整。

（4）缺少索引号或纸质底稿索引号与电子版索引号编制不准确。

（5）审计说明中包含审计调整，但本期数中没有审计调整事项，或者情况相反。

（6）抽取的样本没有记录选取的过程，以及样本量不满足审计计划要求。

（7）应付职工薪酬明细列示不准确，各项目明细存在串项，明细金额有误。

（8）计划实施的审计程序没有实施，将应当编制的底稿随意隐藏。

2. 未获取重要审计证据问题

（1）未获取员工花名册、部分人员的劳动合同、工资表、当地缴纳五险一金的基数和比例标准、签署劳务派遣协议等。

（2）未获取计提五险一金（含单位和个人部分）明细表。

（3）未获取辞退福利协议和发放明细表等。

（4）未获取现金支付的股份支付相关协议和计提明细表。

（5）未获取利润分享计划协议及计提明细表。

3. 审计程序实施不到位问题

（1）未对各月工资及年终奖计提和发放进行核查。

（2）未对"五险一金"、工会经费和职工教育经费的计提和发放进行核查。

（3）未对辞退福利计提和发放进行核查。

（4）未对现金结算的股份支付进行核查。

（5）未对利润分享计划进行核查。

（6）未对非货币性福利及其他特殊职工薪酬业务进行核查。

CPA审计经验分享

对于应付职工薪酬的审计，项目组除了关注与工资表、五险一金计提表等相关证据进行核对外，还应注意对应付职工薪酬计提成本和费用的明细进行交叉核对，以及核实分摊成本费用是否准确。另外，还需注意应付职工薪酬借方发生额与现金流量表主表"支付给职工及为职工支付的现金"的勾稽关系是否合理。

（四）"应付职工薪酬"所需执行的审计程序

1. 导引表

应付职工薪酬导引表是记录应付职工薪酬项目审计调整前后的期末余数和期初余额及其变化情况，记录审计人员执行应付职工薪酬实质性程序及获取证据，并进而得出应付职工薪酬审计结论的工作底稿。

（1）导引表组成内容。应付职工薪酬导引表主要包括应付职工薪酬按照项目分类短期薪酬、离职后福利、辞退福利和一年内到期的其他福利等内容的期末余额和期初余额，以及增减变化、审计说明和审计结论。值得注意的是，应付职工薪酬项目分类较多，项目组需要核实明细数据的准确性。

应付职工薪酬导引表示例见素材包—素材 9。🔲

审计说明：至少包括应付职工薪酬核算内容、增减变化、执行的审计程序和获取的主要审计证据情况。

审计结论：①经审计，该项目未见重大异常；②经审计调整后，该项目未见重大异常；③因应付职工薪酬计提绩效依据不充分且管理层不同意调整（仅为举例）原因，该项目余额不能确认。根据实际情况，只能选择一个审计结论。

（2）导引表编制要点。期初余额来源于上年工作底稿审定数或者未审数（如有调整也需要插列增加调整过程），变动比例为期末余额调整后的数据与期初余额审定数之间的变动比例。

导引表里的索引号与明细表索引号对应。即：此处的项目明细与明细表中的数据保持一致。如果有审计调整，还需要在审计说明中描述审计调整事项及说明。

（3）导引表部分审计说明示例如下：

> 1. 应付职工薪酬主要核算应付给职工的各种薪酬。
>
> 2. 应付职工薪酬本年余额与上年余额变化不大，并未出现特殊情况发生。
>
> 3. 获取应付职工薪酬明细表，总账、报表和明细表核对相符，与试算平衡表和附注核对一致。
>
> 4. 实质性分析程序：
>
> （1）针对已识别需要运用分析程序的有关项目，并基于对被审计单位及其环境的了解，通过进行以下比较，同时考虑有关数据间关系的影响，以建立有关数据的期望值：
>
> ①比较被审计单位员工人数的变动情况，经检查被审计单位各部门各月工资费用的发生额存在异常波动，经进一步核查，查明波动原因具有合理性；
>
> ②比较本期与上期工资费用总额，获取被审计单位解释其增减变动原因或取得公司管理当局关于员工工资标准的决议；
>
> ③结合员工社保缴纳情况，明确被审计单位员工范围，经检查，未见与关联公司员工工资混淆列支；

④核对下列相互独立部门的相关数据：工资部门记录的工资支出与出纳记录的工资支付数；工资部门记录的工时与生产部门记录的工时。经核查，未见异常。

⑤比较本期应付职工薪酬余额与上期应付职工薪酬余额，存在异常变动，进一步核查合理性。

（2）确定可接受的差异额；

（3）将实际的情况与期望值相比较，识别需要进一步调查的差异；

（4）如果其差额超过可接受的差异额，调查并获取充分的解释和恰当的佐证审计证据（如通过检查相关的凭证）；

（5）评估分析程序的测试结果。

5. 检查工资、奖金、津贴和补贴：

（1）经检查，工资、奖金等计提是准确，依据充分，将执行的工资标准与有关规定核对，并对工资总额进行测试，未见异常；被审计单位如果实行工效挂钩的，应取得有关主管部门确认的效益工资发放额认定证明，结合有关合同文件和实际完成的指标，经检查，计提额准确，应作纳税调整；

（2）经检查，分配方法与上年一致，除因解除与职工的劳动关系给予的补偿直接计入管理费用外，被审计单位已根据职工提供服务的受益对象，分别进行处理；

（3）经检查，发放金额准确，代扣的款项及其金额准确；

（4）经检查，不存在属于拖欠性质的职工薪酬，经询问了解无拖欠情况。

6. 经检查，社会保险费（包括医疗、养老、失业、工伤、生育保险费）、住房公积金、工会经费和职工教育经费等计提（分配）和支付（或使用）的会计处理准确，依据充分。

7. 检查辞退福利下列项目：

（1）对于职工没有选择权的辞退计划，经检查，按辞退职工数量、辞退补偿标准计提辞退福利负债金额准确；

（2）对于自愿接受裁减的建议，经检查，按接受裁减建议的预计职工数量、辞退补偿标准（该标准确定）等计提辞退福利负债金额准确；

（3）经检查，实质性辞退工作在一年内完成，但付款时间超过一年的辞退福利，已按折现后的金额计量，折现率的选择合理；

（4）经检查，计提辞退福利负债的会计处理准确，已将计提金额计入当期管理费用；

（5）经检查，辞退福利支付凭证真实准确。

8. IPO审计：对劳务派遣人员的工资和福利费进行分析：

（1）了解被审计单位劳务派遣的情况，包括但不限于派遣方基本情况、总人数、工资水平、派遣合同签署情况、派遣方为劳务派遣员工支付工资及缴纳社保和公积金情况、被审计单位支付派遣费用情况等信息。

（2）比较历年间支付的劳务派遣员工人均费用是否存在异常波动。

（3）比较劳务派遣员工的人均费用与可比岗位正式员工的薪资水平是否存在重大差异。

对上述劳务派遣人员和福利费进行分析，未见异常。

9. 检查非货币性福利：

（1）检查以自产产品发放给职工的非货币性福利，经检查，根据受益对象，按照该产品的公允价值，计入相关资产成本或当期损益，同时确认应付职工薪酬；对于难以认定受益对象的非货币性福利，直接计入当期损益和应付职工薪酬；

（2）检查无偿向职工提供住房的非货币性福利，根据受益对象，将该住房每期应计提的折旧计入相关资产成本或当期损益，同时确认应付职工薪酬。对于难以认定受益对象的非货币性福利，直接计入当期损益和应付职工薪酬；

（3）经检查，租赁住房等资产供职工无偿使用的非货币性福利，根据受益对象，将每期应付的租金计入相关资产成本或当期损益，并确认应付职工薪酬。对于难以认定受益对象的非货币性福利，直接计入当期损益和应付职工薪酬。

10. 检查应付职工薪酬的期后付款情况，并关注在资产负债表日至财务报表批准报出日之间，有确凿证据表明需要调整资产负债表日原确认的应付职工薪酬事项，经调整后与试算平衡表审定数一致。

11. 检查累积带薪缺勤情况。项目组应当获取被审计单位的累计带薪缺勤费用计算表，了解被审计单位的员工具体休假管理情况，各部门人员休假统计情况，与被审计单位的休假制度核对，复核被审计单位的员工累积未使用休假计算准确；获取被审计单位员工的工资表，复核累计带薪缺勤费用计算表中列示的工资不存在重大差异。

12. 经分析，被审计单位累积带薪缺勤费用分配情况，已恰当计入成本、费用项目。

13. 经检查，累积带薪缺勤的会计处理恰当。

14. 检查利润分享计划，了解被审计单位的利润分享计划已经过适当授权，以及与相关职工的具体签订情况；记录利润分享计划的具体内容，包括但不限于考核对象、考核条件及相应的分享方法等；检查利润分享计划的本期执行情况，本年考核指标已达成；根据被审计单位的利润分享计划的具体内容和实际执行情况，测算其利润分享计划确认的职工薪酬金额的准确性；被审计单位在计算利润分享计划的应付金额时应用到会计估计的，应编制"会计估计和会计估计重大交易类别"。工作底稿经检查，利润分享计划已经过恰当会计处理，尤其是计提相关负债和确认相关成本/费用的期间恰当、金额合理，期末确认的相关负债符合职工薪酬准则规定的确认条件。

15. 经检查，被审计单位的设定提存计划的审批程序；结合被审计单位的设定提存计划内容设计并执行检查、重新计算等审计程序。

16. 经检查，应付职工薪酬已按照《企业会计准则》的规定记录于恰当的账户及恰当列报于财务报表。

（1）检查是否在附注中披露与职工薪酬有关的下列信息：

①短期薪酬，包括应当支付给职工的工资、奖金、津贴和补贴，及其期末应付未付金额；应当为职工缴纳的医疗、失业、工伤和生育等社会保险费，及其期末应付未付金额；应当为职工缴存的住房公积金，及其期末应付未付金额；为职工提供的非货币性福利，及其计算依据；短期带薪缺勤；短期利润分享计划。

②离职后福利的披露情况，应当支付的基本养老保险、失业保险、企业年金缴费等。

③辞退福利的披露，应当支付的因解除劳动关系给予的补偿，及其期末应付未付金额。

（2）经检查，因自愿接受裁减建议的职工数量、补偿标准等不确定而产生的预计负债（应付职工薪酬），已按照《企业会计准则第13号——或有事项》进行披露。

（3）经检查，超过一年的应付职工薪酬分类计入"长期应付职工薪酬"。

2. 明细表

应付职工薪酬明细表数据来源于企业明细账（按薪酬具体项目），项目组应关注各项目明细期初和期末余额的变化，以及期后支付情况，并索取相关证据并进行索引。特别关注应付职工薪酬发生额列示的准确性，是否存在虚增或虚减的情况，与利润表和现金流量表相关数据存在较大差异。

应付职工薪酬明细表示例见素材包—素材 9。🔲

3. 分配检查核对表

项目组编制分配检查核对表目的是核对应付职工薪酬账面计提数与分配至成本、费用明细等合计数是否准确。如果存在账面计提数与分配数存在差异应核实原因，必要时应提请管理层调整或审计调整。

应付职工薪酬分配检查核对表示例见素材包—素材 9。🔲

项目组不应仅针对上述应付职工薪酬项目分配数进行简单的明细金额和合计数的检查，对于类似工资、保险等项目明细也应检查计入具体会计科目的金额是否准确，比如企业是否将研发人员发生的工资计入研发费用，也有可能将销售人员的工资计入研发费用（企业可能存在加大研发费用企业所得税前扣除金额的动机），而项目组很可能没有认真核查分类是否准确。

4. 计提检查核对表

编制计提检查核对表的主要目的是对应付职工薪酬项目应计提数与账面数核对是否一致。实务中，由于五险一金计提基数及相关人员存在增减变化，故项目组可以按月测算计提数和账面数是否存在差异，其他应付职工薪酬项目明细也可以参照执行。

项目组在对应付职工薪酬各项目计提数进行检查时，应关注以下内容：

（1）获取当地五险一金的计提基数和计提比例，复核五险一金计提是否正确。

（2）根据当地工会及相关规定的计提比例，复核工会经费和职工教育经费的计提是否正确。

（3）关注是否存在通过应付职工薪酬核算的非货币性福利。

（4）关注个人代扣的"五险一金"是否在"应付职工薪酬——五险一金"反映，以准确反映企业承担的"五险一金"费用。

（5）关注工资与奖金的对应关系，关注奖金的计算和计提方式。

（6）项目组应根据应付职工薪酬明细项目的具体情况测算被审计单位的应计提金额，对于计算过程比较复杂的，可以单独编制底稿记录测算过程，并建立索引。

应付职工薪酬计提检查表示例见素材包—素材 9。🔲

5. 工资分析对比表

编制工资分析对比表的目的是对本期与上期工资计提数和与本期实际发放数进行对比分析，是否存在工资计提和发放异常的月份；通过月度工资与收入之比分析是否存在同向变化；按照职工类别具体分析本期和上期职工人数与单位人工成本费用是否存在异常变化。项目组需要核实上述比较分析和检查变化异常是否具有合理性，并核实是否存在会计差错或舞弊迹象。

应付职工薪酬工资分析对比表工作底稿示例如下：

（1）应付职工薪酬工资计提前后期对比分析表示例见素材包—素材9。

项目组应比较本年度各个月份的计提工资，并与实发工资、上年度计提数进行比较，查明重大波动和异常情况原因。

（2）应付职工薪酬工资占营业成本（收入）比例对比分析表示例见素材包—素材9。

项目组应比较本年度各个月份的工资计提占营业成本（收入）的比例，并与上年度进行比较，查明重大波动和异常情况原因。

（3）应付职工薪酬各类员工人数及人工成本变动分析表示例见素材包—素材9。

项目组应比较前后年度各部门的员工数量及工资变动，查明重大波动和异常情况原因。

6. 指标分析与独立部门数据核对表

编制指标分析与独立部门数据核对表的主要目的是用于指标分析及相互独立部门的相关数据进行核对，分析变动情况及变动原因是否合理，并注意获取数据来源是否可靠。

应付职工薪酬指标分析与独立部门数据核对表工作底稿示例如下：

（1）应付职工薪酬指标分析表示例见素材包—素材9。

（2）应付工资薪酬工作总额记录与发放表示例见素材包—素材9。

（3）应付职工薪酬工时记录核对表示例见素材包—素材9。

编制提示：抽查（2）和（3）的数据时，可以抽查全年发生数或是随机抽查几个月的数据。

7. 公司累计带薪缺勤检查表

编制本底稿的主要目的是检查累积带薪缺勤计入应付职工薪酬的情况是否合理。值得注意的是，本底稿仅适用于执行累计带薪缺勤制度的被审计单位，不适用于被审计单位仅执行非累积缺勤制度的情况。

项目组应当获取被审计单位的累计带薪缺勤费用计算表，了解被审计单位的员工具体休假管理情况，各部门人员休假统计情况，与被审计单位的休假制度核对，执行分析性复核程序，分析被审计单位累积带薪缺勤余额确认是否存在重大差异，抽查被审计单位的员工累积未使用休假计算是否正确；获取被审计单位员工的工资表，复核累计带薪缺勤费用计算表中列示的工资是否存在重大差异。分析被审计单位累积带薪缺勤费用分配情况，是否恰当计入成本、费用项目。检查累积带薪缺勤的会计处理是否恰当。

应付职工薪酬公司带薪缺勤检查表工作底稿示例如下：

（1）应付职工薪酬公司累积带薪缺勤制度及相关系统检查表示例见素材包—素材9。▣

记录公司累积带薪缺勤制度并对其授权审批、统计情况、管理系统等进行检查。

（2）累积带薪确勤执行情况检查：

①应付职工薪酬累积带薪缺勤计提明细表示例见素材包—素材9。▣

②应付职工薪酬累积带薪缺勤分析性复核明细表示例见素材包—素材9。▣

累积带薪确勤执行情况检查，针对分析结果存在重大差异时，应设计执行进一步审计程序予以核实。

针对上述分析结果存在重大差异时，应设计执行进一步审计程序予以核实。

③应付职工薪酬被审计单位累积带薪缺勤计算情况抽查表示例见素材包—素材9。▣

通过抽查发现测算部分员工本期应确认累计带薪缺勤工资及福利金额与实际计提分摊成本费用金额存在较大差异时，应查明原因，必要时应及时进行调整。

8. 利润分享计划检查表

编制利润分享计划检查表的主要目的是检查利润分享计划授权审批、员工签订、考核情况、执行情况、计算结果、会计处理等方面是否准确，具体审计程序包括但不限于：

（1）了解被审计单位的利润分享计划是否经过适当授权，以及与相关职工的具体签订情况。

（2）记录利润分享计划的具体内容，包括但不限于考核对象、考核条件及相应的分享方法等。

（3）检查利润分享计划的本期执行情况，如相关考核指标是否达成等。

（4）根据被审计单位的利润分享计划的具体内容和实际执行情况，关注应付利润分享计划是否满足职工薪酬准则规定的确认条件，计算方法是否正确，是否恰当地计入成本费用，同时执行抽查程序。

（5）被审计单位在计算利润分享计划的应付金额时应用到会计估计的，应编制"会计估计和会计估计重大交易类别"工作底稿。

（6）检查利润分享计划是否经过恰当会计处理。

利润分享计划检查表工作底稿示例如下：

（1）应付职工薪酬利润分享计划程序检查表。项目组应通过沟通访谈相关人员及获取利润分享计划相关文件描述具体利润分享计划的内容，包括考核指标、考核期间、应付薪酬计算方式、支付方式等。

应付职工薪酬利润分享计划程序检查表示例见素材包—素材9。🔲

（2）公司利润分享计划内容。项目组应通过沟通访谈相关人员及获取利润分享计划相关文件描述具体利润分享计划的内容，包括考核指标、考核期间、应付薪酬计算方式、支付方式等。项目组应通过沟通访谈相关人员及本年公司利润分享计划执行实际执行情况描述具体内容。

（3）公司利润分享计划的本期执行情况。项目组应通过沟通访谈相关人员及本年利润分享计划执行实际执行情况描述具体内容。通过抽查发现测算部分员工本期应确认预计利润分享计划支付金额与实际计提分摊成本费用金额存在较大差异时，应查明原因，必要时应进行调整。

（4）期末应付利润分享计划职工薪酬确认与计量方法。应付利润分享计划审计重点及具体内容描述示例见素材包—素材9。🔲

（5）应付利润分享计划抽查表。通过抽查发现测算部分员工本期应确认预计利润分享计划支付金额与实际计提分摊成本费用金额存在较大差异时，应查明原因，必要时应进行调整。

应付利润分享计划抽查表示例见素材包—素材9。🔲

9. 设定提存计划检查表

编制设定提存计划检查表的主要目的是检查设定提存计划（包括养老保险、失业保险和企业年金基金）审批程序，以及具体内容和执行情况等方面是否准确。对于设定提存计划计提和分配情况涉及在其他底稿中执行相关程序，可以建立索引。

应付职工薪酬设定提存计划检查表工作底稿示例如下：

（1）设定提存计划程序检查表示例见素材包—素材9。🔲

（2）公司设定提存计划的具体内容：项目组应记录公司给员工制定了具体哪些提存计划，并说明具体计提标准和政策。

（3）设定提存计划执行情况检查：项目组应记录本年计提和发放提存计划的检查情况，记录是否存在较大差异和异常情况。

10. 辞退福利检查表

编制辞退福利检查表的主要目的是检查辞退福利计划（含内退）在职工没有

选择权和对于自愿接受裁减情形下，辞退员工数量、补偿标准和计提负债金额等是否准确，以及辞退工作一年内完成，但付款时间超过一年的辞退福利是否按折现后的金额计量是否采用折现方式和折现率选择是否合理等。项目组应检查计提辞退福利负债的会计处理是否正确，是否将计提金额计入当期管理费用，并检查辞退福利支付凭证是否真实准确。

辞退福利检查表工作底稿示例如下：

（1）辞退福利计划程序检查表示例见素材包—素材9。

（2）辞退福利计划执行情况检查：①职工没有选择权的辞退计划（职工没有选择权的辞退计划检查表示例见素材包—素材9）；②自愿接受裁减建议的辞退福利（自愿接受裁减建议的辞退福利检查表示例见素材包—素材9）；③付款时间超过一年的辞退福利（付款时间超过一年的辞退福利的会计处理检查表示例见素材包—素材9）。

项目组应注意核实上述差异和会计处理是否准确，必要时应进行调整。

11. 非货币性福利检查表

编制非货币性福利检查表的主要目的是检查非货币性福利受益情况、发放情况、相关税金计提和计入职工薪酬金额是否准确，并与非货币性福利应计提数与账面数对比是否存差异。项目组应对上述数据进行重新计算，并检查相关会计处理是否准确。

非货币性福利检查表示例见素材包—素材9。

如有其他形式的非货币性福利，应补充相关明细。受益对象所在部门可以填写生产部门、管理部门、生产部门、管理部门等职能部门。

12. 股份支付检查表

编制股份支付检查表的主要目的是检查与现金结算的股份支付计提和计入职工薪酬金额是否准确，并将当期费用/公允价值变动金额应计提数与账面数对比是否存差异。具体审计程序包括但不限于：

（1）检查授予后立即可行权的以现金结算的股份支付，是否在授予日以承担负债的公允价值计入相关成本或费用。

（2）检查完成等待期内的服务或达到规定业绩条件以后才可行权的以现金结算的股份支付，在等待期内的每个资产负债表日，是否以可行权情况的最佳估计为基础，按照承担负债的公允价值金额，将当期取得的服务计入成本或费用。在资产负债表日，后续信息表明当期承担债务的公允价值与以前估计不同的，是否进行调整，并在可行权日，调整至实际可行权水平。

（3）检查可行权日之后，以现金结算的股份支付当期公允价值的变动金额，是否借记或贷记"公允价值变动损益"。

（4）检查在可行权日，实际以现金结算的股份支付金额是否正确，会计处理是否恰当。

现金结算的股份支付检查表示例见素材包—素材 9。🖳

支付现金金额＝每股股票÷每份增值权支付现金×行权人数×每人获得的股份数量；"应付职工薪酬期末金额"需另附底稿说明计算过程和依据。

13. 期后支付检查表

编制期后支付检查表的主要目的是检查应付职工薪酬的期后付款情况，并关注在资产负债表日至财务报表批准报出日之间，是否有确凿证据表明需要调整资产负债表日原确认的应付职工薪酬事项。具体审计程序主要是对于期后支付的工资薪金，项目组应关注是否应当在本期内入账，是否存在跨期调整职工薪酬的情况。

应付职工薪酬期后支付检查表示例见素材包—素材 9。🖳

14. 披露表

应付职工薪酬项目披露表包括短期薪酬、离职后福利—设定提存计划、辞退福利、一年内到期的其他福利。

应付职工薪酬披露表工作底稿示例如下：

（1）应付职工薪酬列示示例见素材包—素材 9。🖳

（2）短期薪酬列示示例见素材包—素材 9。🖳

注：企业本年为职工提供了非货币性福利，应披露企业为职工提供的非货币性福利及其计算依据。企业本年为职工提供了短期利润分享计划，应披露企业依据短期利润分享计划提供的职工薪酬金额及其计算依据。

（3）设定提存计划列示示例见素材包—素材 9。🖳

注：本公司按规定参加由政府机构设立的养老保险、失业保险、企业年金计划，根据该等计划，本公司分别按员工基本工资的×%每月向该等计划缴存费用。除上述每月缴存费用外，本公司不再承担进一步支付义务。相应的支出于发生时计入当期损益或相关资产的成本。

第三节　损益类工作底稿

实务中，项目组应在计划阶段设计具体审计计划时，项目负责人应结合历史经验和具体项目特点设计损益类会计科目的具体审计程序。在资产类和负债类会计科目已经实施全面详细的审计情况下，对于损益类会计科目的审计程序可以主要以实质性分析程序为主，其他细节测试可视情况选取或补充。

一、营业收入和营业成本

（一）"营业收入和营业成本"核算内容

"营业收入和营业成本"是一个报表项目，营业收入包括主营业务收入和其他业务收入，其中主营业务收入核算企业确认的销售商品、提供劳务等主营业务的收入；营业成本包括主营业务成本和其他业务成本，其中主营业务成本主要核算企业确认销售商品、提供劳务等主营业务收入时应结转的成本。主营业务收入和主营业务成本的基本会计处理原则见表 5-10。

表 5-10　主营业务收入和主营业务成本的基本会计处理原则

业务事项	会计处理
企业销售商品或提供劳务实现的收入，应按实际收到或应收的金额	借记"银行存款""应收账款""应收票据"等科目，按确认的营业收入，贷记"主营业务收入"等科目
期（月）末，企业应根据本期（月）销售各种商品、提供各种劳务等实际成本，计算应结转的主营业务成本	借记"主营业务成本"科目，贷记"库存商品""合同履约成本"等科目

（二）"营业收入和营业成本"重要提示

1. 对营业收入舞弊风险的识别和应对

根据 CSA1141 第二十七条相关规定："在识别和评估由于舞弊导致的重大错报风险时，注册会计师应当基于收入确认存在舞弊风险的假定"。在此基础上评价哪些类型的收入、收入交易或认定导致舞弊风险。项目组应通过风险评估程序了解企业舞弊动机或压力，可能通过何种手段进行舞弊，并有针对性地设计和执行审计程序。常见的收入确认舞弊手段参考《中国注册会计师审计准则问题解答第 4 号——收入确认》相关内容。

实务中，项目组可能已获取众多审计证据，但仍可能存在百密一疏的情况没有获取关键审计证据进而没有发现收入确认舞弊风险。例如：ZDM 公司主营业务为大宗商品贸易，20×1 年大部分业务均按总额法确认收入，大多数合同均约定货物所有权及风险转移的时点为货物抵达交货地点并经客户验收合格后转移至客户，项目组在执行收入确认细节测试时检查了公司与客户的财务结算单和发票，但未通过获取货物物流、货物验收记录、仓储记录等资料核实公司收入确认时点的准确性，并未对 ZDM 公司取得商品控制权的时点和以总额法确认收入的合理性获取充分的审计证据。

2. 对营业收入和营业成本执行审计程序的思路和方法

实务中，项目组已对资产负债表项目进行严格的审计程序，对损益表项目的审计程序主要以分析性程序为主，即：实质性分析性程序是必做审计程序，其他细节测试程序可视情况选取或补充。例如：对营业成本执行的主要审计程序是对"存货""应付账款"等项目的发生额进行检查，即：保证存货、应付账款等项目是真实、完整和准确的，就能够验证营业成本相关认定的准确性。那么，项目组主要是对营业收入和营业成本进行实质性分析程序时，对毛利率变动的分析，重点考虑营业成本是否存在低估或高估风险。

3. 利用专家的工作

对于某些企业业务和财务确认收入均采用 ERP 系统时，面对这种海量的大数据收入确认时，项目组应当利用 IT 审计专家的工作。

4. 对于特殊行业的指标分析

不同行业、不同企业的商业模式收入确认的流程、依据均有所不同，对于一些特殊行业具有代表性的指标分析是项目组必做的实质性分析性程序。例如：百货行业的坪效值分析、广电行业的 ARPU 值分析、餐饮业的翻台率、酒店业的入住率等，这些指标均有专门的协会或组织进行行业统计，或者上市公司会对相关指标进行披露。项目组需要针对这类指标设计与之对应的工作底稿模板，获取并计算被审计单位的相关指标并与同行业指标进行对比分析，并分析差异原因。

（三）编制底稿常见问题

1. 工作底稿低级错误问题

（1）导引表、明细表、披露表数据不准确与试算平衡表和附注不一致。

（2）明细表的发生额不准确，存在明细之间串项情况，与其他对应科目逻辑不符。

（3）审计说明不完整，没有将执行的审计程序情况说明清晰、完整。

（4）缺少索引号或纸质底稿索引号与电子版索引号编制不准确。

（5）审计说明中包含审计调整，但本期数中没有审计调整事项，或者情况相反。

（6）抽取的样本没有记录选取的过程，以及样本量不满足审计计划要求。

（7）对营业收入和营业成本数据进行分析，分析过程与数据变动逻辑不符。

（8）计划实施的审计程序没有实施，将应当编制的底稿随意隐藏。

2. 审计程序实施不到位问题

（1）未对收入确认条件是否满足收入准则规定进行核对。

（2）未对产品毛利率变化异常，执行进一步审计程序。

（3）未对关联方交易的定价和必要性保持应有的关注和检查。

（4）未对收入舞弊的动机或压力进行充分识别，未针对其设计和执行有效的审计程序。

CPA审计经验分享

实务中，由于营业收入的审计风险较高，项目组应派遣经验较为丰富的审计人员亲自执行审计程序，并编制相关工作底稿。项目组负责人应持续做好指导、监督和复核工作，如果识别出营业收入存在舞弊迹象，应追加审计程序予以核查。

（四）"营业收入和营业成本"所需执行的审计程序

1. 导引表

营业收入和营业成本导引表是记录营业收入和营业成本项目审计调整前后的本期数和上期数及其变化情况，记录审计人员执行营业收入和营业成本实质性程序及获取证据，并进而得出营业收入和营业成本审计结论的工作底稿。

（1）导引表组成内容。营业收入和营业成本导引表主要包括营业收入和营业成本按照主营业务和其他业务分类的本期数和上期数，以及增减变化、审计说明和审计结论。

营业收入和营业成本导引表示例见素材包—素材10。

审计说明：至少包括营业收入和营业成本核算内容、增减变化、执行的审计程序和获取的主要审计证据情况。

审计结论：①经审计，该项目未见重大异常；②经审计调整后，该项目未见重大异常；③因主营业务收入确认依据不充分且管理层不同意调整（仅为举例）原因，该项目发生数不能确认。根据实际情况，只能选择一个审计结论。

（2）导引表编制要点。上期数来源于上年工作底稿审定数或者未审数（如有调整也需要插列增加调整过程），变动比例为本期数调整后的数据与上期数审定数之间的变动比例。

导引表里的索引号与明细表索引号对应。即：此处的项目明细与明细表中的数据保持一致。如果有审计调整，还需要在审计说明中描述审计调整事项及说明。

（3）导引表部分审计说明示例如下：

1. 营业收入和营业成本主要核算企业确认的销售商品、提供劳务等主营业务的收入，以及结转的成本。

2. 营业收入和营业成本本年数与上年数相比增加近15%，主要原因是扩大产能后，销售量增加带动收入增长。

3. 获取营业收入和营业成本明细表，总账、报表和明细表核对相符，与试算平衡表和附注核对一致。

4. 根据收入确认五步法检查主营业务收入的确认方法符合《企业会计准则》规定，前后期保持一致：

5. 将本期的主营业务收入与上期的主营业务收入进行比较，分析产品销售的结构和价格变动存在异常，分析异常变动的原因详见具体工作底稿。

6. 计算本期重要产品的毛利率，与上期比较，检查发现变动存在异常，各期之间存在重大波动，具体原因详见具体工作底稿。

7. 比较本期各月各类主营业务收入的波动情况，分析发现其变动趋势存在异常，符合被审计单位季节性、周期性的经营规律，已查明异常现象和重大波动原因，详见具体工作底稿说明。

8. 将本期重要产品的毛利率与同行业企业进行对比分析，经检查，未见异常。

9. 比较本期销售收入变动幅度与应收账款、合同资产、存货、税金、销售商品及提供劳务收到的现金等项目变动幅度，经检查，未见异常。

10. 分析本期销售收入与销售费用之间的关系，未见异常，具体详见销售费用工作底稿。

11. 分析本期销售收入与投入产出率、产能、水电消耗、运输量等项目的关系，未见异常。

12. 根据增值税发票申报表或普通发票，估算全年收入，与实际收入金额比较，未见异常。

13. 根据产品生产能力、仓储能力和运输能力，原材料采购数量及单位产品材料耗用定额，生产工人数量、生产工时及劳动生产率分析产品生产量和销售量的合理性，经查明，未见异常。

14. 获取企业主要业务的典型合同文本，通过检查合同条款、与企业相关部门（财务、销售、技术等）沟通、取得外部第三方证据等方式。

15. 针对在一个时点履行的履约义务，确定商品控制权的转让时点，审核收入确认时点恰当。

（1）获取产品价格目录，经抽查，售价符合价格政策，销售给关联方或关系密切的重要客户的产品价格合理，未见以低价或高价结算的方法相互之间转移利润的现象。

（2）抽取发货单，审查出库日期、品名、数量等与发票、销售合同、记账凭证等一致。

（3）抽取记账凭证，审查入账日期、品名、数量、单价、金额等与发票、发货单、销售合同等一致。

（4）结合对应收账款、合同资产、合同负债的审计，选择主要客户函证本期销售额，未见异常。

（5）对于出口销售，将销售记录与出口报关单、货运提单、销售发票等出口销售单据进行核对，必要时向海关函证，未见异常。

16. 对营业收入和营业成本执行截止测试，未见重大跨期事项。

17. 经检查，对预期销售退回的估计恰当、期末时点该估计不需要重估、账务处理准确；存在实际销货退回的，检查手续符合规定，结合原始销售凭证检查其会计处理准确。已结合存货项目审计关注其真实性。

18. 取得被审计单位有关折扣与折让的具体规定和其他文件资料，并抽查较大的折扣与折让发生额的授权批准情况，与实际执行情况进行核对，经检查其经授权批准，合法、真实；

19. 经审核，存在销售折扣与折让的合同的交易价格确定恰当，对可变对价的估计进行检查，符合《企业会计准则第 14 号——收入》的规范；经检查，折扣与折让的会计处理准确。

20. 获取折扣与折让明细表，复核加计正确，并与合同及相关账簿记录相核对相符。

21. 销售折让与折扣及时足额提交对方，无虚设中介、转移收入、私设账外"小金库"等情况。

22. 经检查，无特殊的销售行为，已制定恰当的审计程序进行审核。

23. 针对在一个时段内履行的履约义务，经判断被审计单位履约进度的确定方法恰当、确定履约进度的证据充分、履约进度的计算准确。

（1）结合合同资产、合同负债、合同结算科目的审计程序，检查本期及截至本期末的收入确认。

（2）获取相关合同及预算资料，对合同交易价格及合同预计成本进行复核，合同预计成本发生变化的，应获取变化依据，经判断合理。合同预计成本增加的，经检查，合同存在预计损失、预计损失的确认恰当。

24. 调查向关联方销售及提供服务的情况，记录其交易品种、服务类别、价格、数量、金额和比例，并记录占总营业收入的比例。对于合并范围内的销售活动，记录应予合并抵销的金额。

25. 调查集团内部销售及提供服务的情况，记录其交易价格、服务类别、数量和金额，并追查在编制合并财务报表时已予以抵销。

26. 经检查，主营业务成本的内容和计算方法符合会计准则规定，前后期一致。

27. 复核主营业务成本明细表的正确性，编制生产成本与主营业务成本倒轧表，并与相关科目交叉索引。

28. 抽查主营业务成本结转明细清单，比较计入主营业务成本的品种、规格、数量和主营业务收入的口径一致，符合配比原则。

29. 针对主营业务成本中重大调整事项（如销售退回）、非常规项目，检查相关原始凭证，评价真实性和合理性，经检查其会计处理准确。

30. 在采用计划成本、定额成本、标准成本或售价核算存货的条件下，经检查其产品成本差异或商品进销差价的计算、分配和会计处理准确。

31. 结合期间费用的审计，判断被审计单位未通过将应计入生产成本的支出计入期间费用，或将应计入期间费用的支出计入生产成本等手段调节生产成本，从而调节主营业务成本。

32. 结合合同履约成本、履约进度等的审计，经检查，在一段时间内履行的履约义务的成本结转准确。

33. 经检查，营业收入和营业成本已按照《企业会计准则》的规定记录于恰当的账户及恰当列报于财务报表。

2. 明细表

营业收入和营业成本明细表数据来源于企业明细账（按项目或产品类型）。项目组需要对营业收入和营业成本明细表本期数和上期数变动情况进行分析，分析变动是否异常。

营业收入和营业成本明细表示例见素材包－素材 10。

3. 主营业务产品销售分析表

编制本底稿的目的是分析本期重要产品/收入类别的售价、单位成本、毛利率，并与上期比较，检查是否存在异常，查明原因，并记录进一步执行的审计程序。

主营业务产品销售分析表示例见素材包－素材 10。

项目组按收入类别或产品重新计算平均售价、平均成本和毛利率的本年数和上年数，并对其进行增减比例计算和分析变动原因。值得注意的是，对于高风险项目，项目组还应获取同行业产品或服务的信息，以及分析变化是否存在显著异常。如果分析被审计单位收入变化具有很强的季节性变动因素，通过行业分析核实企业是否具备强周期性行业属性，并在工作底稿中加入近几年公司收入变化情况，关注收入变化情况与行业是否保持一致。

4. 主营业务月度毛利率分析表

编制本底稿的目的是分析本期各月重要产品或收入类别的毛利率波动情况，并与上期毛利率变动比较，检查是否存在异常。关注季度收入变化是否符合被审计单位季节性、周期性的经营规律，查明异常现象和重大波动的原因，并记录进一步执行的审计程序。

主营业务月度毛利率分析表示例见素材包－素材 10。

项目组如果发现月份毛利率变化异常，应实施进一步审计程序，核实具体月份收入确认和成本结转是否存在异常情况，结合细节测试进行检查。例如：负毛利应当引起注意，核实原因，检查是否存在相关资产的减值情况。

另外，项目组还应对主要产品进行月度营业收入趋势分析，可以与同行业数据对比，需重点分析和核查销售数量、平均售价和销售额的变化，了解变化是否异常。

主要产品月度营业收入表示例见素材包－素材10。▨

实务中，具体产品名称、规格和型号的样本选择需要根据企业会计核算基础及相关售价是否存在较大差别进行分析。

5. 主要业务与同行业毛利率分析表

编制本底稿的目的是分析本期重要业务与同行业的毛利率变化是否存在异常。同行业的毛利率主要通过公开信息中查询，注意毛利率可能是综合毛利率、产品毛利率或业务毛利率，需要与相应的毛利率数据进行对比才能够更加有效识别风险。值得注意的是，毛利率变化分析不能仅简单的对收入和成本增减变化的数字关系进行解释，而应结合生产经营模式对具体收入和成本进行向下分解，比如销售收入分解为销售量和销售单价，销售成本分解为数量和平均成本，平均成本还可以继续向下分解为原材料、制造费用、人工成本等，直到找出具体导致毛利率异常变化的真实原因。

主要业务与同行业毛利率分析表示例见素材包－素材10。▨

值得注意的是，项目组需要了解企业所处行业的收入和成本核算特点，查询和获取上市公司或拟IPO公司可比较的毛利率信息。如果被审计单位本期毛利率与同行业本期平均毛利率差异较大，项目组应保持职业谨慎，执行进一步审计程序予以详查。

6. 收入与发票核对表

编制本底稿的目的是通过增值税纳税申报表专用发票和普通发票估算全年收入，并与本期账面已计入营业收入进行对比，分析是否存在重大差异。值得注意的是，部分企业可能没有开具发票，而在纳税申报表中以未开票收入进行申报纳税。

营业收入与发票核对表示例见素材包－素材10。▨

本年账面发生记载的其他可能包括视同销售收入和处置资产需要缴纳的增值税。对账面记载收入数据与增值税纳税申报表记载数据进行核对，如果出现差异，应分析差异原因并记录于工作底稿。

7. 生产规模调查表

编制本底稿的目的是通过对本年可生产总量（理论值）和本年实际生产量比较分析、本年可供销售量与本年实际销售量比较分析，检查是否存在数据异常变化。通常情况下，本年实际生产量应低于本年可生产总量，本年实际销售量应低于本年可供销售量，如果上述比较结果成立，应属于"情况正常"，否则，存在任一不合理的情况，项目组均应实施进一步审计程序予以核查原因。

生产规模调查表示例见素材包－素材 10。🔲

其中：本年可供销售量＝本年生产量＋上年累计剩余生产量。本年生产量是指从生产成本转入的产品数量，不含外购。本年实际销售数量是指从产成品结转销售成本的数量。本年可生产数量应来源于生产部门填写的数量。值得注意的是，此表需要被审计单位财务部门盖章确认。

8. 完整性检查表

编制本底稿的目的是通过抽查确认收入的原始单据追查至营业收入记账凭证，检查本期所有发生的营业收入业务均已入账。

9. 收入确认原则检查表

编制本底稿的目的是通过对企业销售产品或提供劳务的模式和类别，检查收入确认原则是否符合收入准则的规定。值得注意的是，收入确认原则在审计过程中非常重要，针对此项检查应当在初步业务活动立项时就应了解收入确认原则，核实是否与同行业可比上市公司一致，是否与收入准则规定一致。

项目组应结合被审计单位所处的行业特点，关注收入确认的真实性、完整性，以及毛利率分析的合理性。尤其是在识别和评估舞弊导致的收入项目重大错报风险时，注册会计师应当基于收入确认存在舞弊风险的假定，对不同类型的交易进行重点关注。

收入确认原则检查表工作底稿示例如下：

（1）了解企业收入类别及确认方法示例见素材包－素材 10。🔲

（2）判定每一个重要合同或收入类别检查收入确认方法是否恰当，收入准则判定要点与客户实际情况核对表示例见表 5-11。

表 5-11　收入准则判定要点与客户实际情况核对表

五步法	准则规定判断要点	客户实际情况
步骤 1：识别客户合同		
1.1 合同的定义	合同是否符合新收入准则规范的五个条件： （一）合同各方已批准该合同并承诺将履行各自义务； （二）该合同明确了合同各方与所转让商品或提供劳务相关的权利和义务； （三）该合同有明确的与所转让商品相关的支付条款； （四）该合同具有商业实质，即履行该合同将改变企业未来现金流量的风险、时间分布或金额； （五）企业因向客户转让商品而有权取得的对价很可能收回	

五步法	准则规定判断要点	客户实际情况
步骤2：识别合同中的履约义务		
2.1 合同中的承诺	合同中承诺的商品和服务包括哪些（请分别列出）	
	是否存在已公开宣布的政策、特定声明或以往的习惯做法等导致合同订立时客户合理预期企业将履行的承诺	
	是否存在没有向客户转让商品或服务的承诺（如行政管理性质的准备工作）	
2.2 承诺是否构成单项履约义务	从商品本身看是否能够明确区分？考虑以下问题： —客户可以单独从商品或服务中获益，还是与企业或第三方单独出售的其他易于获得的资源一起使用中受益 —客户可以利用客户手头的其他资源从商品或服务中受益吗 —企业是单独出售此商品或服务 —完好的货物能够以超过废品价值的金额转售吗 —商品或服务自身是否会产生经济效益	
	在合同范围内，商品和服务是否明确？考虑以下问题： ——项商品或服务是否会显著修改、定制或影响另一个商品的功能 —商品或服务是否彼此有高度的关联性？（如企业可以通过独立转移每项商品或服务来履行其承诺吗） —商品或服务是否因合并而发生变化 —商品或服务是否作为客户签订合同的产出还是产出的投入 —转移每项商品或服务的工作是由一个单独的团队执行，还是由一个团队执行所有工作？是一起还是单独管理转移每项商品或服务	
步骤3：确定交易价格		
3.1 基本交易价格	合同中是否规定了所有承诺的对价？价格是否包含代表第三方收取的金额（如增值税）	
3.2 可变对价	合同中是否包含可变对价（折扣、返利、退款、价格折让、激励措施、业绩奖金、索赔等）？企业对可变对价如何估计	
3.3 重大融资成分	合同中是否存在重大融资成分	

五步法	准则规定判断要点	客户实际情况
3.4 非现金对价	企业是否享有任何非现金对价，包括通过以下方式获取的非现金对价：以旧换新；客户提供原材料、设备或人员；股份支付等	
3.5 应付客户对价	如有，企业在合同开始日如何估计非现金对价的公允价值	
步骤4：将交易价格分摊至单项履约义务		
4.1 分摊交易价格	企业是否已经确定了每项履约义务的单独售价？确定单独售价的方法是什么？是否合理	
	企业对可变对价和合同折扣的分摊是否恰当（如适用）	
步骤5：在履行履约义务时确认收入		
5.1 转移控制权	履约义务是否满足下列任何一项条件使得控制权在某一时段内履行	
	（1）客户在企业履约的同时即取得并消耗企业履约所带来的经济利益	
	（2）客户能够控制企业履约过程中在建的商品	
	（3）企业履约过程中所产出的商品具有不可替代用途，且该企业在整个合同期间内有权就累计至今已完成的履约部分收取款项	
	如果履约义务为授予知识产权许可，则考虑：a. 合同要求或客户能够合理预期企业将从事对该项知识产权有重大影响的活动；b. 该活动对客户将产生有利或不利影响；c. 该活动不会导致向客户转让某项商品	
5.2 收入确认模式	对于在某一时段内履行的履约义务，企业如何确定履约进度？是否合理？	
	对于在某一时点履行的履约义务，控制权转移时点如何判断？	
审计结论：被审计单位销售某某商品的收入确认原则符合会计准则的要求。		

项目组应对企业每一种业务类型（收入类型）均需要按上述要求进行识别和判断，并最终得出审计结论。

（3）对特殊交易事项的考虑。对特殊收入交易事项准则判断要点与客户实际情况核对表示例见表5-12。

表 5-12　对特殊收入交易事项准则判断要点与客户实际情况核对表

交易事项	准则规定判断要点	客户实际情况
特殊交易考虑事项：		
主要责任人与代理人身份的评估	企业对于主要责任人和代理人的判断是否恰当	
	第三方参与的性质是什么	
	合同中的特定商品或服务是什么	
	在转让给客户之前，哪一方控制了特定商品或服务	
	哪一方对合同履行承担首要责任	
	哪一方对商品或服务缺陷负责并对其进行补救	
	哪一方承担了存货风险	
	哪一方决定价格	
	企业对价是否采取佣金形式	
质保条款	合同的质保条款是否能作为单项履约义务（向客户保证所销售商品符合既定标准之外的一项单独服务） —质保是法律要求的吗 —质保覆盖的期间是否超过标准保修期 —客户是否可以选择单独购买质保 —质保期间企业需要履行与质保相关的特定任务吗	
授予重大权利的选择权	合同中客户额外购买选择权是否为重大权利，且该项重大权利是假如不签订合同就无法获得的吗？参考以下问题： —任何选择权的折扣性质是什么 —通常为类似商品和服务提供的折扣是多少？行使该选择权可获得的折扣价是否显著低于原价或者无需签订该合同即可获得的普通折扣价 —是否有任何积累的权利（如客户忠诚度积分、某些数量折扣） —是否存在续约流程，续约选择权是否为实质性权利（如折扣超出了对该地区或市场中其他同类客户所能享有的折扣） —签约时收取的无需退还的初始费，后续如果续约，是否无需再支付	

交易事项	准则规定判断要点		客户实际情况
回购条款	合同是否包含与原合同中相同或类似商品相关的回购条款？企业处理是否恰当		
	看涨期权	合同是否表明，企业有无条件回购资产的权利或义务	
	看跌期权	合同是否表明，客户是否有要求企业回购资产的权利	
售后代管安排	合同是否存在售后代管安排？是否满足下列条件		
	售后代管控制权转移的条件	对于在一个时点履行的履约义务，在同时考虑控制权转移的其他迹象时，还应当关注是否同时满足以下条件： —该安排应当具有商业实质（是客户要求订立的吗？） —属于客户的商品必须能够单独识别（将属于客户的商品单独存放在指定地点吗？） —该商品可随时交付给客户 —企业不能自行使用该商品或将该商品提供给其他客户	
经销商合同（寄销或代销安排）	合同对方是最终客户还是经销商？商品控制权是转移给经销商还是最终客户		
客户验收	如果合同包含客户验收条款，企业是否能够客观地确定商品是否符合合同规定条件，客户验收只是一个例行程序		

值得注意的是，项目组需要了解收入确认依据的关键证据，发货单、验收单或是其他证据，并通过从该证据为起点检查至确认收入的记账凭证，检查营业收入记账是否完整。

10. 全部客户销售数量和金额检查表

编制本底稿的目的是对全部客户收入构成及变化是否符合行业和市场变化进行核查，重点关注新增、退出、大额异常等客户交易的真实性、合理性和可持续性。项目组可结合其他工作底稿执行的审计程序进行全面分析和检查，比如对合同的检查、收入确认合规性检查、截止性测试、关联销售交易检查，以及其他检查等。

全部客户销售数量和金额检查表工作底稿示例如下：

（1）全部客户名单及销售情况示例见素材包－素材 10。🔳

项目组需要获取公司全部客户清单，并分析总体数量、规模、分布变化情况是否异常。并结合应收账款余额的审计情况进行分析和核查。

（2）主要产品客户实施程序情况示例见素材包－素材 10。🔳

值得注意的是，对于高风险项目，项目组还应对营业收入执行函证和实地调查等审计程序。

（3）主要产品客户销售情况示例见素材包－素材 10。🔳

项目组应按照各主要产品分别列示本期和上期统计主要客户各年销售情况，并通过对合同约定的信用政策检查，了解应收账款年初和年末余额的变化。值得注意的是，对于相同产品但不同客户签订合同约定的信用政策不同之处，项目组需要了解是否符合行业惯例。重点关注是否通过延长信用政策扩大销售收入的情况。

11. 合同履行检查表

编制本底稿的目的是按重要产品和重要客户的合同履行情况进行检查，核查合同履行完整性，予以证实收入确认的真实性。合同履行检查过程见素材包－素材 10。🔳

项目组应获取主要合同并仔细阅读合同主要条款，了解合同签订的基本情况后核查实际销货的主要确认证据，并追查至收入确认及结算单据，跟踪合同履行是否完成，得出最终审计结论。

12. 收入函证控制表和未回函替代测试表

编制本底稿的目的是验证本期营业收入确认金额是否准确。实务中，项目组会将同一客户的收入函证与应收账款函证、合同负债函证等做在同一张函证上进行发函确认。值得注意的是，对于高风险项目或认为某个客户收入确认存在重大疑虑，即使应收账款期末金额为零，如果项目组对当期营业收入确认存在重大疑虑，也应对其发函询证。

营业收入函证控制表示例见素材包－素材 10。🔳

对未回函的营业收入执行替代程序，项目组应对未回函客户销售收入入账情况及确认收入的相关依据进行详细核查。

营业收入未回函替代测试表示例见素材包－素材 10。🔳

对未回函营业收入执行替代测试需要抽取大额当期收入确认的样本，并关注重要的确认收入的证据，包括销售合同、出库单、发货单、验收单、销售发票等，并关注上述主要证据是否存在时间逻辑错误、记载销售产品内容不一致等明显的矛盾。项目组应对此项检查出的问题予以高度重视，保持应有的职业怀疑。

13. 履约进度确认收入检查表

编制本底稿的目的是分析本期采用履约进度确认收入的合同收入、成本和毛利率情况，并与期初情况比较，检查是否存在异常，各期数据存在重大波动，应予以核实原因。

按履约进度确认收入检查表示例见素材包－素材 10。🔲

对于高风险项目，项目组还需要进一步分析企业服务价格、销量及变动趋势与市场上相同或类似的服务的信息和走势比较是否存在重大差异。

14. 外销收入检查表

编制本底稿的目的是检查外销收入确认是否存在异常，相关销售合同、发票、出口报关单及提单等手续是否齐备，出口销售是否真实。

目前，外销收入存在以下几种结算方式：CIF、FOB、CFR、EXW 和 FCA。不同贸易模式下的权利义务有所不同，其中 CIF、FOB、CFR 等模式，根据国际贸易术语，货物越过船舷，相关的控制权即转移至买方；EXW 模式下，货物离开厂区大门即满足收入确认条件；FCA 模式下，只要将货物在指定的地点交给买方指定的承运人，相关的控制权即转移至买方。通常情况下，外销收入于出口货物运至港口后，在货物报关离港并获取电子口岸信息后，依据报关单据、电子口岸信息、货运单据、货物过磅单等确认收入，符合《企业会计准则》的规定。外贸术语及控制权转移方法见表 5-13。

表 5-13　外贸术语及控制权转移方法

贸易术语	控制权转移
CIF	即"成本、保险费加运费"，是指卖方在船上交货或以取得这样交付的货物方式交货，货物损失或损坏的风险在货物交到船上时转移，卖方承担将货物运至目的地具体地点的费用，即支付必要的成本、最低险别的保险和运费，将货物运至指定目的港
FOB	即"离岸价"，是指卖方将货物放置于指定装运港由买方指定的船舶上，或购买已如此交付的货物即为交货，当货物放置于该船舶上时，货物灭失或损毁的风险即转移，而买方自该点起负担一切费用
CFR	即"成本加运费"，是指卖方在船上交货或以取得这样交付的货关单据、物方式交货，货物损失或损坏的风险在货物交到船上时转移，卖方承担将货物运至目的地具体地点的费用，即支付必要的成本和运费，将货物运至指定目的港
EXW	即"工厂交货"，卖方负责在其所在场所将货物置于买方处置之下即履行了交货义务，卖方一般不需承担买方提取货物至目的地过磅单所需的运输费及海关手续费用等
FCA	即"货交承运人"，是指卖方只要将货物在指定的地点交给买方指定的承运人，并办理了出口清关手续，即完成交货

外销收入检查表示例见素材包－素材 10。🔲

外销收入检查表对于"合同信息"的检查内容主要包括：①合同签订主体系

账面购货单位；②合同约定采购单价与账面记录收入单价一致；③合同约定采购单价与账面记录收入单价一致；④账面确认收入期间是依据合同约定记录的。

对于"出库单"的检查内容主要包括：①销售出库单出库数量与总账确认收入一致；②销售出库单的数量与报关单、提单一致；③出库时间具有合理性。

对于"出口报关单"的检查内容主要包括：①报关单产品名称，数量与销售出库单名称，数量一致；②报关单上产品单价与账面记录收入单价一致；③按照报关单日期正确登记收入明细账。

对于"提单"的检查内容主要包括：①提单产品名称，数量与销售出库单、报关单名称，数量一致；②交付港口与合同一致或具有合理性；③提单时间具有合理性；④提单收货人具有合理性。

15. 关联交易统计表和检查表

编制本底稿的目的是检查关联交易是否完整、准确。主要包括内容：一是检查关联方销售交易是否真实、完整和准确，检查内容包括销售交易品种、价格、数量、金额和比例；二是统计合并范围内关联方销售业务，记录应予合并抵消的金额。关联交易统计表和检查表工作底稿示例如下：

（1）关联交易统计表示例见素材包－素材10。🔠

（2）关联方交易检查表示例见素材包－素材10。🔠

项目组对本年关联方销售交易明细统计后，与上年关联方销售交易相关的数据进行对比分析，包括平均销售价格分析和毛利率分析，收入和成本变化分析，以及占销售收入整体比例变动分析，了解关联方销售交易本年度和上年度趋势变化是否异常，核实原因后判断是否需要进行详细核查，进一步核实是否利益输送、虚假销售等情况。

16. 截止性测试表

编制截止性测试表的目的是对资产负债表日前后确认的营业收入实施截止测试，评价营业收入是否在恰当期间确认，是否存在大额跨期事项。

通常情况下，项目组需要通过双向核查检查营业收入是否存在跨期事项。一是通过选取截止日前后若干发货单或验收单（需要了解具体确认收入的证据，下同）追查至收入明细账进行的截止性测试；二是通过选取截止日前后收入明细账追查至发货单或验收单进行的截止性测试。值得注意的是，截止日前后的抽查的样本应当连续编号，否则没有被抽查的样本极有可能存在跨期事项。

项目组通过截止性测试发现跨期事项应当查明原因，有必要则需要做审计调整。值得注意的是，营业成本无需重复执行截止性测试，其已经在库存商品工作底稿进行截止性测试。

17. 披露表

营业收入和营业成本披露表需要按项目披露，还需披露本年合同产生的收入情况、履约义务的说明和分摊至剩余履约义务的说明。

营业收入和营业成本披露表工作底稿示例如下：

（1）营业收入和营业成本列示示例见素材包－素材 10。📱

（2）本年合同产生的收入情况示例见素材包－素材 10。📱

（3）履约义务的说明。

对于公司销售商品类交易，根据销售合同约定均属于在某一时点履行，在客户取得相关商品的控制权时完成履约义务并确认收入。

对于公司提供相关服务，在提供服务的时间内履行履约义务，并在履约期间按照履约进度确认收入。

（4）分摊至剩余履约义务的说明。

本期末已签订合同、但尚未履行或尚未履行完毕的履约义务所对应的收入金额为×××元，其中×××元预计将于 20×4 年度确认收入，×××元预计将于 20×5 年度确认收入。

二、税金及附加

（一）"税金及附加"核算内容

"税金及附加"既是报表项目也是会计科目，主要核算企业经营活动发生的消费税、城市维护建设税、资源税、教育费附加及地方教育附加、房产税、车船税、城镇土地使用税、印花税等相关税费。税金及附加的基本会计处理原则见表 5-14。

表 5-14　税金及附加的基本会计处理原则

业务事项	会计处理
企业按规定计算确定的与经营活动相关的税费	借记"税金及附加"，贷记"应交税费""银行存款"等科目

值得注意的是，全面试行营业税改征增值税后，"营业税金及附加"科目名称调整为"税金及附加"科目，利润表中的"营业税金及附加"项目调整为"税金及附加"项目。

（二）"税金及附加"重要提示

1. 应交税费和税金及附加的逻辑关系

除增值税、企业所得税、个人所得税、能够满足资本化的税费和支付时不通过应交税费过渡的印花税以外，一般来说，应交税费的贷方发生额与税金及附加的借方发生额在逻辑上应当勾稽相符。

2. 税金及附加的核算范围

对于部分具有"准税收"性质的费用，一般来说，从逻辑和理论上应计入"税金及附加"项目，但如果财政部有具体文件规定应按具体规定执行。例如：企业根据《残疾人就业保障金征收使用管理办法》（财税〔2015〕72号）的规定，应缴纳的残疾人就业保障金，应当计入"管理费用"科目；企业超比例安排残疾人就业或者为安排残疾人就业做出显著成绩，按规定收到的奖励，计入"其他收益"科目；企业未按规定缴纳残疾人就业保障金，按规定缴纳的滞纳金，计入"营业外支出"科目。值得注意的是，残疾人就业保障金借方计入"管理费用"科目，贷方应计入"其他应付款"，而不应计入"应交税费"，此时支付的现金流量应计入"支付的其他与经营活动有关的现金"。

（三）编制底稿常见问题

1. 工作底稿低级错误问题

（1）导引表、明细表、披露表数据不准确与试算平衡表和附注不一致。

（2）明细表的发生额不准确，存在明细之间串项情况，与其他对应科目逻辑不符。

（3）审计说明不完整，没有将执行的审计程序情况说明清晰、完整。

（4）缺少索引号或纸质底稿索引号与电子版索引号编制不准确。

（5）审计说明中包含审计调整，但本期数中没有审计调整事项，或者情况相反。

（6）抽取的样本没有记录选取的过程，以及样本量不满足审计计划要求。

（7）应交税费与税金及附加逻辑数据不符，未说明不符的理由和合理性。

（8）计划实施的审计程序没有实施，将应当编制的底稿随意隐藏。

2. 审计程序实施不到位，包括但不限于：

（1）未对应交税费与税金及附加进行逻辑核对。

（2）未对税金及附加项目核算范围进行分析和评价。

CPA审计经验分享

实务中，项目组对税金及附加项目的审计程序主要是逻辑核对，很少使用抽查凭证的方式进行验证，但如何存在核对不一致的情况，需要分析原因，此时项目组可能需要查找具体哪些会计凭证出现会计差错。

1. 导引表

税金及附加导引表是记录税金及附加项目审计调整前后的本期数和上期数及其变化情况，记录审计人员执行税金及附加实质性程序及获取证据，并进而得出税金及附加审计结论的工作底稿。

（1）导引表组成内容。税金及附加导引表主要包括税金及附加按照税费分类的本期数和上期数，以及增减变化、审计说明和审计结论。

税金及附加导引表示例见素材包—素材 11。

审计说明：至少包括税金及附加核算内容、增减变化、执行的审计程序和获取的主要审计证据情况。

审计结论：①经审计，该项目未见重大异常；②经审计调整后，该项目未见重大异常；③因税金及附加测算差异较大且管理层不同意调整（仅为举例）原因，该项目发生数不能确认。根据实际情况，只能选择一个审计结论。

（2）导引表编制要点。上期数来源于上年工作底稿审定数或者未审数（如有调整也需要插列增加调整过程），变动比例为本期数调整后的数据与上期数审定数之间的变动比例。

如果有审计调整，还需要在审计说明中描述审计调整事项及说明。

（3）导引表部分审计说明示例如下：

---

1. 税金及附加主要核算企业经营活动发生的消费税、城市维护建设税、资源税、教育费附加及地方教育附加、房产税、车船税、城镇土地使用税、印花税等相关税费。

2. 税金及附加本年数与上年数相比无重大变化。

3. 获取税金及附加明细表，总账、报表和明细表核对相符，与试算平衡表和附注核对一致。

4. 根据审定的本期应税消费品销售额（或数量），按规定适用的税率，分项计算、复核本期应纳消费税税额，经检查，会计处理准确，未见异常。

5. 根据审定的本期应纳资源税产品的课税数量，按规定适用的单位税额，计算、复核本期应纳资源税税额，经检查，会计处理准确，未见异常。

---

6. 经检查，城市维护建设税、教育费附加等项目的计算依据和本期应纳增值税、消费税合计数一致，并按规定适用的税率或费率重新计算，经复核，本期应纳城建税、教育费附加等核对一致，经检查，会计处理准确，未见异常。

7. 复核本期发生的矿产资源补偿费、房产税、城镇土地使用税、印花税等税费，经核对一致。

8. 结合应交税费科目的审计，与应交税费有关明细科目的贷方发生额交叉复核，经复核，勾稽关系相符。

9. 税金及附加已按照《企业会计准则》的规定记录于恰当的账户及恰当列报于财务报表。

2. 明细表

税金及附加明细表数据来源于企业明细账（按税费类型），由于税金及附加的明细表与导引表格式一致，实务中也可以不填列明细表，而直接编制导引表。

项目组需要对税金及附加明细表本期数和上期数变动情况进行分析，分析变动是否异常，并与之对应的应交税费贷方发生额进行核对是否相符。

税金及附加导引表示例见素材包－素材 11。▨

3. 逻辑检查表

编制本底稿的目的是检查应交税费贷方发生额与税金及附加借方发生额是否存在逻辑关系，部分特殊会计处理需要具体分析后进行逻辑检查。

税金及附加逻辑检查表示例见素材包－素材 11。▨

值得注意的是，本底稿的逻辑检查思路是将应交税费贷方计提数与税金及附加的借方发生额进行核对，如果存在差异，则需要查找原因，并根据分析后的原因作出相应处理。

4. 披露表

税金及附加披露表除了需要披露相关税金及附加的本期数和上期数以外，还需要在附注税项披露各项税费计缴标准，以及是否存在税收优惠。

税金及附加披露表示例见素材包－素材 11。▨

三、管理费用

（一）"管理费用"核算内容

"管理费用"既是一个报表项目，也是会计科目，该项目应根据"管理费用"类别进行明细核算。本科目核算企业为组织和管理企业生产经营所发生的管理费用，包括企业在筹建期间内发生的开办费、董事会和行政管理部门在企业的经营管理中发生的或者应由企业统一负担的公司经费（包括行政管理部门职工工资及福利费、物料消耗、低值易耗品摊销、办公费和差旅费等）、工会经费、董事会费（包括董事会成员津贴、会议费和差旅费等）、聘请中介机构费、咨询费（含顾问费）、诉讼费、业务招待费、残疾人就业保障金等。另外，企业生产车间（部门）和行政管理部门等发生的固定资产修理费用等后续支出，也在本科目核算。值得注意的是，企业（商品流通）管理费用不多的，可不设置"管理费用"科目，管理费用的核算内容可并入"销售费用"科目核算。管理费用的基本会计处理原则见表 5-15。

表 5-15　管理费用的基本会计处理原则

业务事项	会计处理
企业在筹建期间内发生的开办费，包括人员工资、办公费、培训费、差旅费、印刷费、注册登记费，以及不计入固定资产成本的借款费用等	在实际发生时，借记"管理费用（开办费）"科目，贷记"银行存款"等科目
行政管理部门人员的职工薪酬	借记"管理费用"科目，贷记"应付职工薪酬"科目
行政管理部门计提的固定资产折旧	借记"管理费用"科目，贷记"累计折旧"科目
发生的办公费、水电费、业务招待费、聘请中介机构费、咨询费、诉讼费、技术转让费	借记"管理费用"科目，贷记"银行存款"科目

（二）"管理费用"重要提示

1. 正确区分"管理费用"和"研发费用"核算

根据《财政部关于修订印发 2019 年度一般企业财务报表格式的通知》（财会〔2019〕6 号）的有关规定，利润表中的"研发费用"项目，反映企业进行研究与开发过程中发生的费用化支出，以及计入管理费用的自行开发无形资产的摊销。该项目应根据"管理费用"科目下的"研究费用"明细科目的发生额，以及"管理费用"科目下的"无形资产摊销"明细科目的发生额分析填列。值得注意的是，由于这部分研发费用已在利润表中的"研发费用"项目中单独列示，为了避免重复列示，利润表中的"管理费用"项目不再包含"无形资产摊销"费用。

2."管理费用"明细分析

项目组对"管理费用"明细执行分析程序，了解管理费用明细前后期间变化是否异常，了解月度之间变化是否异常，了解管理费用明细与主营业务收入之间的比例变化是否异常。必要时，加入同行业数据进行比较分析。

（三）编制底稿常见问题

1. 工作底稿低级错误问题

（1）导引表、明细表、披露表数据不准确与试算平衡表和附注不一致。

（2）明细表的发生额不准确，存在明细之间串项情况，与其他对应科目逻辑不符。

（3）审计说明不完整，没有将执行的审计程序情况说明清晰、完整。

（4）缺少索引号或纸质底稿索引号与电子版索引号编制不准确。

（5）审计说明中包含审计调整，但本期数中没有审计调整事项，或者情况相反。

（6）抽取的样本没有记录选取的过程，以及样本量不满足审计计划要求。

（7）管理费用横向对比数据或管理费用明细与主营业务收入之间的关系存在异常，但工作底稿并未记录执行何种审计程序予以解决。

（8）计划实施的审计程序没有实施，将应当编制的底稿随意隐藏。

2. 未获取重要审计证据问题

（1）未获取重要管理费用的合同、发票、审批单和银行回单等资料。

（2）未获取管理费用增减变化超过 20% 的管理层解释。

3. 审计程序实施不到位问题

（1）未对管理费用核算范围进行检查。

（2）未对管理费用执行分析性程序，未对大额管理费用发生额进行检查。

CPA审计经验分享

实务中，企业发生的经济业务已完成，但可能未及时获取费用报销发票，故将其暂时挂账处理，项目组应当结合预付账款、其他应收款等项目审计，核查是否存在潜亏。

（四）"管理费用"所需执行的审计程序

1. 导引表

管理费用导引表是记录管理费用项目审计调整前后的本期数和上期数及其变化情况，记录审计人员执行管理费用实质性程序及获取证据，并进而得出管理费用审计结论的工作底稿。

（1）导引表组成内容：管理费用导引表主要包括管理费用项目的本期数和上期数，以及增减变化、审计说明和审计结论。

管理费用导引表示例见素材包－素村12。

审计说明：至少包括管理费用核算内容、增减变化、执行的审计程序和获取的主要审计证据情况。

审计结论：①经审计，该项目未见重大异常。②经审计调整后，该项目未见重大异常。③因管理费用确认不完整且金额远超重要性水平（仅为举例）原因，该项目发生额不能确认。根据实际情况，只能选择一个审计结论。

（2）导引表编制要点：上期数来源于上年工作底稿审定数或者未审数（如有调整也需要插列增加调整过程），变动比例为本期调整后数与上期审定数之间的变动比例。导引表里的索引号与明细表索引号对应。即：此处的大类项目的总金额来源于明细表中的数据。如果有审计调整，还需要在审计说明中描述审计调整事项及说明。

（3）导引表部分审计说明示例如下：

---

1. 本科目主要核算内容包括企业为组织和管理企业生产经营所发生的管理费用。

2. 本年管理费用增加的主要原因是本年财务业绩完成较好导致高管人员绩效上涨。

3. 管理费用明细账和总账、报表核对相符，与试算平衡表和附注核对一致。

4. 将管理费用中的工资、折旧等与相关的资产、负债科目核对，经检查，勾稽关系相符。

5. 计算分析各个月份管理费用总额及主要项目金额占主营业务收入的比率，并与上一年度进行比较，经分析，管理费用明细变动合理。

6. 计算分析各个月份管理费用中主要项目发生额及占管理费用总额的比率，并与上一年度进行比较，经分析，管理费用明细变动合理。

---

7. 经检查，管理费用的明细项目的设置符合规定的核算内容与范围，结合成本费用的审计，未见存在费用分类错误。

8. 经检查，公司发生的经费（包括行政管理部门职工薪酬、物料消耗、低值易耗品摊销、办公费和差旅费）系经营管理中发生或应由公司统一负担，查阅并核实相关费用报销内部管理办法，经核实，有合法原始凭证支持，未见重大异常。

9. 经检查，相关董事会及股东会决议，董事会费（包括董事会成员津贴、会议费和差旅费等）在合规范围内开支费用，未见重大异常。

10. 经检查，聘请中介机构费、咨询费（含顾问费）按合同规定支付费用；经与律师函证，诉讼代理费已全额支付。

11. 经检查，已结案诉讼相关支出已全部入账。未决重大诉讼已在附注中进行披露。

12. 经检查，业务招待费支出合理。

13. 选择重要或异常的管理费用，经检查管理费用各项目开支标准符合有关规定，计算准确，原始凭证完整合规，会计处理准确。

14. 实施截止测试，未见重大跨期项目。

15. 管理费用已按照《企业会计准则》的规定记录于恰当的账户及恰当列报于财务报表。

2. 明细表

管理费用明细表数据来源于企业明细账，项目组需要了解管理费用的业务流程和明细核算的具体内容，了解管理费用明细是否与资产负债表项目存在勾稽关系，根据实际情况，项目组设计进一步审计程序，需要对管理费用明细进行逻辑性复核或执行抽查合同和原始单据的检查程序，最终得出审计结论。

管理费用明细表示例见素材包－素材12。

项目组编制明细表时应关注所有明细项目填列是否完整和准确，了解管理费用发生是否与企业经营相关，分析本期数和上期数发生额之间变动情况是否存在异常，并根据实际情况是否需要补充进一步审计程序予以核实。

3. 明细表（按月）

管理费用明细表（按月）数据来源于企业月度科目余额表，项目组需要分析月度管理费用发生额变化是否存在异常，包括月度管理费用明细发生额占总额比例，月度管理费用明细发生额占收入比，对比项目明细本期数与上期数发生的变化，并获取管理层解释，根据实际情况，项目组设计进一步审计程序，需要对管理费用明细进行逻辑性复核或执行抽查合同和原始单据的检查程序，最终得出审计结论。

管理费用明细表（按月）示例见素材包－素材 12。🔲

项目组编制明细表（按月）时应关注所有月度明细项目填列是否完整和准确，建议项目组在 EXCEL 表中加入可视化图表，清晰查看月度之间数据变化，以及各项目占比是否存在异常，并根据实际情况是否需要补充进一步审计程序予以核实。

对于高风险项目，项目组还应当获取同行业同期间管理费用率变化情况，以及管理费用占营业收入的比重与被审计单位相关指标进行对比分析是否存在异常。

4. 截止性测试表

编制截止性测试表的目的是确定管理费用截止性是否准确，是否存大额跨期事项。

通常情况下，项目组可以选取截止日前后若干张凭证进行截止性测试（如果公司截止日前几笔和后几笔发生的业务金额很小，则选择截止日前几天或后几天发生额较大的业务，测试其是否存在跨期情况）。

项目组通过截止性测试发现跨期事项应当查明原因，有必要则进行审计调整。

5. 逻辑检查表

管理费用逻辑检查表旨在检查管理费用明细与资产和负债相关项目发生额之间的逻辑是否相符。值得注意的是，项目组可以将管理费用明细与资产和负债各项目分配费用进行交叉索引，检查相关逻辑是否准确。

管理费用逻辑检查表示例见素材包－素材 12。🔲

项目组如果发现上述逻辑存在差异，需要查找原因，是否存在部分资产、负债项目发生额记录不完整导致数据不勾稽，以及是否存在分摊项目数据有误导致报表分类错误，核实是否需要作出调整。

6. 合同发票检查表

合同发票检查表旨在检查管理费用业务发生是否真实。项目组需要对管理费用大额、异常的发生额进行专门的合同、发票检查，了解和分析业务发生的经济实质，判断其合理性和验证发票真伪。

管理费用合同发票检查表示例见素材包－素材 12。🔲

项目组如果对管理费用的合同发票不执行控制测试，上表还可以将付款审批及银行付款进行全面核查，检查相关业务流程是否有效控制。反之，如果项目组已经对上述内部控制主要流程控制点进行测试，则可以不再重复执行。

7. 披露表

管理费用的披露表按项目明细进行披露。注意披露表数据来源的准确性，如果"其他"项数据较大，项目组应分析和检查"其他"中内容是否存在单独披露的项目明细。

管理费用披露表示例见素材包—素材12。

一般情况下，披露表明细和合计数应与试算和报表附注数据核对一致，如果管理费用明细较多，建议可以按本年发生额大小排序前十名（不含其他）进行披露，剩余项目的合计数作为"其他"项进行披露。

四、其他收益

（一）"其他收益"核算内容

"其他收益"既是一个报表项目，也是会计科目。2018年6月15日，财政部发布了《财政部关于修订印发2018年度一般企业财务报表格式的通知》财会〔2018〕15号（注：该文件于2019年4月30日被《财政部关于修订印发2019年度一般企业财务报表格式的通知（财会〔2019〕6号）》所取代），在报表格式中，新增加"其他收益"项目，并明确"其他收益"项目，反映计入其他收益的政府补助，以及其他与日常活动相关且计入其他收益的项目。该项目应根据"其他收益"科目的发生额分析填列。企业作为个人所得税的扣缴义务人，根据《中华人民共和国个人所得税法》收到的扣缴税款手续费，应作为其他与日常活动相关的收益在该项目中填列。

除了上述规定以外，其他收益还包括以下内容：

（1）"其他收益"科目核算企业实际收到即征即退、先征后退的增值税，建议该项内容单独披露。值得注意的是，理论上直接减免税款不属于政府补助，增值税是价外税，其本身不影响损益，所以不能像其他价内税一样，通过直接按照减免后应纳税额计入损益的方式体现减免税款的损益影响，所以只能将其计入其他收益。如果是其他税费，直接按照减免后的实际应纳税额确认"税金及附加"和"应交税费"即可，不应确认为其他收益或者营业外收入。

CPA审计经验分享

> 针对增值税的免征和减征，是计入其他收益还是营业收入也需要进一步区分。注意区分是发生在计算应纳税额的环节还是后续的征管环节，如果是前者（税法规定的免税项目），则不计算应纳税额，直接将相关影响金额列入收入；后者在征管环节确定减征、免征金额后，从应交税费转入其他收益。

（2）根据财政部会计司发布的关于《关于深化增值税改革有关政策的公告》适用《增值税会计处理规定》有关问题的解读：生产、生活性服务业纳税人取得资产或接受劳务时，应当按照《增值税会计处理规定》的相关规定对增值税相关业务进行会计处理；实际缴纳增值税时，按应纳税额借记"应交税费——未交增值税"等科目，按实际纳税金额贷记"银行存款"科目，按加计抵减的金额贷记"其他收益"科目。

（3）债务人确认的以非金融资产进行债务重组确认的损益。债务人以单项或多项非金融资产（如固定资产、日常活动产出的商品或服务等）清偿债务，或者以包括金融资产和非金融资产在内的多项资产清偿债务的，不需要区分资产处置损益和债务重组损益，也不需要区分不同资产的处置损益，而应将所清偿债务账面价值与转让资产账面价值之间的差额，记入"其他收益——债务重组收益"科目。

其他收益的基本会计处理原则见表 5-16。

表 5-16　其他收益的基本会计处理原则

业务事项	会计处理
对于总额法下与日常活动相关的政府补助，企业在实际收到或应收时，或者将先确认为"递延收益"的政府补助分摊计入收益时	借记"银行存款""其他应收款""递延收益"等科目，贷记"其他收益"科目

企业选择总额法对与日常活动相关的政府补助进行会计处理的，应增设"其他收益"科目进行核算。"其他收益"科目核算总额法下与日常活动相关的政府补助，以及其他与日常活动相关且应直接计入其他收益科目的项目，计入其他收益科目的政府补助可以按照类型进行明细核算。

（二）"其他收益"重要提示

1. "其他收益——政府补助"审计要点

对"其他收益——政府补助"明细项目执行审计程序时，应当结合递延收益审计，检查政府补助相关申请和批复文件，检查其他收益的性质、金额、入账时间是否准确。

2. "其他收益——其他"审计要点

对于"其他收益——其他"明细项目执行审计程序时，需要注意检查相关文件及银行回单，核实是否存在明细之间串项的情况。

（三）编制底稿常见问题

1. 工作底稿低级错误问题

（1）导引表、明细表、披露表数据不准确与试算平衡表和附注不一致。

（2）明细表的发生额不准确，存在明细之间串项情况，与其他对应科目逻辑不符。

（3）审计说明不完整，没有将执行的审计程序情况说明清晰、完整。

（4）缺少索引号或纸质底稿索引号与电子版索引号编制不准确。

（5）审计说明中包含审计调整，但本期数中没有审计调整事项，或者情况相反。

（6）抽取的样本没有记录选取的过程，以及样本量不满足审计计划要求。

（7）"其他收益－政府补助"与递延收益相关数据逻辑检查不符。

（8）计划实施的审计程序没有实施，将应当编制的底稿随意隐藏。

2. 未获取重要审计证据问题

（1）未获取"其他收益－政府补助"相关台账和补助文件、银行回单等资料。

（2）未获取"其他收益－其他"相关文件及银行回单。

3. 审计程序实施不到位问题

（1）未对其他收益核算范围进行检查。

（2）从递延收益结转的其他收益（包括直接计入其他收益）数据不准确或依据不充分，存在会计差错。

CPA审计经验分享

实务中，常见的分类错误是将"其他收益－其他"明细列报于"其他收益－政府补助"明细之中，比如将个税手续费返还列报于其他收益－政府补助明细形成披露错误。

（四）"其他收益"所需执行的审计程序

1. 导引表

其他收益导引表是记录其他收益项目审计调整前后的本期数和上期数及其变化情况，记录审计人员执行其他收益实质性程序及获取证据，并进而得出其他收益审计结论的工作底稿。

（1）导引表组成内容。其他收益导引表主要包括其他收益项目的本期数和上期数，以及增减变化、审计说明和审计结论。

其中，其他收益项目分为政府补助和其他两大类明细。政府补助包括与资产相关的政府补助和与收益相关的政府补助；其他包括债务重组利得、代扣个人所得税手续费返还、"生产、生活性服务业纳税人取得资产或接受劳务加计10％、15％抵减的应纳税额"（包括与其类似增加计税抵扣额均需要计入其他收益）、"一般纳税人的加工型企业根据税法规定招用自主就业退役士兵，并按定额扣减增值税的，应当将减征的税额计入当期损益"等。

其他收益导引表示例见素材包—素材13。

审计说明：至少包括其他收益核算内容、增减变化、执行的审计程序和获取的主要审计证据情况。

审计结论：①经审计，该项目未见重大异常；②经审计调整后，该项目未见重大异常；③因政府补助确认依据不充分且金额远超重要性水平（仅为举例）原因，该项目发生额不能确认。根据实际情况，只能选择一个审计结论。

（2）导引表编制要点。上期数来源于上年工作底稿审定数或者未审数（如有调整也需要插列增加调整过程），变动比例为本期调整后数与上期审定数之间的变动比例。

导引表里的索引号与明细表索引号对应。即：此处的大类项目的总金额来源于明细表中的数据。如果有审计调整，还需要在审计说明中描述审计调整事项及说明。

（3）导引表部分审计说明示例如下：

---

1. 本科目主要核算内容包括政府补助和代扣个税手续费返还等事项。

2. 本年其他收益增加的主要原因包括政府对公司研发业务给予政府补助影响。

3. 其他收益明细账和总账、报表核对相符，与试算平衡表和附注核对一致。

4. 经检查，本年已收到其他收益的银行回单，具备确认条件。

5. 对其他收益的性质、金额和会计处理进行检查，当期计入其他收益的金额进行检查，并与相关资产负债项目勾稽核对一致，未见异常。

6. 检查与政府补助相关的其他收益的会计处理，并与政府补助底稿勾稽核对并索引。

7. 检查与债务重组相关的其他收益的会计处理是否恰当，并与债务重组底稿勾稽核对并索引。

8. 对政府补助确认的其他收益的性质和金额向政府补助进行函证，经回函检查与账面记录相符。

9. 抽取资产负债表日前后相关凭证，实施截止性测试，未见异常。

10. 其他收益已按照《企业会计准则》的规定记录于恰当的账户及恰当列报于财务报表。

---

2. 明细表

其他收益明细表数据来源于企业明细账，但在其他收益工作底稿还需要加入一些关键要素，比如与政府补助相关授予部门、批准文号、业务内容，以及与补贴项目计入具体相关科目名称等。

其他收益明细表示例见素材包－素材13。▨

项目组编制明细表时应关注所有明细项目填列是否完整和准确，核对政府补助文件并记录于工作底稿之中，分析本期数和上期数发生额之间变动情况是否存在异常，并根据实际情况是否需要补充进一步审计程序予以核实。

3. 相关文件检查表

其他收益相关文件检查表旨在检查与政府补助有关的文件依据。值得注意的是，项目组如果发现政府补助文件存在重大疑虑时，根据中国证监会《会计监管风险提示第1号——政府补助》的要求，应当与政府部门沟通或聘请外部专家（如律师），并将沟通函及外部专家意见记录于底稿审计说明中。

其他收益相关文件检查表示例见素材包－素材13。▨

项目组在编制相关文件检查表过程中，应当仔细检查政府补助申请文件，关注申请文件中的关键条款、预算明细和金额，与实际款项支出内容是否相符，并做好相关记录，并关注相关会计处理是否准确。

4. 函证控制表

一般来说，对于政府补助确认的其他收益，无需向政府部门发函确认，仅需要通过获取和检查向政府部门申请立项、预算等文件，以及政府部门的批复、银行回单等即可认定真实性和完整性。但是，对于一些可能存在争议或不明确之处，注册会计师应当向政府部门执行函证程序，核实政府补助确认的其他收益的性质、金额、入账时间是否真实、完整、准确。

其他收益函证控制表示例见素材包－素材13。▨

如果回函不符，项目组需要核实原因，并检查是否需要做审计调整。通常而言，项目组需要亲自到政府相关部门沟通函证事宜，为了提升回函效率，建议沟通之后进行亲函。

5. 截止性测试表

编制截止性测试表的目的是确定其他收益截止性是否准确，是否存大额跨期事项。

通常情况下，项目组可以选取截止日前后若干张凭证进行截止性测试（如果公司截止日前几笔和后几笔发生的业务金额很小，则选择截止日前几天或后几天发生额较大的业务，测试其是否存在跨期情况）。

其他收益截止性测试表示例见素材包－素材 13。🔲

项目组通过截止性测试发现跨期事项应当查明原因，有必要则需要做审计调整。

6. 披露表

企业应当在利润表中的"营业利润"项目之上单独列报"其他收益"项目，计入其他收益的政府补助在该项目中反映。其他收益项目披露表需要披露具体项目名称、本年发生额和上年发生额，以及计入当年非经常性损益的金额。

其他收益披露表示例见素材包－素材 13。🔲

一般情况下，债务重组所产生的"其他收益"属于"非经常性损益"；与销售收入数量直接挂钩的政府补助，则不属于"非经常性损益"；而其他政府补助项目，则属于"非经常性损益"。对于 IPO 项目，对于非常规的政府补助项目也可以关注其他已过会的 IPO 公司的列报。

🔍👤 CPA审计经验分享

> 　　与日常活动有关的政府补助计入"其他收益－政府补助"，其他收益的"日常活动"与收入准则规定的"日常活动"并非同等概念，所以需要进行严格区分。根据政府补助准则的官方解读：政府补助准则不对"日常活动"进行界定。通常情况下，若政府补助补偿的成本费用是营业利润之中的项目，或该补助与日常销售等经营行为密切相关（如增值税即征即退等），则认为该政府补助与日常活动相关。

五、资产减值损失

（一）"资产减值损失"核算内容

"资产减值损失"既是一个报表项目，也是会计科目，本科目核算除"信用减值损失"以外的企业计提各项资产减值准备所形成的损失。"资产减值损失"明细包括存货减值损失、长期股权投资减值损失、固定资产减值损失、在建工程减值损失、商誉减值损失、采用成本模式计量的投资性房地产减值损失、合同资产减值损失、使用权资产减值损失、合同取得成本减值损失等。资产减值损失的基本会计处理原则见表 5-17。

表 5-17　资产减值损失的基本会计处理原则

业务事项	会计处理
企业的存货、长期股权投资、持有至到期投资、固定资产、无形资产等资产发生减值	按应减记的金额，借记"资产减值损失"，贷记"存货跌价准备""长期股权投资减值准备""固定资产减值准备""无形资产减值准备"等科目

在建工程、工程物资、生产性生物资产、商誉、抵债资产、损余物资、采用成本模式计量的投资性房地产等资产发生减值的，应当设置相应的减值准备科目，比照表 5-16 的规定进行处理。

（二）"资产减值损失"重要提示

1. 资产减值损失逻辑核对

资产减值损失工作底稿最重要的审计程序是资产减值损失与各项除金融工具准则规定以外的其他资产计提减值准备进行交叉核对，检查逻辑关系是否准确。根据《企业会计准则第 30 号——财务报表列报》第二条规定："财务报表是对企业财务状况、经营成果和现金流量的结构性表述"。利润表中的"资产减值损失"作为加项计入营业利润，因此损失应当以"－"号填列。项目组需要结合报表项目及金额等内容阅读和理解。

2. 合同资产减值损失的核算和列报

根据《企业会计准则第 14 号——收入》《企业会计准则第 22 号——金融工具确认和计量》的有关规定，合同资产发生减值的，企业按应减记的金额，借记"资产减值损失"科目，贷记"合同资产减值准备"科目；转回已计提的资产减值准备时，做相反的会计分录。

（三）编制底稿常见问题

1. 工作底稿低级错误问题

（1）导引表、明细表、披露表数据不准确与试算平衡表和附注不一致。

（2）明细表的发生额不准确，存在明细之间串项情况，与其他对应科目逻辑不符。

（3）审计说明不完整，没有将执行的审计程序情况说明清晰、完整。

（4）缺少索引号或纸质底稿索引号与电子版索引号编制不准确。

（5）审计说明中包含审计调整，但本期数中没有审计调整事项，或者情况相反。

（6）抽取的样本没有记录选取的过程，以及样本量不满足审计计划要求。

（7）存货跌价准备等各项资产减值准备与资产减值损失逻辑数据不符。

（8）计划实施的审计程序没有实施，将应当编制的底稿随意隐藏。

2. 审计程序实施不到位，包括但不限于：

（1）未对除金融工具以外规定的资产计提减值准备与资产减值损失进行逻辑核对，资产减值损失数据与除金融工具准则规定以外的其他资产计提减值数据不勾稽。

（2）资产减值损失核算范围不准确，与信用减值损失存在串项。

（四）"资产减值损失"所需执行的审计程序

1. 导引表

资产减值损失导引表是记录资产减值损失项目审计调整前后的本期数和上期数及其变化情况，记录审计人员执行资产减值损失实质性程序及获取证据，并进而得出资产减值损失审计结论的工作底稿。

（1）导引表组成内容。资产减值损失导引表主要包括资产减值损失明细的本期数和上期数，以及增减变化、审计说明和审计结论。

资产减值损失导引表示例见素材包－素材 14。

审计说明：至少包括资产减值损失核算内容、增减变化、执行的审计程序和获取的主要审计证据情况。

审计结论：①经审计，该项目未见重大异常；②经审计调整后，该项目未见重大异常；③因资产减值损失－固定资产减值准备计提不完整（仅为举例）原因，该项目发生额不能确认。根据实际情况，只能选择一个审计结论。

（2）导引表编制要点。上期数来源于上年工作底稿审定数或者未审数（如有调整也需要插列增加调整过程），变动比例为本期调整后数与上期审定数之间的变动比例。

导引表里的索引号与明细表索引号对应。即：此处的项目明细金额来源于明细表中的数据。如果有审计调整，还需要在审计说明中描述审计调整事项及说明。

（3）导引表部分审计说明示例如下：

> 1. 本科目主要核算内容包括存货、在建工程和固定资产计提的资产减值损失。

2. 本年资产减值损失增加的主要原因是本年发生技术创新，现有产品已落后，生产该产品的设备已存在减值迹象，经复核后计提固定资产减值准备增加导致资产减值损失增加。

3. 获取或编制资产减值损失明细表，复核加计准确，并与报表数、总账数和明细账合计数核对相符。

4. 对本期增减变动情况检查如下：①对本期增加及转回的资产减值损失，与持有待售资产、长期股权投资、投资性房地产、固定资产、在建工程、工程物资、无形资产、生物资产、油气资产、使用权资产、商誉等科目进行交叉勾稽；②对本期转销的资产减值损失，结合相关科目的审计，检查会计处理准确，未见重大异常。

5. 资产减值损失已按照《企业会计准则》的规定记录于恰当的账户及恰当列报于财务报表。

2. 明细表

资产减值损失明细表数据来源于企业明细账，并加入业务内容，以及与逻辑检查表交叉索引。

资产减值损失明细表示例见素材包－素材 14。

项目组编制明细表时应关注所有明细项目填列是否完整和准确，分析本期数和上期数发生额之间变动情况是否存在异常，并根据实际情况是否需要补充进一步审计程序予以核实。

3. 逻辑检查表

逻辑检查表的目的是核实金融工具准则规范以外的资产计提减值准备与资产减值损失发生额之间是否勾稽相符。通常来说，合同资产、存货、固定资产、无形资产等资产减值准备与资产减值损失的逻辑关系如下：

（1）资产减值准备的余额逻辑关系：

期初数＋本期计提数－本期转回数－本期核销数＝期末数

（2）资产减值损失本年发生额逻辑关系：

本期计提数－本期转回数＝资产减值损失

值得注意的是，根据《企业会计准则第 8 号——资产减值》第十七条规定："资产减值损失一经确认，存货跌价准备和合同资产减值准备不受上述规定限制，可以转回。"

资产减值损失逻辑检查表示例见素材包－素材 14。🔲

值得关注的是，项目组在编制逻辑检查表时，应特别关注相关资产减值准备数据来源要准确，相关会计处理符合准则规定。

4. 披露表

资产减值损失披露表需要披露具体项目明细、本年发生额和上年发生额。值得注意的是，在利润表列报中"资产减值损失"如果是损失以"－"号填列，财务报表附注也需要保持一致。

资产减值损失披露表示例见素材包－素材 14。🔲

第六章　编制一般审计程序工作底稿

本章导读：对于风险较大的审计项目，项目组还需要特别关注对一般审计程序的执行和复核，例如：首次承接对期初余额的审计，项目组需要加强对期初余额的审计程序，在完成底稿的同时核对期初余额是否存在重大错报；对于其他方面的一般审计程序亦是如此，项目组首先应判断企业是否涉及此类业务，是否需要执行该项审计程序并完成该项工作底稿，如果项目涉及此类情况，项目组应保持职业谨慎，及时获取审计证据并执行审计程序，核实是否存在重大错报风险，影响审计报告意见类型。①

---

① 值得注意的是，项目组成员若要做好一般审计程序工作底稿，需要具备一定的会计准则和审计准则的功底，比如编制股份支付、政府补助、或有事项工作底稿，就需要掌握相关会计准则的内容；而对于审计沟通、期后事项、比较信息、持续经营等工作底稿则需要扎实的审计准则基础，只有具备这样的基本素质和能力才能够做好上述工作底稿。

本章主要讲的是项目组执行一般审计程序所需要编制的相关工作底稿。一般审计程序承上启下，会与审计计划阶段和实质性程序相连接，对审计报告中附注的很多内容有所影响，项目组应识别必须要做哪些一般审计程序工作底稿，并加强对一般审计程序的执行和复核。

一般审计程序工作底稿主要内容及编制要点见表 6-1。

表 6-1 一般审计程序工作底稿主要内容及编制要点

序号	一般审计程序工作底稿主要内容	编制要点
1	首次承接对期初余额的审计	首次承接应关注对期初余额的审计程序，应加强对审计计划阶段的作用，结合重要性完成对期初余额的审计
2	期后事项审计	与管理层沟通是否存在影响报告附注披露的期后事项，并结合检查程序核实期后事项完整性
3	或有事项审计	对于未决事项、担保事项等内容核实是否存在或有事项，并关注对报告附注的完整性
4	会计政策、会计估计和前期会计差错更正审计	关注是否存在会计政策变更、会计估计变更、前期会计差错，以及对财务报表的影响
5	关联方审计	对关联方的识别和关联交易的真实、完整和公允性进行核查
6	非经常性损益	关注非经常性活动、偶发事项对非经常性损益影响
7	每股收益和净资产收益率	关注计算过程的准确性，包括股份总数增减变化、报告期月份数、非经常性损益等影响因素

第一节　期初余额审计

编制本底稿的目的是协助审计人员在开始首次审计业务时确定需要对财务报表期初余额和对比数据所执行的额外审计程序，包括期初余额通用审计程序和细节审计程序。其中，通用审计程序是首次接受委托时对期初余额进行审计通常可采用的审计程序，项目组在执行首次接受委托的项目审计时，必须执行；细节审计程序是按照事务所审计方法和指引来开展审计项目为前提所编制的，针对各个重要报表项目列举的可能需要实施的细节审计程序清单。

值得注意的是，项目合伙人在首次承接业务时，应特殊关注"接下家"的审计客户，应特殊关注是否存在重大审计风险并谨慎承接。如果经过会计师事务所项目合伙人及风险委员会通过承接，项目组应关注首次承接对期初余额的审计工作。

实务中，会计师事务所内部规定在首次承接被审计单位年报审计业务时，根据《中国注册会计师审计准则第 1331 号——首次审计业务涉及的期初余额》应用指南的相关规定需要采取下列审计应对措施（仅为举例）。

（1）对于流动资产和流动负债，注册会计师可以通过本期实施的审计程序获取有关期初余额的部分审计证据。例如：本期应收账款的收回（或应付账款的支付）为其在期初的存在、权利和义务、完整性和计价提供了部分审计证据。然而，就存货而言，本期对存货的期末余额实施的审计程序，几乎无法提供有关期初持有存货的审计证据。因此，项目组有必要实施追加的审计程序。下列一项或多项审计程序可能提供有关期初存货余额的充分、适当的审计证据：①监盘当前的存货数量并调节至期初存货数量；②对期初存货项目的计价实施审计程序；③对毛利和存货截止实施审计程序。

（2）对于非流动资产和非流动负债，如长期股权投资、固定资产和长期借款，项目组可以通过检查形成期初余额的会计记录和其他信息获取审计证据。在某些情况下，注册会计师还可以通过向第三方函证获取有关期初余额（如长期借款和长期股权投资的期初余额）的部分审计证据。在另外一些情况下，注册会计师可能需要实施追加的审计程序。

综上，项目组需要与管理层沟通增加对期初余额的审计程序，包括不限于对银行存款、往来款、银行借款、对外投资等重要资产或负债的函证程序；对库存现金、存货、固定资产等进行监盘程序，并倒推至期初余额；对其他报表项目执行截止性测试，检查是否存在跨期调整问题。

（3）除非能获取充分适当的其他审计证据，项目组需要从公司聘请的法律顾问处获取相关信息。主要包括内容：①本公司（及子公司）是否为依据所在国法律如期、合法成立并存续的公司；②本公司（及子公司）的注册资本额情况；③本公司截止资产负债表日的已发行股票，包括库存股，是否为如期、合法发行、已缴足股款、不足缴股份相关情况，及本公司股东是否承担债务；④本公司（及子公司）于资产负债表日所负之长期债务是否如期、合法发行，是否使本公司承担法律诉讼的情况。

部分期初余额审计工作底稿示例见表 6-2 和表 6-3。

表 6-2　首次接受委托通用审计程序和执行记录

首次接受委托通用审计程序	执行记录（提示）	编制人/日期
1. 阅读最近期间的财务报表和前任注册会计师出具的审计报告（如有），获取与期初余额相关的信息，包括披露	关注对资产负债表、利润表、现金流量表，以及相关附注披露的信息，检查是否存在重大变化及是否发生异常	
2. 采取下列措施，获取充分、适当的审计证据，确定期初余额是否包含对本期财务报表产生重大影响的错报：		
（1）确定上期期末余额是否已正确结转至本期，或在适当的情况下已作出重新表述	关注上期期末余额和本年期初余额是否一致，或者存在会计政策变更等情况的重新表述	
（2）确定期初余额是否反映对恰当会计政策的运用	关注会计政策的运用对期初余额的影响，比如收入确认	
（3）如果上期财务报表已经审计，查阅前任注册会计师的工作底稿	实务中，可能很少能查阅全套前任工作底稿的情况，主要关注前任留下来的一些试算平衡表，抵销明细表，附注等底稿	
（4）评价本期实施的审计程序是否提供了有关期初余额的审计证据	获取资产负债表项目的主要证据核实期初余额数据	
（5）如果获取的审计证据表明期初余额存在可能对本期财务报表产生重大影响的错报，实施其他追加的细节审计程序	关注期初余额是否存在会计差错	
3. 如果获取的审计证据表明期初余额存在可能对本期财务报表产生重大影响的错报，就这类错报与适当层级的管理层或治理层进行沟通	发现期初余额错报可能影响本期财务服表的错报后及时与适当层级（管理层或治理层）进行沟通	
4. 评价是否已就期初余额获取充分、适当的审计证据：		
（1）期初余额反映的会计政策是否在本期财务报表中得到一贯运用	关注本期可能引发会计政策已经变更的事实与证据，比如本期会计处理过程中已将收入确认依据从验收单改为发货单	
（2）会计政策的变更是否已按照适用的财务报告编制基础作出恰当的会计处理和充分的列报与披露	关注会计政策变更是企业主动变更，还是根据会计准则解释等被动变更，并关注会计处理是否准确，披露是否完整	
5. 考虑对审计意见的影响	关注上年审计报告意见类型对本年报表项目的影响	

表 6-3   首次接受委托对重要科目执行细节审计程序和执行记录

首次接受委托对重要科目执行的程序	执行记录（提示）	编制人/日期
1. 银行存款 检查期初银行对账单和银行余额调节表，检查是否存在大额未达； 对期初银行存款进行函证	关注期初是否存在大额未达账项； 确认期初银行存款金额真实性	
2. 应收账款 检查期初应收账款账龄划分是否准确； 坏账准备计提是否完整； 大额应收账款是否在本期收回	关注应收账款账龄是否勾稽相符；坏账准备计提方法及依据是否合理；关注大额应收账款回款证据	
3. 存货 检查期初盘点记录； 检查进销存数据是否完整、准确	了解期初存货盘点情况； 核对进销存数据与账面数据是否一致	
4. 投资 检查期初投资分类依据和说明； 检查期初投资公允价值的确认依据	关注投资分类是否准确，依据是否充分；关注公允价值来源及层次	
5. 固定资产 对期初累计折旧进行重新计算； 了解资本化和费用化的标准； 检查所有权权属证明； 了解固定资产减值情况	关注固定资产折旧是否完整；是否存在乱用资本化条件；核实所有权权属是否完整；核实是否存在减值迹象，计提减值是否充分	
6. 应付账款 了解应付账款对账情况； 核实确认应付账款的供应商发票	了解负债是否完整，是否有确认依据	
7. 所有者权益 检查股东会议记录、营业执照、章程、投资协议等	了解公司出资是否到位，股东持股情况	

第二节   期后事项审计

项目组应对期后事项执行审计程序，以核实企业是否存在对资产负债表日后事项调整事项或非调整事项，并将发现的事项记录于工作底稿。

1. 项目组应对期后事项复核执行的审计程序

（1）针对客户用于识别和反映重大期后事项的记录和过程而执行的程序。

第一，记录项目组与管理层人员、治理层人员或其他人员对期后事项制定的程序。项目组需要记录相关人员的姓名、职位及沟通日期，并记录项目组以获得关于管理层用于识别期后事项的程序，以及对该程序的评价的汇总记录。即：项目组需要了解管理层如何识别期后事项，并制定了哪些程序。

第二，检查客户在管理层、治理层或相关委员会召开的会议纪要，并核实相关会议纪要是否讨论过以下内容：重大诉讼或仲裁，股票或债券发行方案，企业处置子公司等事项。并记录项目组发现的内容。

第三，审阅客户期后最近可获取的财务报表，检查期后账簿，关注以下内容：营运资本或净资产的重大变化、大额资产处置、销售和费用或利润趋势的重大波动、新增的借款。并记录项目组发现的内容。

第四，在尽量接近审计报告出具日，查阅和了解被审计单位与客户、供应商、监管部门等往来信函。并记录项目组发现的内容。

第五，对于财务报表在报出后纳入其他文件的考虑。项目组需要考虑可能承担的与期后事项有关的额外责任。并记录项目组发现的内容。

第六，针对资产负债表日后获取其他信息等相关的期后事项的考虑。尽管在审计报告日后至财务报表报出日前，注册会计师没有义务针对财务报表实施任何审计程序，这些其他信息可能包括注册会计师在审计报告日后至财务报表报出日前获取的其他信息。

（2）询问管理层、治理层和其他人员。记录需要询问人员的姓名、职位和沟通时间。

并记录发现的事项：①询问是否发生期后事项造成财务报表出现不正确的舞弊或错误；②了解资产负债表日后，重大或有负债或承诺、长期资本支出、出售重大资产等事项方面是否发生重大变化；③了解是否发生特定的事项，如签署新的贷款协议，担保协议，新的承诺，重大诉讼等。

（3）针对诉讼和索赔事项，询问被审计单位的法律顾问，或扩大之前口头或书面查询的范围。一般情况下在向被审计单位的法律顾问发函询证确认是否存在大额诉讼或索赔事项比较常见，并关注查询企业内部相关会议记录，以及通过中国裁判文书网等查询网络公开信息核实相关事项。

针对上述事项执行相关审计程序并得出最终审计结论。

我们针对资产负债表日至审计报告日的期间，执行了充分的期后事项复核程序，未发现由于未在财务报表适当记录或披露而须调整财务报表或须披露的重大期后事项；与所有已识别的重大期后事项的处理相关的原因和结论是适当的，并已在所附的工作底稿中予以充分记录。

2. 项目组需要关注对于资产负债表期后非调整事项披露的准确性

（1）重要的非调整事项明细见表 6-4。

表 6-4　重要的非调整事项明细

项　　目	内　　容	对财务状况和经营成果的影响数	无法估计影响数的原因
股票和债券的发行			
重要的对外投资			
重要的债务重组			
自然灾害			
外汇汇率重要变动			

被审计单位应按《企业会计准则第 29 号——资产负债表日后事项》的相关规定，说明每项重要的资产负债表日后非调整事项（通常包括资产负债表日后发生重大诉讼、仲裁、承诺；资产负债表日后资产价格、税收政策、外汇汇率发生重大变化；资产负债表日后因自然灾害导致资产发生重大损失；资产负债表日后发行股票和债券及其他巨额举债；资产负债表日后资本公积转增资本；资产负债表日后发生巨额亏损；资产负债表日后发生企业合并或处置子公司）的性质、内容，及其对财务状况和经营成果的影响。无法作出估计的，应当说明原因。如果用上述表格形式很难表述，可以采用文字叙述方式进行说明。

（2）利润分配情况。项目组需要与管理层和治理层沟通，资产负债表日后是否存在利润分配情况，包括股票股利和现金股利等，并拿到相关会议纪要，并注意披露信息的准确性。

对于资产负债表日之后公司最高权力机构通过的利润分配决议，应当作文字披露，例如：于 202×年××月××日，本公司第××届董事会召开第××次会议，批准 202×年度利润分配预案，分配现金股利人民币××元（或每 10 股派发现金股利××元）。于 202×年××月××日，本公司召开 202×年第××次股东会，审议并批准利润分配方案，分配股票股利××元。

（3）销售退回。项目组应注意在资产负债表日后发生重要销售退回的，应说明在资产负债表日后发生重要销售退回的相关情况及对报表的影响。

（4）资产负债表日后划分为持有待售情况。非流动资产或处置组在资产负债表日后满足持有待售类别划分条件的应进行相应披露。

（5）其他重要的资产负债表日后非调整事项。如有则根据实际情况进行描述。

第三节　或有事项审计

或有事项审计工作底稿主要包括对诉讼和索赔、担保事项、环境事项及其他或有事项执行的审计程序和披露。执行的审计程序主要包括对法律顾问的函证（包括一般事项及针对具体诉讼和索赔），对相关诉讼和索赔事项的分析和检查，以及询问相关知情人员等审计程序。实务中，项目组可以与公司法务部门沟通并获取相关诉讼和索赔资料，通过对中国裁判文书网及其他向信息网络渠道查询公开的已判决或正在审理的相关案件并核实相关信息是否完整，是否存在遗漏重大诉讼案件可能引发的或有事项。

值得注意的是，项目组应关注对已完结案件及未决诉讼对会计处理的影响，即：对于具体会计处理使用预计负债、其他应付款核算或仅是在或有事项披露需要加以关注和区分。部分工作底稿示例如下：

（1）诉讼和索赔审计程序和执行结果示例见表 6-5。

表 6-5　诉讼和索赔审计程序和执行结果示例

审计程序	执行结果（提示）
1. 了解可能会对企业财务报表产生重大影响的诉讼和索赔	
（1）询问管理层企业对诉讼和索赔进行识别、评价和会计处理的政策和程序等	可以与法务部部长或其他知情人员进行沟通了解
（2）查阅治理层会议纪要	注意会议纪要的完整性，结合访谈了解是否开会讨论
（3）阅读企业与法律顾问之间的往来信函以确定是否表明已发生或可能发生诉讼和索赔	结合访谈法务部及查阅文档
（4）检查法律支出账户以确定是否存在异常或预期以外的金额	关注管理费用——诉讼费和中介服务费等明细，支付给法院及法律顾问的大额支出

审计程序	执行结果（提示）
（5）从管理层和内部法律顾问获取列明已发生和可能发生的诉讼和索赔、结果评估，以及预期财务影响的清单，并进行审核	注意清单的完整性，并与查询的公开信息和账面记录结果进行核对
（6）在执行了解企业及其环境或审计计划阶段的其他程序后，确定是否已知悉所有可能发生的诉讼或索赔	再次提醒审计人员是否已知悉所有可能发生的诉讼或索赔信息
（7）从管理层和治理层（如适用）获得如下声明：他们已向我们披露所有其知悉的、已发生或可能发生的、在编制财务报表时应当考虑其影响的诉讼和索赔，并按照适用的财务报告编制基础进行了会计处理和披露	获取的"管理层声明书"，应包含所有已发生或可能发生的诉讼和索赔内容，并进行会计处理和披露
2. 如果已识别出重大的诉讼或索赔或者审计项目组认为可能存在重大的诉讼或索赔，应向企业（外部和/或内部的）法律顾问发送审计询证函（律师询证函或诉讼和索赔事项询证函）	项目组应当请管理层要求该法律顾问就询证函中的问题直接与审计人员沟通
3. 评价法律顾问所提供的回复，并在需要时向管理层和法律顾问进行跟进	回复并不能直接应用，而是先要对回复内容进行评价（责任划分）
4. 如果内部和外部的法律顾问均对某法律事件特别关注，但是他们对于可能出现的结果有不同看法，则应与相关人员讨论该分歧	对于意见分歧应高度重视，一般会利用专家工作讨论解决该事项
5. 如果企业没有咨询外部法律顾问，但我们注意到有些信息表明可能存在重大诉讼，则应与管理层讨论，提出可能需要咨询外部法律顾问	视事件的严重程度，如果管理层拒绝咨询外部法律顾问，可能会造成审计范围受到限制，则需要考虑这种限制对审计报告的影响

（2）担保、环境及其他事项审计程序和执行结果见表6-6。

表6-6　担保、环境及其他事项审计程序和执行结果

审计程序	执行结果（提示）
担保事项	
1. 检查企业与银行之间的往来函件，查找有关票据贴现、应收账款保理、票据背书和对其他债务的担保	通过询问和检查程序，核实是否存在担保业务

审计程序	执行结果（提示）
2. 向与企业有业务往来的银行寄发含有要求银行提供企业或有事项的询证函。银行函证可以反映商业票据贴现、应收账款保理、票据背书情况和为其他单位的银行借款进行担保的情况（包括担保事项的性质、金额、担保期间等）	向银行函证，核实担保记录是否完整
3. 检查企业信用报告，以确认是否存在未披露的担保	征信系统只能查询"明保"，"暗保"则需要通过其他信函或协议核查
4. 对于上市公司、IPO 和重大资产重组审计业务，注册会计师应结合资金占用相关的风险评估和控制测试情况，对担保事项实施恰当的审计程序，具体包括：	
（1）注册会计师应严格执行对函证程序的要求，对于回函中未确认"是否用于担保或存在其他使用限制"的项目，应当采取进一步措施，包括向银行进一步核实、实施替代程序等	发现存在担保事项则需要落实到底
（2）除实施函证程序外，注册会计师还应结合公司开立银行承兑汇票、向其他方借款等情况，关注定期存款、银行理财产品等质押担保情况，严格执行相应检查程序，严格核查银行理财产品等金融产品的受限情况	通过担保事项需要落实资产受限情况
（3）注册会计师应当获取上市公司及其重要子公司的企业信用报告，并核对质押、抵押及其他担保信息。同时应保持职业怀疑，关注企业信用报告的真实性和完整性，充分考虑其局限性，如存在银行未及时、完整、准确填列有关信用信息，上市公司利用离岸账户等特殊方式隐匿信用信息等	如果对银行出具的企业信用报告完整性存疑，应与银行主动积极沟通，另外需要执行其他程序予以核查
（4）注册会计师应采取有效措施，核查上市公司是否存在未披露的担保情况，包括询问上市公司管理层、其他责任人员和相关人员、查阅相关会议纪要和法律信函、复核相关费用账户记录、与外部法律顾问进行直接沟通、检查公章管理及使用情况等，必要时还应通过相关查询渠道（如中国裁判文书网等），查询相关法院公告信息	多个渠道核实是否存在未披露的担保情况

审计程序	执行结果（提示）
（5）如果存在第三方为上市公司的借款进行担保，注册会计师应考虑存在未披露的反担保的可能性，并采取必要的核验措施	核实是否存在反担保情况
环境事项（如适用）	
1. 确定项目组具备的知识是否足以识别和了解对财务报表及审计产生影响的、与环境事项相关的事件、交易和活动	项目组计划阶段就需要考虑是否存在与环境事项相关的审计风险，以及如何进行应对
2. 确定项目组是否充分了解内部控制环境以了解环境事项与审计风险模型（固有风险、会计和内部控制制度、控制环境和控制程序）之间的关系	了解内控时需要关注与环境事项相关的风险
3. 考虑违反哪些法律法规可能会导致重大错报	需要熟悉与环境有关的法律法规
4. 考虑在遇到环境事项时是否需要利用专家（律师、工程师等工作），如不需要，应记录原因	项目组内是否有具备与环境事项问题有关经验的人员，如没有则需要考虑利用专家
5. 如需要，修改管理层声明书，将与环境事项相关的管理层声明纳入其中	按实际情况操作，如有环境事项则将其纳入管理层声明书
6. 考虑企业是否在财务报表中对已识别的环境事项进行了恰当会计处理或披露	核实是否存在环境事项，并检查相关会计处理和披露是否准确

（3）或有事项披露内容及审计提示见表 6-7。

表 6-7　或有事项披露内容及审计提示

披露内容	审计提示
1. 或有负债（或有负债不包括极小可能导致经济利益流出企业的或有负债）	
（1）未决诉讼仲裁形成的或有负债及其财务影响	应披露形成原因、经济利益流出不确定性的说明、预计产生的财务影响、获得补偿的可能性
（2）为其他单位提供债务担保形成的或有负债及其财务影响	应披露形成原因、经济利益流出不确定性的说明、预计产生的财务影响、获得补偿的可能性
（3）与合营企业或联营企业投资相关的或有负债	应披露形成原因、经济利益流出不确定性的说明、预计产生的财务影响、获得补偿的可能性

披露内容	审计提示
（4）其他或有负债及其财务影响	其他包括已贴现商业汇票形成的或有负债等
2. 或有资产	
企业通常不应当披露或有资产。但或有资产很可能会给企业带来经济利益的，应当披露其形成的原因、预计产生的财务影响。主要有预计获得的补偿等。	
3. 若本项无需要披露的内容，则表述为"截至 202×年 12 月 31 日，本集团无需要披露的重大或有事项。"	

（4）律师询证函

项目组应给企业的常年法律顾问发律师询证函，询证了解和说明存在于资产负债表日起至本函回复日止，被审计单位（或子公司、附属企业）涉及的所有诉讼（无论作为原告或被告的、潜在的或已经存在的），并了解以下内容：①案件的简要事实经过与目前的发展进程；②在可能范围内，贵律所律师对于公司管理当局就上述案件所持看法及处理计划（包括庭外和解设想）的了解、及您对可能发生结果的意见；③在可能范围内，您对可能发生的损失或收益的可能性及金额的估计。

项目组还需要提请律师说明存在于资产负债表日并且自该日起至本函回复日止，被审计单位（或子公司、附属企业）曾向律师事务所咨询的其他诸如未决诉讼或索赔事项、追索债权、被追索债务、政府有关部门对本公司进行的调查等可能涉及本公司法律责任的案件，以及其他项目组想了解的情况，比如已结案的情况和总结。

（5）诉讼和索赔事项询证函

如果企业没有常年法律顾问，而是对于某些诉讼案件临时委托律师事务所进行起诉或应诉，项目组应与该律师事务所沟通针对此诉讼事项进行函证，并了解以下内容：①截至 20××年 12 月 31 日止，被审计单位委托贵律师代理进行的未决诉讼和索赔事项，请逐项列明，并说明案件的简要事实与发展进程、您对可能发生的损失或收益的金额的估计，以及截至本函回复日止的最新进展；②截至本函回复日，您知悉的其他任何可能涉及本公司法律责任的诉讼和索赔事项。

值得注意的是，项目组应尽可能与律师进行一次电话访谈，说明来意后，请律师对被审计单位的一些明细事项进行详细说明，并要求律师将盖章签字后的纸质函件回函至会计师事务所。

第四节　会计政策、会计估计和前期会计差错更正审计

项目组应重点关注附注中披露的会计政策和会计估计变更、前期差错更正是否完整和准确，通过对企业主要报表项目的会计政策和会计估计的了解和检查，并对财务报表执行分析性程序、对重大账户执行实质性细节测试等审计程序，核实相关会计处理和企业提供的相关资料是否表明企业已经发生会计政策和会计估计变更、前期会计差错等事项，并与管理层沟通结果和相关决议会议记录进行核对是否一致。

在实务操作中，可以参考《关于切实做好 2010 年年报编制、披露和审计工作有关事项的公告》（证监会公告〔2010〕37 号）："会计估计所涉及的交易和事项均有内在的不确定性，进行会计估计的过程是一种集主、客观因素于一体的综合判断过程。因此，不能简单以对或错来评价会计估计，而应评价会计估计确定过程及其依据的合理性。上市公司在年报编制过程中，应合理区分会计估计变更和会计差错更正，并按照会计准则规定进行有关处理，不得利用会计估计变更和差错更正在不同会计期间操纵利润。对于会计估计变更，应自会计估计变更日起采用未来适用法进行会计处理"相关规定。

根据《企业会计准则第 28 号——会计政策、会计估计变更和差错更正》第十一条规定，以及《企业会计准则应用指南汇编 2024》第二十九章中的相关表述：

会计政策，是指企业在会计确认、计量和报告中所采用的原则、基础和会计处理方法。会计政策主要包括①存货的取得、发出和期末计价的处理方法；②长期股权投资的取得及后续计量中的成本法和权益法；③投资性房地产的确认及其后续计量模式；④固定资产、无形资产的确认条件及其减值政策；⑤金融资产和金融负债的分类；⑥债务重组的确认和计量；⑦预计负债的确认条件；⑧应付职工薪酬和股份支付的确认和计量；⑨权益工具的确认和计量；⑩合同收入的确认与计量方法等。

会计估计，是指企业对结果不确定的交易或者事项以最近可利用的信息为基础所作的判断。会计估计主要包括①存货和消耗性生物资产可变现净值的确定；②采用公允价值模式下投资性房地产公允价值的确定；③固定资产、使用寿命有限的无形资产和生产性生物资产的使用寿命、预计净残值和折旧方法、弃置费用的确定；④非货币性资产公允价值的确定；⑤固定资产、无形资产、长期股权投资等非流动资产可收回金额的确定。⑥职工薪酬金额的确定；⑦与股份支付相关的公允价值的确定；⑧收入金额中交易价格的确定、履约进度的确定等；⑨与金

融工具相关的公允价值的确定、摊余成本的确定、信用减值损失的确定。⑩应纳税暂时性差异和可抵扣暂时性差异的确定等。

前期差错，是指由于没有运用或错误运用下列两种信息，而对前期财务报表造成省略或错报：①编报前期财务报表时预期能够取得并加以考虑的可靠信息；②前期财务报告批准报出时能够取得的可靠信息。前期差错通常包括计算错误、应用会计政策错误、疏忽或曲解事实、舞弊产生的影响等。

部分相关审计工作底稿见表 6-8 至表 6-13。

表 6-8　IPO 项目常见前期会计差错事项、产生原因和审计提示

前期会计差错事项	产生原因举例	审计提示
年终奖金跨期	公司 20×1 年计提并发放了 20×0 年的年终奖，即计入 20×1 年损益的年终奖主要为 20×0 年度年终奖金，计入 20×0 年度损益的年终奖主要为以前年度的奖金，导致财务核算与会计期间不匹配	严格按照会计期间核算，将 20×0 年度的年终奖从 20×1 年度调整到 20×0 年度，将以前年度的年终奖从 20×0 年度调整至 20×1 年
大额费用跨期	公司于 20×1 年计提并支付属于 20×0 年度的房租费用计入相关费用科目，导致财务核算与会计期间不匹配	大额费用跨期需要还原调整到具体发生年度入账
收入确认不谨慎及收入确认跨期	对不符合收入确认条件计入营业收入	收入确认五步法、总额法、净额法等特殊处理加以关注
存货成本核算不规范	包括成本归集和分配不够谨慎；存货跌价准备计提不完整	存货成本核算符合业务流程和财务规定
报表项目列报不规范	关于装修费在长期待摊费用还是固定资产列报；关于运输费在销售费用还是营业成本列报；出租房屋在投资性房地产还是固定资产列报	对于重要资产、负债、利润项目的分类需要关注是否恰当
金融资产终止确认不够谨慎	对信用等级较低的银行承兑汇票终止确认不够严谨	关注非"6+9"银行出具的银行承兑汇票
应收账款预期损失准备率不谨慎	预期损失模型数据和参数确认不谨慎	每年均需要根据实际情况进行重新计算预期损失模型

表 6-9 会计政策、会计估计和会计差错更正工作底稿

审计程序	是否执行	执行人
1. 针对会计政策、会计估计、会计差错更正执行风险评估程序，了解是否发生了或是否需要作出会计政策、会计估计、会计差错更正		
2. 了解企业的会计政策，评价会计政策是否符合国家的会计标准，是否能公允反映企业的财务状况和经营成果，尤其是会计政策的变更情况应重点关注		
（1）检查会计政策变更的批准文件		
（2）复核和测试累计影响数		
（3）检查会计政策变更的合理性		
（4）验证会计政策变更披露的恰当性		
3. 了解和评价企业的会计估计		
（1）复核和测试被审计单位作出的会计估计的过程		
（2）利用独立估计与被审计单位作出的估计进行比较		
（3）复核能够证实会计估计的期后事项		
（4）检查会计估计的变更是否导致对会计报表的重大影响，变更程序是否经适当批准。		
（5）验证会计估计变更披露的恰当性		
4. 了解和评价企业的会计差错更正		
（1）复核和测试被审计单位作出的会计差错更正的过程		
（2）利用独立估计与被审计单位作出的估计进行比较		
（3）验证会计差错更正披露的恰当性		

表 6-10 会计政策、会计估计变更和前期差错更正风险评估程序

实施的风险评估程序	是否执行	被审计单位发生或需要作出会计政策、会计估计、会计差错更正的情形（示例）	是否识别为重大错报风险
1. 了解适用的会计准则和相关会计制度中有关会计政策、会计估计变更及差错更正的要求	是	被审计单位根据《证券法》《上市公司信息披露管理办法》《企业会计准则》等法律、法规和《公司章程》等的有关规定，制定《会计政策、会计估计变更及会计差错管理制度》	否

实施的风险评估程序	是否执行	被审计单位发生或需要作出会计政策、会计估计、会计差错更正的情形（示例）	是否识别为重大错报风险
2. 了解管理层如何识别需要作出会计政策、会计估计变更及差错更正的交易、事项和情况	是	会计政策、会计估计变更及差错更正由财务部负责研究和识别，草拟有关方案、文件以及与为公司提供审计服务的会计师事务所进行咨询沟通	否
3. 了解管理层作出会计政策、会计估计变更及差错更正的过程。重点了解作出会计估计依赖的假设、管理层是否及如何评价会计估计的不确定性造成的影响	是	公司变更会计政策、会计估计和更正会计差错，由财务部门负责拟定申请报告；由董事会秘书负责与证券交易所、证监会派出机构与监管部门的咨询沟通工作，按有关程序报公司董事会、股东会审核通过后贯彻执行	否
4. 了解前期财务报表中会计政策变更的情况，了解本期发生会计政策变更的情况	是	通过查阅公开资料及相关决议纪要发现，被审计单位以往年度存在会计政策自主变更情形（投资性房地产由成本模式变更为公允价值模式）	是
5. 复核前期财务报表中作出的会计估计的结果，或对其进行重新估计；了解本期发生会计估计变更的情况	是	通过相关决议纪要及固定资产卡片发现，被审计单位以往年度存在会计估计变更情形（固定资产使用寿命发生过估计变更）	是
6. 了解前期财务报表中会计差错更正的情况，了解本期发生会计差错更正的情况	是	通过查阅公开资料、相关决议纪要以及以往年度审计报告，未见前期财务报表发生会计差错更正情况	否

审计结论：如果发生会计政策变更、会计估计变更和会计差错更正情况或识别为重大错报风险，则需要执行进一步审计程序。

表 6-11　变更前后会计政策描述、变更理由及结论（示例）

变更前会计政策描述	变更后会计政策描述	变更的原因及理由	累计影响数	批准机关和文件	无法追溯调整的原因	结论
本次变更前，公司执行的会计政策按财政部发布的《企业会计准则——基本准则》和各项具体会计准则等规定执行	本次变更后，公司将按照财政部发布的《企业会计准则解释第17号》《企业会计准则解释第18号》的要求执行	依据法律法规和国家统一的会计制度要求进行的变更	无影响	董事会及会议决议	不适用	未见异常

查阅证券法、企业会计准则等法律、法规以及被审计单位董事会、管理当局有关会议记要，根据会计准则规定和被审计单位实际情况，判断会计政策变更的合法性和合理性，以及会计处理的正确性。

表 6-12　变更前后会计估计描述、变更理由及结论（示例）

项目	变更前会计估计描述	变更后会计估计描述	变更的原因及理由	当期影响数	批准机关和文件	结论
固定资产折旧年限的估计（示例）	网络资产—线路资产折旧年限15年	网络资产—线路资产折旧年限20年	光缆铺设区域网络故障报修率差异，区域内主要网络故障报修原因，光缆铺设时间超过15年的光缆使用状态	略	董事会及相关公告	未见异常
应收款项坏账准备的估计（示例）	账龄为5年以上的应收款项，按照100%估计其预计信用损失率	账龄为5年以上的应收款项，根据相应客户类型应收款项的回款情况变化，对预计信用损失率进行实时调整	公司基于202×—202×年度应收款项的回款情况，对预计信用损失模型中相关参数进行实时修正	略	董事会及相关公告	未见异常
职工教育经费的估计（示例）	公司按照职工工资总额的2.5%计提职工教育经费	公司按照职工工资总额的1.5%提取职工教育经费	公司职工教育经费余额较大，结合目前实际情况进行调整	略	董事会及相关公告	未见异常

了解管理层如何做出会计估计，以及依据会计估计所计算的影响数据是否准确。

表 6-13　前期会计差错更正描述、采用方法、更正名称和金额（示例）

前期会计 差错描述	差错原因	采用方法	各个列报前期财务报表中受影响的 项目名称和更正金额			无法追溯 调整的原因	结论
			年度	项目名称	更正金额		
部分贸易业务收入确认从"总额法"调整为"净额法"（示例）	会计政策使用错误	追溯调整	202×	营业收入 营业成本	略	略	未见异常
部分高管涉嫌职务侵占导致成本核算不准确	舞弊产生的影响	追溯调整	202×	存货 营业成本	略	略	未见异常

差错原因通常包括计算错误、应用会计政策错误、疏忽或曲解事实、舞弊产生的影响。获取并审查前期差错更正相关的资料，根据会计准则规定和被审计单位实际情况，判断前期差错更正合理性，会计处理的正确性。

关于披露表。如无需要披露事项，需说明：本集团202×年度无应披露的会计政策、会计估计变更、重要前期差错更正等事项。

第五节　关联方审计

项目组应关注被审计单位关联方关系识别的完整性，对于重大关联交易，在整个审计过程中注册会计师应保持合理的职业怀疑态度，如果被审计单位在报告期间存在超出正常经营过程的关联交易，项目组根据审计准则在风险评估中应将其认定为特别风险，制定并实施有效的审计程序。

通常情况下，项目组需要获取关联方清单及主动查询客户和供应商信息发现是否存在隐蔽的关联方和关联方交易。项目组应关注关联方的识别、关联方交易的公允性及合理性、利用关联方进行利润操纵等情形。对于上市公司，项目组需特别关注公司是否存在控股股东、实际控制人及其关联方非经营性占用资金的情形。

项目组可以通过天眼查等网络公开信息查询，以及在实施函证程序时，关注被审计单位与某些公司的电子邮箱、联系电话、注册地址等是否存在重合情况，对该信息是否存在未公开的关联方舞弊风险因素进行评价，并重新修正评估结果，项目组内部讨论需要特别考虑关联方及其交易舞弊风险。

项目组应对关联方及关联交易执行的审计程序见表6-14。

表 6-14　项目组应对关联方及关联交易执行的审计程序

审计程序	是否执行	执行人
一、风险评估程序及相关活动		
1. 获取管理层编制的关联方关系及其交易的清单，将以前审计中形成的有关关联方的工作底稿与管理层提供的信息进行比较		
2. 询问被审计单位管理层识别关联方的政策、关联交易审批程序及会计处理政策、关联方及关联交易披露政策等。就审计过程中发现的超出正常范围的交易，询问管理层交易的性质，包括交易的商业理由、交易的条款和条件等，是否涉及关联方，是否构成关联交易		
3. 就关联及关联交易的信息，以及可能存在的舞弊或错误导致财务报表存在重大错报风险等进行项目组内部讨论		
4. 检查是否存在管理层未识别的关联方和关联交易		
二、了解和评价被审计单位与关联方和关联交易相关的内部控制（可单独编制底稿或与穿行测试和控制测试交叉索引）		
三、执行针对关联方关系及其交易相关的重大错报风险的应对措施		
1. 检查相关记录或文件，以确定是否存在管理层以前未识别或未向注册会计师披露的关联方关系或关联方交易		
2. 如果识别出可能表明存在管理层以前未识别出或未向注册会计师披露的关联方关系或关联方交易的安排或信息，确定相关情况是否能够证实关联方关系或关联方交易的存在		
3. 识别是否存在具有支配性影响的关联方		
4. 如果存在具有支配性影响的关联方，并识别出下列其他风险因素，判断是否可能存在由于舞弊导致的特别风险：a. 异常频繁变更高级管理人员或专业顾问；b. 利用中间机构从事难以判断是否具有正当商业理由的重大交易；c. 有证据显示关联方过度干涉或关注会计政策的选择或重大会计估计的作出等		
5. 检查超出正常范围的交易		
6. 必要时，就关联方及关联交易实施函证程序		
7. 获取与关联方和关联交易信息相关的管理层声明书		
8. 针对关联方交易公平认定评价管理层的认定依据		
9. 检查关联交易的会计处理是否正确		
四、检查管理层是否按照《企业会计准则》的规定对关联方及关联交易进行恰当披露		

部分工作底稿示例如下：

（1）识别关联方关系及交易金额见表 6-15。

表 6-15　识别关联方关系及交易金额

关联方名称	被审计单位关系	交易金额	交易性质	是否具有重大影响

了解关联方认定的标准，识别是否存在未披露的关联方，与集团各组成部分共享关联方清单，并了解关联方交易的性质和金额，以及是否具有重大影响。

（2）询问管理层。向管理层询问是否存在超出正常经营过程中的重大交易，并确定交易的性质是否涉及关联方。询问管理层如何授权和批准超出正常经营过程中的重大关联方交易和安排。

（3）项目组内部计划会议讨论。项目组应按准则的要求识别关联方关系及其交易的性质和范围；强调在整个审计过程中对关联方关系及其交易导致的潜在重大错报风险保持职业怀疑的重要性等。

（4）获取关联方的书面声明。项目组应向管理层发函并要求对关联方及关联交易进行书面回复。

（5）披露表。项目组应对关联方名单、逐项对关联方交易及余额进行核实，并获取相关证据进行核对是否一致。

第六节　非经常性损益

根据《公开发行证券的公司信息披露解释性公告第 1 号——非经常性损益（2023 年修订）》（以下简称《1 号解释性公告》）的规定，非经常性损益是指与公司正常经营业务无直接关系，以及虽与正常经营业务相关，但由于其性质特殊和偶发性，影响报表使用人对公司经营业绩和盈利能力作出正常判断的各项交易和事项产生的损益。

"非经常性损益"具有三个特征：与公司正常经营业务无直接关系、性质特殊和偶发性、容易影响报表使用人对公司经营业绩和盈利能力作出正常判断。项目组应考虑是否与公司正常经营业务密切相关，是否属于根据定额定量从政府获得的补助，金额是否可确定且能够持续取得等。

项目组需要合理利用实质重于形式原则把握交易产生的损益是否属于非经常性损益，应当结合非经常性损益的定义和原则，从交易和事项的经济性质、发生频率、行业特点和业务模式，以及对报表使用者判断的影响（重要性原则）等方面进行综合判断，不能简单地将《1号解释性公告》的列举事项作为非经常性损益列报，并直接将未列举事项作为经常性损益列报。

关注特殊事项可能对非经常性损益的影响见表 6-16。

表 6-16　关注特殊事项可能对非经常性损益的影响

业务事项	参考结论
1. "债权换股权"方式收回应收款项	属于偶发事项，性质特殊，将该损益列报为经常性损益不利于投资者理解公司的真实经营状况。因此，应当将此项投资收益作为非经常性损益列报
2. 对于因高新技术企业认定变化，导致适用所得税税率变动而重新计量所确认的递延所得税形成对损益的一次性调整，能否计入非经常性损益	公司应分析高新技术企业认定变化的原因。因国家高新技术企业认定相关政策调整导致企业资质认定发生变化的，公司对当期损益进行的一次性调整应当计入非经常性损益；因公司生产经营情况变化导致其资质认定发生变化的，公司对损益进行的一次性调整应当计入经常性损益
3. 股份支付项目金额符号错误导致披露金额差异过大，未对前述金额较大的费用项目、报告期内扣非后净利润大幅变动的原因予以具体说明	扣非后净利润是衡量发行人主营业务经营状况的主要财务指标，对投资者作出价值判断和投资决策具有重要影响。作为项目签字会计师，未对与专业职责有关的业务事项履行特别注意义务，未按照《1号解释性公告》第九条的规定对非经常性损益项目、金额和附注说明予以充分核实，未对发行人报告期内扣非后净利润大幅变动的异常情况予以充分关注，并对其变动合理性、计算准确性进行审慎核查
4. 不可抗力计提减值准备	一般而言，除了因不可抗力因素（如遭受自然灾害）外，计提的资产减值准备对当期损益的影响均应作为经常性损益
5. 定期减免税的损益影响	如不认定为非经常性损益，需至少满足下列条件： （1）享受税收减免的业务、交易或事项与企业的正常经营业务相关； （2）享受税收减免具有充分的法律依据，其依据应当是国家（中央）层面颁布的税收法律、行政法规、财政部和/或国家税务总局制定的规章或规范性文件； （3）该项税收优惠的有效期不短于 3 年，预计在其有效期内可以持续享受，成为该期间内收益的稳定来源； （4）税收减免方式为通过税务机关办理的直接减免或者国库退库（如即征即退、先征后返等）； （5）企业在财务报表附注中已经充分披露了所享受税收优惠的依据、期限、具体的减免金额等信息，不将该减免影响金额列为非经常性损益不会影响报表使用者对企业未来正常经营业务盈利趋势的判断和预测

业务事项	参考结论
6. 软件产品增值税退税款	公司收到的软件产品增值税退税是否属于非经常性损益，判断的关键，一是该增值税退税是否与公司正常经营业务密切相关，二是其是否属于定额定量的政府补助。非经常性损益判断标准中的定额定量标准侧重于此项政府补助是否属于国家持续的产业政策扶持，是否具有可持续性。如果公司收到的增值税退税与其主营业务密切相关、金额可确定且能够持续取得，其能够体现公司正常的经营业绩和盈利能力，则不属于非经常性损益
7. 因重组标的业绩未达承诺确认的业绩补偿和计提的商誉减值	并购重组交易安排中，交易标的出售方一般会对交易完成后交易标的在一定期间的利润作出承诺。标的资产未按预期实现承诺利润时，出售方会以股份或现金方式对收购方给予补偿。由于上述补偿仅针对并购重组交易完成后的特定期间，正常经营情况下，企业取得业绩补偿款不具有持续性，应作为非经常性损益。同时，因并购重组产生的商誉，其减值与企业的其他长期资产（如固定资产、无形资产等）减值性质相同，属于企业日常经营活动产生，不应认定为非经常性损益
8. 实施重大资产重组发生的中介机构服务费	《1号解释性公告》中列举的企业重组费用，主要包括安置职工的支出、整合费用等，并不包括重大资产重组的中介机构费用。并购重组是企业的正常经济活动，涉及的资产也属于经营性资产，券商、会计师等中介机构的费用是发生此类交易的必要合理支出，不应认定为非经常性损益
9. 募集资金使用之前产生的定期存款利息	募集资金产生定期存款的利息虽然与公司的日常活动无关，且存在偶发性，但公司发行股份募集资金本质上属于一种融资行为，在募集资金投入使用之前和之后，分别以定期存款和形成的募投项目为企业带来收益，两者只是资产以不同的形态存在从而带来不同的收益。此外，如果将募集资金产生的存款利息收入扣除，会导致计算净资产收益率和每股收益等指标时，出现分子和分母不匹配的结果。因此，募集资金在使用之前产生的定期存款利息不属于非经常性损益
10. 非金融企业收取的资金占用费	《1号解释性公告》中列举的项目虽然包括"计入当期损益的对非金融企业收取的资金占用费"，但并不意味着资金占用费性质的收入必然属于非经常性损益，公司仍可以依据自身情况作出具体判断。如果产生资金占用费的业务与公司的日常经营活动直接相关，且并非临时性和偶发性，该资金占用费可不认定为非经常性损益

业务事项	参考结论
11. 房地产企业出售项目公司股权产生的处置损益	出于税收或者其他一些因素的考虑，房地产企业可能以转让子公司股权的形式，实现对房地产存货或其他物业资产的转让。在判断相关处置损益是否构成非经常性损益时，不能简单地认为处置公司股权产生的损益一概属于非经常性损益，而应视具体情况结合非经常性损益定义进行判断。具体分析时，公司应穿透该股权形式，根据项目公司所开发基础资产的性质和类别，分析该项转让是否与公司常规业务相同。通常而言，基础资产在合并财务报表可能的资产类别包括存货（开发成本、开发产品等）、固定资产、无形资产和投资性房地产等。如果公司常规业务是房地产项目开发完成后出售，则通过转让股权方式把一项待开发的土地使用权和部分开发成本一次性出售所取得的投资收益，应当作为非经常性损益，这与公司处置固定资产或投资性房地产等长期资产适用的判断类似。但是，如果转让股权所对应的基础资产实质上是已开发完成的房屋存货，出售开发完成的房屋属于公司的常规业务，且公司能提供充足的证据（如近年来出售类似项目子公司股权的频率足够高、金额足够大等）证明其为常规业务，公司均是通过这种方式来获利，则股权处置损益可不认定为非经常性损益
12. 企业集团中关于非经常性损益的判断	公司在编制合并财务报表时，应当将整个企业集团视为一个会计主体，按照统一的会计政策，反映企业集团整体财务状况、经营成果和现金流量。然而，在界定非经常性损益项目时，对于企业集团内的损益项目应基于单独公司进行判断。（如企业集团内的母公司取得某项收益与其日常经营业务无关，被认定为非经常性损益。在合并财务报表中，该项收益并不能因为合并范围内有子公司存在相关经营范围而被重新认定不属于非经常性损益。）

项目组应根据企业实际情况选择对非经常性损益执行以下审计程序：

（1）获取企业编制的非经常性损益表；结合审计情况，核实企业编制的非经常性损益表的完整性，了解企业判断非经常性损益的依据和理由的合理性；逐项复核非经常性损益项目金额计算是否准确。

（2）复核与非经常性损益项目相关的所得税的影响数。非经常性损益的所得税影响数是利润表中的所得税费用金额（含当期所得税费用和递延所得税费用）与假设不存在非经常性损益情况下的利润表中的所得税费用之间的差额。值得注意的是，企业是否根据不同纳税主体，盈亏情况是否确认递延所得税资产等情况计算非经常性损益的所得税影响数。

（3）逐项复核归属于公司普通股股东和少数股东的非经常性损益净额。关注抵消合并抵消数据的准确性。

（4）检查非经常性损益是否按照规定披露。

部分工作底稿示例如下：

（1）非经常性损益审核表（个别报表）见表 6-17。

表 6-17　非经常性损益审核表（个别报表）

项　　目	金额	计算过程
1. 非流动性资产处置损益，包括已计提资产减值准备的冲销部分		
2. 计入当期损益的政府补助，但与公司正常经营业务密切相关、符合国家政策规定、按照确定的标准享有、对公司损益产生持续影响的政府补助除外		
3. 除同公司正常经营业务相关的有效套期保值业务外，非金融企业持有金融资产和金融负债产生的公允价值变动损益，以及处置金融资产和金融负债产生的损益		
4. 计入当期损益的对非金融企业收取的资金占用费		
5. 委托他人投资或管理资产的损益		
6. 对外委托贷款取得的损益		
7. 因不可抗力因素，如遭受自然灾害而产生的各项资产损失		
8. 单独进行减值测试的应收款项减值准备转回		
9. 企业取得子公司、联营企业及合营企业的投资成本小于取得投资时应享有被投资单位可辨认净资产公允价值产生的收益		
10. 同一控制下企业合并产生的子公司期初至合并日的当期净损益		
11. 非货币性资产交换损益		
12. 债务重组损益		
13. 企业因相关经营活动不再持续而发生的一次性费用，如安置职工的支出等		
14. 因税收、会计等法律、法规的调整对当期损益产生的一次性影响		
15. 因取消、修改股权激励计划一次性确认的股份支付费用		
16. 对于现金结算的股份支付，在可行权日之后，应付职工薪酬的公允价值变动产生的损益		

项　　目	金额	计算过程
17. 采用公允价值模式进行后续计量的投资性房地产公允价值变动产生的损益		
18. 交易价格显失公允的交易产生的收益		
19. 与公司正常经营业务无关的或有事项产生的损益		
20. 受托经营取得的托管费收入		
21. 除上述各项之外的其他营业外收入和支出		
22. 其他符合非经常性损益定义的损益项目		
小计		
所得税税率		
减：所得税影响数		
非经常性损益净额		
非经常性损益净额对净利润的影响		

项目组应与其他业务收入、投资收益、其他收益、管理费用、营业外收入、营业外支出等项目进行核对，检查相关收入、费用、投资、利得、损失是否构成非经常性损益。

（2）审核表（合并报表）。除了编制单体报表审核表外，如果是合并报表还应编制合并报表审核表，关注上述明细是否存在内部抵消事项，项目组对抵消项目、抵消金额、抵消分录、所得税影响、母公司享受份额等事项进行核实，并最终确定合并后金额。

（3）披露表。如果把《1 号解释性公告》中列举的非经常性损益项目界定为经常性损益的项目（包括计入当期损益的政府补助），则需披露具体项目和金额。经常性损益的项目披露表见表 6-18。

表 6-18　经常性损益的项目披露表

项　　目	涉及金额	原因
经常性政府补助		持续收到补助

第七节　每股收益和净资产收益率

对于上市公司、非上市公司和拟上市公司，项目组应计算每股收益和净资产收益率，并记录每股收益和净资产收益率整个计算过程。

在计算净资产收益率和每股收益时，"归属于公司普通股股东的净利润"不包含其他权益工具的股利或利息（对于发行的不可累积优先股等其他权益工具扣除当期宣告发放的股利；对于发行的累积优先股等其他权益工具，无论当期是否宣告发放股利，均予以扣除，该工具的相关条款约定对累积未付的股利或利息计算复利的，所计算的复利也应予以扣除）。对于同普通股股东一起参加剩余利润分配的其他权益工具，归属于普通股股东的净利润还应扣除根据可参加机制计算的应归属于其他权益工具持有者的净利润。

"加权平均净资产"不包括归属于与其他权益工具持有者部分。

一、每股收益工作底稿

根据《企业会计准则第 34 号——每股收益》（以下简称 CAS34）第四条规定："企业应当按照归属于普通股股东的当期净利润，除以发行在外普通股的加权平均数计算基本每股收益。"

CAS34 第五条规定："发行在外普通股加权平均数按下列公式计算：

"发行在外普通股加权平均数＝期初发行在外普通股股数＋当期新发行普通股股数×已发行时间÷报告期时间－当期回购普通股股数×已回购时间÷报告期时间

"已发行时间、报告期时间和已回购时间一般按照天数计算；在不影响计算结果合理性的前提下，也可以采用简化的计算方法。"

CAS34 第六条规定："新发行普通股股数，应当根据发行合同的具体条款，从应收对价之日（一般为股票发行日）起计算确定。通常包括下列情况：

"（一）为收取现金而发行的普通股股数，从应收现金之日起计算。

"（二）因债务转资本而发行的普通股股数，从停计债务利息之日或结算日起计算。

"（三）非同一控制下的企业合并，作为对价发行的普通股股数，从购买日起计算；同一控制下的企业合并，作为对价发行的普通股股数，应当计入各列报期间普通股的加权平均数。

"（四）为收购非现金资产而发行的普通股股数，从确认收购之日起计算。"

合并财务报表中，企业应当以合并财务报表为基础计算和列报每股收益。其中，计算基本每股收益时，分子为归属于母公司普通股股东的合并净利润，分母为母公司发行在外普通股的加权平均数。

（1）每股收益计算过程见表 6-19。

表 6-19　每股收益计算过程

项目	序号	本年数	上年数
归属于母公司股东的净利润（报表金额）	—		
减：归属于其他权益工具持有者的股利或利息（若该工具的相关条款约定对累积未付的股利或利息计算复利的，所计算的复利也应包含在内）	—		
归属于同普通股股东一起参加剩余利润分配的其他权益工具持有者的净利润（按可参加机制计算）	—		
调整后归属于公司普通股股东的净利润	1（P）		
非经常性损益	2		
扣除非经常性损益后归属于公司普通股股东的净利润	3＝1－2（P）		
期初股份总数	4（SO）		
报告期公积金转增股本或股票股利分配等增加股份数（Ⅰ）	5（S1）		
报告期发行新股或债转股等增加股份数（Ⅱ）	6（SI）		
报告期因回购等减少股份数	7（SJ）		
报告期缩股数	8（SK）		
报告期月份数	9（MO）		
增加股份（Ⅱ）下一月份起至报告期期末的月份数	10（MI）		
减少股份下一月份起至报告期期末的月份数	11（MJ）		
发行在外的普通股加权平均数	12（S）＝SO＋S1＋SI×MI÷MO－SJ×MJ÷MO－SK		
基本每股收益（Ⅰ）	13＝1÷12		
基本每股收益（Ⅱ）	14＝3÷12		

项目	序号	本年数	上年数
已确认为费用的稀释性潜在普通股利息	15		
所得税率	16		
转换费用	17		
认股权证、股份期权等增加的普通股加权平均数	18		
稀释每股收益（Ⅰ）	$20=[1+(15-17)\times(1-16)]\div(12+18)$		
稀释每股收益（Ⅱ）	$21=[3+(15-17)\times(1-16)]\div(12+18)$		

（2）每股收益和净资产收益率披露表见表6-20。

表6-20　每股收益和净资产收益率披露表

报告期利润	净资产收益率		每股收益	
	全面摊薄	加权平均	基本每股收益	稀释每股收益
归属于公司普通股股东的净利润				
扣除非经常性损益后归属于公司普通股股东的净利润				

（3）结论。经审计每股收益计算准确，披露符合规定。

二、净资产收益率工作底稿

净资产收益率计算公式为：

加权平均净资产收益率（扣非前）＝调整后归属于公司普通股股东的净利润÷归属于公司普通股股东的净资产加权平均数

加权平均净资产收益率（扣非后）＝扣除非经常性损益后归属于公司普通股股东的净利润÷归属于公司普通股股东的净资产加权平均数

项目组应注意，在净负债和净亏损的情况下，上市公司简单套用加权平均净资产收益率的计算公式计算出较大的正数净资产收益率是错误的结果。

（1）加权平均净资产收益率计算过程见表 6-21。

表 6-21　加权平均净资产收益率计算过程

项目	序号	本年数	上年数
营业利润	1		
归属于母公司股东的净利润（报表金额）	—		
减：归属于其他权益工具持有者的股利或利息（该工具的相关条款约定对累积未付的股利或利息计算复利的，所计算的复利也应包含在内）	—		
归属于同普通股股东一起参加剩余利润分配的其他权益工具持有者的净利润（按可参加机制计算）	—		
调整后归属于公司普通股股东的净利润	2（P）		
非经常性损益	3		
扣除非经常性损益后归属于公司普通股股东的净利润	4＝2－3（P）		
归属于母公司股东的期末净资产（报表金额）	—		
减：归属于其他权益工具持有者的期末净资产	—		
调整后归属于公司普通股股东的期末净资产	5（E）		
全面摊薄净资产收益率（Ⅰ）	6＝2÷5（P÷E）		
全面摊薄净资产收益率（Ⅱ）	7＝4÷5（P÷E）		
归属于母公司股东的期初净资产（报表金额）	—		
减：归属于其他权益工具持有者的期初净资产	—		
调整后归属于公司普通股股东的期初净资产	8（EO）		
报告期发行新股或债转股等新增的、归属于公司普通股股东（不含其他权益工具持有者）的净资产	9（EI）		
报告期回购或现金分红等减少的、归属于公司普通股股东（不含其他权益工具持有者）的净资产	10（EJ）		

项目	序号	本年数	上年数
报告期月份数	11（MO）		
归属于公司普通股股东（不含其他权益工具持有者）的、新增净资产下一月份起至报告期期末的月份数	12（MI）		
归属于公司普通股股东（不含其他权益工具持有者）的、减少净资产下一月份起至报告期期末的月份数	13（MJ）		
其他交易或事项引起的净资产增减变动	14（EK）		
发生其他净资产增减变动下一月份起至报告期期末的月份数	15（MK）		
归属于公司普通股股东的净资产加权平均数	16＝EO＋P÷2＋EI×MI÷MO－EJ×MJ÷MO±EK×MK÷MO		
加权平均净资产收益率（Ⅰ）	17＝2÷16		
加权平均净资产收益率（Ⅱ）	18＝4÷16		

（2）净资产收益率和每股收益披露表见表 6-22。

表 6-22　净资产收益率和每股收益披露表

报告期利润	净资产收益率		每股收益	
	全面摊薄	加权平均	基本每股收益	稀释每股收益
归属于公司普通股股东的净利润				
扣除非经常性损益后归属于公司普通股股东的净利润				

（3）结论。经审计净资产收益率计算准确，披露符合规定。

第七章　编制项目质量控制复核工作底稿

本章导读：会计师事务所应将执业能力和服务质量作为高质量发展的第一要素。作为会计师事务所出具的最终产品是审计报告，对出具的审计报告需要具有高水平的质量保证，所以项目质量控制的复核工作就显得极为重要。在出具审计报告前，项目组应先完成内部三级复核，再根据项目风险和会计师事务所内部规定，提交项目质量控制独立复核（如适用），只有质量控制复核通过之后的审计报告才能正式出具。

审计报告在出具前一定要经过质量控制复核这道关卡，只有有效的复核，将审计报告可能出现的错误进行排查、删减、修改完毕后才能出具正式的审计报告，否则，"带病"出具的审计报告还是存在"隐患"，一旦被监管机构检查出来问题，则必然造成审计失败。

项目组需要灌输质量至上的审计理念，不应将复核作为一道难关，而是积极与质控人员沟通提升审计报告的质量，出具一份让所、让报告使用人满意的答卷。项目质量控制复核工作底稿内容及编制要点见表 7-1。

表 7-1　项目质量控制复核工作底稿内容及编制要点

序号	项目质量控制复核工作底稿内容	编制要点
1	项目组内部一级复核	现场地毯式每张底稿进行复核，不流于形式，全面复核
2	项目组内部二级复核	对重要底稿加强二级复核，并关注影响审计结论的内容是否得到满意的解决，获取的证据是否充分、适当
3	项目组内部三级复核	对二级复核内容的回复是否满意，并关注报告意见类型，以及意见分歧是否完美解决，审计意见是否恰当
4	项目质量控制复核	对高风险项目应加强独立质量复核程序，关注项目组内部存在意见分歧，以及可能影响报告意见类型的事项
5	意见分歧处理	出具报告前，应解决好意见分歧，达成一致意见
6	技术咨询	对于重大事项及可能影响报告事项的内容应尽早启动技术咨询
7	业务复核核对工作底稿	各阶段环节复核完毕并确认后才能出具审计报告

第一节　项目组内部一级复核

项目组内部一级复核是质量控制的第一步，也是最为关键的一步，因为现场经理对项目状况最为清楚，也对项目组成员的能力、经验等情况最为清楚，所以项目组内部一级复核显得尤为重要，也需要复核人员花费大量时间和精力认真完成该项工作。一级复核可以由现场经理复核，也可以由项目组内经验丰富的人员复核经验较少的人员，无论是谁复核，复核目标都是一致的，就是要发现底稿中存在的影响报告质量的问题和减少由于编制人疏忽导致的低级错误。

项目组内一级复核的重点是工作底稿技术上的正确性和完整性。项目组一级复核人员通过逐张底稿详细复核，应当合理保证：

（1）所有财务报表项目和特殊交易或事项均已编写工作底稿，并使得未曾接触该项审计工作的有经验的专业人士清楚了解：按照审计准则的规定实施的审计程序的性质、时间和范围，实施审计程序的结果和获取的审计证据，以及就重大事项得出的结论。

（2）具体审计计划已经实施，相关事项已进行适当咨询，由此形成的结论已得到记录和执行。

（3）工作底稿在形式上做到要素齐全、格式规范、标识一致、记录清晰；在内容上做到资料翔实、重点突出、繁简得当、结论明确；测试的特定项目或事项的识别特征已完整、清晰地记录在工作底稿中。

CPA审计经验分享

实务中，很多助理人员"不拘小节"，在底稿形式上出现很多笑话，比如底稿单位名称、编制日期、所属年度等信息全部为以前底稿信息或其他企业底稿直接照抄，这种工作态度很难让人相信工作底稿记载的审计程序是否执行、记录的数据是否真实完整。

（4）每一财务报表项目和特殊交易或事项的审计结论均有相关审计证据的支持，即所有重要或异常的数据已有适当的解释及相关证据。

（5）所有审计程序的改变和其他值得签字注册会计师关注的重大事项都已在审计小结中予以列示。

（6）已审财务报表已正确、完整地编制，且每一项数据对应到试算平衡表，财务报表附注的数据也与相关工作底稿一致。

案例7-1

某会计师事务所被处罚案例。第一签字人（韩某）复核核对表、第二签字人（吴某）复核核对表中均未见签字注册会计师吴某和韩某签字，未见二人的分工和参与工作情况，审计工作底稿中无签字注册会计师吴某和韩某的底稿复核记录。签字注册会计师吴某、韩某未实际参与审计工作。此外，底稿中亦无项目组讨论记录。

现场经理在现场复核工作的时间需要足够充分，通过对助理人员工作底稿的逐张复核，确认既定的审计程序是否已全部执行，收集的审计证据是否充分、适当，审计结论与审计证据是否一致，现场负责人提出的修改意见是否执行完毕等。外勤工作临近结束，通过对重要会计账项的审计、重要审计程序的执行，以及建议被审计单位调整事项等进行复核，确认重要审计程序的执行情况是否达到预期目的，建议被审计单位调整事项的证据是否充分、调整事项的会计处理是否恰当等。审计意见形成阶段主要通过对审计中的重大会计审计问题、重大审计调整事项及重要审计工作底稿进行复核，确认对财务报表重要项目认定的审计判断是否恰当，重大审计调整事项是否适当，重要审计工作底稿是否完整齐备等。

第二节　项目组内部二级复核

二级复核除对一级复核足够与否予以评价外，应对项目经理编制的审计工作底稿进行复核，并对其他重要财务报表项目和特殊交易或事项的审计、重要审计程序的执行进行复核。复核人员经过全面复核，应当合理保证：

（1）已按照规定完成了相关工作底稿的一级复核，并对复核结果满意；

（2）拟定的审计计划恰当描述了审计目标和审计程序；

（3）对重要业务流程和重要交易类别，以及重大的交易、账户余额、列报的识别及其采取的应对措施是恰当的；

（4）对重大错报风险的评估及采取的应对措施是恰当的，针对存在特别风险的审计领域，设计并实施了针对性的审计程序，且得出了恰当的审计结论；

（5）提出的建议调整事项恰当，相关调整分录正确；

（6）未更正错报无论是单独还是汇总起来对财务报表整体均不具有重大影响；

（7）已审计财务报表的编制符合适用的会计准则和相关会计制度的规定，在所有重大方面公允反映了被审计单位的财务状况、经营成果和现金流量；

（8）获取的审计证据是充分、适当的，足以支持形成的结论和拟出具的审计报告。

CPA审计经验分享

对于小型项目，由于风险小、业务单一，考虑成本效益原则后，大部分会计师事务所派出人员有限，此时项目组内部一级复核和二级复核可能存在同为签字注册会计师复核的情况。此时应注意，如果该签字注册会计师也编制了部分基础类工作底稿，那么该签字注册会计师编制的底稿应当由项目合伙人亲自进行复核，以减少可能存在的错误。

第三节　项目组内部三级复核

项目合伙人应当及时复核重大事项及重大判断相关的审计工作底稿，包括与在审计中遇到的困难或有争议事项相关的判断，以及得出的结论，复核财务报表、审计报告及对关键审计事项的描述。项目合伙人应当提前复核与管理层、治理层或相关监管机构正式书面沟通的文件。

三级复核通过重点复核，从总体上把握审计工作是否充分，已审财务报表的反映是否公允。复核人员经过复核，应当合理保证：

（1）已按照规定完成了相关工作底稿的二级复核，并对复核结果满意；

（2）对重大错报风险的评估及采取的应对措施是恰当的，针对存在特别风险的审计领域，设计并实施了针对性的审计程序，且得出了恰当的审计结论；

（3）项目组作出的重大判断恰当合理；

（4）项目组提出的建议调整事项恰当合理，未更正错报无论是单独还是汇总起来对财务报表整体均不具有重大影响；

（5）已审计财务报表的编制符合《企业会计准则》或相关会计制度的规定，在所有重大方面公允反映了被审计单位的财务状况、经营成果和现金流量；

（6）拟出具的审计报告措辞恰当，已按照《中国注册会计师审计准则》的规定发表了恰当的审计意见。

对于无需由独立的质量控制复核的项目，即：项目组内部三级复核即可出具报告的情况下，三级复核工作应在出具正式的审计报告前及时完成。如果该项目需要独立的质量控制复核，那么项目负责人或项目合伙人应将三级复核完的审计报告、工作底稿及相关主要证据一起发送给质量控制复核人员进行进一步检查。

CPA审计经验分享

一般情况下，因为项目合伙人所处位置的特殊性，项目合伙人不应当直接编制基础类工作底稿，这样就不会存在复核项目合伙人底稿的情形；如果存在项目合伙人亲自编制的特殊性质的工作底稿，应当由独立项目组外的质控复核合伙人或专业胜任能力不低于项目合伙人的质控人员复核该底稿。

第四节　项目质量控制复核

　　会计师事务所应当对上市实体财务报表审计业务实施项目质量复核，并在全所范围内（包括分所或分部）统一委派符合相关资质要求的项目质量复核人员，委派时应当尽量避免在同一年度内需要实施项目质量复核的两个项目之间交叉实施项目质量复核。

　　项目质量复核属于会计师事务所设计和实施业务质量管理的一项风险应对措施。项目质量复核由项目质量复核人员在项目层面代表会计师事务所实施，项目质量复核人员不是项目组成员。项目质量复核人员应当是合伙人或类似职位的人员，且在面对来自项目合伙人或会计师事务所内部其他人员的压力时能够坚持原则。项目质量复核人员对实施项目质量复核承担总体责任。

　　项目质量复核是对项目组作出的重大判断和据此得出的结论作出的客观评价。项目质量复核并不改变项目合伙人对项目实施质量管理以高质量执行业务的责任，以及对项目组成员进行指导和监督并复核其工作的责任。禁止项目合伙人在收到项目质量复核人员就已完成项目质量复核发出的通知前签署报告。

　　项目质量复核人员有责任在项目的适当时点实施复核程序，及时阅读并了解相关信息，与项目合伙人讨论重大事项，以及在项目计划、实施和报告时作出的重大判断，选取部分与项目组作出的重大判断相关的业务工作底稿进行复核，评价作出这些重大判断的依据、业务工作底稿能否支持得出的结论、得出的结论是否恰当、是否已就疑难问题或争议事项、涉及意见分歧的事项进行适当咨询，以及咨询得出的结论，评价项目合伙人对整个审计过程的参与程度是否充分、适当，项目合伙人作出的重大判断和得出的结论是否适合项目的性质和具体情况，复核被审计财务报表和审计报告，以及审计报告中对关键审计事项的描述。

　　所有复核内容都应记录于工作底稿，执业人员整改的过程和意见分歧得出的结论也应记录于工作底稿。

　　在有关项目质量控制复核的政策所要求的程序已得到实施；项目质量控制复核在报告日或报告日之前已完成；复核人员没有发现任何尚未解决的事项，使其认为项目组作出的重大判断和得出的结论不适当的前提下，复核人员应在复核记录上明确签署"同意出具报告"的字样。

案例7-2

　　根据中国证监会深圳监管局的通报，将与质量控制复核相关内容进行梳理后发现部分大所存在以下问题：

（1）如某所复核合伙人以质控部复核意见代替本人意见，或复核仅关注审计策略和审计计划，及项目组出具的专项说明、鉴证报告等事项。

（2）如某所项目合伙人与项目经理的复核意见完全一致；项目经理复核意见无实质内容；项目组复核未发现收入未执行截止性测试、表格勾稽关系混乱、资料缺失等基础性问题。

（3）如某所质控部复核时提出某上市公司年审项目的应收账款回函率偏低、收入需要增加访谈，项目组的最终回复是催收回函中、访谈正在进行中。个别会计师事务所通过QQ、微信等即时通讯工具或邮件进行复核，相关复核记录未在事务所的管理系统内留痕，也未形成正式的工作底稿。

（4）如某所质控部人均复核上市公司年报审计项目在10家以上，复核项目数量过多，对于某些项目的重大事项在复核中未予关注。

项目质量控制复核人员也应当勤勉尽责，认真履行复核职责，将复核发现的问题和意见反馈给项目组，并要求项目组认真进行核实和回复，如果存在意见分歧，应当解决意见分歧后出具审计报告。

从2022年部分处罚案例可知，监管机构处理对象方面，除了签字会计师和审计机构，还包括相关质控复核人，这使得质控复核人也需要尽职尽责完成复核工作，否则也可能被监管机构处罚。

案例7-3

某会计师事务所质量控制复核人被行政处罚。质量控制复核过程中，某所未充分关注货币资金领域重大风险评估结论的恰当性，未恰当评价结算中心存款列报重大问题审计证据的充分性、合理性，在明知某公司资金管理中心存款账户开立在某财务公司且账户名称为某财务公司，货币资金划转至某财务公司的情况下，未对项目组作出的重大判断和据此得出的结论作出客观评价。

第五节　意见分歧处理

在审计过程中，由于存在信息差异，对某些会计处理项目组内部、各级复核人员之间可能存在意见分歧。如果存在意见分歧，项目组需要编制相关情况说明并提供相关工作底稿，按照所内流程提交相关资料给质控部门。

项目组应关注《中国注册会计师审计准则第1121号——对财务报表审计实

施的质量管理》第四十九条："审计项目组内部、审计项目组与项目质量复核人员之间（如适用），或者审计项目组与在会计师事务所质量管理体系内执行相关活动的人员（包括提供咨询的人员）之间如果出现意见分歧，审计项目组应当遵守会计师事务所处理及解决意见分歧的政策和程序。"以及第五十条："针对意见分歧，项目合伙人应当承担下列责任：

（一）对按照会计师事务所的政策和程序处理和解决意见分歧承担责任；

（二）确定咨询得出的结论已经记录并得到执行；

（三）在所有意见分歧得到解决之前，不得签署审计报告。"的相关规定。

CPA审计经验分享

在项目复核过程中，当项目组内部、各级复核人员之间出现意见分歧时，应及时沟通分歧事项，进行广泛、充分的讨论，寻找解决分歧的办法。

某新三板项目年报审计，项目组将年审资料提交给总部质控部门进行独立复核，质控复核人员针对政府补助确认问题提出质疑，认为项目组过于谨慎，应当按照准则规定确认其他应收款。项目组接到质控复核人员的反馈意见后，重新组织材料及针对此问题向技术部咨询，在得到技术部的肯定回复下，再次与质控复核人员进行沟通，经过多轮的电话沟通和邮件沟通后，消除意见分歧后，最终顺利出具审计报告。

第六节 技术咨询

在大型会计师事务所内部会制定技术咨询标准，将其分为强制技术咨询和自愿技术咨询两类。由于大型事务所涉及业务比较广泛，实务中，项目组会遇到被审计单位的提出各种问题，如果以前没有遇到过，或者准则没有明确案例指引的情况下，就需要向技术部进行咨询。另外，在质量控制复核过程中，质控复核人员也会提出一些问题和意见，此时复核人员建议项目组发起技术咨询。

编制技术咨询工作底稿之前，项目组应当搜集好相关问题的背景资料，项目组关键人员应当深度参与，并做好相关问题的检索和研究，并开展充分的项目组内部探讨，并且应当把握问题的经济实质，不要过于纠结无关的细节。

值得注意的是，项目合伙人及项目负责人对所承接项目承担最终责任。对于重大技术问题，项目组可以向多个合伙人咨询，降低判断失误的风险。

（一）底稿基本要素编写完整

　　一般情况下，会计师事务所会有专门的技术咨询底稿模板，模板包括以下基本要素：业务名称、项目名称、执行的会计准则、执行的注册会计师执业准则、财务报表的截止日及期间、咨询性质、编制人及联系方式、项目合伙人及复核日期、复核合伙人及复核日期、索引号、签名记录等。

　　咨询性质包括自愿咨询和应当咨询。也就是说对于一些重大事项或存在意见分歧的情况下，项目组应该选择应当咨询（此时可能要求通过事务所的专门系统上传该咨询底稿，并经系统指派技术咨询人员负责回复）；如果是一般性的咨询，可以选择填写自愿咨询，给技术部专门邮箱发送技术咨询邮件。

　　一般情况下，编制人为签字注册会计师，或者为现场经理（了解具体情况），不管是谁，一定要留下联系电话，由于受到文字内容所限，被咨询人（技术部人员）可能会根据咨询情况，电话了解一些具体情况，所以需要认真留下联系方式。

　　值得注意的是，选择执行会计准则及执行注册会计师执业准则时，因为中国的企业会计准则和国际会计准则虽然已大部分趋同，但仍有部分内容存在准则差异（或是《企业会计准则》《小企业会计准则》等也有不同），所以咨询时一定注意编写清楚。

（二）技术咨询事项描述客观、表述清晰、易于理解

为了让技术部人员能够"一比一"还原案例，减少由于信息差异导致职业判断的结果存在偏差，项目组需要在技术咨询工作底稿中将背景情况，具体问题和内容描述客观、清晰、易于理解。

1. 撰写标题

在撰写"标题"时，应对咨询的事项进行高度概括，简明扼要。

2. 撰写需咨询的问题

在撰写"需咨询的问题"时，仍然需要简要说明会计、审计或财务报告最核心、最关键的事实情况。

3. 撰写背景说明

在撰写"背景说明"时，最基本的要求是需要详细进行说明，注意详细的意思是要将核心内容不偏不倚地进行编写，需要将事实完整地从项目组传递给技术部，并不能出现一些内容的偏差，否则，由于条件缺失，文字说明带有偏向性等主客观因素，都会最终影响技术部人员的判断，咨询的结果也会存在偏差。

（1）在描述背景说明时，交代被审计单位的基本情况，说明公司的历史背景，从事的行业及业务特点，是否为上市公司，以及需要交代的特殊事项。

（2）最核心的还是要交代所咨询问题的特定事实和信息，包括交易的商业目的、交易进程、主要时间节点等信息。往往咨询问题的效果好与坏就是在这个环节。实务中，事实和信息往往存在交代不清晰、不完整、文字表达差、没让人看懂等情形。这里非常考验咨询人员的文字表达能力，需要用心编制。

（3）加入与形成结论相关的重要信息，比如重要性水平和可容忍的误差水平。这也是最终会影响咨询结论的关键所在，在不重要的情况下，可能会简化处理。

（4）描述项目组已实施的主要审计程序，比如检查合同、函证应收账款余额，等。

（5）项目组获取的主要证据，比如销售合同、董事会决议、政府补助申请及批复文件等。

（6）如果咨询过行业专家或外部的专家，可以将具体咨询的对象、时间和专业意见进行描述。比如对于金融资产的估值方法与外部专家进行过咨询，可以将咨询过程及结果进行描述。

4. 与本问题相关的法律法规及政策性文件与依据

包括财政部、中注协、证监会发布的会计或审计准则、应用指南、解释、监管指引等文件，或引用的相关会计、税务、工商、金融、国资等法律法规及规范

性文件规定，以及会计师事务所发布的技术提示、技术指引等。

5. 项目组内部讨论

项目组通过项目背景介绍，结合本问题的政策文件与依据，已实施的审计程序和获取的审计证据，运用职业判断和逻辑推理，最终项目组将形成的结论和验证过程记录于工作底稿之中。项目组在技术咨询时应对整个问题和背景有深入的了解，既然是讨论就可能出现多个声音，将不同的讨论结果予以说明，并将过程细节描述清晰。

6. 项目组及项目合伙人初步意见

项目组及项目合伙人应当根据上述几个要点进行专业判断和推理后，形成初步的结论性意见，并能够通过政策性文件支持论点，且符合逻辑，具有合理性。

CPA审计经验分享

会计、审计领域中的专业技术问题可以分为技术类问题和政策性问题。技术类问题还可以细分为原则性问题和判断性问题。

（1）对于原则性问题主要涉及会计政策的选择和运用。

（2）对于判断性问题主要涉及会计估计，即对不确定性事项的估计和判断。

技术部会根据项目组描述的项目背景和证据，以权威的会计准则、审计准则为依据，运用专业判断和逻辑推理给予专业的技术部意见，据此确定项目组建议的处理方式是否恰当。

（3）对于政策性问题主要涉及工商、税务等法律法规的相关规定。一般情况下技术部仅给出相关法律规定，不作出判断，必要时可以咨询该领域内的专家和行业主管部门。

（三）技术部合伙人意见

此处是技术部经理和技术部合伙人回复的意见。如果对回复意见存在疑问，还可以继续向技术部继续提问或者电话沟通等形式将项目组意见充分与技术部人员沟通，以达到彼此之间不存在信息传递的偏差。

在提交前，项目经理和项目合伙人应对咨询底稿进行复核，对相关文字描述是否清晰、准确进行核查，在确保无误的情况下，再上传技术咨询底稿。

第七节　业务复核核对

　　项目组应编制业务复核核对工作底稿，以核实各审计阶段均得到有效复核，并将审计业务风险降低至可接受的低水平。

　　（1）项目经理复核：项目经理及项目负责人在一级和二级复核时，已复核审计计划、已复核重要的审计工作底稿、复核特殊交易或事项的工作底稿、复核审计总结、复核已审计财务报表、已复核审计报告及附注、对调整事项及未更正错报进行充分复核。项目经理或项目负责人应对复核的内容进行书面确认。

　　（2）项目合伙人复核：项目合伙人需要复核重大判断的财务报表项目工作底稿、审计计划和审计总结、已复核审计报告及附注、复核调整事项及未更正错报；对项目经理复核结果是否满意、报告意见类型是否恰当、重大判断是否恰当合理等。项目合伙人应对复核的内容进行书面确认。

　　（3）项目质量控制复核经理复核：对项目组内部三级复核结果是否满意、对项目组的独立性作出评价、对项目组针对特别风险所作出的审计计划和应对措施判断是否恰当、复核的审计工作底稿能够支持得到的审计结论和所发表的审计意见、对于意见分歧是否有效解决，等等。项目质量控制复核经理应对复核的内容进行书面确认。

　　（4）项目质量控制复核合伙人复核：项目质量控制复核合伙人复核的内容与复核经理复核内容基本一致，但质量控制复核合伙人更加强调重大事项对审计报告意见类型的影响。项目质量控制复核合伙人应对复核的内容进行书面确认。

　　值得注意的是，只有所有的业务流程复核完毕才能最终出具审计报告。

第八章　出具审计报告及归档

　　本章导读： 在出具审计报告阶段，项目组仍需要完成以下工作，包括对试算平衡表的复核、现金流量表复核、合并财务报表复核、审定后财务报表分析、审计工作总结、管理建议书，以及出具报告后的工作底稿归档等内容。

本章是编制审计工作底稿的最终章，主要内容是项目组按要求出具审计报告后应按时归档，并在归档前应查缺补漏，对一些基础性问题及存在的低级错误进行补充完善，以备未来监管机构检查工作底稿之需。

出具审计报告阶段编制工作底稿主要内容及编制要点见表8-1。

表8-1　出具审计报告阶段编制工作底稿主要内容及编制要点

序号	出具审计报告类工作底稿内容	编制要点
1	获取未审财务报表、编制试算平衡表和审计报告	审计基础是先获取未审报表，编制试算平衡表，完成审计后形成审定后报表和附注
2	审计差异汇总	将未更正错报、已更正错报进行汇总并与管理层沟通和确认，评价累计错报与重要性水平的关系，对审计报告意见类型的影响
3	现金流量表复核审计	能够合理预判现金流量数据合理性，快速编制和复核现金流量表
4	审定后财务报表分析	对数据变化有较为缜密的思维和逻辑，具备穿透思维分析数据背后意义的能力，对增减变化较大的报表项目需要重点分析并与管理层解释核对是否一致
5	审计工作总结	反复总结和复盘才能有效提升审计效率和质量，重点关注已识别的会计、审计问题，以及已实施的应对措施完成情况
6	管理建议书	挑选重要问题形成管理建议书进行沟通和反馈，并关注企业后续是否完成整改
7	业务报告流程及签收记录	按流程出具报告并做好签收记录
8	工作底稿的归档	从思想上重视编制工作底稿，从源头上要求高质量编制工作底稿，细节决定成败。归档并不是再创作，而是整理

第一节　汇总审计结果

一、获取未审财务报表、编制试算平衡表和审计报告

（一）未审财务报表

在刚进入现场审计时，项目组应获取未审财务报表，并根据未审报表开展各项审计工作，在审计收尾阶段，未审报表是需要企业盖章给予项目组留作证据。

项目组需要核对盖章后的未审报表与试算平衡表里未审数据是否保持一致，实务中，部分企业在审计过程中就开始调整账表，最终可能出具的盖章未审报表与试算平衡表的审定数是一致的，这种情况下需要注意，未审数和审定数一致，没有审计差异。项目组还需要关注重要性水平等相关工作底稿的数据是否已按审定数进行更新。

（二）试算平衡表

试算平衡表是将企业提供的未审报表调整至审定数的一套逻辑关系缜密的明细表。项目组需要对资产负债表、利润表，以及现金流量表进行审计并发现错报时，编制调整分录后将未审报表调整至审定后报表。

在实务中，越来越多的项目组根据审计业务类型和被审计单位实际情况制作"私人订制"的审计项目试算平衡表模板。而且，将试算平衡表中加入附注明细内容，并使两者之间链接勾稽关系，在编制试算和附注的过程中自动检查是否存在差异，减少人为失误。

试算平衡表包括单体试算平衡表和合并试算平衡表，顾名思义，即将单体未审财务报表数据过入到试算平衡表未审数之中，然后根据审计过程中对资产负债表、利润表及现金流量表进行调整后得出审定后的数据。如果涉及合并财务报表，再将所有单体试算平衡表审定数据链接至合并试算平衡表，并将合并调整分录和抵消分录过入合并试算平衡表之后，最终得出审定后的合并财务报表数据。部分工作底稿示例见表 8-2 至表 8-4。

表 8-2　试算平衡表样式

报表项目	20×1 年未审数	审计调整借方数	审计调整贷方数	20×1 年审定数
货币资金				
应收账款				
其他项目				

表 8-3　审计调整分录样式

摘　　要	索引号	编号	科目名称	借方调整数	贷方调整数	备注

表 8-4　合并试算平衡表样式

报表项目	母公司	子公司 1	合 计 数	抵 消 数	合并审定数
货币资金					
应收账款					
其他项目					

（三）附注

一般情况下，财务报表的附注应当由被审计单位编制，但实务中大部分年报审计的附注是由审计人员代为编制，这是错误的作法。

以上市公司附注最基本填列要求为例，附注主要内容提示见表 8-5。

表 8-5　附注主要内容提示

项　　目	主要内容提示
（1）公司基本情况	根据工商最新信息填列公司的注册地址、法人代表、经营范围、公司合并范围及变化等信息
（2）财务报表编制基础	除了《企业会计准则》外，还有中国证监会《公开发行证券的公司信息披露编报规则第 15 号——财务报告的一般规定（2014 年修订）》的披露规定编制；持续经营的评估
（3）遵循《企业会计准则》的声明	《企业会计准则》及证监会相关披露规则
（4）重要的会计政策和会计估计	主要关注金融资产及减值、存货、收入、固定资产、无形资产、政府补助、递延所得税资产和负债、会计政策和会计估计变更等
（5）税项	主要税种和税率、享受税收优惠及批文
（6）合并财务报表项目注释	合并报表适用（如果是单体报表删除合并字样）、附注核心内容，从资产负债表、利润表、现金流量表其他项目和附表等全面披露
（7）合并范围的变更	对非同一控制下企业合并、同一控制下企业合并、反向购买、处置子公司、其他原因的合并范围变动
（8）在其他主体中的权益	在子公司的权益、在子公司的所有者权益份额发生变化且仍控制子公司的交易、在合营企业或联营企业中的权益、重要的共同经营、未纳入合并财务报表范围的结构化主体

项　　目	主要内容提示
（9）金融工具及其风险	与金融工具相关的风险（市场风险、信用风险、流动性风险）、因基准利率改革所面临的影响、金融资产转移、金融资产与金融负债的抵销、本集团取得的担保物情况
（10）公允价值的披露	以公允价值计量的资产和负债的年末公允价值、持续和非持续第一层次到第三层次公允价值计量项目市价的确定依据、不以公允价值计量的金融资产和金融负债的公允价值情况等
（11）关联方及其关联交易	母公司、子公司和合营企业情况、其他关联方情况、关联方交易情况、关联方应收应付款项
（12）股份支付	股份支付总体情况、以权益结算的股份支付情况、以现金结算的股份支付情况、股份支付的修改和终止情况
（13）承诺及或有事项	资本承诺（购建长期资产、大额发包合同、对外投资）、与合营企业投资相关的未确认承诺、其他承诺事项
（14）资产负债表日后事项	重要的非调整事项、利润分配情况、销售退回、资产负债表日后划分为持有待售情况
（15）其他重要事项	前期会计差错、债务重组、非货币性资产交换、年金计划、终止经营、分部信息、租赁、PPP项目合同
（16）母公司财务报表主要项目注释	对于合并报表，此处仅披露母公司的应收账款、其他应收款、长期股权投资、营业收入和营业成本、投资收益等重要项目
（17）补充资料	本年非经常性损益明细表、净资产收益率及每股收益、境内外会计准则下会计数据差异

　　审计人员在编制附注时均会设置工作底稿模板，将报表和附注的勾稽关系设定好，如果一旦录入有误就会自动报错，但附注逻辑关系复杂并不一定均符合一般条件，所以很难设计一套完美的附注模板，很多审计人员利用软件编制附注，这也是不错的方法。

　　但是，审计人员仍需要关注财务报表和附注的一般勾稽关系：

（1）货币资金年末数＝库存现金年末数＋银行存款年末数＋其他货币资金年末数，注意其他货币资金是否存在受限资金。"受限制的货币资金明细"与"所有权或使用权受到限制的资产"中的货币资金明细核对一致。

如果货币资金的年末数和年初数没有受限资金的情况下，货币资金年末数和年初数要与现金流量表主表的"期末现金及现金等价物余额""期初现金及现金等价物余额"存在勾稽关系；现金流量表主表的"期末现金及现金等价物余额""期初现金及现金等价物余额"和附表的"现金的期末余额""现金等价物的期末余额""现金的期初余额""现金等价物的期初余额"存在勾稽关系。如果公司年末持有大额外币，现金流量表中"汇率变动对现金的影响"一栏的金额则不应为零。

（2）年末未分配利润＝年初未分配利润＋本年净利润－对所有者的分配－提取的盈余公积－其他变动，如果上年有会计差错更正或会计政策变更，需要考虑上述数据的影响。一般情况下，资产负债表中的未分配利润仅为余额，如果存在其他变动则需要查看所有者权益变动表。

（3）年末盈余公积＝年初盈余公积＋本期计提盈余公积－本期减少盈余公积，本期计提法定盈余公积＝本年净利润（盈利）×10％，如果期初有未弥补亏损则需要补亏后按差额计提，当年亏损或期末仍有未弥补亏损不计提盈余公积。注意本期计提的盈余公积应与本年未分配利润－提取的盈余公积数据相符。

（4）年末实收资本＝年初实收资本＋本期增加实收资本－本期减少实收资本，注意本年新增实收资本是否实缴（现金或实物均可），不能按挂账数据计入实收资本，关注实收资本股东是否存在变动，明细需要进行修改。关注新增实收资本与"吸收投资收到的现金"的现金流量表是否存在钩稽关系。请注意实收资本数据增减变化与所有者权益变动表填报数据是否相符。

（5）年末资本公积＝年初资本公积＋本期增加资本公积－本期减少资本公积，注意本年新增资本公积是否为资本溢价还是其他资本公积，关注相关明细填列是否准确。关注新增资本溢价与"吸收投资收到的现金"的现金流量表是否存在勾稽关系。请注意资本公积数据增减变化与所有者权益变动表填报数据是否相符。

（6）年末应付职工薪酬＝年初应付职工薪酬＋本期增加应付职工薪酬－本期减少应付职工薪酬，本期增加的应付职工薪酬与计提的各项成本费用核对一致，本期减少的应付职工薪酬与"支付给职工及为职工支付的现金"的现金流量表是否存在勾稽关系。关注短期薪酬、设定提存计划等明细填列是否准确，工会经费和职工教育经费是否按工资总额的一定百分比计提，职工福利费一般应无余额，年末应付职工薪酬余额不能转入其他应付款。

（7）年末应交税费＝年初应交税费＋本期增加应交税费－本期减少应交税费，计提的各项税费应与税金及附加借方发生额存在勾稽关系（除增值税和所得税外），本期减少的应交税费（不含代扣代缴的个人所得税等）应与"支付的各项税费"现金流量表数据存在勾稽关系。值得注意的是，增值税在填列时不能直接复制借方发生额，需要查找缴纳增值税的相关数据，因为借方发生额可能存在各项明细互转的情况。

（8）应收票据年末数和年初数需要区分银行承兑票据和商业承兑汇票填报，关注商业承兑汇票是否存在坏账风险，了解期末是否存在已质押的应收票据，关注期末已背书或贴现且在资产负债表日尚未到期的应收票据能否终止确认（商业承兑汇票不能终止确认）。

（9）应收账款需要按类别区分填列单项计提坏账准备和信用风险特征组合计提坏账准备列示账面余额、坏账准备和账面价值。信用风险特征组合计提坏账准备包含合并范围内关联方组合、账龄组合、低风险组合，等等。项目组需要填列到正确的位置上，并在下方填写相关明细，例如：账龄组合账面余额和坏账准备应与会计政策中预期信用损失率存在勾稽关系。年末账龄和年初账龄应具有勾稽关系，除非出现某些吸收合并情况下，不能出现账龄不勾稽的情况。本年核销实收应收账款应注意是否已提足坏账准备，关注核销手续是否完整。年末坏账准备余额＝上年坏账准备余额＋本年计提坏账－收回或转回－转销或核销。本年计提坏账准备－本年收回或转回＝本年信用减值损失发生额。关注合并范围内关联方数据要跟内网数据核对一致。

披露前五名的单位名称要填写全称，款项性质，期末余额，坏账准备余额、期末账龄，以及余额占比需要填写完整。可以用天眼查等工具查看前五名客户是否真实存在，名称是否完整。

（10）固定资产需要按项目名称（包括房屋建筑物、机器设备、运输工具、电子设备、办公设备等）填报账面原值、累计折旧、减值准备数据，注意相关明细不能填错，一般情况下年初数据应与上年审计报告数据保持一致，固定资产中的在建工程转入数据应该与在建工程附注中的转固发生额存在勾稽关系，固定资产本年折旧数据与现金流量表附表"固定资产折旧、油气资产折耗、生产性生物资产折旧"保持一致。关注固定资产减值是否存在暂时性差异计提递延所得税资产。注意折旧数据不能填错位置，并关注是否存在账面价值为负数的明细项。

（11）长期待摊费用需要按项目名称（包括租赁资产的装修费等）填报年初余额、本年增加金额、本年摊销金额、其他减少金额和年末余额。本年摊销金额与现金流量表附表"长期待摊费用摊销"保持一致。摊销金额与相关成本费用明细保持一致。其他减少一般不填数据，如有长期待摊费用的处置或核销应填数据。

（12）在建工程需要按项目获取预算数，关注工程累计数与预算比例（与工程进度需要匹配），项目众多的情况披露重大项目，小项目可以使用其他合计。在建工程转入固定资产数据要与固定资产本年新增转入数据存在勾稽关系。

（13）其他流动资产明细主要包括待抵扣进项税、预缴税款、一年内债权投资等，注意与应交税费负值报表重分类有联系。

（14）递延所得税资产和递延所得税负债，要注意是未经抵消还是抵销列示，只能选择一种，可抵扣暂时性差异和递延所得税资产、应纳税暂时性差异和递延所得税负债存在企业所得税税率的勾稽关系。未确认递延所得税资产明细与所得税费用项下的会计利润调整至所得税费用中的"本期未确认递延所得税资产的可抵扣暂时性差异或可抵扣亏损的影响"存在勾稽关系。

（15）合同负债注意是不含税金额，含税部分在其他流动负债－待转销项税列报。

（16）"递延收益——政府补助"借方发生额（计入其他收益数据）与"其他收益——政府补助"（从递延收益摊销数据）有勾稽关系。递延收益－政府补助本年新增补助＋其他收益（直接计入没有递延收益过渡）＋营业外收入（与日常经营活动无关的政府补助）三者之和与现金流量表主表"收到其他与经营活动有关的现金"中政府补助数据存在逻辑关系。

（17）其他收益包括政府补助和其他，其他包括个税手续费返还及减免税。也可以不列其他，直接填写明细。注意其他收益政府补助可能不一定通过递延收益过渡。

（18）所得税费用包括当期所得税费用和递延所得税费用，其中当期所得税费用发生额与应交税费－应交企业所得税贷方数存在勾稽关系，递延所得税费用与递延所得税负债（期末－期初）－递延所得税资产（期末－期初）存在勾稽关系。

（19）管理费用一般仅需要披露前十名重要明细，其他可以小计放在"其他管理费用"明细之中列报，注意前十名明细之中的职工薪酬一般为职工薪酬明细的合计，包括工资、绩效、"五险一金"等。

（20）财务费用，包括利息支出、利息收入、汇兑损益和手续费等，利息收入按正数列示，注意利息支出如有数据一般应存在融资业务，并注意其是否与现金流量表主表"分配股利、利润或偿付利息支付的现金"和现金流量表附表"财务费用（收益以'－'号填列）"存在勾稽关系。

（21）资产处置收益，包括固定资产处置收益、无形资产处置收益等，注意报废和处置的区别，如果收取处置的现金流，应列报于现金流量表主表"处置固定资产、无形资产和其他长期资产收回的现金净额"，资产处置收益与现金流量表附表"处置固定资产、无形资产和其他长期资产的损失（收益以'－'号填列）"存在勾稽关系。

（22）营业外收入，包括与企业日常活动无关的政府补助、非流动资产报废利得、罚款及违约金收入、无需支付的款项等。营业外收入和营业外支出中的非流动资产报废利得与损失之间的差额与固定资产报废损失（收益以'－'号填列）存在勾稽关系。

（四）审计报告意见类型

审计报告是注册会计师出具的最终产品，注册会计师对财务报表整体发表的审计意见是审计报告的核心，审计报告意见类型也是报告使用人最关心的事项。

审计报告意见类型包括无保留意见和非无保留意见。非无保留意见类型包括保留意见、否定意见和无法表示意见。实务中，是否发表非无保留意见，以及发表何种类型的非无保留意见，需要注册会计师根据审计准则相关规定和审计业务的具体情况作出职业判断。

（1）注册会计师在确定恰当的非无保留意见类型时，需要考虑下列因素：①导致非无保留意见的事项的性质，是财务报表存在重大错报，或是在无法获取充分、适当的审计证据的情况下财务报表可能存在重大错报；②注册会计师就导致非无保留意见的事项对财务报表产生或可能产生的影响的广泛性作出的判断。

上述两个因素对非无保留意见类型的影响见表 8-6。

表 8-6　导致发表非无保留意见的事项的性质和考虑因素

导致发表非无保留意见的事项的性质	相关事项的错报或未发现的错报（如存在）对财务报表产生或可能产生的影响是否具有广泛性	
	重大但不具有广泛性	重大且具有广泛性
财务报表存在重大错报（已对相关事项获取充分、适当的审计证据）	保留意见	否定意见
无法对相关事项获取充分、适当的审计证据（不能得出财务报表整体不存在重大错报的结论）	保留意见	无法表示意见

无法表示意见或否定意见是比保留意见更严重的非无保留意见类型，注册会计师不能以保留意见替代本应发表的无法表示意见或否定意见。

值得注意的是，在执行审计的过程中，即使已发现的重大错报具有广泛性，足以导致发表否定意见，注册会计师仍然需要对其余不涉及上述重大错报的财务报表项目按照审计准则的规定执行并完成审计工作；即使审计范围受到限制可能产生的影响足以导致发表无法表示意见，除非属于在可行时解除业务约定的情形，注册会计师仍然需要对审计范围没有受到限制的方面按照审计准则的规定执行并完成审计工作。从上述规定来看，即使注册会计师已发表非无保留意见的审计报告，也不能减少对没有问题的部分执行审计工作。

（2）注册会计师发表非无保留意见时，通常存在以下问题：

一是以"受限"代替"错报"。注册会计师以无法获取充分、适当的审计证据为由，对应识别的财务报表整体重大错报不予识别，规避作出恰当的职业判断，从而发表"受限"而非"错报"类型的审计意见。特别是在涉及专业判断、会计估计的领域，如合并范围、资产减值（尤其是商誉减值）、预计负债、款项可收回性等，存在较多以"受限"代替"错报"类型审计意见的情形。

二是"受限"并非真正受限。注册会计师在能够执行进一步审计程序、获取审计证据的情况下，仍以无法获取充分、适当的审计证据为由，发表"受限"类型的审计意见，其"受限"理由并不成立。

（3）关于增加强调事项段的举例。强调事项段，是指审计报告中含有的一个段落，该段落提及已在财务报表中恰当列报的事项，且根据注册会计师的职业判断，该事项对财务报表使用者理解财务报表至关重要。某些情况下，如果认为有必要提醒财务报表使用者关注已在财务报表中列报，注册会计师可能认为需要增加强调事项段的情形举例如下：①异常诉讼或监管行动的未来结果存在不确定性；②在财务报表日至审计报告日之间发生的重大期后事项；③在允许的情况下，提前应用对财务报表有重大影响的新会计准则；④存在已经或持续对被审计单位财务状况产生重大影响的特大灾难。

实务中,项目组需要谨慎判断出具审计报告的意见类型,对已获取充分、适当的审计证据进行认真研判,对于存在问题的公司应恰当出具报告意见类型,敢于说不。

（五）编制审计报告常见问题

实务中,为了提高效率,会计师事务所均会对不同类型的审计报告提前编制报告模板,例如:上市公司年度审计报告模板、IPO 三年期审计报告模板、国企年度审计报告模板、一般企业审计报告模板等,项目组需要根据审计目标和监管规定选择恰当的审计报告模板,并根据被审计单位实际情况调整报告模板内容。例如:考虑单体还是合并财务报表;会计政策和会计估计的选择、财务报表附注报表项目的披露格式。值得注意的是,如果项目组需要发表非无保留意见的审计报告则需要提前做好相关审计程序并获取充分和适当的审计证据,为出具相关专项核查报告做好基础工作。

1. 审计报告正文常见问题

（1）审计报告正文中的收件人描述有误。一般情况下,如果是股份有限公司,收件人应为该公司的全体股东;如果是有限责任公司,收件人需要核实该公司是否存在董事会,如有则收件人为公司董事会,如无则直接写该公司名称即可。

（2）关于其他信息。如果知悉已审计财务报表将包括在含有其他信息的文件（如年度报告）中,在列报格式允许的情况下,注册会计师可以考虑指出已审计财务报表在该文件中的页码。如果不涉及其他信息,应删除该段落。

（3）正文中两处"如适用"是否可以删除。包括"在编制财务报表时,管理层负责评估 ABC 公司的持续经营能力,披露与持续经营相关的事项（如适用）""我们还就已遵守与独立性相关的职业道德要求向治理层提供声明,并与治理层沟通可能被合理认为影响我们独立性的所有关系和其他事项,以及相关的防范措施（如适用）。"以上内容分别表述管理层对会计责任和注册会计师的审计责任,这些责任需要进行判断是否存在,属于固有措辞,不应当删除。

（4）关键审计事项段描述。①项目组需要与治理层真正做到沟通到位,并且精挑细选,应控制关键审计事项的个数;②项目组描述关键审计事项应简明扼要,突出重点,审计程序应具有可操作性并编制相关工作底稿。

（5）其他错误。①审计报告正文中出具日期与附注中披露的批准报出日不一致;②审计报告正文中财务报表是合并还是单体没有核实清楚,正文中描述有误;③审计意见的年度编写有误;④审计报告正文中的公司简称上下文存在不一致,注意需要统一;⑤字体及格式内容需要注意排版,保持一致。

2. 财务报表常见问题

（1）财务报表数据或公式链接有错误，导致资产负债表、利润表、现金流量表和所有者权益变动表数据不勾稽。重点检查财务报表数据与试算平衡表审定数是否一致。

（2）财务报表中的注释与附注中的注释不对应或漏填。例如：货币资金在附注中的位置为"六、1"，而报表中却误写为"六、2"。

（3）所有者权益变动表的未分配利润数据与附注披露数据不一致。注意未分配利润期初数、期末数是否与资产负债表数据一致，关注本年变动数填写的位置是否准确，比如计提盈余公积、分配普通股股利等位置，如果有其他变动请注意数据来源是否准确。本年所有者权益变动表未分配利润不能存在会计差错更正的数据。

（4）利润表数据关注部分项目数据正负数填列有误，导致营业利润和利润总额数据有误。

3. 财务报表附注常见问题

（1）公司基本情况内容未及时更新。例如：法人代表、公司地址、注册资本、经营范围、合并范围等存在变化，应及时更新相关信息。

（2）会计政策和会计估计与公司实际情况不符，未及时更改。由于附注模板中的内容仅为项目组参考使用，需要注意根据公司实际情况进行修改。

（3）对于模板中的提示应及时删除。另外，部分没有数据的报表项目也应删除。

（4）请注意对报告附注模板进行排版。字体、字号、格式统一排版，清晰美观。

（5）本年附注中的上年数据一般应与上年审计报告披露数据一致，请关注不一致的原因。

（6）附注内容披露不完整。缺少或有事项、资产负债表日后事项等内容。

（7）附注明细之间数据有误。例如：应收账款需要按账龄披露，但账龄组合里的数据明显与应收账款余额的账龄数据存在明显不合理之处。或者账龄组合、关联方组合等数据与具体披露的明细之间数据不符等。

（8）报表数据与附注数据披露不一致或者总数核对一致，但明细披露有误。例如：固定资产账面余额、累计折旧等数据合计数一致，但其中的房屋建筑物、机器设备、电子设备等明细披露有误，甚至出现部分固定资产明细账面价值出现负值的情况。

二、审计差异汇总

项目组应编制未更正错报汇总表、已更正错报汇总表、审计差异汇总结论、重分类错报、现金流量错报、披露错报等相关内容。

1. 未更正错报汇总表

为了帮助项目组评价审计过程中累积的错报的影响，以及与管理层和治理层沟通错报事项，将错报区分为事实错报、判断错报和推断错报可能是有用的。另外，项目组应关注对微小错报汇总数对审计报告意见类型的影响。

项目组应合理制定财务报表整体重要性水平、实际执行的重要性水平、未更正错报名义金额等事项。未更正错报汇总表示例见表 8-7。

表 8-7　未更正错报汇总表示例

未更正错报		错报分析						
错报类型	账户	流动资产	非流动资产	流动负债	非流动负债	权益组成部分	对当期其他综合收益影响	对当期利润表影响
	分录描述	借/贷	借/贷	借/贷	借/贷	借/贷	借/贷	借/贷
事实错报								
推断错报								
判断错报								
税前未更正错报总额								
未更正错报总额								
财务报表金额								
未更正错报对财务报表金额的影响								

2. 已更正错报汇总表

项目组应记录完整已更正错报名称及相应数据。项目组应对所有超过实际执行的重要性水平金额的已更正错报进行沟通，还有项目组认为金额较小但值得治理层注意的已更正错报进行沟通。已更正错报汇总表示例见表 8-8。

表 8-8　已更正错报汇总表示例

未更正错报		错报分析						
错报类型	账户	流动资产	非流动资产	流动负债	非流动负债	权益组成部分	对当期其他综合收益影响	对当期利润表影响
	分录描述	借/贷	借/贷	借/贷	借/贷	借/贷	借/贷	借/贷
已更正的错报								
所得税前已更正错报总额								
财务报表金额								
已更正错报对财务报表金额的影响								

3. 审计差异汇总表结论

项目组应对未更正错报对利润的影响进行计算，核实未更正错报是否超出未更正错报限值，并关注未更正错报是否有当前年度或上一年度未更正错报。

未更正错报限值＝财务报表整体重要性水平－实际执行的重要性水平

项目组在评价财务报表是否存在重大错报时，需要考虑：①未更正错报单独或汇总起来的影响对以下事项而言是否重大；②从单独或者汇总来看，未更正错报对遵守当期任何债务契约要求的影响是否重大；③项目组对已更正和未更正错报的复核显示内控存在重大缺陷，要求与管理当局沟通；④项目组对已更正和未更正错报的复核，是否表明错报系由舞弊或违法行为所导致；⑤未更正错报总额超过未更正错报限值，项目组考虑出现了未识别错报的更高风险，并且重新考虑了其对我们确定的实际执行的重要性水平、综合风险评估和实质性程序的影响。⑥项目组考虑了其他性质的因素，并确定了对财务报表使用者而言重大的未更正错报。对上述问题的回复为"是"则表明项目组应采取应对措施（如重新评估审计范围，重新评估由于舞弊导致的重大错报风险，出具非无保留意见审计报告，重新考虑是否保持与客户的关系），如果对问题回复为"否"则表明未更正错报汇总数对所问的问题而言不重大。

4. 重分类错报、现金流量错报、披露错报

对于重要的重分类错报也应记录于未更正错报汇总表，这些重分类错报可能对净资产、净利润结果没有影响，但可能对某些局部数据产生较大的变化和影响。

对于现金流量错报应记录经营活动现金流量、投资活动现金流量、筹资活动现金流量三者未更正错报、已更正错报的明细，以及未更正错报对上述现金流量表影响占比是否重大。

对于披露错报应记录附注具体位置、披露错报的内容，包括披露的未更正错报和披露的已更正错报，以及对披露的未更正错报影响的评价和结论。

第二节　复核底稿

一、现金流量表复核

现金流量表复核工作底稿包括单体现金流量表和合并现金流量表，项目组根据需要编制相应的现金流量表并对具体项目数据进行重新计算。另外，项目组应关注特殊情况，某些现金流量在单体层面和合并层面存在不同列报的情况。

根据《企业会计准则讲解（2010）》第三十四章"合并财务报表"之第四节"合并现金流量表"："需要说明的是，某些现金流量在进行抵销处理后，需站在企业集团的角度，重新对其进行分类。比如，母公司持有子公司向其购买商品所开具的商业承兑汇票向商业银行申请贴现，母公司所取得现金在其个别现金流量表反映为经营活动的现金流入，在将该内部商品购销活动所产生的债权与债务抵消后，母公司向商业银行申请贴现取得的现金在合并现金流量表中应重新归类为筹资活动的现金流量列示。"说明上述贴现行为实质为筹资，收到的贴现净额在个别报表为经营性现金流，但在合并报表时需重分类为筹资性现金流。

相应地，合并资产负债表及利润表中应做相应的调整，原在个别报表"应付票据"中反映的负债应调整为"短期借款"，原在个别报表中因应收票据终止确认而一次计入当期损益（财务费用）的贴现息，应计入金融负债（短期借款）初始确认金额，构成实际利息组成部分（类似折价发行的债券），该金融负债（短期借款）在后续计量时应按照实际利率法摊余成本计量，即对该折价金额（贴现息）应当在后续的金融负债（短期借款）存续期内（贴现日至票据原到期日期间）按实际利率法分摊，确认为各期的利息支出（由于影响金额较小，期限较短，实务中一般简化为直线法分摊）。

（一）单体现金流量表复核工作底稿

1. 审计目标和审计程序

项目组应确定单体现金流量表复核的审计目标，包括确定现金流量表的内容、性质和数额是否正确、合理完整；确定现金流量表有关数据与其他报表及附注勾稽关系是否正确；确定现金流量表各项目的披露是否恰当。单体现金流量表复核工作底稿示例见表 8-9。

表 8-9　单体现金流量表复核工作底稿示例

审计程序	是否执行	执行人
1. 取得编制现金流量表的基础资料，复核加计是否正确，将有关数据和财务报表及附注、辅助账簿、工作底稿等核对相符，并进行详细分析，检查数额是否正确、完整，现金流量分类是否合理		
2. 检查对现金及现金等价物的界定是否符合规定，界定范围在前后期会计期间是否保持一致		
3. 检查现金流量表的编制方法，关注有关特殊事项的处理是否正确		
4. 对现金流量表进行分析性复核，并对异常项目做进一步并检查；《会计监管风险提示第 4 号》特别要求：对于 IPO 项目，发行人经营性现金流量与利润是否严重不匹配		
5. 检查是否存在金额异常的项目，追查是否应作调整； 《会计监管风险提示第 4 号》特别要求：对于 IPO 项目，如果发行人经营性现金流量与利润严重不匹配，审计人员应要求发行人分析经营性现金流量与净利润之间产生差异的原因，并逐项核对差异是否合理。对于其他项目，审计人员可以参考执行		
6. 检查现金流量表补充资料中不涉及现金收支的投资和筹资活动各项目金额是否正确、合理、完整		
7. 根据审计调整分录，对基础资料的有关数据作相应调整，并要求企业提供修订后的现金流量表		
8. 检查检查现金流量表项目是否已按照《企业会计准则》的规定在财务报表中作出恰当列报		

项目组应对上述事项进行核实并与相对应的工作底稿做好索引。

2. 现金流量表分析性复核

项目组应认真对现金流量表进行分析复核，关注特殊事项对现金流量的影响，现金流量表主表与附表，以及资产负债表之间的逻辑关系是否一致，如不一致，应具体分析是否存在特殊因素。项目组应记录对异常项目的追查及最终的追查结论。现金流量表分析性复核内容及结论见表 8-10。

表 8-10　现金流量表分析性复核内容及结论（示例）

分析性复核内容	分析复核结论
1. 主表与补充资料之"现金及现金等价物净增加额"是否一致；《会计监管风险提示第 4 号》特别要求：对于 IPO 项目，发行人经营性现金流量与利润是否严重不匹配	1. 经核对，主表与补充资料之"现金及现金等价物净增加额"一致 2. 经核对，经营性现金流量与利润不存在严重不匹配情形
2. 主表与补充资料之"经营活动产生的现金流量净额"是否一致	经核对，主表与补充资料之"经营活动产生的现金流量净额"一致
3. 补充资料之现金及现金等价物期末期初余额与资产负债表货币资金的勾稽是否合理	年末资产负债表货币资金存在受限资金，除此之外，
4. 现金流量表有关数据与审计后的财务报表及附注的勾稽是否合理	经核对，数据勾稽合理
5. 检查是否存在金额异常的项目，如存在异常项目则进行追查	经检查，未见金额异常项目
6. 检查投资活动筹资活动业务是否产生应收应付款项，在编制经营性产生的现金流量净额时主表及附表是否对上述事项进行考虑	经检查，购买固定资产存在应付账款，已考虑主表和附表对上述因素进行剔除
7. 关注本期发生的债务重组事项，并检查是否在编制现金流表时对上述事项进行考虑	经核对，未见此情形
8. 关注本期发生的非货币交易事项，并检查是否在编制现金流表时对上述事项进行考虑	经核对，未见此情形
9. 关注本期在建工程的增加情况，关注其工资及税金事项，并检查是否在编制现金流表时对上述事项进行考虑	经核对，已考虑在建工程增加对现金流的影响
10. 关注以承担债务形式购置资产、租入形成使用权资产的情况，并检查是否在编制现金流表时对上述事项进行考虑	经核对，已考虑以承担债务形式购置资产、租入形成使用权资产的情况对现金流的影响

3. 现金流量表项目测试表

部分现金测试见表 8-11 和表 8-12。

表 8-11　销售商品、提供劳务收到的现金测试举例

项　目	本年数	上年数	涉及的会计科目
主营业务收入			
其他业务收入			
销项税			
加：应收票据的减少（期初－期末）			
应收账款的减少（期初－期末）			
预收账款的增加（期末－期初）			
合同负债的增加（期末－期初）			
当期收回前期核销的坏账			
减：票据贴现的利息			
本期计提的坏账准备			
应收票据的减少中背书转让的金额			
应收账款的减少中的债务重组金额收到非现金资产抵应收款			
应收账款减少中的与应付款对冲金额			
预收账款的预提费用的增加额（减少额为负数表示）			
应收账款核销			
其他非经营活动项目剔除额			
测试结果			
报表金额			
测试差异			
差异原因			
审计说明			

表 8-12　购买商品、接受劳务支付的现金测试举例

项　目	本年数	上年数	涉及的会计科目
主营业务成本			
其他业务支出			
购买商品接受劳务对应的进项税支出			

项　　目	本年数	上年数	涉及的会计科目
加：存货的增加（期末－期初）			
加：当期计提的存货跌价准备			
加：工程项目领用、投资、盘亏、报废、捐赠等影响存货的减少数			
减：投资投入、非货币性资产交换、债务重组等非购入增加存货的价税合计			
减：列入生产成本及制造费用中的职工薪酬			
减：列入生产成本及制造费用中的未付现部分（折旧费）			
本期需要付现的存货的增加额			
加：应付账款的减少（期初－期末）			
加：应付票据的减少（期初－期末）			
加：预付账款的增加（期末－期初）			
减：以非现金资产抵债减少的应付账款			
减：应收抵应付			
减：应付票据中的利息			
减：应付账款的核销			
减：非经营活动部分			
应付工程及设备款（期初－期末）			
预付工程及设备款（期末－期初）			
其他非经营性应付项目的调减项			
加：预收账款中预提费用的增加额（期初－期末）			
测试结果			
报表金额			
测试差异			
差异原因			
审计说明			

项目组应按照底稿要求逐项对现金流量表项目进行重新计算，并核实测试差异原因，并记录调整过程。由于企业做账原因可能导致部分会计科目入账不规范，导致利用工作底稿测试相关数据时可能与实际列报的现金流量存在差异，项目组应首先保证筹资活动和投资活动现金流量表数据是准确的，这样根据现金流量表数据逻辑关系，经营活动现金流量净额也是准确的，达到此效果后，再逐项分析经营活动现金流量表中各项目明细的准确性，最终即使有部分项目差异也会在分析后将其降低至可接受的水平。同时，项目组也可以通过导出企业编制的货币资金明细表（现金流量辅助明细）进行核查是否存在较大差异的项目明细，核实差异原因后，根据实际情况作出审计调整。

4. 披露表

项目组应披露现金流量表主表收到其他现金流和支付其他现金流（包括经营、投资和筹资活动），以及现金流量表附表相关信息。部分披露表示例见表 8-13 至表 8-17。

表 8-13　收到的其他与经营活动有关的现金披露表示例

项　　目	金　　额
政府补助	
利息收入	

表 8-14　支付的其他与经营活动有关的现金披露表示例

项　　目	金　　额
支付的付现费用	
支付的投标保证金	

表 8-15　按间接法将净利润调节为经营活动现金流量的信息示例

项　　目	本年数	提示
1. 将净利润调节为经营活动现金流量：		
净利润		利润表数据
加：资产减值准备		利润表数据
信用减值损失		利润表数据
固定资产折旧、油气资产折耗、生产性生物资产折旧		附注发生额
使用权资产折旧		附注发生额
无形资产摊销		附注发生额

项　　目	本年数	提示
长期待摊费用摊销		附注发生额
处置固定资产、无形资产和其他长期资产的损失（收益以"－"号填列）		利润表数据
固定资产报废损失（收益以"－"号填列）		附注发生额
公允价值变动损失（收益以"－"号填列）		利润表数据
财务费用（收益以"－"号填列）		利润表数据
投资损失（收益以"－"号填列）		利润表数据
递延所得税资产减少（增加以"－"号填列）		报表余额相减
递延所得税负债增加（减少以"－"号填列）		报表余额相减
存货的减少（增加以"－"号填列）		报表余额相减
经营性应收项目的减少（增加以"－"号填列）		分析填列
经营性应付项目的增加（减少以"－"号填列）		分析填列
其他		
经营活动产生的现金流量净额		
2. 不涉及现金收支的重大投资和筹资活动：		
债务转为资本		
一年内到期的可转换公司债券		
融资租入固定资产		
3. 现金及现金等价物净变动情况：		
现金的年末余额		
减：现金的期初余额		
加：现金等价物的年末余额		
减：现金等价物的期初余额		
现金及现金等价物净增加额		

表 8-16　现金和现金等价物的有关信息

项　　目	本年数	提示
一、现金		
其中：库存现金		

项　　目	本年数	提示
可随时用于支付的银行存款		不含受限资金
可随时用于支付的其他货币资金		不含受限资金
二、现金等价物		
其中：三个月内到期的债券投资		
三、年末现金及现金等价物余额		
其中：母公司或集团内子公司使用受限制的现金和现金等价物		

表 8-17　现金流量审核底稿

审核内容	索引号	备注
主表数据与附表数据和货币资金数据核对		
现金流量表附表数据与利润表、附注明细等数据核对		

项目组应按现金流量表审计程序要求对所有内容进行审核，并将审核内容记录于上述底稿之中，并记录具体审核的底稿索引号。

（二）合并现金流量表复核工作底稿

合并现金流量表复核思路与单体现金流量表复核思路大体相同，这里不再对重复部分进行赘述，仅重点介绍合并现金流量表复核内容。在企业合并层面需要站在合并视角考虑合并现金流量表的列报，这与在单体层面按照资产负债表列示项目考虑的角度存在视角差异。例如：在单体层面对同一控制下企业合并取得子公司进行股权投资支付的现金，单体现金流量表作为"投资所支付的现金"（控股合并）或"取得子公司及其他营业单位支付的现金净额"（吸收合并或业务合并），而在合并现金流量表作为"支付的其他与筹资活动有关的现金"列报。值得注意的是，如果合并层面主表和补充资料的数据还有可能存在内部抵消的情况，项目组需要关注抵消数据的准确性和抵消后结果的合理性。部分合并现金流量表示例见表 8-18 至表 8-21。

1. 内部现金往来核对表

表 8-18　内部现金往来核对表示例

单位名称	对方单位名称	现金流量表项目	明细项目	本期发生额
A 公司	B 公司	经营活动	收到的其他与经营活动有关的现金	

单位名称	对方单位名称	现金流量表项目	明细项目	本期发生额
B公司	A公司	经营活动	支付的其他与经营活动有关的现金	

2. 内部已贴现票据明细表

表 8-19　内部已贴现票据明细表示例

贴现日期	凭证号	单位名称	贴现金额	贴现银行	出票人	承兑人	票面金额

项目组应关注在将该内部商品购销活动所产生的债权与债务抵销后，母公司向商业银行申请贴现取得的现金在合并现金流量表中应重新归类为筹资活动的现金流量列示。

3. 披露表

表 8-20　本年支付的取得子公司的现金流量示例

项　　目	金额
本年发生的企业合并于本期支付的现金或现金等价物	
其中：××公司	
××公司	
减：购买日子公司持有的现金及现金等价物	
其中：××公司	
××公司	
加：以前期间发生的企业合并于本年支付的现金或现金等价物	
其中：××公司	
××公司	
取得子公司支付的现金净额	

表 8-21　本期收到的处置子公司的现金净额示例

项　　目	金额
本年处置子公司于本年收到的现金或现金等价物	

项　　目	金额
其中：××公司	
××公司	
减：丧失控制权日子公司持有的现金及现金等价物	
其中：××公司	
××公司	
加：以前期间处置子公司于本期收到的现金或现金等价物	
其中：××公司	
××公司	
处置子公司收到的现金净额	

　　取得子公司及其他营业单位支付的现金净额项目主要涉及长期股权投资报表项目。一般情况下，取得子公司及其他营业单位支付的现金净额＝取得子公司及其他营业单位支付的现金—子公司或其他营业单位持有的现金和现金等价物。值得注意的是，如果本项目如为负数，则将该金额填列至"收到其他与投资活动有关的现金"项目中。

　　处置子公司及其他营业单位收到的现金净额项目主要涉及长期股权投资报表项目。一般情况下，处置子公司及其他营业单位收到的现金净额＝处置子公司及其他营业单位收到的现金—子公司或其他营业单位持有的现金和现金等价物及相关处置费用。值得注意的是，如果本项目如为负数，则将该金额填列至"支付其他与投资活动有关的现金"项目中。

　　值得注意的是，现金和现金等价物不含母公司或集团内子公司使用受限制的现金和现金等价物。公司或集团内子公司使用受限制的现金和现金等价物，是指持有但不能由公司或集团内其他子公司使用的现金和现金等价物。例如：境外经营的子公司，由于受当地外汇管制或其他立法的限制，其持有的现金和现金等价物，不能由公司或其他子公司正常使用。

　　"使用范围受限制但仍作为现金及现金等价物列示的情况"通常表示该款项的使用受到合规性监管，仅能在特定的用途范围内进行使用，但在该范围内的使用仍在很大程度上由企业自行决定，并未被冻结、质押或者设置其他他项权利，因此仍属于现金及现金等价物，常见类型包括房地产企业预售监管资金及其他专款专用的资金。

二、审定后财务报表分析

与财务报表执行分析性程序工作底稿内容相类似，只不过年末数或本年数的数据不是未审数而是审定数，在临近审计结束时设计和实施分析程序的目的是佐证在审计财务报表各个组成部分或各个要素过程中形成的结论。分析程序有助于注册会计师形成合理的结论，作为审计意见的基础。值得注意的是，如果是合并报表则需要对母公司及合并财务报表均应做审定后财务报表分析。

虽然工作底稿的相关内容与实质性程序中运用分析程序几乎一致，但项目组仍需重点核实完成阶段实施的分析程序主要在于强调并解释财务报表项目自上个会计期间以来发生的重大变化，以证实财务报表中列报的所有信息与对被审计单位及其环境的了解是否一致，与所取得的审计证据是否一致。

三、审计工作总结

只有不断地总结和复盘，才能让审计工作质量和效率提升。项目组在审计完成阶段应及时撰写审计总结，对审计过程中发生的重大会计和审计问题进行全面复盘检查，对财务报表做最终的分析复核，对审计差异和内控缺陷进行汇总，并最终得出审计结论。部分工作底稿示例：

（1）被审计单位基本情况。根据实际情况填写，略。

（2）审计目的和业务约定范围，以及审计策略的重大变化。

20×1年首次承接该项目，本次审计目的主要为上市公司年度财务报表审计和内部控制审计（出具审计报告、关联方占用上市公司资金情况的专项审核报告、内部控制审计报告），审计范围为 20×1 年 12 月 31 日合并资产负债表、20×1 年度合并利润表、合并现金流量表和合并股东权益变动表，以及财务报表附注进行审计。本年合并范围及审计策略没有重大变化。

（3）重要的会计及审计问题。对本期会计问题进行全面总结和回顾。对本期审计问题进行全面总结和回顾，并对实施的重要审计程序和获取的重要审计证据进行全面描述。

（4）关键审计事项及应对（适用于上市实体）。项目组描述关键审计事项及应对的相关内容，以及其他重大审计问题。

（5）财务报表最终总体复核。在审计完成阶段，对财务报表实施总体复核程序，项目组可以后附"审定后财务报表分析"等具体工作底稿。

（6）审计差异及内控缺陷汇总。审计项目组将年审过程中发现会计差错的审计调整分录与管理层进行充分沟通，企业已全部调整完毕，账表与审定数保持一致。在中期内部控制审计过程中发现的一般缺陷，已经在年报审计前进行了整改，经过审计项目组的询问、观察、检查等程序，公司内部控制在财务报告内控的设计和执行方面是有效的。

（7）审计结论。我们认为，我们已按照《中国注册会计师审计准则》和《企业内部控制审计指引》的规定执行了审计工作。我们的工作范围是充分的，财务报表已经按照《企业会计准则》的规定编制，在所有重大方面公允反映了公司 20×1 年 12 月 31 日的财务状况，以及 20×1 年度的经营成果和现金流量，20×1 年 12 月 31 日财务报告内部控制的设计和执行在所有重大方面是有效的。

第三节　出具"合格"审计报告

一、管理建议书

审计过程中，项目组会发现企业在内部控制、会计处理等方面存在一些管理漏洞，项目组可以给管理层提出一些管理建议，督促企业加强管理。对于国企年审来说，出具审计报告的同时，委托方也会要求注册会计师出具管理建议书。

值得注意的是，对于以往年度管理建议书中提出的问题，还需要核实是否已经整改完成，关注在本年是否仍然存在。

编制管理建议书的过程和要点如下：

（1）制作发现问题的模板。项目组在执行审计工作前应提前做好底稿模板，将问题类别、问题标题、问题描述、管理建议、企业回复、影响利润金额等事项进行列示，提示项目组在执行审计程序时如果发现问题及时编制底稿。

（2）审计过程中加强检查和反馈。项目组在审计过程中发现的问题可能影响较小或对管理层而言不认为是一项问题，项目组应加强对问题的检查与反馈，对于相关问题可以根据历史以往经验整理成一个案例库，对于同样的问题可以举一反三、触类旁通，而对于新增的问题则需要与项目组成员讨论后补充进入案例库，并对新增问题加强核实和沟通力度。

（3）在众多问题中挑选恰当的问题与管理层沟通。项目组在内部讨论并初步与管理层沟通后，对众多问题进行整理、筛查后得出较为适当的问题与管理层进行逐项讨论，听取管理层的反馈，并对核实无误的问题督促管理层进行整改。

（4）完成管理建议书。对于本年新增且典型的问题进行充分描述和给出管理建议后完成管理建议书初稿，并提交给被审计单位管理层进行确认，确认无误后完成管理建议书终稿。

二、业务报告流程及签收记录

实务中，大型事务所出具审计报告从立项申请到上传报告进行三级复核和项目质量独立复核等，均在业务系统里进行，项目组只需按照业务流程按步骤执行即可。如果是小型事务所目前出具业务报告仍还是人工填写业务报告流转单，每步骤均由具体人员完成后签字进行确认，三级复核后进行质量控制独立复核，最终到签字盖章装订报告均有具体操作人员完成。

项目组会根据业务约定书约定的份数出具报告，在拿到最终的审计报告后，检查无误后会制作签收记录，将报告、发票与签收记录等一起邮寄给客户，并要求将签收记录签字盖章后邮寄回会计师事务所。

三、工作底稿的归档

审计报告出具完成不代表审计工作的结束，最后一步是工作底稿归档。工作底稿不归档或者延期归档都是会被受到处罚，所以，审计人员务必重视工作底稿的归档工作。

审计工作底稿归档实际是一个非常细致的工作，如果归档前准备工作不充分，很可能会花费很多时间去做无用功，而且事务所会将审计工作底稿归档作为业绩考核的一项重要指标，归档的文件一定要完整、准确。

案例8-1

审计工作底稿签字不完整。项目组制作的或有事项、期后事项调查问卷没有被调查人和调查人员签名确认，未归档项目组内复核意见及回复，项目经理未在审计工作完成核对表上签字，第三卷审计工作底稿立卷人未签字。

项目组应加强对重要审计结论的复核，对重要工作底稿低级错误的核实，检查重点工作底稿内容及签字是否完整。

案例8-2

审计工作记录前后不一致。项目组编制的采购与付款循环穿行测试索引号 CFL-3 中"验收入库控制活动是否得到执行"的结论为"否"，与索引号 CFL-3-1 中"控制已得到执行"的结论不一致；控制测试记录 CFC-1 中"是否测试验收入库该控制活动运行有效性"为"否"，但记录控制活动是否有效为"是"。

项目组应当关注重要的审计工作底稿必须由签字注册会计和合伙人手签审批，例如：初步业务活动底稿的承接、评价、独立性声明，风险评估里的审计计划、重要性水平，出具报告阶段的复核记录、沟通函等。至少在归档前，把这些需要签字的底稿补充完整。

会计师事务所应当妥善保存客户委托文件、核查和验证资料、工作底稿，以及与质量管理、内部管理、业务经营有关的信息和资料，任何人不得泄露、隐匿、伪造、篡改或者毁损。

项目组应按照《中国注册会计师审计准则第 1131 号——审计工作底稿》第十七条、《会计师事务所质量管理准则第 5101 号——业务质量管理》第六十四条相关规定，以及会计师事务所对工作底稿归档的相关要求，项目组应指定具体人员做好工作底稿归档工作。在审计报告日后将审计工作底稿归整为最终审计档案是一项事务性的工作，不涉及实施新的审计程序或得出新的结论。如果在归档期间对审计工作底稿作出的变动属于事务性的，注册会计师可以作出变动。允许变动的情形主要包括：①删除或废弃被取代的审计工作底稿；②对审计工作底稿进行分类、整理和交叉索引；③对审计档案归整工作的完成核对表签字认可；④记录在审计报告日前获取的、与项目组相关成员进行讨论并达成一致意见的审计证据。

《会计师事务所质量管理准则第 5101 号——业务质量管理》要求会计师事务所在质量管理体系中，针对业务工作底稿能够在业务报告日之后及时得到整理设定质量目标。审计工作底稿的归档期限为审计报告日后六十天内。如果注册会计师未能完成审计业务，审计工作底稿的归档期限为审计业务中止后的六十天内。

对于某些必须由企业盖章的证据、签字注册会计师签字确认的一些工作底稿，归档负责人应该及时与项目组沟通，如果发现盖章、签字不完整等情况应及时补充完善。

四、回顾与小结

在完成出具报告后，审计工作基本上已经完成，项目组通过各个审计阶段的磨砺后，最终交出了比较满意的答卷。但在出具报告前，还是需要做好试算平衡表、现金流量表、审定后财务报表分析、内部控制缺陷评价、审计总结等编制及复核工作。编筐编篓就看收口，在做好上述审计工作后，才能出具"合格"的审计报告。

很多项目组不重视归档，随意将工作底稿打印装订，并没有仔细核对，存在很多低级错误和装错档案的情况，这样做的后果只能是接受监管机构的处罚，而且一旦提起诉讼也很难拿出手作为呈堂证供。所以，项目组应重视归档工作，做好充足的准备，以及按归档要求做好每一步，做好最后一道审计工序。

后　记

　　受限于阅读效果和字数所限，很多实质性程序工作底稿并没有完整呈现，但这不影响读者学习本书的相关内容，工作底稿本身是灵活的，审计人员学习编制工作底稿的主要目的是编制思路，如何通过编制底稿发现审计问题，这才是做底稿的初衷。读者如果有编制工作底稿问题可以关注作者的微信公众号：MY 聊审计，查看更多底稿编制内容或留言提问。

　　作者最大的荣誉就是读者，希望通过本书能够积极影响到更多年轻读者参与到注册会计师审计行业，为我国注册会计师高质量发展贡献一份绵薄之力。

　　源于热爱，匠心审计。